21世纪高等院校经济学与管理学系列教材

JINRONGXUE
XIANDAIGUANDIAN

金融学：现代观点

（修订本）

郑长德　伍　艳◎主编
周　克　杨海燕◎副主编

中国经济出版社
CHINA ECONOMIC PUBLISHING HOUSE
北京

图书在版编目（CIP）数据

金融学：现代观点/郑长德，伍艳主编．--修订本．--北京：中国经济出版社，2022.3

ISBN 978-7-5136-6785-2

Ⅰ.①金… Ⅱ.①郑…②伍… Ⅲ.①金融学-高等学校-教材 Ⅳ.①F830

中国版本图书馆 CIP 数据核字（2021）第 279292 号

责任编辑　李若雯
责任印制　巢新强

出版发行　中国经济出版社
印 刷 者　北京艾普海德印刷有限公司
经 销 者　各地新华书店
开　　本　710mm×100mm 1/16
印　　张　32.75
字　　数　500 千字
版　　次　2022 年 3 月第 1 版
印　　次　2022 年 3 月第 1 次
定　　价　79.00 元
广告经营许可证　京西工商广字第 8179 号

中国经济出版社 **网址** www.economyph.com **社址** 北京市东城区安定门外大街 58 号 **邮编** 100011
本版图书如存在印装质量问题，请与本社销售中心联系调换（联系电话：010-57512564）

目录 CONTENTS

导　论

第一篇　金融与金融体系

第二篇　微观金融

第三篇　宏观金融

第五篇 金融发展与金融创新

第六篇 金融理论的新发展

导　论

金融是现代经济中最具魅力和变幻无穷的热门行业。种类繁多的金融资产为人们提供了众多的投资与融资工具。发达的金融市场既为金融投机者提供了无穷的发财致富机遇，也为资金需求者提供了“取之不尽，用之不竭”的金融资源。而金融泡沫、金融风险和金融危机也使无数人美梦破灭，甚至倾家荡产。金融的无限魅力和无穷变幻为金融蒙上了神秘的面纱。众多的金融参与者和研究者为揭示这些金融秘密进行了大量的探索并取得了许多推动金融理论和实践迅速发展的优秀成果。一个又一个的诺贝尔经济学奖被授予在现代金融学研究中取得杰出成就的经济学家。金融学已成为现代经济学最热门的学科之一。更多的新的探索者正在加入金融探索者的队伍，您可能就是这新的探索者之一。作为新的探索者，您首先一定想了解究竟什么是金融和金融学，它有哪些运行的规律，金融从业者成功的秘诀是什么？作为金融学的入门教材，本书希望能够将您带入神秘而高尚的金融学殿堂。现在就开始我们的探索之旅吧！

第一节　什么是金融？什么是金融学？

一、什么是金融

学习金融学的第一步就是要理解金融的含义。“金融”一词并非中文的古语，据粗略考证，其最早使用可能是在19世纪后半叶。对“金融”的理解历来都是众说纷纭，难有定论，许多金融学教材甚至通篇对其定义避而不谈。这并非疏漏，而可能是因为要对金融下一个普遍都能接受的定义的确很困难，不如留下一个供人想象和探索的空间。

在英语里，与“金融”对应的词汇是finance，稍有英语常识的读者都知道，这个finance其实与汉语里常用的“金融”并不完全等同，它还有“财政”和“资助”的意思。其实，在经济全球化和金融混业经营的大背景下，我们今天理解“金融”一词应当参照国际上通行的finance的含义。西方对finance有三种解释：狭义上仅指与资本市场运作相关的活动；中义上包含货币的流通、信用的授受、投资的运作和银行的服务等内容；广义上则要细分为公共金融（public finance）（以财政活动为核心的政府融资与管理）、公司金融（corporate finance）（企事业单位的投融资或理财活动）和家庭金融（household finance）（公众个人的财务活动），范围涵盖狭义与中义的finance。当然，三种含义在不同的时期和场合也存在交叉重叠并处于不断演进之中。

结合西方对finance的理解，我们认为可以把“金融”简单地概括为“资金融通关系的总和”。所谓资金融通，简称为“融资”，广义上是指一切筹集资金和使用资金的活动，即由资金融通的工具、机构、市场和制度构成的有机系统，是经济系统的重要组成部分；狭义上仅指有偿筹集和使用资金的活动。从现实生活来看，绝对意义上的无偿使用资金的情况几乎找不到，即使是时常存在的赠予行为，深究起来也不无利益关系隐藏于后（如老年人的遗赠行为往往还要看谁对自己尽到了赡养的义务）。因此，所谓“资金融通关系的总和”，一般可以置换为“一切围绕有偿筹集和使用资金的行为关系的总和”。应当说，这个解释虽然简单，但是与西方对finance 的释义是统一的。因为不论是在政府层面、公司层面，还是公众个人层面，其各类金融活动（包括银行借贷、证券发行与流通、保险活动、期权期货交易、典当信托、财政收支、个人理财乃至金融市场调控等）无非就是以有偿筹集和使用资金为核心的行为过程。本书将根据“金融”的广义含义来讨论金融问题和构建金融学体系。

其实，早在20世纪初期，我国学界对金融的理解已经极为凝练了。例如，《辞源》（1937年普及本第11版）中“金融”条的释义为“今谓金钱之融通状态曰金融，旧称银根”；《辞海》（1936年版）中“金融”条的释义为“（monetary circulation）谓资金融通之形态也，旧称银根”。可见，这两本权威的词典均把金融定义为资金融通，只是没有做更多、更深入的解析而已。

根据金融系统中个体与整体的差异，我们可以把金融划分为微观金融和宏观金融两部分。微观金融（micro－finance）是指金融主体（投资者、融资者，政府、机构和个人）作为个体的投资融资行为及其金融资产的价格决定等微观层次的金融活动。宏观金融（macro－finance）则是金融系统各构成部分作为整体的投资融资行为及其相互影响，以及金融与经济的相互作用。金融作为资金融通活动的一个系统，是以各个微观主体个体的投资融资行为为基础，工具、机构、市场和制度等构成要素相互作用并与经济系统的其他子系统相互作用的一个有机系统。

二、金融学研究什么

兹维·博迪（Zvi Bodie）和罗伯特·C. 莫顿（Robert C. Merton）在他们合著的《金融学》一书中提出“金融学是研究人们在不确定的环境中如何进行资源的时间配置的学科”。他们定义的金融学实际上是研究微观金融主体个体的金融决策行为及其运行规律的学科，因此也可称为“微观金融学”。显然，这是与狭义的金融概念相对应的狭义的金融学概念，也是目前西方使用较多的金融学的概念。

但是，既然金融包括微观金融和宏观金融，金融学就不能仅研究微观金融运行而不研究宏观金融运行。也就是说，金融学不能只研究金融主体个体的行为，而不研究金融系统整体的行为。整体行为是个体行为的集合，但并不是简单的相加；而个体行为又是以整体行为为前提和基础的，二者紧密相关。因此，广义的金融学就是研究资金融通活动，包括金融主体的个体行为和金融系统整体行为及其相互关系与运行规律的科学。它是经济学的一个重要分支。它既包括以微观金融主体行为及其运行规律为研究对象的微观金融学的内容，还包括以金融系统整体的运行规律及其各构成部分的相互关系为研究对象的宏观金融学的内容。本书使用广义金融学的概念。

第二节　金融学的领域

现代金融学实际上是一个庞大的学科体系，大专院校的金融专业开设了各种各样的金融学课程，如投资学（investment）、公司金融学（corporate finance）、金融工程学（financial engineering）、金融市场学（financial market）、金融经济学（financial economics）、货币银行学（money, banking and economics）、国际金融学（international finance）、公共财政学（public finance）、数理金融学（mathematical finance）、金融（市场）计量经济学（financial econometrics）等，就是很好的证明。这些学科从不同角度研究金融系统的各个方面的活动及其规律，它们之间存在密切联系，构成了金融学科的学科体系。

关于金融学学科体系，黄达教授认为，“按通常理解的金融口径，金融学学科体系应大体分为：宏观金融分析和微观金融分析。微观金融分析有两大分支：金融市场分析和金融中介分析。在金融市场与金融中介分析之下是技术层面和管理层面的学科”。

“微观金融分析和宏观金融分析分别从个体和整体角度研究金融运行规律。金融决策分析主要研究金融主体投融资决策行为及其规律，服务于决策的金融理论由一系列概念和定量模型组成。”“这样的金融决策理论是个人理财、公司理财乃至一切有理财要求的部门所共同需要的。”该领域涉及的分支学科包括证券投资学、公司金融学、金融市场学、金融经济学、金融工程学、金融风险管理、金融资产定价等。近几十年来，该领域的研究发展十分迅速，取得了许多优异的成就，多次获得诺贝尔经济学奖。例如，1990 年获得诺贝尔经济学奖的哈里·马科维茨（Harry Markowitz）的资产组合理论、W. 夏普（William Sharpe）的资本资产定价模型、莫迪利安尼－米勒定理（Modigliani Miller Proposition，以下简称“MM 定理”），1997 年获得诺贝尔经济学奖的布莱克－斯科尔斯－默顿（Black－Scholes－Merton）的期权定价公式等，在推动金融理论研究和金融市场发展方面作出了重要的贡献。

金融中介分析主要研究金融中介机构的组织、管理和经营。金融中介学包括：对金融机构的职能和作用及其存在形态的演进趋势的分析；金融机构的组织形式、经济效率、混业与分业、金融机构的脆弱性、风险转移和控制等。其主要的分支学科包括：商业银行学、投资银行学、保险学、微观银行学等。该领域的研究虽然历史悠久，并且在 19 世纪至 20 世纪初金融理论和实践的发展中占有重要的地位，但是，20 世纪中叶以来，与迅速发展的金融决策学相比，金融机构学的发展是相对滞后的，远不能适应世界金融业飞速发展的需要。21 世纪，金融机构学的研究具有巨大的发展空间。

宏观金融分析从整体角度讨论金融系统的运行规律，重点讨论货币供求均衡、金融经济关系、通货膨胀与通货紧缩、金融危机、金融体系与金融制度、货币政策与金融宏观调控、国际金融体系等问题。其主要的分支学科有：中央银行学、货币经济学、金融监管学、国际金融学等。

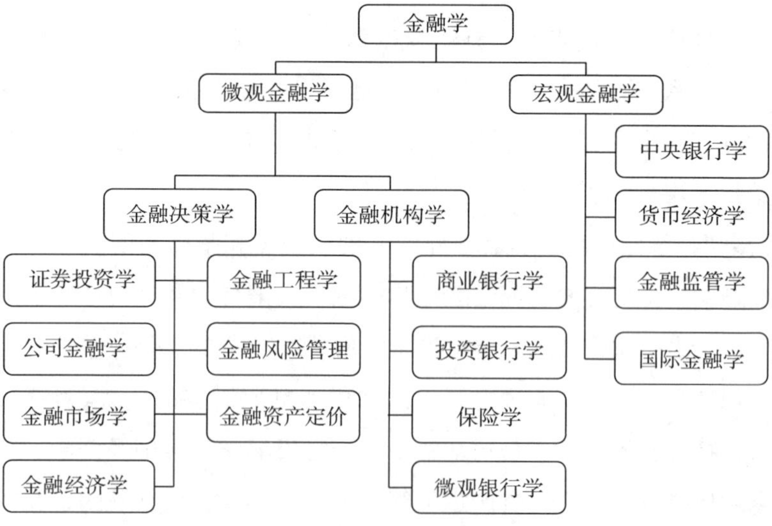

图 0－1　金融学学科体系

按照黄达教授的这一认识，可以设想，完整的现代金融学体系将以微观金融学和宏观金融学为理论基础，扩展到各种具体的应用金融学学科。图 0 – 1 提供了一份比较完整的现代金融学学科的构成图，当然，由于实践的快速发展和学科的开放性质，它将不断得到进一步的充实和扩展。

第三节 本书基本内容及其特点

一、本书的结构与基本内容

本书作为经济学与管理学等专业的基础理论课程“金融学”的教材，除导论外，内容包括金融与金融体系、微观金融、宏观金融、国际金融、金融发展与金融创新、金融理论的新发展六篇共 23 章。

第一篇为金融与金融体系。金融体系是金融运行的基础和前提。因此，在讨论金融运行之前，必须了解金融体系的功能、结构及其演变。全篇共 2 章，从货币与信用开始，介绍了货币的起源与演进、货币的本质与职能、货币制度、信用的内容与形式，从直接金融与间接金融入手，介绍了金融体系的功能与组成要素，最后讨论了金融资产的特征与类型，使读者对货币与信用、金融体系和一些基本概念有了一个比较全面而概括的了解，从而为后续各篇深入地分析金融运行问题奠定了基础。

第二篇为微观金融，全篇共 7 章，主要从个体的角度讨论微观金融主体的投资融资决策方法和行为。微观金融学揭示了在不确定条件下资源的跨时间配置的规律。资源的跨时间配置首先必须考虑货币的时间价值。因此，本篇从货币的时间价值开始，着重介绍了现金流贴现分析这一微观金融分析的最基本方法。其次介绍了进行金融活动的金融中介机构和金融市场的基础知识。微观金融分析的任务之一是要及时发现价格偏离其价值的金融资产，以便适时地买进价格严重低于其价值的金融资产；适时地卖出价格严重高于其价值的金融资产。因此，金融资产价值评估和价格决定是微观金融学的主要内容。家庭是重要的微观金融决策主体，本篇分析了家庭的跨时消费与投资决策行为。不同的资本结构和融资策略不仅对企业的融资成本产生影响，而且可能对企业控制权产生影响，因而成为公司金融关心的重要内容。

第三篇为宏观金融，由 4 章组成，主要从整体角度讨论金融系统的运行规律及其与其他经济系统的相互关系。我们知道，金融学在宏观层面上除了一些必要的关于货币本质、形式，货币制度和金融体系的介绍以外，其核心内容是货币供给与需求、利率的决定以及由此产生的对宏观金融经济现象的解释和相应的政策建议。因此，本篇围绕货币供求均衡及其与经济系统的相互关系展开。

第四篇为国际金融，由 4 章组成。从本质上讲，国际金融学是开放经济的货币宏观经济学。在经济全球化进程中，它主要关心在一个资金广泛流动和灵活多变的汇率（exchange rate）制度环境下，实现内外均衡的条件和方法。本篇从国际收支与汇率出发，讨论国际货币体系的演变，特别指出了全球金融危机所引发的对国家货币体系改革的讨论，分析了开放经济条件下货币政策及金融市场等问题。由于金融系统的脆弱性，微观金融个体的金融风险的累积可能导致金融系统性风险的膨胀甚至金融危机的爆发，所以金融危机的防范治理和金融监管成为国际金融分析的另一重要内容。

第五篇为金融发展与金融创新，包括金融发展、金融创新和金融监管 3 章。第五篇从发展中国家的金融发展开始，分析了金融深化理论，讨论了金融创新和金融监管。

传统金融理论对金融市场主体的决策行为及其相互影响研究较少，而在现实中，金融市场主体的行为对金融市场具有重要影响，而且他们的决策行为又是相互依赖、相互影响的。因此，进行金融分析就不能不考虑金融市场主体的行为及其相互影响。20 世纪后期以来，金融理论得到了新的发展，产生了一些新的分支和学派。因此，在本书第六篇，我们主要通过介绍最近以来金融理论的发展及一些基本理论的应用，如行为金融理论、金融博弈论、法和金融学等，帮助大家了解金融学的新发展。

二、本书的特点

“金融学”是经济学与管理学各专业的核心课程之一。本书的编写适应了我国经济金融体制改革和金融全球化对人才的需要，充分借鉴欧美发达国家同类教材的体例，并结合我国经济金融发展的实际和现代金融理论发展的趋势，全面介绍了金融学的基本原理。本书的基本特点有：

第一，准确定位。作为金融学科的基础理论课程，本书的知识覆盖面是广义的金融学。

第二，完整的内容体系。本书借鉴欧美发达国家同类教材，并结合中国的经济金融实际，按微观金融学、宏观金融学、国际金融学、发展金融学等设置内容，并介绍了金融理论最近的发展。各篇内容既相互独立又相互联系，组成一个有机整体，体系框架完整。

第三，反映金融理论的最新发展。便于读者在系统掌握金融学基础理论的同时，了解金融理论的前沿和最新发展。

第四，理论与实践相结合。本书既有理论阐述，又有案例分析，特别是对金融实践中最近发展的重大实例的分析，深入浅出，对于培养读者的分析问题能力和创新能力具有重要作用。

本章小结

“金融”就是“资金融通关系的总和”。所谓资金融通，简称为“融资”，广义上是指一切筹集资金和使用资金的活动，即由资金融通的工具、机构、市场和制度构成的有机系统，是经济系统的重要组成部分；狭义上仅指有偿筹集和使用资金的活动。

根据金融系统中个体与整体的差异，可以把金融划分为微观金融和宏观金融两部分。微观金融是指金融主体（投资者、融资者，政府、机构和个人）作为个体的投资融资行为及其金融资产的价格决定等微观层次的金融活动。宏观金融则是金融系统各构成部分作为整体的投资融资行为及其相互影响，以及金融与经济的相互作用。

金融学是研究资金融通活动，包括金融主体的个体行为和金融系统整体行为及其相互关系与运行规律的科学。它是经济学的一个重要分支。

现代金融学实际上是一个庞大的学科体系，这一庞大的学科体系以微观金融学和宏观金融学为理论基础，扩展到各种具体的应用金融学学科。

思考题

1. 什么是金融？什么是金融学？
2. 金融学学科体系包括哪些部分？

进一步阅读书目

1. 黄达,张杰. 金融学:精编版[M]. 5 版. 北京:中国人民大学出版社,2020.
2. 陈学彬. 金融学[M]. 4 版. 北京:高等教育出版社,2017.

第一篇
金融与金融体系

第一章　货币与信用

本章要点

◎货币是如何起源的？

◎货币有哪些形态？

◎货币的本质是什么？

◎信用货币制度的特点有哪些？

◎什么是信用？信用有何功能与作用？

◎现代信用形式有哪些？

把握货币与信用的范畴是我们学习金融学理论的基础，理解货币及信用相关的基本原理是探索金融学奥秘的一把钥匙，其中货币问题更是金融学研究的逻辑起点。然而，千百年来，货币的本质到底是什么，货币如何起源，其后又如何演进，以及将来会如何发展等疑问始终困扰着一批又一批的研究者。马克思在其《政治经济学批判》中曾经引用当时英国国会议员格莱斯顿（Gladstone）的话说，“受恋爱愚弄的人，甚至还没有因钻研货币本质而受愚弄的人多”[①]；本杰明·迪斯雷利（Benjamin Disraeli）也曾讲过，“唯一的比爱情更能使人发狂的事情是货币问题”[②]。尽管这些说法有些夸张，但是至少从一个侧面告诉我们，要想真正了解货币问题，需要我们下一番功夫。

---

① 马克思．政治经济学批判[M]．中共中央马克思恩格斯列宁斯大林著作编译局，译．北京：人民出版社，1976：48.

② 保罗·A. 萨缪尔森，威廉·D. 诺德豪斯．经济学（第12版）[M]．高鸿业，译．北京：中国发展出版社，1992：432.

第一节　货币的形式

一、货币的形式的发展阶段

不管货币起源的真相到底是什么，货币从产生到现在已经有数千年历史，其间经历了漫长的演进过程。我们可以分别从形式上和内容上对货币的演变阶段进行划分，这对于深入探究货币的本质和职能具有显著意义。

从人类历史长河来看，货币的形式经历了三个阶段。

（一）实物货币

所谓实物货币，是指作为货币的价值与作为普通商品的价值完全相等的货币，也可以称作“足值货币”。

实物货币最大的优点是获取比较容易，数量较为丰富。但其缺点也很突出：一是使用时间和空间上的不统一、不稳定妨碍了交换的持续发展；二是在单位价值、称量鉴别、保存携带等方面总有瑕疵。例如，以贝壳为币不可分割，以谷物为币不易防腐，以牲畜为币不易运输，等等。

（二）金属货币

随着生产力水平的不断发展，特别是冶炼术的进步，人类开始以金属（起初是以铜、铁为主，后来有了金、银等贵金属）作为铸造货币的材料，从而过渡到金属货币阶段。尽管金银具有天生的优良特性，但其并不是一开始就成为一个政权的本位货币，也不是一开始就在社会上被广泛用作交易媒介，黄金作为本位货币是在资本主义有了较大发展以后①。此外，在人类历史上流通中用得最多的金属货币是铁钱或铜钱，金银往往主要作为衡量价值和储藏财富的工具②。

金属货币时代经历了两个阶段：一是称量货币阶段；二是铸币阶段。称量货币是指以金属条块的形式出现的金属货币，每次使用时都要称重

---

① 历史上最早实行金本位制的国家是英国(1816 年)。

② 例如,我国把金元宝或银元宝作为国库藏币,数量极其有限,因此在今天其具有很高的收藏价值,绝非影视剧所描述的那样“泛滥”。

量、鉴定成色。铸币是指按照统一标准铸造、具有一定形状，并标明其重量和成色的金属货币。例如，现在发现的世界最早的金属铸币是中国殷商时期的铜贝币，而历史上始于秦代的圆形方孔钱是铸币的代表，开创了中国后世铸币形制的先河。与称量货币相比，铸币的存放、携带、使用更方便。

金属（特别是金、银等贵金属）作为货币材料，币值比较稳定，能够为商品流通提供一个相对稳定的货币环境，同时有利于借贷活动的发展，但是也存在难以克服的弊端。首先是受金属储藏和开采量的先天制约，金属货币的数量不足以满足商品生产和交换发展的需要。历史上曾多次出现因金属短缺而使得流通中货币不足的情况，人们不得不用其他商品作为交易媒介，甚至回归到物物交换。其次是金属的比重很大，远程携带和大额交易仍然不便。最后是金属货币在使用中难免出现磨损，出现不足值的情况，同时也导致流通成本的增加或社会财富的绝对丧失。

（三）信用货币

信用货币是以信用活动为基础产生的，凭借信用关系流通的，能够发挥货币功能的信用工具，属于货币发展的现代形式。信用货币是指在产品和服务支付以及债务偿还中，被人们普遍接受的货币，是一种价值符号。

信用货币的特征表现为：第一，信用货币由中央银行发行，不可向发行银行要求兑现金银（具有不可兑现性），并且强制流通。第二，信用货币的发行主要受经济发展水平影响，不受自然条件的约束，从而埋下通货膨胀的种子。第三，由于信用货币是一种价值符号，其实际价值小于作为货币的价值，仅仅代表购买力①，而购买力大小的决定因素却多不胜举，如经济发展水平、银行信用度（往往就是由中央银行代表的国家信用）、汇率等，与金银没有关系。这就是为什么政府可能大量发行信用货币、制造恶意通货膨胀的原因，如此做可以大量换取社会实物资源却欠下公众永久的债务，导致铸币税无限高昂。

信用货币的表现形式为：纸币和电子货币。信用货币可以表现为纸

① 货币的购买力可以定义为物价水平的倒数。

币，也可以表现为电子货币。今天人类已经处于以纸币为主要形式的信用货币阶段。至于电子货币，应当说在经济相对发达的国家使用更广泛一些，将来电子货币的持续发展是客观可期的。

当今世界，还有一个名词不得不提，那就是“存款货币”。存款货币是指能够发挥货币作用的银行存款，主要是指能够通过签发支票办理转账结算的活期存款。存款货币具备一些特殊功能，它能多倍放大货币数量，形成信用货币制度下重要的内生机制。

二、货币支付体系的演进

货币的支付体系是在经济社会中进行交易的方式。考察货币支付体系的演进可以更好地理解货币形式的发展。黄金等贵金属曾经是主要的支付手段，也是货币的主要形式，后来支票等纸质货币开始在支付体系中起重要作用。

（一）商品货币

由贵金属或其他有价值的商品构成的货币称为“商品货币”。在货币出现的早期阶段，充当货币支付作用的既有普通商品，也有贵金属。例如，贝壳、龟甲、牲畜等物，都在不同时期和不同地区充当过商品货币，起到一般等价物的作用。就我国而言，据考证，历史上典型的使用时间较长的商品货币是贝币和谷帛[①]。从远古到数百年之前，几乎在任何一个社会中，商品货币都发挥了交易媒介的功能。

（二）纸质货币

为克服商品货币流通的不足，在客观条件具备的前提下，人类发明了纸质货币，简称为“纸币”。历史上最早的纸币可追溯到中国北宋时期，当时在益州（今四川成都）出现了被称作“交子”的纸币，可在一定范围内代替铁钱和铜钱流通。

严格区分的话，纸币有狭义与广义之别。狭义的纸币指用纸印制的钞票，即纸钞。像上述的交子、金本位下的英镑，现在的美元、人民币（乃

---

① 彭信威. 中国货币史[M]. 上海:上海人民出版社,2007.

至当今世界各国流通中的现金）等，皆为纸币。广义的纸币则泛指一切用纸印制的，可履行货币基本职能的书面凭证。除了纸钞，活期存单、银行票据（支票、本票、汇票等）等纸质凭证，均可在特定条件下履行货币的部分或全部职能。应当来说，不同的场合要具体地区别对待这两个层次的概念。

与商品货币相比，纸币的特点在于：一是数量大，理论上需要多少就可印制多少；二是重量轻，携带、储存、使用极为便利；三是流通费用低廉，因为纸币的印制成本与商品货币的磨耗成本相比微不足道，金属一旦磨损即不可恢复；四是纸币使用年限较短、更新很快，容易被伪造，对防伪要求高。

（三）支票

支票是指由出票人签发的，委托办理支票存款业务的银行在见票时无条件支付确定的金额给收款人或者持票人的票据。支票分为现金支票、转账支票和普通支票，提示付款期为 10 天。其派生产品包括支票圈存、支票截留、全国支票影像交换。支票的出现是支付体系效率提高的重大创新。如果没有支票，就会造成大量通货的运动。有了支票，相互抵消的支付可以通过冲销支票来清算，而无须运送通货。支票的使用降低了金融体系的运行成本，提高了经济效率，并且可以在账户余额范围内签发任意金额，促使大额交易变得更为简捷。

作为支付体系的支票也存在三个问题：一是时间限制，付款期限逾期，银行不予受理；二是支票主要用于同城，2007 年支票在全国通用，但需要依靠支票影像交换系统；三是手续复杂，必须要有三个基本当事人——出票人、付款人、收款人。

（四）电子货币

电子货币是货币形式发展的高级阶段，可以简单概括为借助电子技术（尤指计算机和网络技术）以实现货币功能的一切手段或方式，也可称作“无形货币”。电子货币的本质就是利用电子技术实现无纸化交易或资金的无形划转，所有数据通过电缆、光缆或无线电传输，借助磁媒体（磁盘）

或光媒体（光盘）进行记录和保存。一般而言，电子货币的两个典型形式为：银行卡（信用卡和借记卡）和电子现金（E－cash）。银行卡是指由商业银行向社会发行的具有消费信用、转账结算、存取现金等全部或部分功能的信用支付工具。银行卡减少了现金和支票的流通，使银行业务突破了时间和空间的限制，发生了根本性变化。电子现金被用于在互联网上购买产品和服务。消费者可以通过在银行开设与互联网连接的账户，获取电子现金，之后将电子现金转移到个人计算机或移动支付端上。当需要用电子现金购物时，消费者可以登录网络商户进行购买。电子现金在其生命周期中要经过提取、支付和存款三个过程，涉及用户、商家和银行三方。

电子货币具有四大功能：一是转账结算功能，直接消费结算，代替现金转账；二是储蓄功能，使用电子货币存款和取款；三是兑现功能，异地使用货币时，进行货币汇兑；四是消费贷款功能，先向银行贷款，提前使用货币。

电子货币的发展也导致两个需要解决的问题出现：一是电子货币应该有一套可以防止复制的系统，问题是，电子货币所使用的安全性技术是否应受到国家的管制？因为只有在高科技基础建设存在的情况下，电子货币才能以高效、有效的方式在电子商务中被使用。二是电子货币是否应像纸币一样不记名，以利于像货币一样可以流通？如果使用不记名的电子货币，则一些犯罪活动如洗钱、贩毒、恐怖活动、买卖军火等将有可能猖獗，而执法机构将无法在网络中查出这些电子货币的来源或去处。

【专栏1－1】

数字货币的发展

数字货币（digital currency）是电子货币形式的替代货币，是一种不受管制的、数字化的货币。早期的数字货币（数字黄金货币）是一种以黄金重量命名的电子货币形式。现在的数字货币如比特币、莱特币和PPCoin是依靠校验与密码技术来创建、发行与流通的电子货币。

以比特币为例，2009年1月3日，比特币诞生，中本聪发布了开源的第一版比特币客户端。同日，世界上第一个比特币区块链诞生、世界上首批50个比特币同时被创造出来。一年以后，比特币的第一个公允汇率诞生了，源于bitcointalk论坛上用户之间的自发交易。该交易是一名用户用1万比特币购买了一个比萨饼。比特币最主要的参考汇率是Mt. Gox交易所内比特币与美元的成交汇率。

相比于纸币，数字货币优势明显，不仅能节省发行、流通带来的成本，还能提高交易或投资的效率，提升经济交易活动的便利性和透明度。由央行发行数字货币还保证了金融政策的连贯性和货币政策的完整性，对货币交易安全也有保障。

数字货币在全球发展的历史较短，但是发展速度较快。许多国家都在进行官方或者民间的尝试，不断总结经验教训。

以欧洲为例：2015年，数字货币在欧洲相关国家和地区的交易量超过了10亿欧元。总量虽然不大，但是来势凶猛。2016年，英国央行开始研究考虑是否由央行来发行数字货币，目前研究工作还处于初级阶段。英国央行首席经济学家安迪·霍尔丹（Andy Haldane）表示，改用数字货币将是"伟大的技术大跃进"。

2019年初，Facebook（现为Meta）正式宣布天秤币（Libra）加密数字货币计划，目标是在安全稳定的开源区块链基础上创建一种稳定的货币，该货币以真实资产储备为后盾，并由独立协会管理。国际货币基金组织（IMF）曾表示，拟根据特别提款权（SDR）机制推出一个全球数字货币——IMF Coin。

2017年，中国人民银行数字货币研究所正式成立，开展数字货币研究。此后，该研究所在各地积极布局研发机构。2018年6月15日，深圳金融科技有限公司成立，该企业由中国人民银行数字货币研究所100%控股。2019年，中国人民银行将数字人民币的开发列为优先事项。中国人民银行的数字货币DCEP定义为M0，是对现金一定程度上的替代，采用"央行—商业银行/其他机构"的双层运营体系，考虑了区块链技术，可控匿名（仅对中国人民银行披露交易数据），这使得它与其他数字资产区别开来。

数字货币作为数字经济基础设施的意义已经越来越被各国政府所认知。

资料来源：中研普华 . 2020—2025 年中国数字货币行业竞争格局与未来投资战略分析报告［R］. 中国产业研究院，2019。

第二节　货币的本质与职能

货币的本质，是指货币之所以为货币而非其他事物的内在属性。由货币本质所决定，同时又反映其本质的货币职责或功能称为“货币的职能”。

一、货币的本质

关于货币的本质，自古以来存在两种截然相反的观点：一是“货币商品论”，即货币的本质是商品；二是“货币名目论”，即货币的本质是价值符号。

（一）货币商品论

货币商品论又可以分为两种立场，一种是西方学者所主张的“金属货币论”，又叫“金属主义的货币学说”，另一种是以马克思为代表的“一般等价物论”。

1. 金属货币论

该学说认为，货币首先是商品，要具备内在价值，更进一步认为货币必须是贵金属，货币的价值就是贵金属的价值。这种理论最早可追溯到古希腊的亚里士多德的思想，后来的重商主义者承袭了此观点，到亚当·斯密（Adam Smith）的时候获得系统阐述。例如，斯密在其主要著作《国民财富的性质和原因的研究》一书中非常明确地提出货币是一种商品，并把贵金属与货币等同起来，认为货币的价值由劳动量或生产费用决定。

2. 一般等价物论

马克思明确提出货币的本质是“固定地充当一般等价物的特殊商品”，具体包括两层含义：货币首先是一种商品，具有价值和使用价值，即有商品的共性；货币又是一种特殊商品，是一切商品价值的表现材料，具有与其他商品直接交换的能力。这是从货币起源的角度推导出来的。此外，他还从价值规律的角度，定义货币为“核算社会必要劳动的工具”；从货币职能的角度，定义货币为“价值尺度和流通手段的统一”（见下文“货币的职能”）；从生产关系的角度，定义货币为“隐藏在物后面的人际关系的表现形式”；等等。这些定义之间并不矛盾，特别是后面三种定义都是建立在货币作为一般等价物基础之上的，是对货币本质的全面解说。

（二）货币名目论

货币名目论又称“名目主义的货币学说”，主张货币只是便利交换的技术工具，是换取财富的要素，是一种价值符号，只是名目上的存在。货币名目论是在与重商主义的斗争中发展起来的，持此观点的人很多，主要有巴本、贝克莱、孟德斯鸠、斯图亚特以及后来的西美尔和凯恩斯等。其中，凯恩斯是最重要的代表性人物，他在《货币论》里详尽地论述道：货币是用于债务支付和商品交换的一种符号，这种符号是由“计算货币”派生的。所谓“计算货币”则是指一种观念上的货币，是货币的基本概念，它表示一种计算单位，这种计算单位用符号或称号来表示，如英镑、美元等，经济生活中的债务和一般购买力就是通过这种计算单位来表现的。因研究视角的略微不同，货币名目论还可分为货币国定论①、货币职能论、货币符号论和货币观念论等。

比较上述货币本质学说，可以发现，金属货币论虽然坚持货币商品论的基调，但是把货币同贵金属完全等同，忽视货币可以价值符号的面目出现的实际情况，招来货币名目论者的猛烈攻击；而货币名目论又仅仅看到货币作为价值符号的一面，却忽视货币根源于商品的另一面，虽然在当今社会很具有解释力，但是毕竟在分析上走向了另一极端。两种观点共同的

---

① 这个分支同中国古代关于货币起源的“先王制币说”如出一辙，故后者也称“货币国定说”。

缺陷在于它们在方法论上只偏重现象分析，明明研究的是货币本质，却往往将货币的职能甚至作用等同于其本质①。从这一点上来说，马克思的观点坚持了就本质论本质的路径，没有被本质与现象的纠缠所误导而陷入矛盾境地。

二、货币的职能

货币的本质决定货币的职能，因此，对于货币本质的不同理解决定了对货币职能的不同理解。在货币职能的问题上，人们的共识是：货币一般具有五种职能，即价值尺度、流通手段、支付手段、储藏手段和世界货币。分歧在于：五种职能当中，是否存在基本职能与派生职能之分，以及如何区分这两大职能？

（一）价值尺度

所谓价值尺度，是指货币衡量和表现其他一切商品价值大小的功能。也就是货币可以把其他一切商品的价值表现为同名的量，使其在质上相同，在量上相等。货币之所以具有这种功能，恰恰就是因为货币本质也是商品，也具有价值，好比尺子可以丈量长度的原因即在于自身有长度。这正是货币本质决定货币职能的最好诠释。

作为价值尺度的货币有一个典型特征，它只需是观念上的货币而非现实的货币，也就是说，在衡量和表现其他商品价值的时候，无须在商品旁边放上相同数量的货币，人们在头脑里理解和认同其价值大小即可。此时，商品价值的货币表现即称为“价格”。为了便于货币履行其价值尺度职能，人们需要确定一个计量单位（每个单位当然又可进行等分）。历史上，人们在贵金属货币时期首次较好地完成了这个工作。于是，包含一定贵金属重量的货币单位及其等分被称为“价格标准”。例如，现在使用的“（英）镑”“（泰）铢”“（越南）盾”等货币单位，都是历史上形成的

---

① 例如，作为货币名目论者的弗里德曼（Friedman）和施瓦茨（Schwartz）曾提出，他们定义货币的出发点是货币的有用性，即“货币对经济的极端重要性”。可是，到底是货币的本质决定其重要性呢，还是反之呢？历史上，人们没有意识到货币的重要性时，货币就无所谓本质了吗？这是把货币的本质与货币的作用混为一谈的典型。

贵金属重量单位的沿革。

（二）流通手段

货币具有的媒介商品交换的功能即为流通手段职能。从公式“W—G—W”（参见前文“价值形式的发展”）中，我们可以清楚地看出货币履行这一职能的情况：人们要获得自己想要的商品，需先行出售自己的劳动产品换取货币，再用换得的货币去完成购买。也就是说，卖的目的是买；达到买的目的需先实现卖。此时，货币就充当了交换的媒介，货币周而复始地从一个商品所有者手里转移到另一个商品所有者手里，即货币流通。另外，商品交换也因货币媒介的加入而变得更为便利，这种以货币为媒介的商品交换则被称为“商品流通”。

有几个问题需要指出：第一，充当流通手段的货币必须是现实的货币或货币符号，而非观念上的货币；第二，不管是实物货币、代用货币，还是信用货币，都可充当流通手段；第三，关于上述货币流通与商品流通的相互关系，切不可理解为前者推动后者，而是刚好相反，货币流通由商品流通引起并服务于后者。

（三）支付手段

所谓支付手段，是指货币被用于清偿债务、预付账款、支付租赋或工资，或其他的价值单方面转移行为（如支付罚款、捐赠、国家赔款等）的功能。很明显，货币的这个职能完全是其流通手段职能的延伸，区别在于后者是即时的媒介交易过程（W_A—G—W_B的过程即刻完成），而前者是商品流通与货币流通发生了时空上的完全分离（从 W_A 到 G 和从 G 到 W_B 的过程可以延期完成），甚至货币流通脱离商品流通而单独存在（如前述的价值单方面转移行为）。

既然支付手段派生于流通手段，那么实物货币、代用货币和信用货币都具有此功能。货币这个职能的出现，一方面更利于商品经济的发展，节省了流通中需要的货币量；另一方面也使得商品经济的内在矛盾进一步加深，因为延期支付导致信用债务链越发延长和愈加复杂，成为诱发金融危机和经济危机的重要因素。

流通手段和支付手段反映了货币被用于购买产品或服务，因此，流通手段和支付手段职能又被统称为“交易媒介”职能。[①]

（四）储藏手段

货币这一职能的经典定义是：货币暂时退出流通领域，被人们作为独立的价值形态和社会财富的一般代表保存起来。依据这个经典定义，我们可以推知货币充当价值储藏的前提条件是：第一，货币本身是足值的；第二，货币的社会存量大于商品流通对其的需求量；第三，没有强制性干预力介入货币流通，也就是没有法令禁止货币储藏。同时，在上述条件下，货币作为价值储藏手段呈现两个特点：第一，货币进出流通是自由的，不会永久性退出或滞留于社会。这类似一个逐利的过程，因为流通中货币商品与普通商品的数量对比决定了二者的相对价值大小，从而为公众提供了套利的机会。正因为这样，贵金属货币具有自动调节货币供需的重要作用，社会不会发生通货膨胀，此即贵金属货币流通的一个突出优点。第二，货币作为社会财富的绝对形式和一般代表，具有质的无限性（用货币可以随时换到任何商品）与量的有限性（货币的社会总量和个人持有量总是有限的）的矛盾，这促使人产生无限拥有货币财富的原始冲动，而货币的储藏手段功能有利于人满足这种私欲。

货币作为价值储藏手段的优劣取决于物价水平的高低。如果物价水平上涨，则持有货币的机会成本上升，其价值储藏功能减弱。特别是在恶性通货膨胀的情况下，货币的价值在迅速流失，人们不愿意以货币的形式储藏财富，货币的价值储藏功能急剧减弱。

（五）世界货币

当货币跨越国界，在世界范围内行使上述的几种职能时，货币即执行世界货币职能。理论上，只要是金属货币和信用货币，都可在世界范围内发挥上述四种职能。以金属货币为例，由于其本身就是商品，又具有良好的普遍接受性，从而可以直接作为国际性的一般等价物，在世界范围内承

---

① 弗雷德里克·S. 米什金. 货币金融学（第12版）[M]. 王芳，译. 北京：中国人民大学出版社，2017：44.

担起货币的各项职能。

今天，世界各国几乎都处于信用货币阶段，黄金等贵金属已经非货币化。信用货币要充当世界货币必须满足三个基本条件：一是世界上的普遍可接受性，这完全取决于货币发行国（或集团，如欧盟）的经济实力和国际信誉；二是数量适中，若数量过少，则不足以充当世界商品流通媒介和充当国际清偿力，若数量过多，则引起贬值，降低可接受性；三是发行国允许本国货币自由兑换。归根结底，一国货币能否成为世界货币，主要还是取决于该国的经济与政治实力的大小，如美元、英镑、人民币等。个别国家的货币由于只能满足部分上述条件，所以还不能成为世界货币，只能在部分国家或地区间行使货币的基本职能，如俄罗斯卢布在过去的独联体国家具有相当的通用性。

第三节 货币制度

货币制度简称“币制”，通常是指国家以法律的形式做出的有关货币发行、货币结构、货币流通和货币组织管理等规定的总和。货币制度主要包括货币金属、货币单位、货币的铸造、货币的发行与流通程序等。

一、货币制度的形成

规范和系统的货币制度是在资本主义经济制度产生后形成的。在奴隶社会，奴隶主贵族建立起了奴隶制国家，使得货币制度的雏形具备了重要条件，因为国家可以强制推行有关货币的法令。例如，我国西周时期出现了货币制度的雏形，东周时期已经有了较为复杂的“子母相权”货币制度①。

在封建社会，在生产力水平的推动下社会经济迅速发展，商品流通和货币流通实现同步发展，封建国家有能力建立较完备的货币形态。我国历史上的战国时代已经进入封建社会，所谓战国七雄都进一步发展了自己的货

① 即金属铸币分为两种，大的、重的为母，小的、轻的为子，但都是足值货币。大、小币之间有一定比例关系，它们既不是主币、辅币关系，也不同于后代的货币贬值，二者共同服务于商品流通。

币制度，楚国的“蚁鼻钱”、齐国的“刀币”、秦国的“秦半两（圆形方孔）钱”、韩赵魏的“布币”等就是当时各国的法定货币，其中楚国还是唯一流通金币的国家。秦国统一六国后，同时统一了各国的币制，规定铸币材料为金和铜，铸币形状为圆形方孔，铸币重量是半两，贝与银不得作为货币材料。但是，由于铸币铸造权属于封建统治者，他们可以通过降低铸币成色、降低铸币重量的方式掠夺财富，也就导致铸币不断贬值，价值不稳定。

随着资本主义生产方式的兴起，商品生产与商品流通以前所未有的速度扩展，不规范的货币制度已经成了经济持续发展的障碍。于是，以英国为首的资本主义国家开始在国内建立规范、统一、稳定的货币制度。其主要内容为：一是建立以中央银行为唯一发行机构的货币发行体系，垄断货币发行权。二是规定相对稳定的货币单位，以此保证货币制度的稳定。货币单位又称“价格标准”，英国的货币单位定名为“镑”，美国的货币单位定名为“元”，中国1914年的“国币条例”规定的货币单位为“圆”，中华民国时期改为“元”。三是对货币发行的准备制度进行统一规定。例如，在金本位制下，准备制度是建立国家的黄金储备，这种黄金储备保存在中央银行和国库。

二、货币制度的构成要素

金属货币制度的演进也是一个不断发展完善的过程，一个完整的金属货币制度体系大体上包含五个方面的内容，即确定币材、确定货币单位、规定货币的组织与管理、规定货币准备和规定货币的对外关系。

（一）确定币材

国家颁布法令确定制作货币的金属材料，是金属货币制度的核心内容。一旦币材确定下来，其他相关规定均以此为基础做出安排。而币材的选择，完全取决于一个国家或地区的生产力发展状况、自然条件和商品流通需要等因素。世界上大多数国家都经历了从铜、铁、银到金的金属币材发展过程。

（二）确定货币单位

货币单位即国家法律规定的本国货币的计量单位，包括货币单位的名称和货币单位的值两个方面。货币单位的名称可以直接来源于货币金属的重量单位名称，如“镑”“两”等；也可完全另起新名，如我国中华民国时期的“元”。此外，货币单位的名称可以和货币的名称相同，如美国货币的名称和计量单位都叫“美元”（dollar）；也可以不同，如中国今天的货币叫“人民币”，计量的单位却是“元”（尽管中国今天已经不是金属货币时期）。金属货币流通时，货币的值就是每一货币单位所包含的货币金属重量和成色。如英国 1816 年法律规定，1 英镑的含金量为 7.97 克；中国 1914 年规定，1 银元的含银量为 0.648 两。

可以看出，货币单位本质上其实就是“价格标准”，相当于起到尺子刻度的作用。

（三）规定货币的组织与管理

货币的组织与管理包括货币的铸造、发行和流通等内容。

1. 货币的铸造与发行

货币的铸造和发行有两个方面需要注意：第一，货币发行主体，即由谁来发行和铸造货币。金属货币的铸造发行权一般属于国有，由国家指定的铸币机构统一铸造，民间不得私铸，但历史上也存在允许自由铸造的时期。所谓自由铸造，一是指私人可以自由地将金属货币熔铸为金属条块保存，二是指私人可将保存的金属条块委托国家重新铸造为货币①。第二，货币结构，分为本位币和辅币。在金属货币制度下，本位币是指用金属货币材料按照国家规定的货币单位铸造的货币；辅币是小于单位本位币的小面额货币，主要解决商品流通中不足 1 个货币单位的小额支付问题。其与本位币的兑换比例由国家规定。并且，由于辅币往往是不足值的代用货币②，为防止辅币自由铸造可能带来的流通混乱，所以基本上对辅币采取限制铸造措施，辅币的铸造权和铸造收益（铸币税）归国家所有。

---

① 公众也可以将自有的合乎要求的货币金属自行铸造成货币，但由于技术和法定标准等因素，这样做不一定划算，所以一般委托国家铸造，可能交付一定的费用。

② 辅币本身并不表明足值与否，也不表明其是代用货币或信用货币，也就是说，辅币本身可以是足值的，也可以是不足值的；可以是代用货币，也可以是信用货币。这里是说金属货币制度下的辅币往往是（不足值的）代用货币，参见前文对“代用货币”的介绍。

2. 货币的流通

货币的流通包括货币流通的时间、空间范围和使用限度等内容。从时间上来说，只要在一个政权存续期间，货币的使用都是合法的；同样，从地域上来说，一国货币理论上可在全国范围内流通，甚至可以跨出国界，成为国际货币或世界货币。所以，关于货币流通的规定主要涉及其使用限度的问题，即无限法偿和有限法偿。

无限法偿是指不论支付的性质（买东西、还债、缴税等）和支付的数额，对方都不能拒绝接受。在金属货币流通条件下，本位货币基本上都被赋予无限法偿的能力。有限法偿是指一次支付的数额超过规定限额，对方有权拒收。有限法偿主要针对辅币而言，因为辅币从一开始就是不足值货币，国家为了使自己铸造和发行的辅币能够被人们接受并进入流通，就以法律形式规定其在一定金额内不能拒收，但超过规定数额的部分可以拒收。

（四）规定货币准备

货币准备就是货币发行（货币兑换）和货币支付的准备，在实行金属货币制度的时期特指发行银行券或代替贵金属准备的代用货币。银行券和代替贵金属流通的代用货币都是可兑现的，发行这两种凭证一定要有足额的贵金属作为兑现的保障，才能确保货币制度的稳定实施。在金本位制度下，货币准备即黄金准备的用途有三个：一是作为国际支付的准备金；二是作为扩大或紧缩国内金属货币流通的准备金；三是作为支付存款和兑现银行券或纸币的准备金。

（五）规定货币的对外关系

规定货币的对外关系主要指对货币是否能够自由地输出、输入国境做出规定，以及对国际货币兑换过程做出程序性的规定。因为在金属货币制度下，国际货币兑换比率其实就是各自货币的金属含量之比，所以对于汇率无须做出专门的规定，但一些程序、形式上的限定仍是必要的。

三、货币制度的演变

（一）金属货币制度的演变

金属货币制度以白银或黄金为本位币，主要分为银本位制、金银复本位制和金本位制三种形态。

1. 银本位制

银本位制是银本位货币制度的简称，就是以白银为本位货币的货币制度。早在欧洲的中世纪，银本位货币制度就已产生，因为那时大量银矿已被相继发现，白银生产技术不断提高，白银产量激增。世界上最早实行银本位制的国家包括西班牙、墨西哥、秘鲁等。

银本位制的基本内容包括：①以白银为本位币币材，银币的名义价值与实际价值相等，具有无限法偿能力。②银币可以自由铸造、自由熔化。③商业银行发行银行券、中央银行发行代用货币需要足量的白银作准备。④银行券和其他货币（纸币和贱金属辅币）可以自由兑现银币或等量白银。⑤白银和银币可以自由输出、输入国境。其中“自由铸造”“自由兑换”“自由输出、输入”，即所谓的“三自由”，是典型的金属本位制的重要特点。

我国用白银作为货币的时间很长，唐宋时期白银已普遍流通，但以法律的形式确定银本位制却是在清宣统二年（1910 年），清政府颁布《币制则例》，宣布实行银本位制，实际是银圆和银两并行。1933 年 4 月，国民党政府“废两改元”，颁布《银本位币铸造条例》；同年 11 月实行法币改革，废止银本位制。

2. 金银复本位制

银本位制的本质缺陷是币值不稳，这一缺点促使货币制度过渡到了金银复本位制，即金、银同时作为本位货币币材的货币制度。一般情况下，黄金适用于大额批发交易，白银适用于小额零星交易，从而共同弥补了单独的银本位制下币材不足的缺点。16 世纪至 18 世纪资本主义发展初期，这种货币制度在西欧众多国家比较流行。

依据金币与银币相互关系的不同，金银复本位制还可顺次分为平行本位制、双本位制和跛行本位制。平行本位制是指金币与银币的比价完全由市场决定，是典型的金银复本位制。其基本特征和单纯的银本位制类似，即：金银铸币都有无限法偿能力，都可以自由铸造，都可以自由输出、输入国境，（金币和银币之间、金币银币与代用货币之间）都可以自由兑换。平行本位制在执行过程中逐渐表现出缺陷，即金与银的市场比价波动太大，影响到币值的稳定和国内、国际商品流通。于是，双本位制出现了，即金、银币的比价由政府规定。双本位制试图割断两种通货的兑换比率与市场金银比价的关系。这是金银复本位制的典型形态，在历史上存在了相当长的时期。

然而，令人始料未及的是，金银复本位制的制度设定与价值规律的自发作用发生了矛盾，出现了“劣币驱逐良币”的现象。所谓劣币，是指实际价值低于名义价值的货币；所谓良币，是指实际价值高于名义价值的货币。而名义价值是政府规定的货币比价，实际价值是两种货币的市场比价。例如，政府规定 1 单位金币兑换 15 单位的银币，但市场上 1 单位金币能换到 16 单位的银币，则 15 单位的银币是金币的名义价值，16 单位的银币是金币的市场价值。于是，这里的金币是良币，银币是劣币。很显然，在劣币与良币并存的情况下，理性的做法是只在市场上使用劣币，而把良币收藏起来或熔铸成块输往国外，以获得相对更高的利益，从而导致最终只有劣币在市面流通的情况。在两种实际价值不同而法定价格相同的货币同时流通时，这种市场价格较高的货币（良币）会被市场价格较低的货币（劣币）所排斥的现象就是“劣币驱逐良币”现象。由于该现象最早被英国政治经济学家格雷欣（Gresham）所观察并研究，所以又被称为“格雷欣法则”，它是金银复本位制终结的重要原因。

在金银复本位制下，“劣币驱逐良币”的现象愈演愈烈，银币盛行而金币消退，严重影响货币制度的运行。政府不得不规定金币仍然可以自由铸造，银币不能自由铸造，将银币的铸造权收归国有以保持金、银币的比价稳定。这种金、银币铸造权不对等的本位制度，就是所谓的“跛行本位制”。银币实际退归辅币的地位，这种制度没有维持太久。

总体而言，金银复本位制在一定程度上克服了白银和黄金币材不足的严重缺点，但由于白银产量日增，银价不稳的问题始终无法解决，从而产生了“劣币驱逐良币”的现象。加之黄金产量大增，使得金银复本位制的结束和金本位制的产生具备了客观条件。

3. 金本位制

金本位制是金本位货币制度的简称，就是以黄金为本位货币的货币制度。18 世纪末到 19 世纪中期，主要资本主义国家先后从金银复本位制过渡到金本位制，其中最早实行金本位制的是英国（1816 年）。按照时间先后顺序看，金本位制又经历了金币本位制、金块本位制和金汇兑本位制三种形态。

金币本位制是典型的金本位制，最初实行金本位制的国家都是采用的这种制度。金币本位制的基本内容包括：①以黄金为本位币币材，金币可以自由铸造、自由熔化；②金币的名义价值与实际价值相等，具有无限法偿能力，贱金属辅币不足值，只具有有限法偿能力；③商业银行发行银行券、中央银行发行代用货币需要足量黄金作准备；④银行券和其他货币（纸币和贱金属辅币）可以自由兑现金币或等量黄金；⑤黄金和金币可以自由输出、输入国境。金币本位制的上述规定使其成为历史上相对稳定的货币制度，对资本主义经济发展起到了明显的促进作用。首先，它促进了资本主义经济的商品流通；其次，它促进了资本主义信用制度的发展；最后，它促进了资本主义国际贸易和国际资本交往的发展。

金币本位制的优点集中体现在所谓的自动调节机制上。从国内经济运行来看，该调节机制可归纳为：流通中金币过多→金币相对价值下降，物价上升→金币被熔铸成块，退出流通，储藏起来→流通中金币相对不足，价值回升，物价回落→储藏的金块被重铸为金币，回归流通。调节机制循环反复，自动调节社会商品流通与货币流通的平衡，换言之，社会不会出现通货膨胀。从国际经济来看，该调节机制可归纳为：国内信用扩张，流通金币增加→金币相对价值下降，物价上升→贸易逆差→本币汇价下降→黄金外流→信用紧缩，金币减少→金币相对价值上升，物价回落→贸易顺差→本币汇价回升→黄金流入。所以，在金币本位制下国际收支也具有自动调节机制，并自动维持国际经济平稳运行。

但是，金币本位制的最大缺点在于黄金产量越来越跟不上资本主义经济发展的速度，使得金币与黄金的“三自由”规定难以为继。加之第一次世界大战的爆发，导致资本主义社会的信用体系、市场体系乃至整个经济体系都遭受巨大冲击，最终多数资本主义国家相继放弃了金币本位制转而实行金块本位制。

金块本位制又称“生金本位制”，其主要规定是：①不铸造、不流通金币，中央银行发行纸币代替金币流通；②纸币发行要有足量金块作准备，纸币与黄金保持等值关系；③纸币或贱金属辅币只能达到一定数量后才能兑换金块；④黄金仍可自由输出、输入国境。因此，金块本位制其实是一种限制铸造、限制流通和限制兑换的残缺的金本位货币制度。这样规定，可以最大限度地节约流通所需的黄金数量，同时又尽量地保持金本位的前述优点，理论上应属比较稳定的货币制度。英国于1925年率先实行此制度，规定银行券或代用货币（纸币与贱金属辅币）兑换金块的最低限额是1700英镑（约合400盎司纯金）。可见，这种兑换限额规定不是所有人都可满足的，所以金块本位制又被称为“富人本位制”。

金币本位制结束后，一些国家不具备实行金块本位制的条件，选择实行了金汇兑本位制。金汇兑本位制又称“虚金本位制”，是指国内不铸造也不使用金币，而由中央银行发行间接兑换黄金的代用货币以供流通的货币制度。在这种制度下，黄金储备存放于另一个实行金币本位或金块本位的国家，以外汇资产作准备，发行本币，并与该国货币保持固定比价，本币不能在国内兑换黄金，只能先兑换该国货币，再去该国兑换黄金。实行金汇兑本位制的多为经济落后的殖民地、半殖民地或战败的国家，是一种更为残缺不全的金本位制。

1929—1933年世界经济大危机的爆发，宣告了金块本位制的结束，同时也预示着金本位制包括金汇兑本位制的终结。

（二）信用货币制度

1. 信用货币制度的主要内容

信用货币制度的主要内容与金属货币制度相比既有相同点也有不同

点，下面仍然按货币材料、货币单位、货币的组织与管理、货币准备和货币的对外关系等几方面进行对比介绍。

（1）关于币材。与金属货币制度不同，信用货币制度一般对币材没有特别的规定。在现实中，今天世界各国使用的货币从币材来看主要包括纸币、贱金属货币和无形的电子货币。当然，个别时间个别国家或地区会发行防伪性好的塑料货币和带有纪念意义的金、银币。但是，不兑现的纸币流通是当今世界货币制度的突出特征，所以，今天的信用货币制度往往称为“纸币本位制”。

（2）关于货币单位。信用货币制度下的货币单位一般沿用金属本位货币时期的名称，极少有例外。而货币单位的值，由于信用货币不和贵金属相挂钩，所以没有规定一个客观标准，实际上其是随购买力大小不断波动的。只不过，在规定与外币的汇价关系（属外汇制度的内容）时，可视作对货币单位的值进行了规定。

（3）关于货币的组织与管理。信用货币制度下，货币的发行、主币和辅币、无限法偿和有限法偿等概念的界定，原则上与金属货币制度是一样的，所不同的是：①信用货币制度无所谓自由铸造或限制铸造的概念，因为纸质品是信用货币的主要币材，须由专门的造币厂统一防伪印刷；②信用货币制度也不强调铸造公差和磨损公差的概念，即使当前仍有金属货币流通，但那是完全的不足值、不兑现的金属铸币，只是货币符号而已，防伪性要求相对更重要；③无限法偿和有限法偿的区别不是太严格，如中国规定了人民币具有无限法偿能力，而没有区分主币和辅币的清偿能力，可视为辅币也是无限法偿。

（4）关于货币准备。信用货币制度下的货币准备主要是规定发行机构投放信用货币的客观约束与最高限量，即对货币发行程序和数量做出规定，可以分为三种情况：一是以市场商品流通量（和信贷规模量）为货币发行准备，就是依据以商品生产和商品流通为代表的宏观经济发展状况来确定信用货币的发行数量，如中国内地。二是以外汇资产作货币发行准备，货币的发行量受制于所持有的外汇资产，并按照一个相对固定的汇率比价折算本币的发行限额，如中国香港。三是以有价证券作货币发行准备，发行数量取决于具有相当流动性的有价证券的总量，如美国。一般而言，采用第一种标准的国家（地区）居多，此时信用货币所代表的价值量本质上就是其购买力。

（5）规定货币的对外关系。信用货币制度下的货币对外关系完全属于外汇制度的范畴，一般包括本币能否与外币自由兑换、能否自由出入国境、与外币的汇率关系如何以及如何管理资本的跨国流动等内容。就中国而言，当前人民币还不能完全可自由兑换，只允许经常项目下自由兑换，公民携带人民币出入境的最高限额为2万元，实行有管理的浮动汇率制，资本项下的资金流动管理相对严格。

2. 信用货币制度的主要特征

信用货币制度的特征主要包括：第一，金银贵金属已经完全非货币化，流通中货币已不再与金银相挂钩，不再具有可兑现性，这是最本质的特征；第二，货币发行准备多样性，已很难找到一个客观标准，最终往往取决于一国的国家信用，不过金属货币制度下币材不足的缺点得到根本解决；第三，国家可以灵活运用对货币发行与流通的调控来干预经济，为货币政策的广泛实施提供了条件，但同时也埋下通货膨胀的隐患；第四，国际汇率关系变得更为复杂，既增加了国际经济变动与调控的灵活性，也增加了经济的不稳定性甚至危机因素进行国际传递的可能性。

基于上述特征，有学者重视信用货币制度的优点，提出要进一步发展和完善这种制度，也有学者重视其缺陷，提出要改良或改革此制度，甚至主张取消该制度，恢复金本位制。

四、国际货币体系

国际货币体系是指支配各国货币关系的规则和机构，以及国际进行各种交易、支付所依据的一套安排和惯例。从全球范围来看，世界上先后经历的国际货币制度主要有国际金本位制、布雷顿森林货币体系和牙买加货币体系三个阶段；从区域范围来看，目前世界上比较重要的区域性货币制度主要有西非货币联盟制度、中非货币联盟制度、东加勒比货币联盟制度和欧洲货币联盟制度等。

国际货币体系建立的目的是保障国家贸易、世界经济的稳定、有序发展，使各国的资源得到有效的开发利用；建立汇率机制，防止货币的恶性贬值；为国际收支不平衡的调节提供有力手段和解决途径；促进各国的经济政策相协调。

（1）国际金本位制，实行于1860—1930年。在国际金本位制下，黄金是国际货币体系的基础，可以自由输出、输入国境，是国际储备资产和结算货币；金币可以自由流通和储藏，也可以按法定含金量自由铸造，各种金铸币或银行券可以自由兑换成黄金。

（2）布雷顿森林货币体系，实行于1944—1973年。该货币体系确立了美元与黄金挂钩，各国货币与美元挂钩并建立固定比价关系的，以美元为中心的国际金汇兑本位制。其主要内容为：①确定了国际储备货币——美元；②建立永久性国际货币金融机构——国际货币基金组织（后文统称IMF）；③确定固定汇率制。

布雷顿森林货币体系的核心为“双挂钩”，其具体内容为两点。一是美元与黄金挂钩：①官价，35美元 = 1盎司黄金；②美国准许各国政府或中央银行随时按官价向美国兑换黄金；③其他国家的货币不能兑换黄金。二是其他货币与美元挂钩：①各国货币与美元保持固定比价，通过黄金平价决定固定汇率；②各国货币汇率的波动幅度不得超过黄金平价的上下1%，否则各国政府必须进行干预。

布雷顿森林体系的运转必须具备三个基本条件：①美国国际收支必须顺差，美元对外价值才能稳定；②美国的黄金储备充足；③黄金必须维持在官价水平。这三个条件实际上不可能同时具备。这说明布雷顿森林体系存在不可调节的内在矛盾——“特里芬难题”［由美国经济学家特里芬（Triffin）在其著作《黄金与美元危机》一书中指出］：如果美国国际收支保持顺差，则国际储备资产无法满足国际贸易发展的需要，形成“美元荒”。如果美国国际收支保持逆差，美元的价值下降，美国的黄金储备无法支撑美元的价值，最后将引发美元危机。

（3）牙买加货币体系，从1976年实行至今。布雷顿森林体系瓦解后，1976年，IMF通过《牙买加协定》，确认了布雷顿森林体系崩溃后浮动汇率的合法性，继续维持全球多边自由支付原则。其主要内容为：①黄金非货币化，黄金与各国货币彻底脱钩，不再是汇价的基础；②国际储备多元化，美元、欧元、英镑、日元、特别提款权等都是国际储备货币；③浮动汇率制合法化，单独浮动、联合浮动、钉住浮动制、管理浮动制等并存。④货币调解机制多样化，汇率调节、利率调节、国际货币基金组织干预和贷款调节等并存。

由于布雷顿森林体系解体后，各国相继实施了自由化的经济政策和浮动汇率，这直接加速了资本的跨境流动并推动了金融全球化的进程。金融资本在高速流动中迅速增值与膨胀，并部分表现出与现实的脱离。与以美元为中心的国际货币体系相联系的国际收支不平衡，一直伴随着世界经济的发展。资本的全球化与地区经济发展的差异，使全球区域经济协调与合作取得了突飞猛进的发展。

第四节　信用的内容与形式

信用是货币金融学乃至整个经济学的一个重要概念。信用是连接货币范畴和金融范畴的桥梁，货币产生以后，信用的内涵、外延和功能都得到极大扩展。到了资本主义时期，信用的最高级阶段——货币金融出现。因此，学习与信用相关的基本知识是学习金融学的重要内容。

一、信用的内容

（一）信用的要素

“信用”一词有广义和狭义之分，广义的信用是一个伦理学的范畴，主要指社会经济主体之间建立起来的以诚信为道德基础的践约行为，即我们通常所说的“讲诺言”“重信誉”“守契约”，是一种普遍的处理人际关系的道德准则。狭义的信用则属经济学和法学的范畴。现代市场经济条件下所说的信用，更多地是指狭义的信用即经济学上的信用，特指基于相互信任的借贷关系，即信用是以偿本和付息为条件的价值单方面转移运动，是价值运动的一种特殊形式。

从经济学角度来定义信用，其特征主要包括：第一，信用的本质是债权债务关系，是有借有还的经济行为；第二，支付利息是信用的必要条件，不耗费成本的借贷一般不会有人提供；第三，在信用活动中，价值有两次单向的转移运动，分别是借出时和偿还时，故而不同于即时买卖行为的价值同时双向流动；第四，时间和利率是信用的两个必要测算因素，一般时间越长，利率越高，本利和也就越大，反之亦然。

信用具备三个要素，也就是维持信用这种债权债务关系须具备必不可少的三个前提条件。

第一，信用的主体，即信用活动的双方参与人。具体地讲，信用活动中的一方当事人缺乏实物资料或货币资金，可称为“赤字者”，即“债务人”或需要信用的人；另一方当事人有富余的实物资料或货币资金，可称为“盈余者”，即“债权人”或提供信用的人。二者构成信用的主体，后者向前者提供信用称作“授信”，而前者接受后者的信用称作“受信”。

第二，信用的载体，即完成信用活动所借助的手段或方式。在信用形式发展的初期，无所谓专门的信用载体，但双方当事人通过见面交流、相互协商，或请人居间调和却是必不可少的，凡是能够双向传递交易信息的一切手段都可视作信用载体。

第三，信用制度，即保证信用交易活动能够顺利实现的规则体系。信用制度可以分为非正式制度和正式制度两类，前者如思想、文化、风俗、习惯、道德等，后者则主要指带有相当强制性的法律和法规等。从现代社会来看，正式的信用制度即关于信用活动的立法、司法与执法行为，或者说关于市场经济的法制体系的建立，是开展信用活动的制度基础。

（二）信用的产生与发展

原始社会末期，人与人之间、部落与部落之间从即时的商品交换开始，发展到延期的商品交换，原始的信用产生。促使信用出现的根本条件先后有三个。首先是私有制的产生。没有私有制的存在，商品等物质资料不归属于个人，就无所谓彼此间的即时交换或延期交换；同时，没有私有制也就无所谓私有权，借出的东西没有归还的保证，更无获取利息的可能，信用的基础就发生了动摇。所以，私有制是信用产生的前提条件。其次是商品经济的出现。商品生产与商品交换出现并发展到相当程度后，一方面是剩余产品进一步增加，有了可供交换的更多物品；另一方面是交换的日益频繁和范围的扩大，有了延期偿付的必要性。商品经济的出现和发展是信用产生的物质条件。最后是货币的出现与其职能的发展。货币是价值尺度与流通手段的统一体，充当着一般等价物的角色。它的出现使得商品交换过渡到商品流通阶段。尤其是货币支付手段的扩展，更是为信用的出现和发展提供了前所未有的促进条件，因为信用主体可以凭借货币的中介作用更有效率地完成价值在时空分离上的单方面转移。

以货币的出现为界，可以大致地将信用演进划分为两个阶段。第一阶段：货币出现前的实物信用（或实物借贷）阶段，即盈余者以实物形式向赤字者授信。第二阶段：货币出现后的货币信用（或货币借贷）阶段，即盈余者以货币形式向赤字者授信。二者在相当长的历史时期内是伴生的，只不过从原始社会末期开始到奴隶社会、封建社会，实物借贷都占据主要比重，直到资本主义生产方式兴起之后，货币借贷才逐渐成为信用形式的主流。

（三）信用的功能与作用

既然信用的本质是一种债权债务关系，是价值盈余者向价值赤字者提供余缺调剂的行为，这就决定了信用从属于社会再生的分配环节。从而，我们不难得出结论，信用的基本功能就是完成资源的再配置，即通过受信方与授信方之间的偿本付息的价值转移，实现经济资源的自由有序流动。

信用在履行其基本功能的过程中，实际能够获得的效果叫作“信用的作用”。从资本主义社会前的历史时期来看，信用的作用主要是满足人们的日常生活需要和维持简单的自然经济再生产。因为在自然经济条件下，简单商品生产占据主导地位，人们生产和交换的根本目的是获得基本的生活资料即获得使用价值本身，自给自足是其本质特征。千百年来，处于自然经济中的人们主要受惠于信用带来的这种作用。

从资本主义生产方式产生以后来看，信用的作用更是获得前所未有的拓展，其主要包括以下四方面。

第一，信用推动了资本集中。随着资本主义生产方式的不断发展，个别资本具有逐渐增大的趋势，资本主义企业通过信用活动获得贷款来改进技术、增强竞争力、扩大再生产，从而调动了大量闲置资源，加速了中小资本的相互融合，形成更大规模的股份公司和垄断集团，推动社会化大生产的不断进步。

第二，信用节约了资金成本，加速了资本周转。因为随着信用制度的发展，一方面使得赊销与预付更加有保障和频繁，在交易中不需要持有太多的流动资金，从而降低企业的资金占用，提高交易成功的概率；另一方面大量的信用工具（如商业票据、银行票据等）出现，代替金属货币或现金，大大降低了流通费用，提高了交易效率。

第三，信用提高了资本的利用效率。因为信用的基本职能是促进资源的再配置，信用制度的发展更有利于经济资源按照价值规律和效率原则自由流向管理好、技术强、效益佳的部门和企业，从而促进社会利润平均化过程的更好实现，也就是提高了资本的利用效率。

第四，信用提高了社会消费的总效用。信用制度的建立特别是消费信用（参见后文）的出现，使得人们可以在整个生命周期的范围内合理安排自己的消费金额和消费对象。将不同时期的不同收入与不同消费有机搭配起来，可以达到消费总量不变，但消费的满足程度（消费的总效用）获得明显提高的效果。由于消费是生产的最终目的，所以消费水平的改善又可以促进生产的进一步发展。

二、现代信用形式

（一）商业信用

1. 商业信用的含义

商业信用是工商企业之间以赊销商品等形式提供的信用。除此以外，工商企业间的委托代销和分期付款等商业行为也都可视作商业信用的具体表现。

随着资本主义经济的出现和发展，工商业生产和流通日益进步，企业之间的经济交往在时间、空间和规模上都产生了巨大的发展。伴随竞争的加剧，工商企业都期望的及时结清的交易变得不再那么现实，谁要是能够提供赊销或分期付款等服务，谁就能获得更多的主顾，从而赢得更大的市场份额。同样，在这样的情况下，谁的信誉好、实力强，谁就能更多地获得别人的授信。可以说，商业信用的出现和发展完全是商品经济不断发展的必然结果，是一个自然而然的过程。各种各样带有借贷关系的商业信用形式，就在资本主义经济蓬勃发展的进程中不断出现，并反过来推动商品经济的持续发展。

2. 商业信用的特点

商业信用的特点包括：第一，商业信用是直接以商品形态提供的信用，并且这个商品不同于普通的商品，而是处于产业资本循环过程中最后一个环节上的商品资本。第二，商业信用中借贷关系的双方都是工商企业，企业与政府之间、个人与个人之间或其他组织相互之间的信用关系不属于商业信用。第三，商业信用属于典型的直接信用，供需双方一般不需要借助信用中介来完成信用交易。第四，商业信用的主要工具是商业票据，即工商企业之间基于信用关系所形成的短期债权债务凭证的总称，主要包括商业汇票和商业本票。第五，商业信用兴起于资本主义社会，但曾经是商品经济条件下最重要的信用形式，也是银行信用的基础。

3. 商业信用的缺陷

商业信用的缺陷包括：第一，商业信用的规模有限。因为商业信用提供的是产业资本循环过程中的商品资本，且限于工商企业之间的个别商品资本，所以资本数量受到明显的制约。第二，商业信用的范围有限。商业信用的提供一般仅限于相互熟悉、相互信任的工商企业之间，会产生明显的空间地域上的限制。第三，商业信用的授信方向有限。商业信用受提供形式上的限制，即赊销和分期付款等方式一般只针对购买方，多为生产上游产品的企业向生产下游产品的企业授信，反之则不行，这也限制了信用规模的扩大。第四，商业信用的期限有限。因为工商企业间以商品资本的形式提供信用，通常情况下期限不可能太长，这是由产业资本循环与周转的特性所决定的。

正是基于商业信用的上述缺陷，商业信用不可能一直作为高度发达的现代经济社会中的信用形式主体。

（二）银行信用

1. 银行信用的含义

银行信用是银行及相似金融机构通过吸收存款、发放贷款等业务，以货币形式向其他企业提供的信用。它是在商业信用的基础上发展起来的，是为弥补商业信用的上述缺陷，从社会经济活动中应运而生的。银行信用的提供流程可以分为两个环节：一是社会上拥有闲散资金的经济主体将资金存入银行等金融机构，借以实现社会游资的集中；二是由银行等金融机构通过发放贷款的方式，将社会富余的资金提供给需求者有偿使用。严格来说，银行不是授信的根本主体，它只是起到桥梁作用，但借助于这种信用中介，一般而言，可以节约信息成本和交易成本，提高信用流转的效率。

2. 银行信用的特点

银行信用的特点包括：第一，银行信用是以货币形态提供的信用，并且这个货币已经不是普通的作为一般等价物的货币，而是转化为专门获取利息收入的借贷资本，本质上属于从产业资本循环过程中暂时游离出来的巨量的货币资本，从而克服了商业信用的规模限制。第二，银行信用中借贷关系的双方是作为金融机构的银行与其他工商企业，非合规、合格的机构不得从事类似银行信用发放的业务，这就使得信用活动处于银行这种专业化的信用机构的监督之下，突破了商业信用的范围限制。第三，银行信用属于典型的间接信用，真正的资金供需双方借助信用中介（这里就是银行）来完成信用交易，因而不再受制于商业信用的授信方向。第四，银行信用的主要工具是银行票据，即由银行直接签发或由银行承兑并承担付款义务的票据，如银行支票、银行本票和银行汇票，当然也包括存款单和贷款协议等书证。这些工具大大放宽了信用期限上的约束。第五，借助于存贷款机构中介的银行信用，具有扩大信用规模的特点，即商业银行具有派生存款机制，这是商业信用所没有的一大特征。

3. 银行信用的缺陷

银行信用的缺陷包括：第一，银行信用的授信条件相当严格，银行要对借款方进行多方面的资信调查和审核，增加了运行成本，降低了便利性，从另一个角度限制了银行信用的规模和范围。第二，银行信用属于间接信用，具有资金周转环节较多、速度较慢的弊病，还因信息不对称而导致信贷配给的发生。所以，即使在社会经济高度发达的今天，银行信用也不能完全取代其他形式的信用，各种信用形式可以相互借鉴、取长补短，共同服务于现代市场经济。

（三）国家信用

国家信用首先可以理解为政府在公众心目中的声望和信誉，但经济学意义上的国家信用特指政府作为受信方所形成的信用关系，即政府通过发行公债，向社会公众筹措财政资金的行为。根据政府级别的不同，国家信用可以分为中央政府信用和地方政府信用。

国家信用与财政范畴紧密相连，也就是说，国家信用其实就是国家借以获取财政收入的一种形式（另一种重要形式是税收），只不过是要偿本付息的。从这个意义上来讲，将国家信用称为财政信用并无不妥，后者无非往往属于另一个分类标准。应当说，凡是财政所具有的各种作用，则都是政府信用所具有的作用，弥补财政赤字是政府信用的重要职能。但是，政府信用不完全等同于其他与商品生产和商品流通过程相联系的信用形式，它获得的货币不全是用作资本，而是经常作为购买手段和支付手段，用于弥补赤字、国防开支等非生产性支出。

国家信用的工具主要为：国债、公债、国库券。国债又分为内债和外债，一国外债过多，则容易引发债务危机，如希腊、西班牙等国的债务危机。政府发行的债券主要受一国主权信用评级的影响，评级越高的政府债券，越容易为其他国家政府或金融机构所购买。

（四）消费信用

消费信用是指金融机构或企业向个人提供的信用。其主要特点是：第一，消费信用的主体主要是公民个人或小规模的个体经济组织，所以也可叫作“民间信用”；第二，消费信用的标的除货币以外，还包括实物；第三，消费信用的主要用途是解决比较急切的生活问题（如看病、买房），也包括满足短期的投资或投机需求；第四，消费信用自发性强，期限、利率、方式很灵活，也较缺乏法律等制度保障，因而风险较大；第五，孤立地看，消费信用的规模不大，但全面考察的话，全社会的消费信用总量仍很可观。

消费信用的方式主要有：①消费贷款。银行及其他金融机构采用信用放款或抵押放款方式，对消费者发放贷款，消费者按规定期限偿还本息，有的时间可长达20～30年，消费贷款属长期消费信用。消费贷款主要包括住房抵押贷款、汽车消费贷款、助学贷款等。②赊销。工商企业为消费者提供的短期信用，即以延期付款方式销售，到期一次付清货款。在西方国家，对一般消费信用多采用信用卡方式，即由银行或其他金融机构发给其客户信用卡，消费者可凭卡在约定单位购买商品或作其他支付，有的还可以向发卡银行或其代理行透支小额现金。工商企业、公司、旅馆等在每天营业终了时向发卡机构索偿款项，发卡机构与持卡人定期结算清偿。③分期付款。购买消费品或取得劳务时，消费者只支付一部分贷款，然后按合同分期加息支付其余货款，多用于购买高档耐用消费品或房屋、汽车等，分期付款属中长期消费信用。

【专栏1－2】

消费信用：深圳招联金融推出“敢信计划”

作为银保监会批准成立的正规持牌机构，深圳招联金融从成立之日起，就一直致力于“普惠使命、创新驱动、核心能力、极致体验”的战略目标建设，近期以“相信你的可能”为主题，针对用户在申请及借款流程中的诉求，推出营销活动——“敢信计划”，希望为用户提供更多、更好的专属金融服务，引导用户通过良好的个人信用成就品质生活。

《年轻人互联网信用消费白皮书》内容显示，2019年大多数年轻人崇尚“信用消费”，同时对信用也十分重视，凭信用消费后，会按时还款，成为名副其实的“信用一代”。对于他们来说，消费信贷有多方面的驱动力：一是认为信用消费可以帮助他们在享受生活的同时，更好地激发自己；二是会让自己更加注意平日信用积累的重要性。深圳招联金融推出的“敢信计划”，主要包括“拒就赔”“用就返”“低就补”三大活动，从多维度降低用户门槛，给用户提供适配的信用额度。此举不仅仅是在为客户提供拥有理想生活方式的可能，更希望以此来鼓励客户树立良好的消费理财观念和培养良好个人信用的意识，希望他们通过借贷，享受服务、提升生活品质，在建立良好的信用前提下，在为生活品质的进一步提升奠定基础的同时，潜移默化地将良好的信用消费观念植根于自身观念中。

在产品定价方面，招联金融一直以来都秉持“阳光透明、定价合理”的原则，坚持“息费透明”，在政策和实际操作层面，列明可收取的费用项目，确保收费主体资质清晰、收费流程公开透明，以实际行动践行普惠金融的发展使命。在利息层面，招联金融通过大数据决策做好风险定价，让利率收取与借款人的风险情况相匹配；此举底气源于招联金融不断利用金融科技对IT基础设施进行改造，从而提高运营效率，降低成本。

互联网消费金融的发展需要结合消费人群、消费行为和消费场景，不断开发创新金融产品。招联金融此次推出“敢信计划”，不仅是站在为广大客户群体服务的角度，更是以践行普惠金融为出发点，运用互联网技术及金融科技，最大限度地发挥普惠金融的实践价值，创新产品模式，让更多的用户享受到消费金融服务，最终实现普惠金融的愿景。

资料来源：招联消费金融有限公司官网（https：//www. prnasia. com/mediaroom）。

本章小结

货币是商品经济内在矛盾运动的必然产物，而简单商品经济的三大矛盾分别是实用价值与价值之间的矛盾、具体劳动与抽象劳动之间的矛盾、私人劳动与社会劳动之间的矛盾。货币是价值形式不断发展的必然结果，而价值形式的演进包括简单的、个别的或偶然的价值形式，总和的或扩大的价值形式，一般的价值形式及货币形式四种。

货币可以按照币材的不同分为朴素的商品货币、金属货币、纸质货币和电子货币；可以按照货币自身包含的价值大小分为实物货币、代用货币和信用货币。今天世界上流通的钞票属于纸质的信用货币。

关于货币的本质，自古存在截然不同的两派观点，即“货币商品论”和“货币名目论”，其中马克思主张的“货币是固定地充当一般等价物的特殊商品”的观点相对更有说服力。

货币的职能，包括价值尺度、流通手段、支付手段、储藏手段和世界货币五种，其中前两种是基本职能，后三种是派生职能。

货币制度的主要内容包括：确定币材、确定货币单位、规定货币的组织与管理、规定货币准备、规定货币的对外关系。历史上极为重要的金属货币制度主要有：银本位制度、金银复本位制度和金本位制度。其中，金银复本位制度又分为平行本位制、双本位制和跛行本位制；金本位制度又分为金币本位制、金块本位制和金汇兑本位制。

现代市场经济条件下的信用特指基于相互信任的借贷关系，是以偿本和付息为条件的价值单方面转移运动，是价值运动的一种特殊形式。信用的三个要素分别是信用的主体、信用的载体和信用制度。现代信用主要包括商业信用、银行信用、国家信用和消费信用。

思考题

1. 为什么说“金银天然不是货币，但货币天然是金银”？今天的金银贵金属与货币是何关系？

2. 为什么说货币是商品经济内在矛盾运动的必然产物?是价值形式不断发展的必然结果?

3. 比较分析实物货币、金融货币、信用货币。

4. 货币的职能有哪些?

5. 在信用货币时代为什么通货膨胀是常见的经济现象?

6. 什么是"劣币驱逐良币"现象?

7. 简述国际货币体系演变的过程与特点。

8. 简述信用的本质与作用。

9. 为什么需要大力发展消费信用?

进一步阅读书目

1. 黄达,张杰. 金融学:精编版[M]. 5版. 北京:中国人民大学出版社,2020.

2. 彭信威. 中国货币史[M]. 上海:上海人民出版社,2007.

3. 约翰·F. 乔恩. 货币史:从公元800年起[M]. 李广乾,译. 北京:商务印书馆,2002.

4. 弗雷德里克·S. 米什金. 货币金融学(第十一版)[M]. 郑艳文,荆国勇,译. 北京:中国人民大学出版社,2016.

第二章　金融体系

本章要点

◎金融体系的功能有哪些？

◎金融体系的融资方式是怎样运行的？

◎金融体系由哪些要素构成？

◎金融资产的分类有哪些？

第一节　金融体系的内涵与功能

一、金融体系的内涵

金融体系与“金融”一词既有联系又有区别。狭义的金融体系特指各种金融机构相互联系、相互制约所形成的系统，即金融机构体系，本章第三节会有专门介绍。广义的金融体系则有多种理解。很多学者将其定义为金融中介与金融市场的集合①，即各种金融中介机构在从事金融市场行为的过程中所形成的关系体系，它比狭义的金融体系多了市场要素，但不包含金融监管机构。我们认为，广义的金融体系是指一切金融要素相互联系、相互制约所形成的系统。这些金融要素包括：

金融主体——参与各种金融活动的企事业单位和个人、金融中介机构、政府监管机构等；

金融活动——金融主体所从事的诸如资金借贷、证券发行与流通、保险交易以及金融监管等行为；

金融市场——从事金融交易及开展各种金融活动的有形与无形场所；

① 参见：莫林·伯顿，雷·隆贝拉. 货币银行学：金融体系与经济[M]. 2版. 水润东，等译. 北京：经济科学出版社，2004：9。

金融工具——金融主体从事金融活动所借助的各种手段，特指金融票据、信用卡和衍生金融产品等工具；

金融规制——旨在维护金融市场正常秩序的各种法规体系与监管机构体系的集合。

不难理解，上述这些金融体系所涵盖的要素就是金融的要素，“资金融通关系的总和”要求包含这些要素。因此，金融体系与金融概念的联系即在于此，二者的基本内容是一致的；不同之处是，金融概念只强调要素内容本身，金融体系概念则强调各个要素的组合、互动、彼此制约及其效率评价。可以说，两个概念是内容与形式的关系，金融是金融体系的基础，金融体系是金融的表现。

二、金融体系的功能

关于金融体系的功能评介，一般认为兹维·博迪和罗伯特·C. 莫顿的概括比较全面[①]。他们提出的金融体系的功能主要有六方面。

（1）在时间和空间上转移资源。金融体系可以在不同的时间、地区和行业之间提供经济资源转移的途径。换言之，此时金融体系充当了信用中介的角色，它能够以社会成本最节约的方式将资源需求者与资源富余者联系起来，为其提供洽谈和交易的机会。与此同时，它优化了全社会的资源配置，让本身闲置的经济资源流向效益更优的部门或主体。

（2）管理风险。众所周知，商品经济社会的风险无处不在，人类社会经济的发展史本身就是一部在不确定性环境下持续博弈的风险斗争史。而人类应对风险的手段有很多，自从金融体系形成以后，这些手段变得越发多种多样，如保险业、期货期权业和互换业等金融业务最初都是为满足风险管理的需要而产生的。借助金融体系来转移或应对风险，是风险管理的高级形式。金融体系的风险管理功能要求金融体系为中长期资本投资的不确定性即风险进行交易和定价，形成风险共担的机制。

（3）清算和支付结算。在经济货币化日益加深的情况下，建立一个有

① 参见：兹维·博迪，罗伯特·C. 莫顿．金融学[M]．欧阳颖，等译．北京：中国人民大学出版社，2000：24－30。

效的、适应性强的交易和支付系统乃基本需要。可靠的交易和支付系统应是金融系统的基础设施，缺乏这一系统，高昂的交易成本必然与经济低效率相伴。一个有效的支付系统对于社会交易是一种必要的条件。交换系统的发达，可以降低社会交易成本，可以促进社会专业化的发展。借助金融机构，我们可以开立账户，实现资金划转、往来等，从而以资金流带动物资流，金融体系实际充当的是支付中介的角色。

（4）资源配置。为投资筹集充足的资源是经济发展的必要条件。对投资的配置有其自身的困难，即生产率风险、项目回报的信息不完全、对经营者实际能力的不可知等。这些内在的困难要求建立健全的金融体系。在不确定的现代社会，单个的投资者是很难对公司、对经理、对市场等条件进行评估的。金融系统的优势在于为投资者提供中介服务，并且提供一种与投资者共担风险的机制，使社会资本的投资配置更有效率。中介性金融机构提供的投资服务可以表现在：一是分散风险；二是流动性风险管理；三是进行项目评估。

（5）提供信息。物质、能量和信息是客观世界的三大要素，经济活动缺乏任一要素都将举步维艰。而金融体系是一个信息集散枢纽，通过这个枢纽，广大经济主体可以获得大量有关市场和交易的宝贵资讯。例如，货币市场供求博弈形成的利率，即货币资金使用价格这一重要信息；股票市场形成的股价指数，即资产交易价格的重要信息。这些金融信息足以决定一个经济主体从事市场活动的成败，甚至还可为相关部门政治决策提供参考，因为经济决定政治的同时，也反映政治气候的动向。

（6）解决激励问题。这主要是指金融体系可以解决或缓解由信息不对称（包括事前信息不对称的“逆选择”和事后信息不对称的“道德风险”）所导致的“委托—代理问题”①。处于信息劣势一方——“委托人”面临两大难题：一是如何“约束”处于信息优势一方的“代理人”；二是如何激励“代理人”。诸如抵押贷款和债益（借债的收益）分享等金融行为都具有约束与激励的作用。当然，这个功能层次较高，存在可探讨的空间。

① 参见“信息经济学”关于“委托—代理问题”的分析。

总而言之，一个运行良好、组织健全的金融体系具有强大的经济功能，它促使金融成为现代经济发展的强大推动力。可以说，现代经济的核心是金融。但是，金融经济的发展一方面带给社会无与伦比的新鲜活力，另一方面为新的危机准备了条件。因为金融运行的风险是客观存在的，信用危机引发金融危机及至诱发经济危机的事例并不鲜见，这也从一个侧面提醒我们建立一个健全、高效的金融体系是何等重要。

第二节　金融体系的融资方式

任何一个现代经济社会总是由家庭住户、企业、政府机构和国外部门等几种基本经济单位组成的。每一种经济单位均有自己的预算结构和经济目标。家庭住户在要素市场售卖其所拥有的要素，获取以工资、薪金为主的要素收入，同时在产品市场支出，以购买耐用和非耐用消费品及劳务来实现效用最大化。企业在产品市场上出售产品，取得销售收入，同时支付生产成本和追加资本等以实现利润最大化。政府通过征税等方式取得收入，同时为履行政府职能而进行各种开支。国内各经济部门通过贸易、资本流动、劳动力流动，与国外部门发生联系，国外部门向国内提供商品、劳务及资本，形成国内的进口及资本流入；同时，国内部门也向国外部门供给商品、劳务及资本，满足国外部门的需求，形成国内的出口及资本流出。从分部门资金账户来看，总有一部分经济单位或由于收入增加或由于缺乏适当的消费与投资机会，或为了预防不测，或为了将来需要而积累，处于收入大于支出的状态，这类单位是盈余单位；而另有一些经济单位或由于收入减少，或由于消费超前，或由于进行额外投资，或由于发生意外事故等，处于支出大于收入的状态，成为赤字单位，或叫亏拙部门。

在经济生活中，盈余单位有多余的资金，而它们又不想在当前作进一步的开支；相反，赤字单位想进行更多的开支，但又缺少资金，计划不能实现。经济发展在客观上要求资金在盈余单位和赤字单位之间转移、流动，这种转移、流动就是资金的融通，简称“金融”。资金在盈余单位和赤字单位转移、配置的方式有两种：直接融资和间接融资。

直接融资是指由赤字单位（最终借款人）直接向盈余单位（最终贷款人）发行（出卖）自身的金融要求权，如债券、股票等，其间不需要经过金融中介机构，或虽有中介人，但明确要求权的仍是赤字单位和盈余单位。以直接融资方式进行的资金剩余与不足的调剂，通常是在证券市场上进行。间接融资则是最终借款人（赤字单位）与最终贷款人（盈余单位）通过银行及其他金融中介机构进行的资金融通方式。按照这种方式，盈余单位和赤字单位无直接契约关系，双方各以金融中介机构为对立当事人，即金融机构发行（卖出）自己的金融要求权，换取盈余单位的资金，并利用所得资金去取得（买进）对赤字单位的金融要求权。

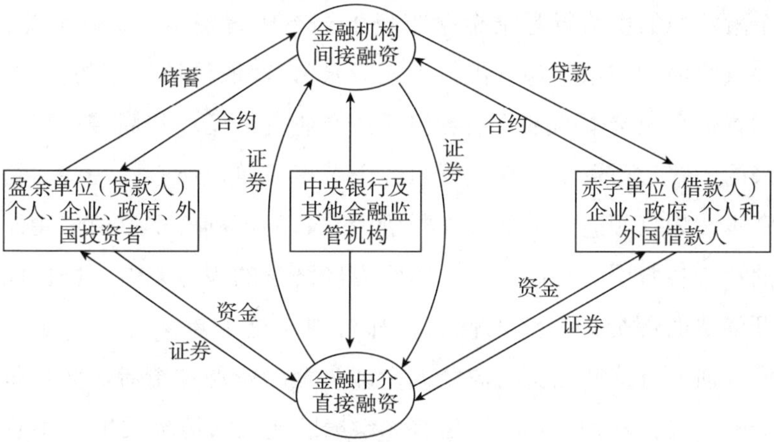

图 2－1　直接融资与间接融资

直接融资和间接融资相辅相成、相互促进，共同构成统一的金融体系。图 2－1 的左边是资金盈余单位，是拥有资金的经济主体；右边是资金赤字单位，是需要通过借款筹集资金的经济主体。资金盈余者主要由个人构成；资金短缺者主要由企业和政府构成。在直接融资中，借款人通过在金融市场出售证券来筹集资金，这些证券是对借款人未来收入和资产的索取权凭证。证券是购买者的资产，是出售证券公司的负债。在不同时期、不同地区，由于经济发达程度、市场发育程度的不同，这两种融资方式的侧重有所差异。

第三节　金融体系的构成

这里所指的金融体系构成是广义上的，包括前文述及的金融体系的五个要素：金融主体、金融活动、金融市场、金融工具和金融规制。

一、金融主体

金融主体即金融活动的参与者主要有三类：金融资源的供求者、金融交易的中介人和金融活动的监管者。

（一）金融资源的供求者

金融资源的供给者是指金融市场上拥有闲置资金、资本或专门技术，愿意提供给他人使用（包含出借和入股），以获取价值增值的机构和个人。其中闲置资金或资本的来源主要包括：产业资本循环和周转过程中暂时游离出来的闲置货币资本，它主要归各个企事业单位所有；一些富裕阶层的逐利资本，如巨额遗产继承人、彩票中奖者的逐利资本；由信用制度动员起来的社会各阶层的货币储蓄。用西方经济学的观点来看，国民收入中凡是除开消费的部分即广义的储蓄，都可视作这个意义上的金融资源的供给，而任何拥有这些储蓄的盈余人，即为金融资源供给者。实现价值增值是他们的主要目的，个别时候也有无偿援助他人的情况发生（不收利息），但这种援助严格来讲已不是典型的金融行为。至于专门技术，则特指保险公司等金融机构可以提供的风险管理（转移）技术。

金融资源的需求者是指在金融市场上融通资金、购买资本要素或获取特殊服务以满足不同需要的人。这些需求者即前述的赤字单位，包括企业、机构以及政府，范围十分广泛。其需要也是多方面的，既包括生产需要（如融入流动资金、创业资本）、公共管理需要（如弥补财政赤字）和衣食住行等生活需要，也包括风险转移之类的特殊需要。

以上两类构成金融活动参与者的主体。

（二）金融交易的中介人

金融交易的中介人简称为“金融中介”（financial intermediaries），是为金融资源供求双方的交易活动提供中间服务的专业金融机构，如商业银行、投资银行、证券公司、保险公司、信托典当行以及金融咨询公司或信用评估公司等。金融中介的服务包括信用中介、支付中介、信息中介等。它们是参与金融活动的非常重要的主体，可以说当今社会如果离开了这些中介机构，那么金融活动在事实上是无法正常开展的。

有些教材把金融中介与金融机构等同起来，实际上后者还包括金融监管机构和政策性金融机构等，二者是有区别的。其中，政策性金融机构比较特殊，它的业务性质可以归属于金融中介，但又带有明显的行政特性。相关问题请参见本章第三节。

（三）金融活动的监管者

金融是现代社会经济发展的核心推动力，但金融业隐藏着巨大的系统性风险，金融市场的“失灵”（failure）现象无处不在，所以，对金融运行实施必要的监督管理是国际上的共识和通行做法。原则上，专门履行金融监管职能的政府部门或机构即为金融活动的监管者，其主要包括中央银行、银保监会、证监会等部门。这些金融监管机构是金融主体中不可或缺的重要组成部分。

二、金融活动

金融活动纷繁复杂，常见的如存款与贷款、证券发行与流通、信托租赁、抵押典当、期货期权、保险交易等行为。我们可以根据不同的标准进行大致的划分。

根据金融活动的主体不同，可以分为金融交易活动、金融中介活动和金融监管活动。

（一）金融交易活动

金融交易活动在狭义上特指资金、资本供求者之间直接进行的有偿的余缺调剂及相关行为，不包括借助中介机构实现的交易。但严格来讲，金融交易与金融中介两类活动不好截然分开，因为离开金融中介机构的纯粹的直接交易的规模已经越来越小（如民间借贷），不再具有典型意义，像银行存贷款活动其实就是银行以中介人身份促成的资金融通（所谓的“银行中介”）。所以，广义上的金融交易活动其实要包含金融中介活动，它们彼此是你中有我、我中有你的关系。传统观点认为，金融领域的三大行业包括银行业、证券业和保险业，三者并称为金融业的“三驾马车”，也就是说，包含了中介活动在内的银行交易、证券交易和保险交易构成金融交易活动的主体。

（二）金融中介活动

金融中介活动在狭义上特指在金融交易过程中金融中介机构参与的居间行为，如证券经纪、保险代理等；在中义上包括专门的中介机构从事的信用评估、资产评估、会计师事务等活动；广义上的金融中介活动应包括以上两者。

（三）金融监管活动

金融监管活动是指政府通过特定的机构（如中央银行）对金融交易行为主体进行的某种限制或规定。金融监管本质上是一种具有特定内涵和特征的政府规制行为，是金融监督和金融管理的总称。

金融监管活动包括公告监管、规范监管和实体监管三方面。公告监管是指政府不直接监督金融业的经营，只规定各金融企业必须依照政府规定的格式及内容，定期将营业结果呈报政府的主管机关并由其予以公告，至于金融企业的组织形式、金融企业的规范、金融资金的运用，都由金融企业自我管理，政府不对其多加干预。在规范监管下，政府对金融企业经营的若干重大事项，如金融企业最低资本金、资产负债表的审核、资本金的运用、违反法律的处罚等，都有明确的规定，但对金融企业的业务经营、财务管理、人事等方面不加干预。实体监管是指国家制定完善的金融监督管理规则，金融监管机构根据法律赋予的权力，对金融市场尤其是金融企业进行全方位、全过程有效的监督和管理。

三、金融市场

金融市场是指经营货币资金借款、外汇买卖，有价证券交易、债券和股票的发行，黄金等贵金属买卖场所的总称，是资金融通市场。根据金融市场上交易工具的期限，可以把金融市场分为货币市场和资本市场两大类。货币市场是融通短期（一年以内）资金的市场，资本市场是融通长期（一年以上）资金的市场。资本市场包括中长期信贷市场和证券市场。中长期信贷市场是金融机构与工商企业之间的贷款市场；证券市场是通过证券的发行与交易进行融资的市场，包括债券市场、股票市场、基金市场、保险市场、融资租赁市场等。金融市场具有三个特点：第一，金融市场是以资金为交易对象的市场；第二，金融市场交易之间不是单纯的买卖关系，更主要的是借贷关系，体现了资金所有权和使用权相分离的原则；第三，金融市场可以是有形市场，也可以是无形市场。

四、金融工具

（一）金融工具的含义

金融工具是金融学和金融交易中非常重要的一个概念，可以说现代金融学研究在很大程度上就是专门针对金融工具的性质、创新和交易效率等问题。金融工具是指金融交易可以使用的证券、银行卡和衍生金融产品，又称为“金融市场工具”或“金融产品”。

证券是多种经济权益凭证的统称，是用来证明券票持有人享有某种特定权益的法律凭证。证券具备三个要素：一是“由合格机构发行或出具”的凭证；二是“有面值”；三是“能代表或能据以实现一定经济利益”。概括起来，证券就是由合格机构发行或出具的有面值的、能代表或能据以实现一定经济利益的凭证①。如保险单、发票、提货单都可算作证券。证券又分为有价证券和凭证证券，其中有价证券是具有市场价格，可以合法流通转让的证券，如银行汇票、大额存单、股票、债券等，一般特指股票和

① 从这个角度来说，钞票其实也可算作证券，只是钞票本身没有收益，加之其作为货币的特殊性，一般不算作证券。

债券。发票等不可流通转让的票据则属于凭证证券。作为金融工具的证券一般是有价证券，以银行票据和股票、债券等为主。

银行卡是由商业银行发行的，提供给客户进行存款、贷款、提现、消费和透支等活动的电子交易工具。依据是否具有透支功能，银行卡又可分为信用卡（又叫贷记卡）和储蓄卡（又叫借记卡）。前者允许持有人透支，后者不行。现在世界上最有名的两大信用卡分别是万事达卡（Master Card）和维萨（VISA）卡。银行卡是金融交易与计算机网络技术完美结合的体现，其大大提高了日常金融交易的效率，扩大了银行的业务规模，是当今世界各个商业银行竞相发展的良好工具。

衍生金融工具是由原生金融工具（上述的传统金融工具）发展而来的、价值依附于原生工具的新型金融产品。典型的衍生金融工具包括远期合约、期货合约、互换协议和期权（选择权）等。衍生工具的发展十分迅猛，产生的问题也不少，其特点包括：交易标准化、风险对冲化、用途灵活化、监管专业化等。

（二）金融工具的特征

金融工具的特征包括：一是流动性，即金融工具转换为现金或活期存款的能力，又叫“变现性”。二是安全性，即金融工具在持有和转换过程中的保值能力，换句话讲，就是收回本金、不亏损的能力。显然，流动性越强的工具，一般安全性也越高。同样，安全性越高，则风险性越低。三是收益性，即金融工具的增值能力，或给所有人带来收益的可能性。显然，收益性与流动性和安全性成反比，像钞票具有最强的流动性，却不具有收益性，因为手持现金本身并不会增值。金融工具中，银行卡比较特殊，其收益性几近于零，无所谓价值增值。

需要指出的是，金融工具与信用工具既有联系又有区别。信用工具是完成信用交易所借助的工具，特指信用凭证，大量的金融工具（只要与债权债务有关）同时属于信用工具，现代条件下（实物信用除外的条件下），信用工具几乎都属于金融工具。但是，金融工具中不涉及债权债务关系的部分，典型的如股票，则不属于信用工具。所以，信用工具要多出偿还性和期限性两点特征。

（三）金融工具的种类

金融工具的种类繁多，我们以美国为例，对证券类原生金融工具进行说明。

1. 货币市场工具

货币市场通常指期限在一年以内的资金借贷市场，其交易工具的特点是期限短、风险小、收益稳定。主要的货币市场工具有以下几种。

（1）国库券（treasury bills）。这是指由美国联邦政府发行的一年以下的用于弥补联邦财政赤字的短期债务凭证。其特点是通过招投标的方式发行认购，信用度高、流动性极强，交易量巨大。与美国的国库券不同，中国的国库券是中长期的政府债券，计划性发行，理论上不记名、不挂失、不流通，只能满期兑付。

（2）可转让定期存单（negotiable certificate of deposit）。这是指银行发行对持有人偿付具有可转让性质的定期存款凭证。凭证上载有发行的金额及利率，还有偿还日期和方法。其特点有：存单是不记名的，可以在金融市场上转让；面额大，在美国至少为 10 万美元，在中国为 30 万元；定期存单的期限多为短期的，14 天到 1 年不等。

（3）商业票据（commercial paper）。这是指由大银行和大型公司企业（如通用汽车、AT&T 公司等）发行的短期融资券，不是通常所说的商业汇票、本票等。20 世纪 70 年代以来，商业票据在美国获得了令人瞩目的发展。

（4）银行承兑票据（banker's acceptances）。这是指由企业开具、约定将来在一定时间或一定条件下付款（如见票即付），并由银行承诺兑付的票据，其主要是指银行承兑汇票。正因为加入了银行的兑付担保，这种票据才具有了更高的信用度，从而可在货币市场上广泛流通。

（5）回购协议（repurchase agreements）。这是一种以政府债券作质押的短期贷款协议，即某金融机构向另一金融机构出售一定量的政府债券，承诺短期内以更高价格购回。回购协议是中央银行调节全社会资金流动的手段之一，也是商业银行调节资产负债的手段之一。由于以政府债券作担保，这种工具有很高的信用度，交易量也很大。

（6）欧洲美元（Eurodollar）。这是指存于美国境外银行（包括境外的外国银行和国内银行的国外分支机构）的美元存款及以美元标值的资产，最初源于实施马歇尔计划时流向欧洲的境外美元，后来泛指一切美国境外的美元。当美国银行需要资金时，可以借用这些美元资产，从而使其成为重要的货币市场工具。

2. 资本市场工具

资本市场是指期限在一年以上的借贷市场和股权市场，其交易工具的特点是期限较长、风险较大、收益较高。主要的资本市场工具包括以下几种。

（1）股票（stock）。股票是指由股份制企业发行的，证明其持有人可据以分配红利或管理企业的股权凭证。与债券相比，二者的相似点在于它们都有面值和市场价格，一般都可以上市流通，从而成为金融工具。二者的典型区别在于，股票是一种所有权凭证，在多数情况下，持有人可凭股票参与企业管理，一般没有期限，其收益包括红利分配和转让价差（资本利得）两部分；而债券是一种债权凭证，债权人无权干预企业管理运作，期限可长可短（一年以上的属于资本市场工具），其收益包括利息收入和转让价差。

（2）抵押贷款（mortgages）。这里的抵押贷款特指在购买房屋、土地等不动产后，用这些不动产作抵押获取贷款的融资方式。这种融资方式的期限一般很长，可达几十年以上，且金额总量在美国相当可观，是构成资本市场交易的重要形式之一。

（3）公司债券（corporation bonds）。公司债券是指由规模大、信誉好的公司发行的中长期债券。这样的债券信用度较高，在资本市场上具有相当的可接受性，所以也成为重要的金融工具。其收益除了取决于票面规定的利息率，还取决于其发行公司的经营业绩，因为这可能影响到它的市场表现。

（4）政府债券（government bonds）。政府债券是政府为筹集资金而向出资者出具并承诺在一定时期支付利息和偿还本金的债务凭证。政府债券具有安全性高、流通性强、收益稳定、免税待遇的特征，包括中央政府债券、地方政府债券和政府担保债券等。

3. 其他金融工具

其他金融工具中比较突出的如保险单，特别是期限较长的含有较多现金价值（cash value）即退保金的人寿保险单，是获取保险公司质押贷款的常用工具。又如基金券，即基金会参与人持有的证明其基金份额和受益权大小的凭证，也具有一定的金融工具属性。在美国，养老基金、对冲基金等是地位十分显著的金融组织，它们既是金融市场的重要参与者，又是典型的金融工具提供者。

另外，伴随金融活动的深化和金融创新的不断推进，各种形式的金融工具（如风险管理领域的“巨灾风险证券”）陆续出现，构成当今金融学领域新的研究热点。

五、金融规制

金融规制是各种关于金融运行的公约、法规、风俗、惯例和监管机构本身所形成的综合体系，其共同维系着金融市场活动的正常开展。从内容上来看，金融规制体系可分为监管机构和监管法规两个层次；从空间范围上来看，金融规制体系可分为国际和国内两个层次。

（一）金融监管机构体系

这里的金融监管机构实际上和前文涉及的金融活动的监管者是同一个含义，属于金融主体与金融规制两大范畴交叉的内容。但是，这里的金融规制体系比较强调各个监管机构组织间的相互联系和配合，看重彼此有机结合所形成的综合效力。

从国际上来看，比较有名的金融监管机构或行业协会性的组织分别是银行业的“巴塞尔银行监督委员会”（Basel Committee on Banking Supervision，BCBS）①、证券业的“国际证券委员会组织”（International Organiza-

① 通常简称为“巴塞尔委员会”。

tion of Securities Commissions, IOSC)和保险业的“国际保险监督官协会”(International Association of Insurance Supervisors, IAIS),它们分别负责各自行业经营原则、监管规则及行动指南的制定与监督执行;同时,这些组织还建立了联合论坛(joint forum)这样的联系机制,共同协调金融业的整体规制行动。不同国家或地区由于历史、文化和现实国情的不同,各自建立了不完全相同的金融监管机构体系。以中国为例,目前实行的是“一行三会”的监管模式,即中国人民银行负责货币发行、管理国库和制定货币政策,中国银行保险监督管理委员会(银保监会)、中国证券监督管理委员会(证监会)及其派出机构分别承担中国银行业、保险业和证券业的监督管理职能。

(二)金融法规体系

金融监管机构体系相当于金融规制体系的硬件方面,而金融法规体系则是金融规制的软件部分。从国际层面来看,金融法规体系由一系列的行业规范、经营原则、行为指引等组成,非经各金融组织成员国的立法机构批准,并不具有强制性的法律效力,但也对各个金融机构的行为具有约束力或指导意义。例如,巴塞尔委员会于1988年制定的《关于统一国际银行的资本衡量和资本标准的协议》(以下简称《巴塞尔协议》[①]),对规范国际银行业的稳健经营起到了良好的指引作用;2004年,巴塞尔委员会重新公布了资本协议修订草案,形成所谓的“巴塞尔新资本协议”(以下简称《巴塞尔协议Ⅱ》),以取代从前的《巴塞尔协议》。2009年《巴塞尔协议Ⅲ》发布,旨在取代《巴塞尔资本协议Ⅱ》,并于2019年全面实施。国际保险监督官协会分别于2002年、2003年和2004年制定了《信息交换的监督标准》《保险核心原则和方法》《保险公司治理的核心原则》等多个行业行为规范,其中《保险核心原则和方法》被视为国际保险经营与监管的黄金准则。国际证券委员会组织则在1998年9月制定了《证券监管的目标和原则》,并于2002年2月和2003年5月更新该文件,使《证券监管的

---

① 所谓《巴塞尔协议》,是国际清算银行成员国的中央银行在瑞士巴塞尔达成的若干重要协议的统称,最早的协议制定于1975年。

目标和原则》成为证券业监管的国际统一标准或指引。

从国内层面来看，金融法规体系则包括法律、法规、部门规章、地方法规及规范性文件等内容，在一国或地区范围内均有相应的强制效力。以中国为例，目前金融领域的三大基本法律（或叫金融法规体系的三大核心）分别是《中华人民共和国中国人民银行法》《中华人民共和国证券法》《中华人民共和国保险法》，围绕它们陆续出台的其他一些法律或规章，如银行部门的《中华人民共和国商业银行法》《中华人民共和国票据法》《中华人民共和国银行业监督管理法》，保险部门的《保险公司管理规定》《保险代理机构管理规定》《再保险业务管理规定》，证券领域的《中华人民共和国证券投资基金法》《证券公司管理办法》等。

上述五个要素在相互联系、相互制约，分别自成体系（金融主体体系、金融活动体系、金融市场体系、金融工具体系和金融规制体系）的同时，又一起构成广义的金融体系。但在许多情况下，我们只考察金融体系的狭义层面，即下面要介绍的金融机构体系。

本章小结

狭义上的金融体系特指各种金融机构相互联系、相互制约所形成的系统，即金融机构体系；广义上的金融体系是指一切金融要素相互联系、相互制约所形成的系统，这些金融要素包括金融主体、金融活动、金融市场、金融工具和金融规制。

金融体系的功能主要有：在时间和空间上转移资源、管理风险、清算和支付结算、资源配置、提供信息、解决激励问题。

金融机构泛指依法组建或成立的，具备一定的组织结构，专门从事金融交易、金融中介或金融监管活动的单位，分为监管性金融机构、政策性金融机构和经营性金融机构。

金融资产是指货币和可以用于金融市场交易，能带来利息、股息或资本利得（价差收益）的证券及衍生金融产品，属于无形资产的范畴。

思考题

1. 辨析金融与信用的关系。
2. 简述金融体系的构成要素。
3. 探析金融体系的功能。
4. 简述金融资产的含义与分类。
5. 分析金融市场与金融机构的关系。

进一步阅读书目

1. 乔治·考夫曼. 现代金融体系:货币、市场和金融机构(第六版)[M]. 陈平,等译. 北京:经济科学出版社,2001.

2. 富兰克林·艾伦,道格拉斯·盖尔. 比较金融系统[M]. 王晋斌,等译. 北京:中国人民大学出版社,2002.

第二篇

微观金融

第三章　利率与利率决定

本章要点

◎什么是利息？什么是利率？

◎利率取决于哪些因素？

◎利率的风险结构是什么？

◎利率的期限结构是什么？

◎什么是年金？

第一节　利息与利率

一、利息

对利息的本质问题较早的论述有庞巴维克（Böhm - Bawerk）的“时差利息说”。庞巴维克认为，利息是对人们延期消费行为的补偿。当资金出借者将一笔资金的暂时使用权让渡与他人时，就是放弃了当前的消费，选择了延迟的消费。由于消费的示范效应使得延迟的消费带给消费者的效用较当前的消费要小，所以，资金出借者应该从资金使用权的让渡中获得一定的补偿，以弥补其延迟消费的效用损失。这一补偿就是资金出借者在收回资金时可以获得比初始的让渡资金更多的资金，多余的资金就是利息。

二、利率的种类

利率即利息率，是指借贷期间形成的利息额与本金的比率。现实生活中的利率可以按照不同的标准进行划分，品种繁多，构成了一个庞大的利率体系。主要的利率划分标准有以下几种。

（一）法定利率与市场利率

法定利率是由政府或中央银行确定的利率，是国家实现宏观调控的一种政策手段。由于法定利率无法真实反映市场上资金借贷的价格，大多数国家都实行市场利率。市场利率是指由市场供求关系来决定的利率。市场利率也分为完全不受限制的利率和有上下限约束的利率。随着西方国家金融自由化的发展，对市场利率的限制也越来越少。

（二）固定利率与浮动利率

固定利率是指借贷期内不做调整的利率。实行固定利率便于借贷双方准确计算成本和收益。但由于在通货膨胀的情况下，债权人特别是长期放贷的债权人要承担较大损失。为了减少债权人的风险，浮动利率应运而生。浮动利率是指可在借贷期内定期做调整的利率。根据借贷双方的协定，由一方在规定的时间内依据某种市场利率进行调整，一般调整期为半年。由于浮动利率减少了债权人的风险，所以浮动利率的借贷规模不断扩大。在较长期的信用活动中，浮动利率是主要的利率形式。浮动利率的调整要依据权威的短期利率。如在国际借贷中，浮动利率多以伦敦同业拆借利率（libor）为依据。

（三）一般利率与优惠利率

优惠利率是指国家通过金融机构，为重点扶植的企业、行业提供的低于一般贷款利率水平的利率。我国实行的贴息贷款就是优惠利率。所谓贴息贷款是指接受贷款的单位或个人支付低于一般贷款利率水平的利息，发放贷款的银行因此而少收的利息由批准贴息贷款的地方或中央政府部门支付。

（四）名义利率与实际利率

名义利率是指在不考虑物价上涨对利息收入的影响时的利率，或者说名义利率是指未经过通货膨胀调整的利率。而实际利率是指物价不变时的利率，或者说已经过通货膨胀调整的利率。

例 3 - 1　假定某年度物价没变化，小张从其他人处取得一年期的 100 元贷款，年利息 15. 5 元，则名义利率和实际利率相同，都是 15. 5%。

然而，在现实中物价变动是普遍的。假定目前物价每年上升 5%。小张从其他人处取得一年期的 100 元贷款，年利息 15. 5 元，则名义利率是

15.5%，因为名义利率未考虑通货膨胀的影响。实际利率会是多少呢？为了回答这个问题，我们假定比萨饼的年初价格是每张5元。则年初的100元可以购买20张比萨饼。因为通货膨胀是5%，比萨饼的价格也将上涨5%，即年末时每张比萨饼的价格是5.25元。如果是我们给小张贷款100元，那么年末我们收回的贷款能买几张比萨饼呢？

年末我们一共收回贷款加利息 = 100 + 15.5 = 115.5元，可以买到比萨饼115.5/5.25 = 22张比萨饼，而年初100元只能买到100/5 = 20张比萨饼。因此，就比萨饼来计量，贷款的利息率是（22 − 20）/20 = 10%。本例告诉我们，即使贷款的名义利率是15.5%，通货膨胀使得购买力只上升了10%，因此，实际利率是10%。

名义利率和实际利率的差别非常重要，值得重复一遍：

名义利率是你所拥有的钱的变动百分比。

实际利率是你的钱所能购买的商品数量的变动百分比，也就是购买力的变动百分比。

名义利率和实际利率的关系可以用著名的费雪效应（Fisher effect）来描述。

因为贷款者最终关心的是他的钱能买到什么，所以他会要求对由通货膨胀造成的损失给予补偿。如果 R 代表名义利率，而 r 代表实际利率，则费雪效应告诉我们，名义利率、实际利率和通货膨胀之间的关系可以表述为：

$$1 + R = (1 + r) \times (1 + h) \tag{3-1}$$

其中，h 代表通货膨胀率。

在上面的例子中，名义利率为15.5%，通货膨胀率为5%，实际利率是多少呢？只要把数据代入，就可以得到答案：

$$1 + 15.5\% = (1 + r) \times (1 + 5\%)$$

计算可得 $r = 10\%$。

这个实际利率和前面求得的一样。如果换个角度来看费雪效应，我们可以把它重新整理成：

$$R = r + h + r \times h \tag{3-2}$$

它告诉我们名义利率包括三部分：第一部分是实际利率 r；第二部分是对原本金由通货膨胀（h）导致价值损失的补偿；第三部分则代表对这项贷款所赚利息的补偿，因为它们实际上已因通货膨胀而贬值了。

（五）利率与贴现率

利率通常的计算方法是利息相对于本金的比例。例如，借款人向银行借款，年付利息为 8 元，借款 100 元，则借款利率是 8%。但还有一种历史悠久的计算利率的方法。如果某人从银行借 100 元，一年后归还，银行可能减去利息支付，比如 8 元，而给借方 92 元。这里，8/100 =8%，这时我们把 8% 叫作贴现率。然而，这时借款人支付的真实借款利率比贴现率高，真实借款利率 =8/（100 −8） =8.7% >8%，也就是说真实借款利率比贴现率高 0.7%。

如果把贴现率记为 BDR，则真实借款利率 $= BDR/(1 - BDR)$。因为 $BDR > 0$，所以真实借款利率会高于贴现率。

第二节　利率的决定

一、马克思的利率决定理论

马克思的利率决定理论以剩余价值在不同资本家之间的分割作为起点。马克思认为，利息是贷出资本的资本家从借入资本的资本家那里分割来的一部分剩余价值。剩余价值表现为利润，因此，利息量的多少取决于利润总额，利息率取决于平均利润率。“因为利息只是利润的一部分……所以，利润本身就成为利息的最高界限，达到这个最高界限，归执行职能的资本家的部分就会 =0。”① 利息不可以为零，否则有资本而未营运的资本家就不会把资本贷出。因此，利息率的变化范围是在零与平均利润率之间，当然，并不排除利息率超出平均利润率或事实上为负数的特殊情况。

利润率决定利息率，从而使利息率具有以下特点：①平均利润率随着

① 卡尔·马克思，弗里德里希·恩格斯．马克思恩格斯全集：第 25 卷［M］．中共中央马克思恩格斯列宁斯大林著作编译局，译．北京：人民出版社，1974：401.

技术发展和资本有机构成的提高有下降的趋势，因而也使平均利息率有同方向变化的趋势。②平均利润率虽有下降趋势，但这是一个非常缓慢的过程。而就任一阶段来考察，每个国家的平均利润率是一个相当稳定的量。相应地，平均利润率也具有相对稳定性。③由于利息率的高低取决于两类资本家对利润的分割结果，因此利息率的决定具有很大的偶然性，如同“一个股份公司的共同利润在不同股东之间按百分比分配一样，纯粹是经验的，属于偶然性王国的事情”[①]。这就是说，平均利息率无法由任何规律决定；相反，传统习惯、法律法规、竞争等因素，在利息率的确定上都可起直接作用。

二、古典利率理论

古典利率理论强调非货币的实际因素在利率的决定中起作用。它们所注意的实际因素是生产率和节约。生产率用边际投资倾向来表示，节约用边际储蓄倾向来表示。这里所说的“储蓄”是指经济学中的概念，等于收入减去消费（比我们日常所用的银行储蓄存款的储蓄概念包括的范围大）。投资流量会因利率的提高而减少，储蓄流量会因利率的提高而增加，所以投资是利率的递减函数，储蓄是利率的递增函数，而利率的变化取决于投资流量和储蓄流量的均衡。古典利率理论可以用图 3－1 来说明。

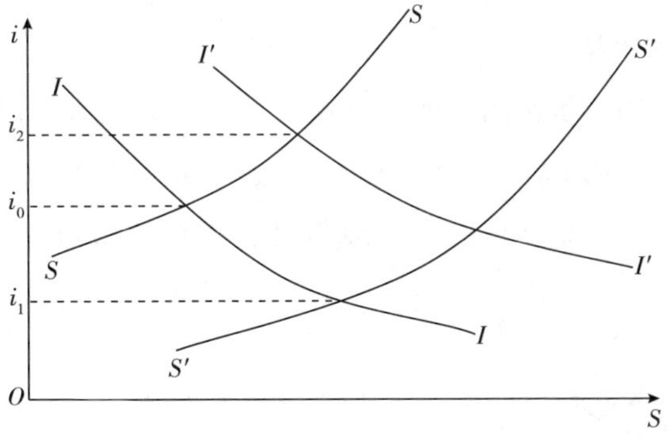

图 3－1　古典利率理论

① 卡尔·马克思，弗里德里希·恩格斯．马克思恩格斯全集：第 25 卷[M]．中共中央马克思恩格斯列宁斯大林著作编译局，译．北京：人民出版社，1974：408.

图3-1中，II曲线为投资曲线，向下倾斜，表示投资与利率之间的负相关关系；SS曲线为储蓄曲线，向上倾斜，表示储蓄与利率之间的正相关关系。两线的交点所确定的利率i_0为均衡利率。如果有某种因素引起边际储蓄倾向的提高，则SS曲线向右平移，形成$S'S'$曲线，$S'S'$曲线与II曲线的交点所确定的利率为i_1，即为新的均衡利率。显然，在投资不变的情况下，储蓄的增加会使利率水平下降。如果有某种因素引起边际投资倾向的提高，则II曲线向右平移，形成$I'I'$曲线，$I'I'$曲线与SS曲线的交点确定新的均衡利率i_2。显然，在储蓄不变的情况下，投资增加会使均衡利率上升。

三、流动偏好利率理论

凯恩斯认为，货币需求是指特定时期公众能够而且意愿持有的货币量。人们之所以需要持有货币，是因为存在流动偏好这种普遍的心理倾向，而现金是流动性最强的资产。流动偏好就是个人持有货币的原因，这一流动偏好构成了人们对货币的需求。因此，凯恩斯的货币需求理论又名“流动偏好理论”。根据流动偏好理论来考察利率的决定，就是凯恩斯的流动偏好利率理论。

我们知道，商品的均衡价格由商品的供给和需求决定。同理，均衡利率也正是由货币的供给和需求来决定，也就是人们持有货币的欲望与现有货币数量间的均衡价格。

凯恩斯提出了构成货币需求的三种动机，即交易动机、预防动机和投机动机。如果用M_1代表交易性货币需求，Y代表收入，则$M_1=f(Y)$。在其他条件不变的情况下，交易性货币需求M_1是收入Y的增函数（见图3-2）。

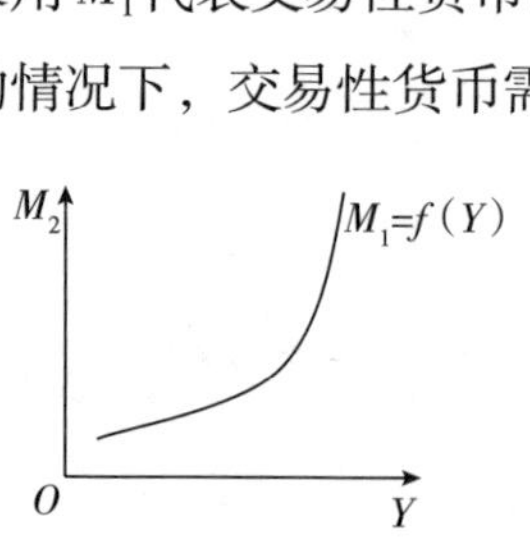

图3-2　货币需求是收入的增函数

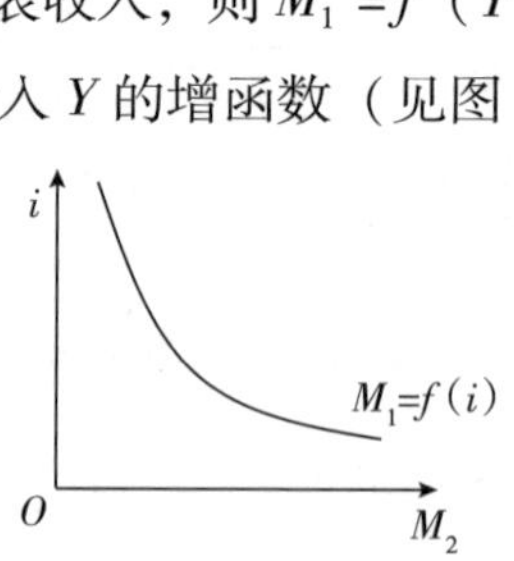

图3-3　货币需求是利率的减函数

货币的投机需求同利率水平负向相关。如果用 M_2 表示投机性货币需求，i 表示利率，则 $M_2 = f(i)$。当利率较高时，货币需求处于较低水平；当利率下降到较低水平时，货币需求增加（见图 3－3）。

假定货币供给完全受中央银行的控制，不受利率的影响，可用图 3－4 表示。

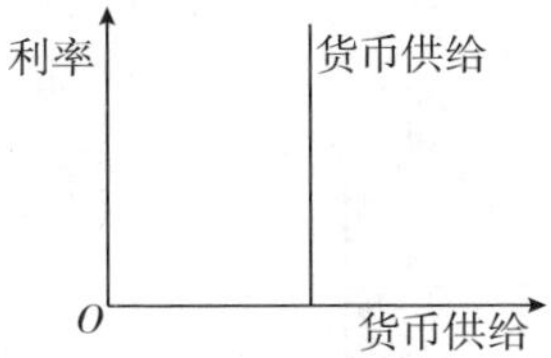

图 3－4　货币供给

货币供给 M_s 与货币需求 M_d 相等时，将决定均衡的利率。

$$M_s = M_d \tag{3-3}$$

而 $M_d = M_1 + M_2$　　(3－4)

$$M_1 = f(Y)$$

$$M_2 = f(i) \tag{3-5}$$

所以，均衡利率在满足 $M_s = M_d = M_1 + M_2 = f(Y) + f(i)$ 时决定（见图 3－5）。

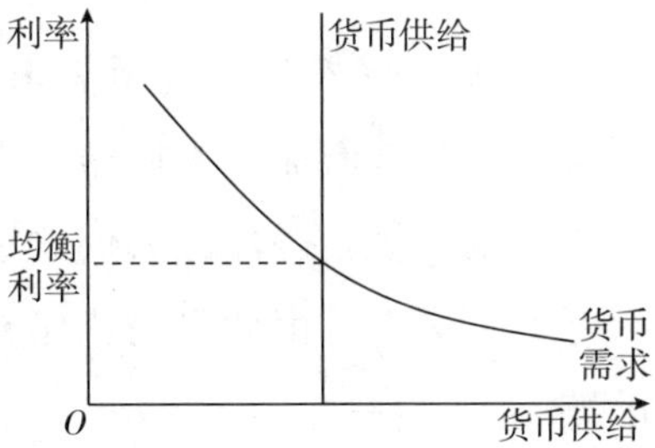

图 3－5　利率的决定

如图 3－6 所示，货币供给曲线 M_s 由货币当局决定，货币需求曲线 $M_d = f(Y) + f(i)$ 是一条由上而下、由左到右的曲线，越向右，越与横轴平行。M_s 与 M_d 的交点 i_1 就是均衡利率。如果货币当局实施扩展性货币政策，增加货币供给量，则货币供给曲线 M_s 将向右移动到 M_s'，M_s' 与 M_d 的交点

i_0 所确定的新均衡利率下降。

很明显，在货币需求曲线不变的情况下，增加货币供给，将使利率下降；减少货币供给，将使利率上升。但当货币供给曲线与货币需求曲线的平行部分相交时，利率将不再变动，即无论怎样增加货币供给，货币均会被储存起来，不会对利率产生任何影响，这便是凯恩斯利率理论中著名的“流动性陷阱”说。

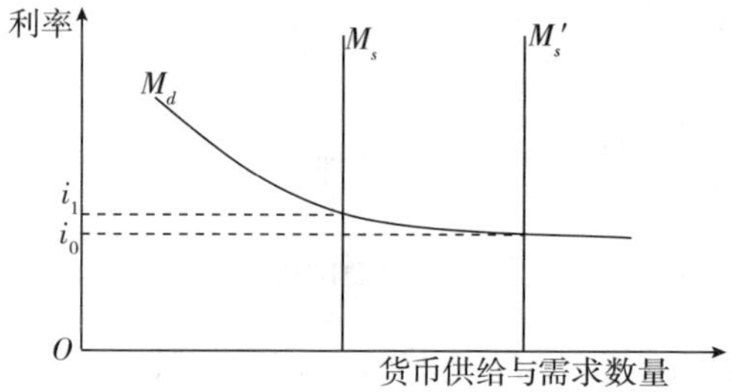

图 3－6　流动性陷阱

在凯恩斯利率理论中，不仅货币供给的变动会引起均衡利率的调整，货币需求曲线也可能因为某些因素而左右移动，从而引起均衡利率水平的变化。

在凯恩斯利率理论中，导致货币需求曲线发生位移的因素有两个，即收入和价格水平。

收入效应。在凯恩斯看来，收入影响货币需求的原因有两个：第一，随着经济的扩张，收入增加，财富增加，人们希望以更多的货币进行价值储藏；第二，随着经济的扩张，收入增加，人们希望使用货币完成更多的交易，人们也希望持有更多的货币。由此可得出结论：收入水平提高，导致货币需求增加，货币需求曲线右移。

价格水平效应。凯恩斯认为，人们只关心自己持有的实际货币数量，即能够购买的商品和劳务数量。当物价上涨时，名义货币量的价值下降，所能购买的商品和劳务数量少于涨价以前。为使自己持有的实际货币数量恢复到涨价以前的水平，人们将持有更多的名义货币量。因此，价格水平上涨，货币需求增加，货币需求曲线右移。

在货币需求曲线右移的情况下，如果货币供给保持不变，将引起均衡利率上升。

表 3 – 1 归纳了凯恩斯流动偏好利率理论中使货币供需曲线发生位移的诸因素。作为练习，读者可用图形把下列均衡利率的变动表示出来。

表 3 – 1　货币供需曲线及均衡利率变化

变量	变量变动	货币需求（M_d）或供给（M_s）曲线的变动	均衡利率的变动
收入	↑（上升）	M_d ↑	↑
	↓（下降）	M_d ↓	↓
价格水平	↑	M_d ↑	↑
	↓	M_d ↓	↓
货币供应	↑	M_d ↑	↓
	↓	M_s ↓	↑

四、可贷资金理论

凯恩斯的利率理论在学术界曾引起争论。反对方的典型代表是英国的罗伯逊（Robertson）与瑞典的俄林（Ohlin）。他们提出的可贷资金理论反对古典学派对货币因素的忽视，认为仅以储蓄、投资来分析利率过于片面，同时抨击凯恩斯完全否定非货币因素在利率决定中的作用的观点。

按照可贷资金理论，借贷资金的需求与供给均包括两个方面：借贷资金需求来自某期间投资的流量和该期间人们希望保有的货币余额；借贷资金供给则来自同一期间储蓄的流量和该期间货币供给量的变动。用公式表示，有：

$$D_L = I + \Delta M_D$$
$$S_L = S + \Delta M_S \tag{3-6}$$

式中，D_L 为借贷资金的需求；S_L 为借贷资金的供给；I 代表投资；S 代表储蓄；ΔM_D 为该时期内货币需求改变量；ΔM_S 为该时期内货币供给改变量。作为借贷资金供给一项内容的货币供给与利率呈正相关关系；而作为借贷资金需求一项内容的货币需求与利率呈负相关关系。均衡条件为：

$$I + \Delta M_D = S + \Delta M_S \tag{3-7}$$

利率由可贷资金供求均衡所决定。如果投资与储蓄这一对实际因素的力量对比不变，则货币供求力量对比的变化足以改变利率。因此，利率在一定程度上也是货币现象。图 3－7、图 3－8 展示了货币供求力量对比的变化是如何改变利率的。图 3－7 中，曲线 S_L'是增加了 ΔM_S 之后的可贷资金供给曲线。在可贷资金需求曲线不变的情况下，均衡利率水平下降。同理，图 3－8 中曲线 D_L'是增加了 ΔM_D 之后的可贷资金需求曲线。在可贷资金供给曲线不变的情况下，均衡利率水平上升。

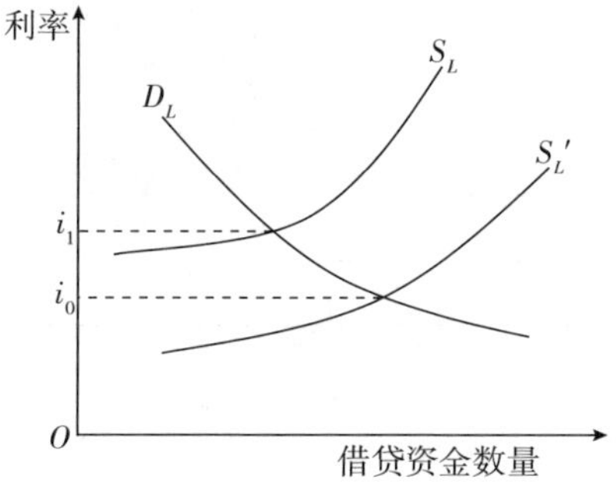

图 3－7　利率的变动（1）

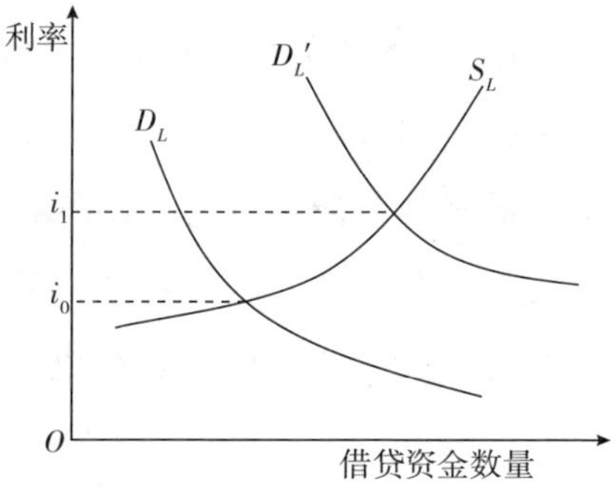

图 3－8　利率的变动（2）

五、*IS－LM* 模型的利率决定

关于利率的决定理论，还有新古典综合学派的 *IS－LM* 模型。*IS－LM* 模型是分析利率变动趋势的一个较好工具，该模型以凯恩斯理论框架为主要根据，由英国经济学家约翰·希克斯（John R. Hicks）创建。其后，美国经济学家汉森（Alvin Hansen）对其加以完善和发展。模型的基本形式如图 3－9 所示。

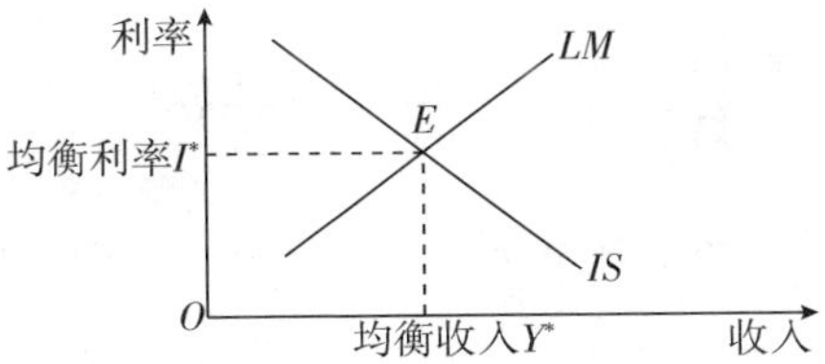

图 3－9　*IS*－*LM* 模型

图 3－9 中，*IS* 曲线表示产品市场均衡时利率和收入相互影响的曲线，*LM* 曲线则表示在货币市场均衡时利率和收入对应关系的曲线。*IS* 曲线与 *LM* 曲线的交点 *E* 代表产品市场和货币市场同时实现了均衡，交点 *E* 也就确定了均衡利率水平和均衡收入水平。

当然，如果两条曲线中任何一条曲线发生移动都足以改变均衡利率和均衡收入水平。如果投资函数或者储蓄函数变动，就会引起 *IS* 曲线发生位移。具体来说，如果 *LM* 曲线不变，*IS* 曲线右移，则均衡的利率和收入水平趋于上升；反之，如果 *LM* 曲线不变，*IS* 曲线左移，则均衡的利率和收入水平趋于下降。如图 3－10 所示，*LM* 曲线不变，*IS* 曲线右移到 *IS′* 位置，新的均衡点 *E′* 所确定的利率和收入上升了。

货币投机需求、交易需求和货币供给量的变化都会使 *LM* 曲线发生相应的移动。如果 *IS* 曲线不变，*LM* 曲线右移，则均衡利率趋于下降，同时均衡收入水平增加；*LM* 曲线左移，则均衡利率上升，而均衡收入水平趋于下降。如图 3－10 所示，当 *IS* 曲线不变，*LM* 曲线右移到 *LM′* 位置，*IS* 与 *LM′* 的新交点 *E″* 对应的均衡利率趋于下降，均衡收入增加。

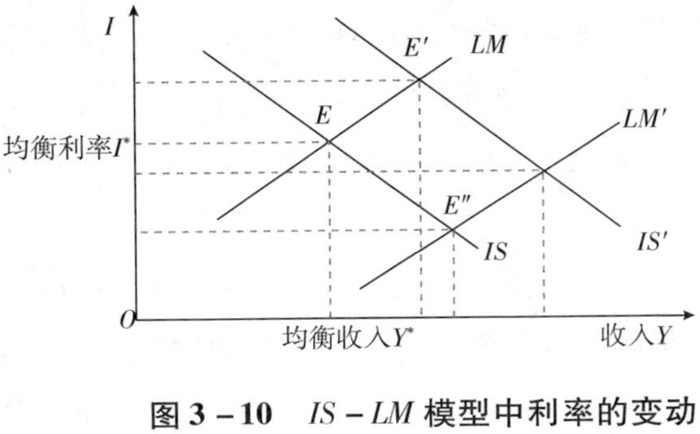

图 3－10　*IS*－*LM* 模型中利率的变动

第三节 利率的结构

上一节我们考察了利率的决定即利率的供求分析。但在现实中，我们会发现债券种类繁多，其利率各不相同。在本节，我们通过考察各种利率之间的相互关系，从而对利率做出一完整的理解。首先，我们要考察一下债券期限相同而利率各不相同的原因。我们把相同期限金融资产（如债券）因风险差异而产生的不同利率称为“利率的风险结构”。其次，我们要考察不同的期限对债券利率的影响。我们把不同期限金融资产（如债券）的利率之间的关系称为“利率的期限结构”。

一、利率的风险结构

（一）违约风险

违约风险是指由于债券发行者的收入会随着经营状况而改变，所以债券本息的偿付能力不同。这就给债券本息能否及时偿还带来了不确定性。

政府债券的偿还来源是税收，因而本息偿还能力高，违约风险小，尤其是中央政府发行的债券，违约风险就更低。而公司债券的偿还能力与经济状况这一大环境和公司经营这一小环境都有密切关系，因而不确定性高，违约风险大。

违约风险低的债券利率也低，违约风险高的债券利率也高。无违约风险的债券如国库券的利率最低。有违约风险的债券利率与无违约风险的债券利率之差被称为“风险升水”或“风险溢价”（risk premium），即人们为持有某种风险债券必须获得的额外的利息。具有违约风险的债券通常有正值的风险溢价，违约风险越大，人们就会要求更高的风险溢价。

图 3-11 描述了公司债券和无违约风险债券（如中央政府发行的国债）的供求关系。

假定无违约风险国债利率为 i_f，某一种公司债券利率为 i_c。假定公司债券最初没有违约的可能，故它像中央政府发行的国债那样，属于无违约风险的债券。在这种情况下，两种债券具有相同的属性（相同的风险和期限）、相等的均衡利率（$i_f = i_c$），且公司债券的风险溢价（$i_c - i_f$）为零。

假如公司由于遭受惨重的损失从而增加违约的可能性，则公司债券的违约风险将增大，其本息偿还的不确定性将增加，大众对公司债券的需求将减少，如图 3－11（a）所示，需求曲线从 D_0 左移到 D_1。同时，大众对中央政府国债的需求将增加，需求曲线从 D_0 右移到 D_1［见图 3－11（b）］。当利率达到新的均衡时（公司债券利率调整为 i_c'，国债利率调整为 i_f'），一方面公司债券的利率上升，另一方面国债的利率下降。风险溢价（$i_c' - i_f'$）为正值。

以上分析得出的结论为：具有违约风险的债券通常有正值的风险溢价，违约风险越大，风险溢价越高。

由于违约风险对风险溢价的大小如此重要，所以债券购买人需要了解该公司债券的违约可能性大小。在国际上，两家主要的投资顾问公司即穆迪投资者服务公司和标准普尔公司依据违约的可能性，对公司债券和美国地方政府发行的市政债券进行评级，提供了有关违约风险的信息。级别及其描述见表 3－2 所列。违约风险相对较低的债券被称为“投资级证券”，其级别为 Baa（或 Bbb）及以上。Baa 级（或 Bbb）以下的债券具有较大的违约风险，被称为“垃圾债券”。

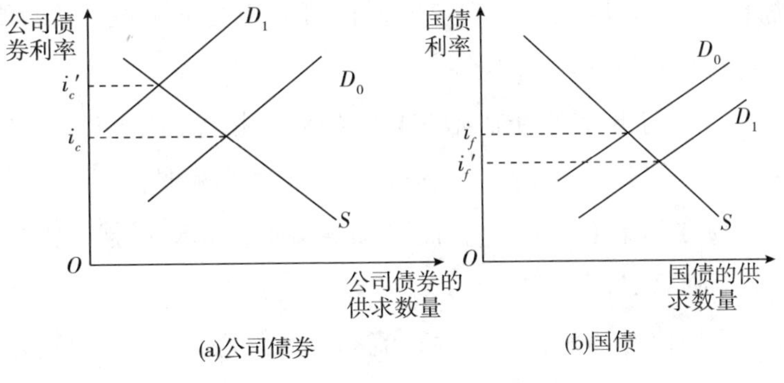

图 3－11　利率的风险结构

表 3－2 穆迪公司和标准普尔公司的债券信用评级

信用评级		描　述	备　注
穆迪	标准普尔		
Aaa	AAA	最高质量（最小违约风险）	投资级债券
Aa	AA	高质量	
A	A	中上级	
Baa	BBB	中级	
Ba	BB	中下级	垃圾债券
B	B	投机级别	
Caa	CCC、CC	可能违约（违约风险很高）	
Ca	C	高度投机	
C	D	最低级	

（二）流动性风险

影响债券利率的另一个因素是它的流动性。流动性资产是指必要时可以迅速、低成本变现的资产。资产的流动性越强，它就越受欢迎。在美国市场上，由于美国国债交易广泛，最容易出手而且费用低廉，所以它是流动性最强的长期债券。任何一家公司债券的交易量都小于国债，故流动性也相对较弱，在紧急情况下可能难以找到买主，故出售债券的费用较大。

流动性风险是指因资产变现速度慢而可能遭受的损失，也就是指证券出售的交易成本的高低。

假定 A 债券与 B 债券在初始交易时的利率相等，$i_A = i_B$；假定 A 公司因经营亏损，致使其公司债券不易变现，流动性减弱，对 A 债券需求减少，导致 A 债券利率上升到 i'_A；而 B 债券流动性相对增强，需求增加，B 债券利率就下降到 i'_B。

结果，两种债券利率差额扩大，流动性风险溢价（因为债券流动性强弱带来的风险溢价）就为正值（$i'_A - i'_B > 0$）。

可见，风险溢价既因违约风险而产生，也因流动性而产生。这就是说风险溢价应该准确地称为“风险和流动性溢价”，但习惯上仍把它称为“风险溢价”。

（三）税收因素

在美国，地方政府可以发行债券。地方政府债券的违约风险高于中央政府发行的债券，地方政府债券的交易规模较小，流动性也较弱，但地方政府债券的利率却较低，这其中的原因是二者税收待遇的不同。地方政府债券的利息一般是免所得税的。不同的税收待遇，不同的税后所得，债券的利率也就不同。

例如，某美国人处于个人所得税的级别是税率50%（他每增加1美元收入，需要缴纳个人所得税0.5美元）。他可以在地方政府债券和中央政府债券之间选择投资。如果中央政府债券的利率是10%，地方政府债券的利率是8%，那么该投资者一定会选择购买地方政府债券。因为中央政府债券税前利率虽然是10%，高于地方政府债券，但是税后利率却只有10%×（1－50%）＝5%，低于地方政府债券利率8%。

在中国，投资者持有国债、地方政府债券、国家发行的金融债券所获利息收入免纳所得税。但持有公司债券所获利息收入要根据个人或企业所得税法缴纳所得税。

二、利率的期限结构

我们考察了违约风险、流动性和税收因素（一起归在风险结构中）对利率的影响。而影响债券利率的另一因素是它的期限：具有相同违约风险、流动性和税收待遇的债券，其利率因离到期日的时间长短不同而可能不同。我们把期限不同，但违约风险、流动性和税收待遇都相同的债券的到期收益率连成一条曲线，称为“收益率曲线”（或“回报率曲线”）。

严格地说，各种期限债券是指不同期限的零息债券（不支付任何利息的债券。投资者购买时支付一个比债券面值低的价格，债券到期投资者获得债券面值的偿付）。因为零息债券的到期收益率不受再投资收益率变化的影响。

为了理解利率的期限结构，需要理解几个重要的概念。它们是到期收益率、即期利率和远期利率。

(一) 到期收益率

到期收益率是按照复利的思想计算出来的一种利率，被经济学家视为最精确的利率。到期收益率就是使从债券工具中获得的所有未来现金流入的现值与今天购买该债券工具所有现金流出价值相等的利率。以下举例说明。

现假设有一种中央政府发行的一年到期的零息债券，面值1000元，称为“A债券”。由于A债券是零息债券，所以在到期之前，中途没有任何利息支付。任何人购买A债券，须支付当时的市场价格，而在到期时则获得债券面值（在这个例子中就是1000元）的偿付。假设A债券现在的市场出售价格为934.58元，那么A债券的到期收益率就是使从A债券上获得的所有未来现金流入（1000元）的现值与购买A债券所有现金流出（934.58元）价值相等的利率。

未来现金流入1000元是一年后的流入，而现金流出934.58元却是现在时点上的流出，由于货币具有时间价值，不同时点上的货币金额不能直接进行比较，所以需要将未来现金流入的金额贴现为现在的价值，即现值。使从债券工具上获得的所有未来现金流入的现值与今天购买该债券工具所有现金流出价值相等所用的贴现利率就是到期收益率。

回到刚才的例子，A债券的到期收益率是由下列方程所解出的比率 r_A：

$$934.58 = 1000/(1 + r_A)$$

$$r_A = 7\%$$

再考虑另一种中央政府发行的两年到期的零息债券，面值1000元，称为“B债券”，现在的市场出售价格为857.34元。则B债券的到期收益率是由下列方程所解出的比率 r_B：

$$857.34 = \frac{1000}{(1 + r_B)^2}$$

$$r_B = 8\%$$

最后考虑中央政府发行的两年到期的附息债券（债券到期之前，发债者定期地向投资者支付利息），面值1000元，每年向投资者付利息50元，称为"C 债券"，现在的市场出售价格为 946.93 元。则 C 债券的到期收益率是由下列方程所解出的比率 r_C ：

$$946.93 = \frac{50}{(1 + r_C)^1} + \frac{1000 + 50}{(1 + r_C)^2}$$

使用试错法，解出 $r_C = 7.975\%$ 。

对其他的任何债券，也可用类似方法计算债券的到期收益率。

由上可知，计算到期收益率的方法是求解含有贴现率的方程，即：

现金流出 = 现金流入

运用年金和贴现的知识，你就更能理解到期收益率相当于投资者按照市场价格购买债券并且一直持有到期满时可以获得的年平均收益率。到期收益率取决于债券的面额、市场价格、票面利率和债券期限。但债券一经发行，债券的面额、票面利率和债券期限都固定不变（除非是浮动利率债券，其票面利率可变）。因此，影响到期收益率的因素主要是债券的市场价格。债券的市场价格处于经常的波动中，所以特定债券的到期收益率在不同时点上也会发生变化。但请注意，如果投资者按照某个既定的市场价格买入债券，则该投资者可获得的到期收益率也就被确定下来了，不再变动。

（二）即期利率和远期利率

即期利率是指某一给定时点上零息债券的到期收益率。

前例中的债券 A 和 B 是零息债券，这意味着投资者无论购买哪一个，都将只能从发行者处获得一次现金支付。据此，在该例中，一年期即期利率为 7%，两年期即期利率为 8%。

一般地，t 年期即期利率 s_t 是下列方程的解：

$$P_t = \frac{M_t}{(1 + s_t)^t} \qquad (3-8)$$

其中，P_t 是 t 年期零息债券的当前价，到期时价值为 M_t。例如，对债券 B，$t = 2$，$P_t = 857.34$ 元，$M_t = 1000$ 元。同样地，可依据五年期零息债券的当前价和到期价值计算出 5 年期即期利率的水平。

当然，上述公式计算即期利率的方法是以相应期限的零息债券存在为前提的。如果现实中没有较长期限的零息财政债券，只有较长期限的附息财政债券，那该怎样来确定较长期限的即期利率呢？

为了回答这个问题，我们需要知道即期利率可以用另一种方式来确定。

一年期即期利率（s_1）一般是已知的，典型的情况是用一年期的零息财政债券计算。然而，如果没有两年期的零息财政债券，只有两年期的附息财政债券可供投资，其当前市场价格为 P_2，到期价值为 M_2，从现在起的一年后的利息支付为 C_1。在这种情形下，两年期即期利率 s_2 是下列方程的解：

$$P_2 = \frac{C_1}{(1+s_1)} + \frac{M_2}{(1+s_2)^2} \tag{3-9}$$

一旦两年期即期利率已经算出，用同样方法也可以计算三年期即期利率。反复进行这种计算，可以得出一组附息债券的即期利率。

例 3-2 假设只有债券 A 和债券 C 存在。债券 C 的当前市价（P_2）为 946.93 元，年付息（C_1）为 50 元，到期价值（或面值，M_2）为 1000 + 50 = 1050 元。这时我们已知一年期即期利率 $s_1 = 7\%$，两年期即期利率可以这样确定：

$$946.93 = \frac{50}{1+0.07} + \frac{1050}{(1+s_2)^2}$$

此方程的解为 $s_2 = 0.08 = 8\%$。

在上述例子中，一年期即期利率为 7%。这意味着市场确定财政债券一年后支付的 1 元相当于现在的 1/1.07 = 0.9436 元，即现值为 0.9436 元。同时，我们知道两年期的即期利率为 8%，财政债券两年后支付的 1 元相当于现在的 $1/1.08^2 = 0.8573$ 元，即现值为 0.8573 元。

换个角度，可分两步确定两年后支付的 1 元的当前价值。第一步确定其等价的一年后的价值，即两年后得到的 1 元等价于一年后得到的 1 元/$(1+f_{1,2})$。第二步确定其等价的一年后的价值按一年期利率 7% 贴现的现值。于是其当前价值为：$\dfrac{1/(1+f_{1,2})}{1+0.07}$。

这个值必须等于0.8573元，正如先前所述，按照即期利率，财政债券两年后支付的1元相当于现在的0.8573元。所以有：

$$\frac{1/(1+f_{1,2})}{1+0.07}=0.8573$$

由此解$f_{1,2}=9.01\%$。

贴现率$f_{1,2}$就是从第一年到第二年的远期利率。这就是说，远期利率就是确定两年后得到的1元的一年后等价价值的贴现率。在上述例子中，两年后得到的1元等价于一年后得到的0.9174元（继而0.9174元的现值为0.9174/1.07=0.8573元）。

一年期即期利率、两年期即期利率及一年期远期利率之间的关系可用式（3－10）表示：

$$\frac{1/(1+f_{1,2})}{1+s_1}=\frac{1}{(1+s_2)^2} \tag{3-10}$$

上式也可改写为：

$$1+f_{1,2}=\frac{(1+s_2)^2}{(1+s_1)} \tag{3-11}$$

推广到一般，对$t-1$年和t年的即期利率及第$t-1$年到第t年间的远期利率之间的关系可用式（3－12）表示：

$$f_{t-1,t}=\frac{(1+s_t)^t}{(1+s_{t-1})^{t-1}}-1 \tag{3-12}$$

式中，$f_{t-1,t}$代表第$t-1$年到第t年间的远期利率；s_t代表t年的即期利率；s_{t-1}代表$t-1$年的即期利率。

（三）收益率曲线

收益率曲线是对利率期限结构进行的图形描述。债券收益率曲线是描述在某一时点上（或某一天）一组可交易债券的收益率与其剩余到期期限之间数量关系的一条趋势曲线，即在直角坐标系中，以债券剩余到期期限为横坐标、债券收益率为纵坐标而绘制的曲线。一条合理的债券收益率曲线将反映出某一时点上（或某一天）不同期限债券的到期收益率水平。研究债券收益率曲线具有重要的意义。对于投资者而言，债券收益率曲线可以用来作为预测债券的发行投标利率、在二级市场上选择债券投资券种和预测债券价格的分析工具；对于发行人而言，债券收益率曲线可为其发行债券、进行资产负债管理提供参考。

根据过去不同时间的到期收益率绘制出来的收益率曲线形状各异。债券收益率曲线的形状可以反映出当时长短期利率水平之间的关系。它是市场对当前经济状况的判断及对未来经济走势预期（包括经济增长、通货膨胀、资本回报率等）的结果。

对形状各异的债券收益率曲线有不同的归纳方法。其中一种方法是将其归纳为四种基本形状（见图3－12）：①向上倾斜状，表明在某一时点上债券的投资期限越长，收益率越高；②向下倾斜状，表明在某一时点上债券的投资期限越长，收益率越低；③水平状，表明收益率的高低与投资期限的长短无关；④驼峰状，或者波动收益率曲线，表明债券收益率随投资期限不同而呈现波浪变动。

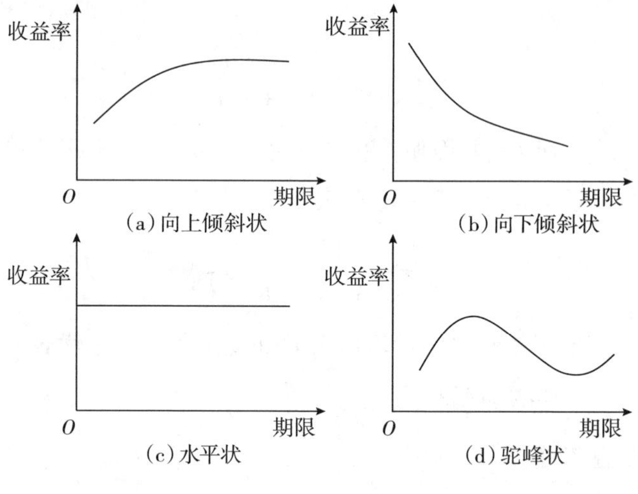

图3－12　典型的收益率曲线形状

在一般情况下，债券收益率曲线通常是向上倾斜状的曲线，即长期利率应在相当程度上高于短期利率。这是由投资者的流动性偏好引起的，由于期限短的债券的流动性要好于期限长的债券，作为流动性较弱的补偿，期限长的债券的收益率也就要高于期限短的债券的收益率。当然，当资金紧俏导致供需不平衡时，也可能出现短高长低的向下倾斜状收益率曲线。

我们将在下节详细介绍有关债券收益率曲线的理论解释。

债券收益率曲线是静态的，随着时点的变化，债券收益率曲线也发生变化。通过对债券交易的历史数据的分析，找出债券收益率与到期期限之间的数量关系，可形成合理有效的债券收益率曲线，从而可以用之来分析和预测不同期限的收益率水平。如在我国，中央国债登记结算公司在中国债券信息网上提供的收益率曲线是根据银行间债券市场选取的一些基准债券的收益率所形成的。该网以基准债券的每日市场价格绘制成的收益率曲线，可为投资者分析在银行柜台债券市场交易的债券的价格提供参考。投资者在其收益率曲线界面上，只要输入债券的剩余到期期限，就可得到相应的收益率水平，通过该收益率水平，可计算出相应债券的价格。投资者可以此作为交易参考。

投资者还可以根据收益率曲线不同的预期变化趋势，采取相应的投资策略的管理方法。如果预期收益率曲线基本维持不变，且目前收益率曲线是向上倾斜的，则可以买入期限较长的债券；如果预期收益率曲线变陡，则可以买入短期债券，卖出长期债券；如果预期收益率曲线变得较为平坦，则可以买入长期债券，卖出短期债券。如果预期正确，上述投资策略可以为投资者降低风险，提高收益。

（四）利率期限结构理论

对影响利率期限结构的因素的解释主要有：人们对利率的预期、人们对流动性的偏好、资金在不同期限市场之间的流动程度等。比较经典的解释理论有预期理论、流动性溢价理论和市场分割理论。

预期理论认为，远期利率代表了对所有考虑的未来时期的即期利率的预期的平均意见。于是，即期利率系列上升可解释为交易市场（投资者的普遍看法）相信未来的即期利率将上升；反过来，一个递减的即期利率系列可解释为交易市场相信未来的即期利率将下跌。

为了让大家准确地理解该理论，以先前举过的例子来做解释。一年期即期利率为7%，两年期即期利率为8%。考虑某投资者有一笔可投资资金，为简化起见，假设为100元。该投资者目前有两种投资方案可供选择。

方案一：购买两年期财政债券，可简称为“长期投资方案”（这里的长期是相对于例子中的短期投资而言）。

方案二：购买一年期财政债券，到期后再购买一年期财政债券，可简称为“短期投资方案”。

在假设投资者不考虑风险因素的情况下，选择哪种方案取决于哪种方案可以提供更高的收入。如果两种方案提供的收入一样，则两种投资方案是没有区别的。这时的长期投资方案与短期投资方案也就被认为是完全替代品。

投资者对未来即期利率的预期为多少时，这两种方案才被认为是完全替代品呢？

如果该投资者预期一年后的一年期即期利率为10%，这两种方案是否被认为是完全替代品呢？

如果采用方案一，即期利率8%，资金投资两年到期。投资金额100元将变为100×1.08×1.08=116.64元。

如果采用方案二，即期利率7%，将资金投资一年后，100元增加到100×1.07=107元，将其再投资一年。在该投资者预期一年后的一年期即期利率为10%的情况下，他的100元在两年后将预期增加到100×1.07×1.10=117.7元。显然，在这种情况下投资者应该选择短期投资方案，因为该方案可以带来更多的增值。

然而，该投资者预期一年后的一年期即期利率为10%是否代表交易市场的一般看法？或者说是否代表了一个均衡形势？

答案是否定的。因为如果交易市场普遍预期一年后的一年期即期利率为10%，在一个充分竞争和资金自由流动的交易市场上，将不会有投资者采用长期投资方案，这必将导致两年期债券的需求大量减少，而两年期债券的供给（人人都想卖掉两年期债券而购买一年期债券）大量增加，于是该种债券的市场价格将降低。根据前面对到期收益率的介绍，债券的市场价格与到期收益率之间具有反向变化的关系。在两年期债券市场价格降低的情况下，两年期债券的到期收益率也就是两年期即期利率将升高。另外，投资者普遍采用短期投资方案，必将引起一年期债券的市场价格抬高，而一年期即期利率将下跌。由此可知，预期一年后的一年期即期利率为10%不代表一个均衡形势。

长、短期投资方案要能被认为是完全替代品，投资者预期的一年后的一年期即期利率必须等于第一年到第二年间的远期利率9.01%。如果用 $es_{1,2}$ 表示预期的一年后的一年期即期利率，则

$$es_{1,2} = f_{1,2} \tag{3-13}$$

只有在这种情形下的预期才能让两种投资方案被认为是完全替代品。而当投资者预期的一年后的一年期即期利率高于9.01%时，则短期投资方案更有吸引力；相反，当投资者预期的一年后的一年期即期利率低于9.01%时，则长期投资方案更有吸引力。

根据预期理论，远期利率的变化或预期未来短期利率的变化决定了收益率曲线的形状：当预期未来短期利率上升时，会有上升的收益率曲线；当预期未来短期利率下降时，会有向下倾斜的收益率曲线。也就是说，上升的收益率曲线代表了人们对未来利率上升的预期，下降的收益率曲线代表了人们对未来利率下降的预期。这个结论很容易从上述两个方案的选择分析中得到。我们不妨重复一下：假设预期未来一年期利率将上升（例子中，从9.01%上升到10%），则原先对长期投资方案感兴趣的人会放弃长期投资方案，转向短期投资方案。这会使短期债券价格上涨，到期收益率下降；长期债券价格下跌，到期收益率上升，这就促成收益率曲线向上倾斜。其实，从筹资者角度也可得出相同结论：既然未来短期利率有可能上升，聪明的做法是获得长期资金，而不是短期资金。这种做法增加了交易市场上长期债券的供应，帮助长期债券价格下降和到期收益率上扬，也促成收益率曲线向上倾斜。读者可以运用这一原理对向下倾斜的收益率曲线做出解释。

流动性溢价理论在纯粹预期理论的基础上，提出债券期限影响收益率曲线，从而流动性也会影响收益率曲线的观点。该理论认为，既然期限长的债券价格波动风险比短期债券的大，人们自然会对这部分风险要求补偿，即要求流动性风险补偿。因此，只有在长期投资的收益率高于短期的平均预期收益率条件下，人们才会选择长期投资工具。于是期限越长的债

券，到期收益率应该越高。按照流动性理论的观点，收益率曲线一般应该是向上倾斜的；只有在预期未来短期利率下降到一定程度，使流动性补偿无法抵消预期利率下降的程度时，才会出现下降的收益率曲线。显然，流动性溢价理论调整了纯预期理论中关于投资人不介意风险的假设。

市场分割理论与预期理论完全不同。该理论认为资金在不同期限的市场之间基本是不流动的。这倒不是因为行政力量的限制，而是由金融机构的特定业务运作导致的对资金期限的特定要求。不同的金融机构有不同的负债性质，因而其对资金的期限有特定需求。例如，商业银行对资金的需求主要是短期的，不会轻易到长期资金市场上融资。这种不同期限市场上资金流动的封闭性决定了收益率曲线可以有不同的形态。例如，当长期市场上资金供过于求，导致利率下降的同时，短期市场资金供不应求，导致利率上升，就会形成向下倾斜的收益率曲线。

本章小结

利率可以按不同的标准进行种类划分，如名义利率和实际利率等。名义利率是指在不考虑物价上涨对利息收入的影响时的利率，或者说名义利率是指未经过通货膨胀调整的利率。而实际利率是指当物价不变时的利率，或者说已经过通货膨胀调整的利率。

利率的决定理论解释了是什么因素在影响均衡利率的变动。比较有影响的利率决定理论有马克思的利率决定理论、古典利率理论、流动偏好利率理论、可贷资金理论以及用 *IS* – *LM* 模型分析利率的决定。

我们把相同期限金融资产（如债券）因风险差异而产生的不同利率称为“利率的风险结构”。影响风险溢价的因素有违约风险、流动性风险、税收因素等。

到期收益率是按照复利的思想计算出来的一种利率，被经济学家视为最精确的利率。到期收益率就是使从债券工具上获得的所有未来现金流入的现值与今天购买该债券工具所有现金流出价值相等的利率。

即期利率是指某一给定时点上零息债券的到期收益率。对 $t-1$ 年和 t 年的即期利率及第 $t-1$ 年到第 t 年间的远期利率之间的关系可表示为

$f_{t-1,t} = \frac{(1+s_t)^t}{(1+s_{t-1})^{t-1}} - 1$。式中，$f_{t-1,t}$ 代表第 $t-1$ 年到第 t 年间的远期利率；s_t 代表 t 年的即期利率；s_{t-1} 代表 $t-1$ 年的即期利率。

我们把期限不同，但违约风险、流动性和税收待遇都相同的债券的到期收益率连成一条曲线，称为“收益率曲线”（或“回报率曲线”）。收益率曲线是对利率期限结构的图形描述。

收益率曲线有四种基本形状：向上倾斜状、向下倾斜状、水平状及驼峰状。不同形状的收益率曲线揭示了市场对未来利率走向的不同预期。

思考题

1. 名义利率和实际利率的区别与联系是什么？

2. 请你说明流动偏好利率理论的主要内容，并用图形分析下列情况对均衡利率的影响：①当经济繁荣、人们收入增长时；②社会出现了通货紧缩时；③中央银行采用紧缩货币政策；④中央银行采用宽松货币政策。

3. 即期利率和远期利率的关系是什么？

4. 王先生欲在 10 年后退休，希望在退休时攒足 50 万元。在年利率 4% 的情况下，从现在起，他需要每年至少储蓄多少元？

5. 某公司现年销售规模达 100 亿元，如果今后 5 年销售规模在上年基础上增长 5%，则 5 年后年销售规模将达到多少？

6. 某上市公司今年已派发股利 2 元/每股，预计在未来无限期内该公司股利水平不变，在年利率 4% 的情况下，你愿意花多少钱购买该公司股票？如果该公司股利在未来无限期内年增长 5%，你愿意花多少钱购买？

进一步阅读书目

1. 兹维·博迪，罗伯特·C. 默顿，戴维·L. 克利顿. 金融学：第 2 版[M]. 刘澄，等译. 北京：中国人民大学出版社，2009.

2. 多伦·皮莱格. 金融学基本模型[M]. 王忠玉，卜长江，译. 北京：中国金融出版社，2015.

第四章　金融中介

本章要点

◎什么是金融中介？

◎金融中介是如何产生的？

◎金融中介的功能是什么？

金融体系最基本的功能是对资源进行时空配置，这一功能可以通过两条渠道来实现：一是直接融资，二是间接融资。由资金盈余部门购入赤字部门发行的初级证券而进行的融资是直接融资，由盈余部门购入金融中介机构发行的次级证券而进行的融资是间接融资。直接融资和间接融资的过程都涉及金融中介机构。我们经常利用这些机构，如到商业银行存款，购买保险合同，购买股票、债券、基金等，或者从金融机构贷款去购买汽车、住房等。在绝大多数的金融交易中，都存在着金融中介的身影。

第一节　金融中介的界定

“金融中介”一词在西方的学术论著中早已有之，最初主要用在对银行等金融机构的作用和运作机制的分析上。20 世纪 80 年代以来，金融中介的概念在西方学术著作中开始被广泛使用，并逐渐成为经济学和金融学中一个十分重要且相对独立的范畴。

所谓“中介”，居间者也，最初是指处于资金借出方和借入方之间的第三方，这是金融中介含义的基本方面。在经济活动中，由于各类行为主体收入、支出模式不同，投资机会各异，储蓄与投资逐渐成为两个相对分离的范畴，并不必然联系在一起。因此，融资活动——储蓄向投资的转化成为经济活动的一个重要方面，金融中介便是处于储蓄向投资转化的中间环节。随着经济发展，金融活动日益复杂，这一环节成为一个复杂的过程。与此相对应，金融中介的界定也成为一个重要的问题。

在西方的教科书或学术著作中，对金融中介的定义存在差异。按照《新帕尔格雷夫经济学大辞典》的解释："从事金融资产买卖的企业"叫作金融中介[①]。这意味着真正意义上的中介组织要把投资纳入自己的资产组合中。20 世纪 60 年代，格利和肖（J. G. Curly & E. S. Shaw）认为，金融中介的本质是提供资产转型服务，他们用"间接证券"替换"本源证券"。弗雷德里克·米什金（Fredcric S. Mishkin）在他的《货币金融学》中认为，"利用金融中介机构来进行的间接金融过程叫作'金融中介'"。

目前国内对这一概念的界定也存在较多不同的观点。如王广谦（2003）曾给出一个宽泛的定义，"为资金供给者和需求者实现资金融通活动而提供服务的金融机构、实现资金融通和其他金融活动的场所——各类金融市场以及融资和其他金融活动的过程安排与机制等都应该涵盖于金融中介的范畴之内"。在这一概念中，金融中介涵盖金融机构、金融市场、金融制度安排。曾康霖（2003）从中介与居间、媒质的关联角度给出金融中介的一个相对较窄范围的定义，金融中介机构是"从事融资活动和提供各种金融服务的那些金融机构"。根据这一界定，在金融活动过程中承担功能的机构都可称为"金融中介"，如银行中介、保险中介、投资中介以及各种资信评级机构等。本章所说的金融中介主要是指在金融活动中通过向客户发行某种类型的证券从而实现自己主要功能的金融机构。根据这一定义，本章所讨论的金融中介包括银行中介、保险机构、投资类中介机构。

第二节　为什么存在金融中介？

根据现代企业理论，企业存在的原因是可以减少市场交易费用，同样，金融中介就是金融市场上降低参与者交易成本的一种制度安排。因

---

① 约翰·伊特韦尔．新帕尔格雷夫经济学大辞典中文版（第二卷）[M]．北京：经济科学出版社，1996：365.

此，对金融中介存在的解释多以降低金融交易成本为主线，探讨金融中介如何利用自身优势提供成本比市场更低的服务等来揭示其存在的合理性。如乔治·本斯顿和小柯利福德·斯密斯（George Benston & Clifford Smith Jr.）1976 年发表论文《金融中介理论中的交易成本》，提出交易成本应成为金融中介理论分析的核心内容，他们认为“这一行业存在的原因在于交易成本”。

一、交易成本与金融中介

（一）交易成本的界定

虽然交易成本已经成为现代企业理论的主要分析范式之一，但是对于究竟什么是交易成本这一问题，至今仍然没有一致的答案。关于交易成本的界定，科斯（Coase，1937）在提出“企业为什么存在”的命题时，曾从“通过价格机制组织生产的最明显的成本就是发现有关价格的成本”“为市场上进行的每一笔交易谈判和达成一份独立合同的成本”[①] 等角度给出含义。达尔曼（Dahlman，1979）给出的定义认为：交易成本包括搜寻和信息费用、谈判和决策费用以及政策和实施费用。前法律经济世界协会主席马休斯（Matthews，1986）从法律角度将其定义为包括事前准备合同和事后监督及强制执行合同的费用，即履行合同的费用。新制度经济学的重要代表人物之一张五常（1990）将交易成本看成一系列制度成本。它不仅包括那些签约和谈判成本，而且包括度量和界定产权的成本、用契约约束权力斗争的成本、监督绩效的成本、进行组织活动的成本等。

在一个信息完全或无信息成本的完美市场上，交易成本是不存在的。然而，现实中的完美市场并不存在。金融交易实质是一种金融契约，而由于信息问题，这种契约是不完全的，由此引起的交易费用被称为“交易成本”。在本章，我们将整个金融交易中的交易成本分为三类：签订合约前搜寻有关交易信息所支付的成本，即科斯所说的“发现有关价格的成本”；签订合约所需付出的成本，即科斯所说的“为市场上进行的每一笔交易谈

---

① COASE R. The nature of the firm[J]. Economic,1937,4(16):386 - 405.

判和达成一致独立合同的成本”；以及签订合约后监督、保证和强制实施合约所发生的费用。

（二）金融中介怎样降低交易成本[①]

哈维尔·弗雷克斯和让·夏尔·罗歇（Xavier Freixas & Jean－ Charles Rchet，1997）在其《微观银行学》的教材中认为，金融中介的主要业务是金融证券的转换。之所以由金融中介进行资产转换而不是由借款人自己完成，是因为金融中介能够利用技术上的规模经济和范围经济来降低交易成本。

1. 规模经济

通过增加交易组合中的交易量而实现的好处被称为“规模经济”。规模经济的产生通常源于将固定成本分摊于大量的产出中。在金融交易中，存在与交易相关的固定费用，如搜寻交易伙伴、了解借款人的信用状况、了解投资项目的收益风险状况、金融合同签订中的讨价还价、交易后对借款人资金使用情况的监督等，这些活动又具有较低的边际成本。因此，单位成本会随着交易数量的上升而下降。例如，购买 1 万股股票的成本并不比购买 100 股股票的成本大多少，但显然前者的单位费用要比后者低得多。

假设有 10 人进行投资，本金每人 10 万元，共计 100 万元。如果个人选择直接交易，那么这 10 人首先必须各自重复地负担搜寻借款人、对借款人进行审查、分别与借款人签订一份贷款合约、贷款发放后各自对借款人实施监督等环节的成本，这一过程的成本假设为每个人 5000 元，而每个人在支付这一高额成本后，效果可能并不理想，因为个人并不完全具备承担这些任务所需要的技术或能力等，有可能你选择失误将贷款发放给了有高风险的人，或者你花 3000 元请律师制定的贷款合同漏洞百出，或者你无法获得有关借款人资金运用的情况，从而无法对他实施有效的监控。这些都将导致贷款可能无法完全收回甚至完全不能回收。

此时引入银行中介，这 10 个人将这 100 万元存进银行，委托银行作为

---

① 此处的交易成本主要是指古典交易成本，至于由信息问题引发的交易成本问题的解决放在金融中介的信息生产功能的阐述中。

代理来完成这一过程。银行可以在众多的申请贷款的借款人中进行广泛的搜寻（通过借款人的历史信用情况、具体项目的评估等对借款人进行筛选），并将搜寻成本在存款人之间分摊，再花 1 万元请一个顶级律师制定一份几乎滴水不漏的贷款合同，并在贷款发放后对借款人实施监督。假设这一过程花费的成本最多不高于 2 万元，则每个存款人的交易成本下降为 2000 元，而且能够安全地回收贷款（此时，存款人直接面临的不是借款人违约的风险，而是银行机构资产组合的风险，风险更小了）。显然，相比个人而言，银行中介的安排具有规模经济效应。

金融中介具有规模经济优势的最典型的例子是共同基金。共同基金将基金的份额出售给个人，再将收取的资金投资于股票或债券。这一过程似乎比个人直接投资多了一个环节，增加了基金管理公司的管理费，但实际上是节约了成本。相对于单个投资者自己持有单个证券，金融中介把众多投资者的资金聚集起来进行组合投资，可以降低单位投资的成本。这样，共同基金以管理账户的名义，将这些成本以管理费的形式扣除之后，节约的成本就落到了个人投资者手中。对个人投资者来说，通过基金投资具有另外一个益处：基金的规模巨大，可以购买分散化的证券组合，个人可以享受分散投资降低风险的好处。金融中介可视作个人在交易技术中寻求规模经济的联合，个人可由此得到几乎完美的多样化选择，同时支付较低的成本。

规模经济的优势表现为可以运用计算机技术降低运作成本。如金融机构运用计算机技术，建立电子通信系统和电子交易系统，其就能以很低的单位交易成本来完成大量的交易。

2. 范围经济

通过从事相关类型的交易实现的好处被称为“范围经济”。范围经济有时也称为“成本互补”，通常源于分享共用投入的能力。由于范围经济，金融中介可以共同使用所需要的重要信息，从而以较低的成本推出一系列金融服务产品。例如，混业经营的金融中介比专业机构的生产成本往往要小许多。从事相关交易的好处除了成本较低，还包括可以分散组合的风险。由于组合风险的分散相对于预期收益水平来说降低了收益承担的风险，所以金融中介的业绩会提高。这些由范围经济带来的降低成本和规避风险上的好处，在很大程度上可以解释20 世纪后期金融领域的大变革：全球范围内的专业金融机构相对于混业机构的竞争劣势，引发了金融机构经营的全能化趋势；美国分业经营体制在1999 年的终结等。

3. 专门技术

金融中介能降低交易成本还在于其拥有专门技术，雇用专业技术人员，开发专门的交易技术等，从而能以极低的成本向客户提供多种便利的服务。如银行、共同基金以及其他金融中介机构的电子交易系统、电子信息系统等可以使我们享受极低的成本带来的好处，并能简单便捷地进行交易活动。

二、信息不对称与金融中介

20 世纪 70 年代，利用信息不对称来解释金融中介的存在成为热点。所谓信息不对称（information asymmetry）是指交易的一方对交易另一方了解不充分，因而影响正确决策的做出。例如，在借贷活动中，贷款人无法掌握借款人全部的真实情况，借款人远比贷款人清楚项目的收益风险情况。为改善其融资条件，借款人会提供有偏差的信息（隐瞒真实情况），贷款人可能因此将自己的资金贷放给那些看起来很安全而实际上风险很大的借款人，最终导致贷款不能安全收回。

信息不对称是金融交易中的一种常见现象，可分为事前信息不对称和事后信息不对称两种。事前的信息不对称会产生逆向选择（adverse selection）问题，事后的信息不对称会产生道德风险（moral hazard）问题。

（一）逆向选择与金融中介

潜在的不良贷款风险往往来自那些最积极寻找贷款的人，因此，最有可能带来不利后果的人往往就是那些最希望从事金融交易的人，这就是逆向选择。例如，大的冒险者或纯粹的骗子最想得到贷款，因为他们的收益较低风险的借款人高得多，他们知道自己极可能不偿还贷款。

乔治·阿克洛夫（George A. Aklof）在他的著名论文《次品车市场：质量不确定性与市场机制》中，阐述了逆向选择的具体特征及它如何影响市场的有效运作。在二手车市场上，买卖双方之间存在非对称信息。买主不知道二手车的状况，他们难以辨别一辆二手车是运行良好的好车还是质量低劣的次品车。因此，买主只愿意按市场上所有二手车的平均质量出价。而卖主非常清楚他的车是好车还是坏车。如果是坏车，他很乐意以平均价格卖出，因为这一价格高于坏车的价格。而如果是好车，按平均价格成交，低于车的实际价值，卖主就不愿意出售。结果，二手车市场上充斥着质量低劣的次品车。由于市场上的二手车平均质量很低，没有人愿意购买，所以该市场的交易量很小，运转不畅。

在金融市场上，也存在类似次品车的问题。证券的潜在购买者和发行者之间存在信息不对称的问题。买者无法辨别有较高预期收益、低风险的“好公司”和有较低收益、高风险的“坏公司”，所以他只愿意以反映证券平均质量的价格购买所有公司发行的证券，该价格低于好公司的证券价值，高于坏公司的证券价值。而证券发行人知道自己是“好公司”还是“坏公司”，因此，只有坏公司（因为其证券价值低于出售价格）愿意按照平均价格卖出证券。证券购买人当然也知道这种情况，他不会按平均价格购买坏公司的证券，结果，与二手车市场相似，金融市场运行不畅。

解决次品车问题的关键在于解决信息不对称问题。如果买者和卖者都能确切地辨别好车和坏车，好车能够获得公道的价格，卖者将愿意在二手车市场上出售好车，那么二手车市场将能够发挥其功能。与此类似，如果证券购买者有足够的信息辨别好公司和坏公司的证券，好公司的证券能够获得足够的价值，证券市场上也才会有好公司的证券出售，从而证券市场才能起到引导社会资金流向好的生产机会的作用。

解决二手车市场信息不对称问题的方法之一是由具有辨别好车与坏车专长的专家——二手车交易商充当二手车市场的经纪人[①]。这些交易商自己先出资购进旧车，然后卖给真正的买主，并由交易商向买主提供有关旧车质量的担保。由于有交易商居中担保，买主可以放心地购买旧车。

---

① 解决信息不对称问题还可以通过私人信息生产和销售、政府管制等途径。但公开交易证券市场存在“搭便车”问题，私人生产和销售信息并不能完全解决逆向选择问题；而政府管制只是弱化了逆向选择，仍然会存在投资者无法分辨优劣的情况。金融中介则能够较好地解决上述问题。

如同二手车市场的中介机构——交易商解决了逆向选择问题，在金融市场的逆向选择问题的解决上，金融中介机构发挥了类似的作用。金融中介可以通过把自己的财富投资到拥有特殊信息的资产中来解决贷款人面临的信息问题。如银行从储蓄者那里获得资金，并向其提供显性或隐性的担保，借助其信息生产专长，根据对借款者的评估，将资金贷给好公司。而银行能够发挥这种作用的依仗在于：其一，银行是信息生产的专家，能够分辨信贷风险的高低；其二，银行持有的是非交易的贷款，其他人不能观察到银行在做什么，可以避免“搭便车”，其他人无法将贷款的价格拉到银行难以补偿其信息生产的费用高点上，银行能够从信息生产中获利；其三，从交易成本的角度来看，事前信息不对称使贷款人在逆向选择的环境下，必须支付对合适的投资项目与借款人进行搜寻和核实投资项目预期收益的成本，即搜寻成本和核实成本，由于金融中介具有规模经济，如银行可以在不同的投资项目之间进行广泛的搜寻，并将搜寻成本分摊于众多投资者之间，从而降低了事前信息问题解决的成本。

金融中介的这种信息生产功能可使金融市场上潜在的由于信息问题无法完成的交易变得可能，从而增加金融市场的交易量。一般来说，金融市场上的有效信息量与市场愿意提供的资金量之间呈正相关关系：一个信息量越大的市场，市场提供的资金量也越多。在一个没有金融中介体系的金融市场，市场上投资者可获得的有效信息量小于存在金融中介时的有效信息量（金融中介的信息生产功能增加了市场有效信息量）。在不存在金融中介时，只有信息透明度高的借款人才可以在市场上筹得资金；若引入金融中介，原来由于信息透明度不够无法在市场上直接筹资的企业，现在则可以从金融中介机构处获得资金支持，金融市场的交易量上升。

（二）道德风险与金融中介

事后的信息不对称产生的是道德风险问题。借款人在寻求融资时表现得积极进取，与之相比，他们在实现项目成功方面则松散懈怠，并可能从事那些从贷款人角度来看并不期望进行的活动（因为这些活动可能使贷款无法归还）。由于道德风险降低了贷款归还的可能性，贷款者决定不发放贷款。

举例来说，假定你的一个朋友向你贷款5万元，用于他在校园里开一家咖啡店，你经过考察认为，开设这样一家店面会赢利，并可以在约定的时间内归还你的贷款。但是，当你的朋友拿到了这笔贷款后，他发现一个有可能赚很多钱但同时风险较大的项目，他可能不会将这笔款项用于原来的用途，而转为新的用途如赛马。因为赛马一旦赌赢，你朋友的收益将多很多，如果赌注是15∶1，那么他在归还你的贷款后，还有70万元用于过奢侈的生活。而一旦他赌输，他丧失的仅仅是你的信任。这样，他就有动机去赌博。当然，你也有可能杜绝此类事件的发生，比如你可以一直监督他直到咖啡店开业，然而这样做的成本太高。一般情况下，由于你很难掌握他的行踪，他非常可能上了赌场，而最终可能导致你的贷款不能收回。于是，你决定不提供这笔贷款。

而金融中介的存在可以解决这类问题。比起个人来说，金融中介机构在监督借款人特别是持续监督方面具有优势。金融中介在与借款人签订合约后，可以实时监测借款人的现金流状况，可以对借款人进行跟踪调查，甚至可以直接向借款人派驻监事或董事。以下的例子显示了金融中介节约监督成本的优势。

假设资本市场上有 n 个投资项目，每个项目需要1个单位资金，由 m 个小额投资者共同投资于一个项目，投资者总数为 mn 人，监督一个项目的成本为 k。如果由投资者直接监督，则总监督成本为 mnk，每个投资者都重复同样的监控，多支出了 k 的监控成本。如果由银行接受存款人委托代理监督，那么小额投资者将资金存进银行，由银行贷款给这 n 个项目，银行对这 n 个项目的监督成本为 nk。

但由此又引出另一个问题：代理监督人的行动是贷款人不能观察到的，所以要给代理监督者提供激励，这种激励产生的成本就是代理成本，用 C 表示。此时，通过银行中介监督的总成本是 $nk + C$。当由银行代理监督的成本低于由投资者直接监督的成本（$nk + C < mnk$）时，通过银行的间接交易比直接通过市场的交易节约了交易成本，这就是金融中介存在的条件。

金融中介的事后监督功能节约的成本是很显然的，此时金融中介相当于投资者的联合，每个投资者的成本将是联合体中投资者数目的减函数。中介的代理监督可以降低投资者对同一企业重复监督的成本，从而节约了对单个项目进行监督所产生的成本。除此之外，同一金融中介监控的借款人数量越多，单个投资人的代理成本就越低（戴蒙德，1984），金融中介的代理监督越具有规模经济。大家可以根据上文的例子做一个简单的数学计算进行验证，在此不再赘述。

三、风险管理与金融中介

艾伦和桑特莫罗（Allen & Santomero，1998）认为，既有的文献过分强调中介在降低交易成本和减少信息不对称方面的作用。他们针对银行等金融中介业务发生的变化，归纳银行新业务后，指出风险管理已经成为银行和其他金融中介的主要业务。从金融中介风险管理角度来阐释金融中介存在的合理性的理论被称为“风险分担论”。风险分担论认为金融中介存在的原因在于其在风险管理方面的优势，金融中介具有在不同参与者之间分配风险的能力。

投资者通常是风险厌恶型的，因此需要通过分散化投资来降低风险，但分散化投资会带来额外的成本。在这种情况下，金融中介有助于降低投资者分散化投资的成本。例如，银行是一个很好的风险分散机制。银行从多个储户那里吸收存款，然后贷放给多个借款人，并根据大数原则进行流动性保险。以下的模型可以较好地从风险管理方面解释银行中介的存在。

存款类机构（广义的银行）为存款人提供货币存款合同，同时向借款人提供非流动性贷款。假设有 3 个时期（0，1，2）和单一的同质商品。在 $T=0$ 时，代理人拥有一单位商品的禀赋，他有两种选择：在 $T=1$ 时期消费，或者在 $T=2$ 时期消费。在时点 $T=0$ 时的 1 个单位商品投资可以在 $T=2$ 时期获得 R 个单位的收益。但是如果被迫在中途（$T=1$）收回，则只能收回初始投资。在所有的消费者中，必须在时点 $T=1$ 消费的被称为“早期消费者”，必须在 $T=2$ 时点消费的被称为“后期消费者”。在 $T=0$ 时期，每个消费者都不知道自己的类型，到时点 1 时，每个消费者知道自己的类型，但无法观察到其他消费者的类型。银行可以通过存款吸收储蓄者的资金，并将其中的一部分作为保证金留在银行，以满足早期消费者在时点 1 时的提款，将其余部分用于长期投资，投资项目到期后获得的资金用来满足后期消费者在时点 $T=2$ 时的取款。因此，在不发生存款挤兑的情况下，银行提供的活期存款合约可以在早期消费者和后期消费者之间实现流动性共担。这便是银行中介提供的风险分担机制。

金融中介的风险管理优势还在于金融中介管理风险的成本较低。相对于个人投资者来说，金融中介在处理风险管理方面具有四大相对优势：第一，有足够的途径和专业知识来监督与评价客户的财富、收入、消费习惯以及信用状况；第二，其可处理大批交易，因此具有规模经济优势；第三，其有能力实现更高程度的多样化投资；第四，金融中介特别是银行可以持续地从借款人处获得具体的交易信息，而其他投资者无法获取这些信息。

四、参与成本、价值增添与金融中介

交易成本和信息成本构成了金融中介理论的主流。但是，在过去 30 年里，传统的金融市场扩大了，新的金融市场产生了，交易成本下降了，信息变得更便宜、更透明了，金融中介也没有减少。相反，人们更多地通过金融中介参与金融市场。只不过在这个过程中，传统金融中介（吸存机构）的重要性下降了，新型金融中介（证券经纪）迅速成长。为解释这种新的现象，艾伦和桑特莫罗（1998）在分析中引入“参与成本”（participation costs）的概念。他们认为，在传统的无摩擦的市场上，投资者都能无成本地参与交易，这就意味着存在一个完全参与的市场。然而，典型的家庭只拥有少量的股票，并在有限的金融市场参与交易，充分参与的假设在实践中不存在。这说明，在现实中，这只是一个有限参与的市场。对有限参与的解释，在于人们参与的金融市场存在固定成本和日常监督市场的边际成本。由于投资者学习某种新的金融工具需要花费固定成本，所以投资者的最佳选择是只持有有限的资产。不仅如此，投资者还得支付平时监控与跟随市场的边际成本。投资者需要了解预期的回报的变动，并对资产组合进行持续调整。当人们收入水平上升和生活状况改善时，人们的时间

价值上升，个人花费时间去跟踪市场的成本迅速提高。一个有效的解决办法便是由金融中介机构代替个人来参与市场、进行投资。金融中介的主要作用在于创造新的产品，提供相对稳定的报酬分配，这使得投资者可以掌握其持有的资产，但又不必时常调整它，从而节约了客户的参与成本。

施尔坦斯和文斯维思（Scholtens & Wensveen，2000）对艾伦和桑特莫罗的参与成本提出批评，认为参与成本并不能很好地解释金融业近年来发生的一些巨大变化，如金融衍生工具的广泛使用等。他们认为应当放弃静态的完美市场范式，采用更为动态的概念，金融中介理论应当包括金融中介创新的动态过程和在此基础上的市场差异化。金融中介并不仅仅是居于最终储蓄者和投资者之间的“代理人”，以减少信息不对称、降低参与成本等解决市场不完美性问题，而是一个独立的市场主体。与传统的“消极中介观”不同，施尔坦斯和文斯维思认为，金融中介能够创造金融产品，并通过高质量的资产转换（如到期日、流动性、风险、规模和区位等），增加客户的价值。节约交易成本、克服信息不对称以及降低参与成本等均属于上述过程的伴随效应（by－effect），价值增添理应成为金融中介理论的核心。

第三节　金融中介功能

在早期，金融中介功能被简单地理解为动员储蓄、配置资源、促进资本积累。在后来的研究中，人们发现，动员储蓄和配置资源只是金融中介最基本、最初等的功能。在将储蓄导向投资的过程中，金融中介的功能被扩展到管理风险、传递信息（斯蒂格利茨，1998）等。近来的研究文献进一步将金融中介功能归纳如下：便利交易，防范、分散和分担风险；配置资源；监督经理人员；动员储蓄等（列文，1997）。参考近年来的研究文献，本书将金融中介功能归为：支付中介、融资中介、信息生产、代理—监督、风险管理等。

一、支付中介功能

最古老的金融中介机构是银行，银行的最初业务是货币兑换，这可以从“银行”一词的词源得到印证。在希腊语中，银行为“trapeza”，是指货币兑换者用于称出金币的准确重量的天平；在意大利语中，银行为“banco”，意为货币经营者放置货币的长凳。当货币由铸币演变为不可兑换的纸币后，银行业的货币兑换职能演变为在商品贸易中的支付职能。人类社会最初的以物易物的交换被以货币为媒介的商品交换替代，交换变得频繁而复杂，交换的范围日益扩大，一次交易量迅速增大。随着信用的普及与各种债权、债务关系的建立，货币转移和清偿、支付结算关系变得日益错综复杂，特别是在异地交换和跨国贸易中，原有的货币流通与支付方式变得困难起来，出现了与支付相关的技术性和服务性需求。作为对这一需求的回应，金融中介通过开设汇票、本票、信用卡以及各种支付账户，提供多种支付结算工具，同时通过建立票据交换所、清算机构、同业支付系统、电子支付系统、网络支付系统等，拓宽了支付结算的渠道。在现代经济中，银行系统是支付和结算系统的中心，而支付和结算系统是任何一个现代经济的基础设施。

二、融资中介功能

对金融融资中介功能的研究，国内外学者的表述不尽一致，如期限中介（time intermediation）、时态中介（temporal intermediation）、规模中介（denomination intermediation）、资产转换中介（wealth transfer intermediation）等。但核心思想是一致的，即将不同期限的小资金汇集成大资金，通过贷款、投资等专业化运作，将其转化为生产性资金。通过融资功能，金融中介可以向“资金供求双方提供可供选择的不同期限、不同数量、不同方式的投融资机会，从而最大限度地促进储蓄向投资的转化”。

由于人们的收入—支出模式不同，融资期限偏好各异，储蓄者想将资金用于短期投资，但贷款人却有长期投资计划。在没有金融中介的情况下，双方的需求都不可能得到满足。通过金融中介的时态转换，借短贷长，可以满足双方的需求。借短贷长便是商业银行的一项传统业务。银行通过卖出存单证券，进行组合投资，将存款人的流动性偏好和产业的长期资金需求结合起来，解决经济发展中技术进步需要长期资金的问题。这就是期限中介。

同时，人们在描述商业银行的存贷款业务时，通常用成语“集腋成裘”“聚沙成塔”来形容，这便是指规模中介作用。所有的吸存类金融中介都具有吸收小额存款、发放大额贷款的规模中介功能，这一功能有时也被称为“面额中介”。如格利和肖（1960）在他们的早期文献中所述：“金融中介为想发行金融商品的厂商和需要此商品的投资者架起了桥梁。银行通过聚集小额存款，投放大额贷款，起到信用中介的作用。”

时态转换中介和规模中介功能统称为“融资中介功能”，也称为“资产转换功能”。资产转换功能在传统的金融中介理论中占有较重要地位，如格利和肖就认为“金融中介机构的主要职能是从最终借款人那里买进初级证券，并为最终贷款人持有资产而发行间接债券”①。

在不同历史时期，具有融资中介功能的金融机构可以不同。如早期的具有融资中介功能的金融机构是银行，现在除了银行以外，许多金融中介机构如保险公司、投资基金管理公司、信托投资公司等都具备这一功能。当然，不同的金融中介机构发挥这一功能的方式、手段和渠道也不尽相同。

三、信息生产功能

金融中介机构的另一个重要功能是解决金融活动中的信息不对称问题。金融活动的顺利进行需要资金供需双方拥有完整真实的信息，然而在现实中信息经常是不完整的、不真实的、非对称的，这阻碍了金融交易的进行，交易成本高昂，交易量萎缩，效率下降。信息生产功能解决的是发生在交易之前的信息不对称问题——逆向选择。

金融中介机构相当于二手车市场上的交易商，二手车交易商是鉴别二手车优劣的专家，在市场上生产信息。交易商在信息生产的基础上购买和转售二手车，从而解决了逆向选择的问题。同样，金融中介机构在信息处理方面的优势增强了投资者投资决策的正确性，从而促进了金融交易的顺利进行。银行通常比单个投资者更能全面地掌握借款人的情况，更有效地

① 约翰·G. 格利，爱德华·S. 肖．金融理论中的货币（中译本）[M]．贝多广，译．上海：上海三联出版社，1988：167.

对借款人进行信用评估。

金融机构之所以在信息筛选方面具有优势，是因为其所处的位置比较特殊，如银行在提供支付服务中，具有信息收集与获取的便利。银行可以通过客户开立的账户，了解客户的信用历史、基本财务情况、现金流等信息。同时，银行还有信息加工和信息处理的专门技术与专门人才，具有降低信息处理成本的规模经济效应（因为银行需要批量处理多笔贷款，单位资金的成本降低了）。银行在信息处理方面的优势还表现在它可以避免信息生产过程中的“搭便车”问题。由于生产的是私人信息，所以没有人可以“搭便车”。

信息生产功能除了表现在吸存机构的贷款业务中，保险公司对投保人的调查分析、对保险索赔的可能性的统计评估，基金管理公司对证券发行人的分析，都建立在信息生产功能的基础上。

四、代理—监督功能

道德风险是发生在金融交易之后的信息不对称问题，道德风险将产生委托—代理问题。委托—代理问题是指由于委托人和代理人之间的利益目标不一致，委托人无法观测到代理人的行为，代理人可能按使自己利益最大化的方式行事，从而损害委托人的利益。此时，委托人需要对代理人实施监督，同时提供激励，以使后者以前者的利益为行动目标。但此时委托人面临高昂的跟踪和状态证实成本。

现代金融中介理论认为，金融中介与客户之间的关系实质上是一种契约关系、一种委托代理关系。如银行与储蓄者之间、银行与借款人之间均形成契约关系。在银行与储蓄者之间，储蓄者是委托人，银行是代理人；在银行与借款人之间，银行是委托人，借款人是代理人。当银行接受储蓄发放贷款后，银行就必须（受储蓄者的委托）对借款人进行监督，如银行通过定期检查借款人的现金流和其他财务状况对其进行监督。其他金融中介机构也具有监督功能，如保险公司对投保人的监控、投资基金公司对证券发行人的监控等。

五、风险管理功能

融资过程必然会受到不确定性因素的影响，投资者必须关注这些不确定性可能带给自己的损失。一般而言，投资者都是风险厌恶型（risk aversion），但由于知识能力以及客观条件的限制，个人投资者很难以合理（或可以承受的）的成本来承担风险管理之责。金融体系的重要功能之一是管理风险（莫顿，1995）。艾伦和桑特莫罗（1997）认为“在过去的30年里，中介行为最重要的变化是其开展的风险管理业务重要性的增加……风险管理现在已成为许多中介的中心业务”。

金融中介通过各种业务、技术、管理来分散、转移、控制经济金融活动中的各种风险，为投资者提供了风险管理服务。例如，金融中介机构的存款客户不会像他直接向该中介的一个贷款客户贷出资金那样，面临违约风险，存款人面临的是金融中介机构资产组合多样化的风险（由于分散化，相对而言较小），而非借款人的信用风险。

金融中介机构一般有两种管理风险的方法：一是通过资产多样化来降低非系统性风险，如银行通过向众多的借款人贷款，为储蓄者提供一个高度分散的资产组合，投资者购买共同基金的股份，相当于购买了一个分散的证券组合，从而降低了风险；二是通过金融衍生工具套期保值来规避系统性风险，如通过购买外汇期货来规避汇率风险，通过利率期货或利率协议来规避利率风险，通过购买股指期货来规避股票价格波动等。

金融中介的这些功能是从金融中介机构整体来分析的，就各具体的金融机构而言，由于优势和实力不同，其功能各有侧重：如商业银行的支付清算功能和融资功能相比其他功能更为突出，保险机构的风险分散功能、投资类中介的信息生产功能更为突出。随着金融中介的竞争更加激烈，金融中介机构选择专业化发展道路，金融中介机构逐渐形成了以核心功能为主，兼有其他功能的发展模式。

第四节　金融中介体系：分类及演进

一、金融中介的分类

随着经济的发展，新的金融中介不断涌现。继最早的商业银行产生后，保险公司、投资银行等各类金融中介机构相继出现。金融中介机构间甚至同一类金融中介机构在不同历史时期的业务，随法律、制度环境的变化而不断地演进。但我们仍然可以根据各类金融机构在金融活动中的业务特点和基本功能，对金融中介机构进行分类。

本书将金融中介划分为三大类①。

（1）存款类金融中介，又称为“融资类金融中介”，是指从个人和机构接受存款并发放贷款的金融中介机构。其他的金融中介机构一般不吸收存款，故这类金融机构称为“吸存类中介机构”，主要包括商业银行、储蓄贷款协会、互助储蓄银行和信用社。这类金融中介在提供金融服务的同时，其业务又能吸收存款，这些存款是货币供应的重要组成部分。所以，它们的行为在决定货币供应量方面发挥着至关重要的作用。商业银行是其中规模最大、历史最悠久的机构，其他金融机构都是在商业银行发展和新兴业务发展的基础上产生的，以至在很长的历史时期内，“商业银行”或“银行”基本上是金融机构的代名词。

（2）保障类金融中介是指在契约的基础上，按期取得资金的金融机构，主要包括保险公司以及其他以保障服务业务为主的保障类金融中介机构，如养老基金、政府退休基金、失业保险基金、医疗保险基金等。对这些机构而言，由于它们能够比较准确地预测未来向受益人的支付，对资产流动性的影响不像吸存类金融中介那么大。它们主要投资于长期证券，如公司债券、股票等。在保障类金融中介中，人寿保险公司的规模最大。

（3）投资类金融中介是指以投资服务业为主的金融中介机构，主要包

---

①　经济学家们根据不同的分类标准，对金融中介机构类型进行不同的划分。如格利和肖(1988)，根据功能将金融中介机构划分为货币性和非货币性两类。而本书采用的是米什金和托马斯的金融学教材的分类标准。

括共同基金、货币市场互助基金、金融公司等。共同基金向个人出售股份以获得资金，并将其用于投资多种股票或债券组合。货币市场互助基金是20世纪70年代在美国金融创新浪潮中出现的一种新型金融中介机构，它兼具共同基金和存款机构的性质。它向投资者出售股份，并将资金用于投资货币市场，如短期国债、商业票据等，投资者还可以按其股份价值签发支票。金融公司通过发行商业票据和发行股票、债券等来筹措资金，它们把资金贷给消费者购买家具、汽车进行房屋装修或贷给小型企业。与存款机构集聚小额存款、发放大额贷款相反，金融公司是大额借款、小额贷款。

二、金融中介机构的演进与发展

金融中介机构体系总是处在动态的发展过程中。在过去相当长的时期里，银行是整个金融体系乃至整个社会经济体系运行的基础。如今，这种情况正在发生变化。传统的以银行业为主导的金融中介制度面临巨大的挑战，金融中介体系的内部结构不断调整。在这一过程中，新兴金融中介不断扩张，传统金融中介不断改变以往的经营模式。

（一）金融创新与金融中介机构演进

广义的金融创新泛指金融体系和金融市场上出现的一系列新事物，包括新的金融工具、新的融资方式、新的金融市场、新的支付方式以及新的金融组织机构与管理方法等内容[①]。它表现为金融要素的重新组合，并由此来实现金融上层建筑量的扩张和质的提高。狭义的金融创新主要指金融业务和金融工具的创新。本节主要从狭义的角度来讨论。

金融创新与实际部门创新的概念有异，多数金融创新并不是提供一种全新的产品，而是改变、增加或消除现有金融产品的某一特征。实质上，金融创新不过是现有金融产品不同特征的一个重新组合而已。任何金融工具都可以看作若干特性的组合，如收益性、流动性、价格风险、信用风险、期限长短等，每一种金融工具都是将某些特性捆在一起。金融创新可

---

① 陈岱孙，厉以宁．国际金融学说史[M]．北京：中国金融出版社，1991：691.

以看作对这些特征加以解捆和重新配置，以创造新的金融工具的过程。金融创新活动可以分解成两个步骤：一是解捆（unbundling），将金融工具或产品按功能或特性分解成不同的构件；二是再打包（repacking），根据客户或市场的需求，将这些构件按不同的功能或特性重新组合成新的金融工具或产品，从而提供新的实现金融功能的方式。例如，传统的银行信贷业务可以分解为发起（origination）、风险承担（risk - bearing）、出资（funding）和服务（servicing）四种功能结构，且每一种功能构建都可以从金融中介机构内部生产或从金融市场购买（王广谦，2003）。

金融创新强化金融中介功能，拓展金融中介的业务空间。金融工具创新和交易方式的创新使金融中介机构对经济活动的渗透力大大增强，一些原来金融中介无法介入的领域，通过金融创新得以实现。尤其是金融创新对金融工具特性的改良，额外刺激了潜在的金融需求，使金融中介集聚资金的能力大大增强，信用创造功能得到充分发挥。例如，金融中介机构通过不断推出新的金融工具——横跨货币市场、证券市场和保险市场的货币市场共同基金、现金管理账户、证券信用交易账户、资产证券化、共同基金等，拓宽了经营活动范围和发展空间。

近年来，金融创新引入了新产品和新市场，银行面临来自其他提供储蓄的中介机构和融资工具的激烈竞争。典型的例子是正在全球迅猛发展的影子银行体系对商业银行地位的冲击。

“影子银行系统”（the Shadow Banking System）的概念由美国太平洋投资管理公司执行董事麦卡利（Mccalley）首次提出并被广泛采用，它包括投资银行、对冲基金、货币市场基金、债券、保险公司、结构性投资工具（SIV）等非银行金融机构。影子银行通过银行贷款证券化，进行信用无限扩张。这种方式的核心是把传统的银行信贷关系演变为隐藏在证券化中的信贷关系。这种信贷关系看上去像传统银行，但仅是行使传统银行的功能而没有传统银行的组织机构，即一个类似影子银行的体系。

美国影子银行产生于20世纪60—70年代的所谓“信用脱媒”危机时代。当时，存款机构资金流失、信用收缩、盈利下降。为应对这种信用危机，在放松金融管制过程中，影子银行体系逐渐形成。在各类金融产品中，美国的衍生产品和结构性产品的发展更是远远超过传统金融产品。

在中国，“影子银行”的概念至今没有一个明确的界定。金融市场上的某些机构和传统商业银行执行类似的信用媒介功能，但这些金融机构没有中国人民银行的最后贷款人或者存款保险这类明确的官方兜底制度，因此非常脆弱，容易受到挤兑。这类金融机构通常被称为“影子银行”。

中国的影子银行主要有三种存在形式：一种为银行业内不受监管的证券化活动以及以银信合作为主要代表的信贷理财产品等；一种为小额贷款公司、担保公司、信托公司、财务公司和金融租赁公司等非银行金融机构的类贷款产品；一种为不受监管的民间金融，主要包括地下钱庄、民间借贷、典当行等。据中国银行业监管机构 2013 年的估计，中国影子银行规模达到 8. 2 万亿元人民币，而德意志银行（Deutsche Bank）估计，中国影子银行规模为 21 万亿元人民币，相当于其 GDP 的 40%。2013 年之后，影子银行进入高速增长时期，交易规模从 2014 年的 40. 9 万亿元增加到 2017 年的 65. 6 万亿元（占当年银行贷款余额的 55%）。2018 年上半年，因政策因素，影子银行规模回落至 2. 1 万亿元。

影子银行的发展迫使传统银行提高效率。为应对这一变化，商业银行不断拓展新的业务范围，不断调整自己的业务构成。过去的银行本质上就是一个存款吸收人和贷款发放人，持有贷款直至到期。如今银行已大大扩展了它们的产品和服务范围，以保护它们的市场不受其他金融中介的侵犯，如商业银行也将影子银行的业务操作运用到部分业务中，通过银信合作，将资产业务移出表外，以此“减少”资本要求，规避准备金计提和资本监管要求。中国的商业银行通过银信合作的创新方式，释放出了大量的资金，成为影子银行中最大的资金释放来源。

影子银行的发展壮大，使得全球金融体系的结构发生了根本性变化，传统银行体系的作用不断下降。影子银行比传统银行增长更快速，并游离于现有的监管体系之外，同时也在最后贷款人的“保护伞”之外，金融风险相当大。其非透明的场外交易、高杠杆率、超出管控传统银行的监管网络范围等，已经引起监管机构的关注。金融稳定委员会（FSB）呼吁对影子银行加强监管，但也认为影子银行的改革应当小心处理，由于没有平等的“融资权”，它往往是弱势群体（小企业和低收入消费者）的唯一融资手段。

（二）信息技术革命与金融中介机构演进

信息生产、信息处理和信息传递是金融中介机构的主要功能。信息技术的革新使得信息传递和信息处理的成本大大降低，从而对金融中介机构的演进和发展产生深远的影响。

按在信息生产中的作用，金融中介机构可分为经纪类和资产转换类两大类机构[①]。经纪类（brokerage）金融中介是指从事信息生产而不承担资产转换或金融交易中的风险的机构，其角色与证券市场中的经纪人类似，因此人们将其称为“经纪类金融中介机构”，主要有各类共同基金、货币市场基金、退休基金等。资产转换类（asset transformers）金融中介是指从事信息生产，同时也承担资产转换或金融交易中的风险的机构，这类金融中介机构主要是传统的融资类中介机构，如各存款类中介机构、保险公司等。两类金融中介机构的信息生产作用不同，二者为不同信息透明程度的客户服务。假定金融中介机构的客户按其信息密度或透明度分为透明、半透明和不透明三类（罗斯，1989），则经纪类金融中介机构为信息透明的客户提供服务，资产转换类金融中介机构主要为半透明的客户提供服务。

信息技术革命对金融中介机构演进的影响主要表现在：

1. 增加信息产量，扩张金融中介服务边界

假定金融中介的信息生产总量（I）取决于信息生产的初始投入要素和信息生产技术。信息生产的初始投入包括资本（K）、劳动投入（L）、原始信息投入量（i）、信息生产技术（T_2）。

$$I = F(K, L, i, T_2) \quad (4-1)$$

为了集中考察信息技术变革对金融中介机构的影响，我们忽略资本和劳动投入的影响，假设资本和劳动投入不变。

---

① 对金融中介机构的类别划分因分类标准不同而不同。为便于进行分析，此处我们将这金融中介机构按照信息密度标准分为：经纪类和资产转换类。参见：秦国楼．现代金融中介论[M]．北京：中国金融出版社，2002：90－112。

$$I = F\ (i,\ T_2) \tag{4-2}$$

i 和 T_2 可相互替代，较少的原始信息与较高水平的信息加工技术的配置的效果等同于较多的原始信息与较低水平的加工技术的配置。

$\frac{\partial I}{\partial i} > 0$，在其他条件不变的情况下，初始投入的信息量越多，信息产出越大。

$\frac{\partial I}{\partial T_2} > 0$，在其他条件不变的情况下，信息加工技术越先进，信息产出越大。

初始信息投入量又由信息制度和信息挖掘能力决定。所谓信息制度是指有关信息记载、传送、披露等方面的法律、约定、习惯的总称，如会计制度、证券法规、保密规定等。这些制度规定直接影响信息使用者获取信息的权利，以及其能够获取的初始信息量。信息挖掘能力决定了在相同的信息披露水平下获取信息的能力，信息挖掘能力取决于金融中介机构的信息获取技术 T_1。

$i = f\ (s,\ T_1)$。s 表示由信息制度规定决定的信息获取水平，s 和 T_1 可相互替代，较低的信息披露水平依赖较高的信息挖掘能力；信息获取技术水平越高，对信息披露的依赖性越低。

$\frac{\partial i}{\partial T_1} > 0$，在其他条件不变的情况下，金融中介机构信息挖掘能力越强，其信息生产过程中获取初始信息的能力越强，初始信息投入量越大。

假设制度环境、资本劳动投入均不变，此时信息生产函数表达式为：

$$I = G\ (T_1,\ T_2) \tag{4-3}$$

$\frac{\partial I}{\partial T_1} > 0$，$\frac{\partial I}{\partial T_2} > 0$，信息生产函数是信息获取技术和信息加工技术的单调增函数。

这意味着信息技术革命带来的信息获取技术和信息加工技术的进步，将增加金融中介的信息产出，从而将原来由于信息问题没有中介机构提供服务的领域也纳入进来。金融中介通过利用信息技术挖掘这些领域的信息，使原来不透明客户成为半透明客户，透明程度上升。对整体的金融中介体系来讲，客户边界扩展了，这种服务边界的扩展直接扩大了金融中介机构业务范围（见图4－1、图4－2）。其中，I_1为信息技术变革前的信息产出量，I_1'为信息技术变革后的信息产出量。

透明客户……半透明客户……I_1……不透明客户

[1　2　3　4　5　6][7　8　9]

由金融中介机构提供服务　没有金融机中介构提供服务

图4－1　信息技术变革前的客户透明度与金融中介机构服务边界

透明客户……半透明客户……I_1……I_1'……不透明客户

[1　2　3　4　5　6　7][8　9]

由金融中介机构提供服务　没有金融中介机构提供服务

图4－2　信息技术变革后的客户透明度与金融中介机构服务边界

2. 信息技术革命对信息密度不同的金融中介的差异化影响

虽然信息技术革命扩展了金融中介机构的服务边界，但这种影响是非均衡的。

由于不同金融中介机构的信息密度不同，成本组成各异，信息技术变革带给不同金融中介机构的成本方面的好处也有差异。因此，信息技术革命在扩张金融中介机构总体服务边界的时候，对不同种类的金融中介机构的业务边界影响不同。

假设资产转换类金融中介机构的成本函数为：

$$C^{AT} = FC + W_K K_{AT} + W_L L_{AT} + W_i i_{AT} \quad (4-4)$$

其中，FC为固定成本，它因投入的最低资本存量而产生；K为投入的资本存量，L为投入的劳动力，i为投入的原始信息，W_K、W_L和W_i分别是资本、劳动和信息的价格。

经纪类金融中介的成本函数为：

$$C^{B} = W_L L_B + W_i i_B \quad (4-5)$$

经纪类金融中介机构不需资本投入或只需少量资本投入，可以忽略不计，故成本函数中不包括固定成本。

资产转换类金融中介的成本中包含固定成本，当产出很低时，其平均成本高于经纪类金融中介机构。但随着产出的增加，其平均成本下降的幅度要大于经纪类金融中介机构（见图 4 –3）。

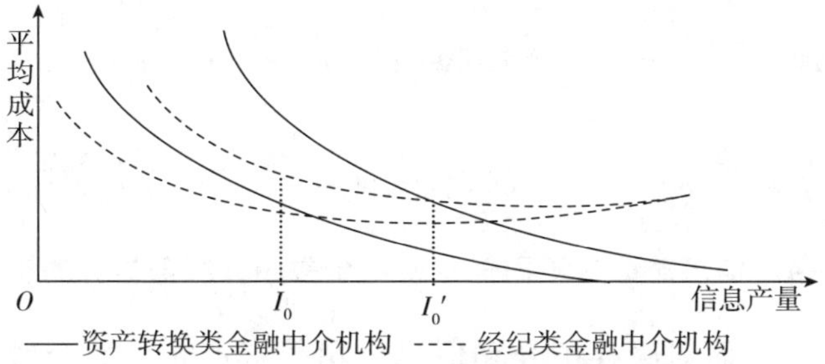

图 4 –3 信息产出与平均成本

在图 4 –3 中，当信息产出低于 I_0时，资产转换类金融中介机构的成本曲线高于经纪类中介机构，产出达到 I_0时，二者的平均成本相等；当信息产量高于 I_0时，资产转换类中介机构的成本低于经纪类中介机构。因此，当中介机构客户的信息密度低于 I_0时，它在公开市场融资，由经纪类中介机构提供服务；当客户信息密度高于 I_0时，它通过金融中介融资，并由资产转换类中介机构提供服务。

由前文的分析，信息技术变革推动信息产出扩张，将推动资产转换类中介机构和经纪类中介机构的平均成本曲线均向右移动。此时，当信息密度低于 I_0'时，由经纪类中介机构提供服务的成本更低，$I_0' > I_0$，意味着经纪类中介机构的客户范围扩展，原来由资产转换类中介机构提供服务的客户现在由经纪类中介机构提供服务了，如原来由资产转换类中介提供服务的半透明客户转移到经纪类中介和公开融资市场。对资产转换类金融中介机构而言，由于信息透明度提高，原来的一部分客户转向公开市场和经纪类中介机构；另外，客户透明度的提高使原来的透明度较低的客户现在被纳入其服务范围（见图 4 –4）。因此，信息技术变革对其的影响是不确定的。

信息技术变革一方面强化了金融中介的信息生产功能，使金融中介整体的服务边界扩展；另一方面由于不同的金融中介的成本组成各异，信息技术变革带来的影响具有差异性，对共同基金等经纪类金融中介而言，其

透明客户……I_0……半透明客户……I_1………不透明客户

[1 2 3] [4 5 6][7 8 9]

由经纪类金融中介机构提供服务　由资产转换类金融中介机构提供服务　没有金融中介机构提供服务

透明客户……I_0……I_0'…半透明客户…I_1…I_1'……不透明客户

[1 2 3 4] [5 6 7] [8 9]

由经纪类金融中介机构提供服务　由资产转换类金融中介机构提供服务　没有金融中介机构提供服务

图 4－4　信息革命对不同信息密度金融中介服务边界的影响

服务范围扩大了，而对吸存中介和保险公司等资产转换类金融中介而言，其服务范围的变化是不确定的。

3. 互联网金融对金融中介机构的改变

互联网金融是指传统金融行业与互联网信息技术，特别是搜索引擎、移动支付、云计算、社交网络和数据挖掘等技术结合而产生的新兴领域，是借助网络技术进行资金融通、支付和信息中介等业务的创新型金融模式。20 世纪 90 年代以来，在互联网信息技术的推动下，世界主要国家的金融机构自发地对传统金融业进行产业升级，互联网企业也通过产品创新抢占了部分市场。从全球范围来看，利用互联网高效性、规模化、普惠性的优势，实现金融资源更有效的配置已是大势所趋，但各国的发展路径略有不同，也形成了不同的互联网金融生态。

根据性质的不同，目前存在四种独立的互联网金融业态。

一是传统金融业务互联网化，主要包括传统商业银行的网络化，券商交易业务的电子化，保险、资产管理等业务的网络化等。传统金融业务的互联网化实质就是传统金融业务渠道的信息化升级，如以我国的余额宝为代表的互联网理财产品，本质上就是传统货币市场基金销售渠道的网络化。

二是基于互联网的金融支付体系。第三方支付、移动支付在移动互联网和智能终端的支持下迅猛发展。如中国的支付宝，美国的 PayPal、Digital Goods 等，都是支付体系与互联网融合的产物，也是互联网金融中的“基础设施”。

三是互联网信用业务，包括网络存贷款、众筹。网络存贷款最主要的形式就是 P2P。通过网络贷款平台，资金需求和供给双方在互联网上完成资金融通，它完全脱离传统商业银行，是“脱媒”的典型表现。众筹则是集中平台上众多参与者的资金，为小企业或个人提供资金支持。

四是网络虚拟货币，最典型的代表就是比特币。网络虚拟货币存在与真实货币转换的可能性，使得互联网金融与传统的货币政策框架交织在一起。

我国金融业的信息化起步较晚，是互联网企业主导了本轮的业态革新。同时，利率市场化加速、增长方式面临转型等当前特殊的经济形势，也在客观上为互联网金融的规模性增长创造了条件。

中国互联网金融大致可以分为三个发展阶段：第一个阶段是 1990—2005 年的传统金融行业互联网化阶段；第二个阶段是 2005—2012 年的第三方支付蓬勃发展阶段；第三个阶段是 2012 年至今的互联网实质性金融业务发展阶段。

依托大数据和电子商务的发展，我国互联网金融得到了快速增长。对传统银行业务冲击最大的是货币市场基金。以“余额宝”为代表的互联网金融理财产品对传统银行的储蓄业务形成冲击。2013 年 6 月，支付宝与天弘基金合作推出的余额宝上线以来，各大互联网巨头效仿阿里巴巴，纷纷推出自己的同类理财产品，进军金融行业，如腾讯的微信理财通、百度的百赚等，不断侵袭银行的活期存款阵地和定期存款阵地。百度某产品收益率播报为 6. 416%，是银行活期存款的 18 倍，对接微信理财通的财富宝货币基金收益率长期高于 7%。在这样的背景下，银行存款“大搬家”。余额宝设立半年，便号称吸金 2500 亿元。此外，货币基金目前已从抢夺银行活期存款扩展到抢夺定期存款，未来银行与互联网金融之间的存款保卫战将升级为“立体储蓄战”。从美国的案例可以看出，货币市场基金是否长期繁荣并不在于营销渠道的大小，而是主要取决于利率市场格局的大小。中国未来利率的变动趋势将对这场战争的结果起决定作用。

面对互联网金融的侵袭，传统银行利用金融信息技术平台，建成了基于互联网的创新金融服务体系——由自助银行、电话银行、手机银行和网上银行构成的电子银行立体服务体系，而且形成了“门户”“网银、金融产品超市、电商”一拖三的金融电商创新服务模式。但总体而言，传统金融机构尤其是商业银行因为没有主动调整、应对滞后，其在金融活动中的地位被削弱。尤其是金融大数据的使用带来的低成本及新交易模式的建立、金融交易信息基础的改善，均将对传统金融部门形成冲击。

可以预见，在传统金融部门和互联网金融的推动下，中国的金融效率、交易结构甚至整体金融架构都将发生深刻变革。

本章小结

金融中介通过向最终贷款人出售次级证券，然后向最终借款人购进初级证券，引导资金由贷款人流向借款人。

金融中介存在的合理性在于其能够降低交易成本，能够解决由市场上存在的非对称信息问题引发的逆向选择问题和道德风险问题，同时能够为单个投资者提供流动性保险，并帮助单个投资者克服高昂的参与市场的成本和增加客户持有的财富的价值。

金融中介最基本的功能是提供支付清算、资金融通服务。在这一过程中，又衍生出金融中介的其他功能，如信息生产功能、代理—监督功能、风险管理功能等。金融中介的这些功能是从金融中介机构整体来分析的，就各具体的金融机构而言，由于优势和实力不同，其功能各有侧重。随着金融机构的竞争更加激烈，金融中介机构选择专业化发展道路，金融中介机构逐渐形成了以核心功能为主，兼有其他功能的发展模式。

根据各类金融机构在金融活动中的业务特点和基本功能，金融中介机构可以划分为三大类：存款类金融中介、保障类金融中介和投资类金融中介。

金融创新推动金融中介和金融市场边界不断调整。若从静态的角度来看，金融中介机构与金融市场是相互竞争的；若动态地看，金融体系的结构演进、中介和市场的关系将是互补性的，而非竞争性的。

思考题

1. 交易成本包括哪些内容？金融中介是如何降低交易成本的？举例说

明金融中介降低交易成本的作用。

2. 请用逆向选择问题的相关理论解释你愿意向熟悉的人们发放贷款而不愿意向陌生人发放贷款的原因。

3. “在一个没有信息问题和交易成本的世界里，金融中介机构不会存在。”这句话是对的还是错的，或者无法肯定？请给出解释。

4. 为什么抵押是家庭和企业债务合约的一个普遍特征？为什么典型的债务合约通常是有许多条款的法律文件？

5. 如何理解信息不对称对金融交易的影响？金融中介机构具有怎样的信息处理优势？

6. 如何理解金融创新在金融中介与金融市场关系中的作用？请举例说明。

进一步阅读书目

1. 弗雷德里克·S. 米什金. 货币金融学:第十一版[M]. 郑艳文,荆国勇,译. 北京:中国人民大学出版社,2016.

2. 王广谦. 金融中介学[M]. 北京:高等教育出版社,2003.

第五章　金融市场

本章要点

◎什么是金融市场？

◎金融市场的功能是什么？

◎金融市场的基本要素有哪些？

◎金融市场有哪些类型？

现代经济活动包括“实物”经济活动和“金融”经济活动两个方面（见图5-1）。实物经济活动构成现代经济社会的基础结构；金融经济活动则是它的上层结构。金融经济活动既以实物经济活动为基础，又是实物经济活动的反映，并且是影响经济稳定与增长的主要因素。金融市场是一切竞争性金融交易活动关系的总和。一方面，它是商品经济发展的产物；另一方面，商品经济的持续、稳定、协调发展离不开完备的金融市场体系。金融市场已成为现代市场体系的枢纽。一个完整的金融市场体系应有成熟发展的金融机构（financial institutions）、金融市场（financial markets）和

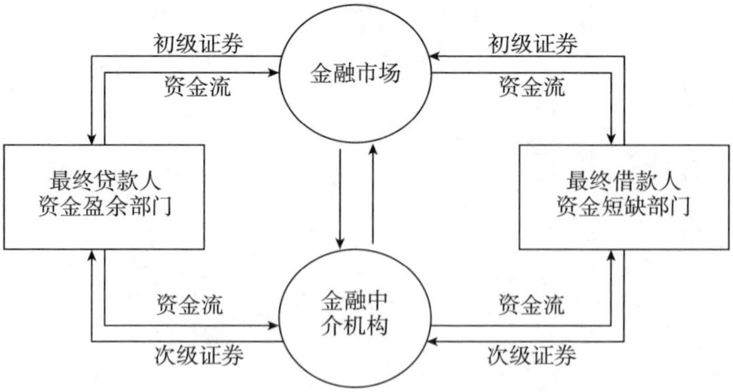

图5-1　“实物流”与“金融流”

多样的金融工具（financial instruments）。

第一节　金融市场的特征与类型

一、金融市场的特征

资金在社会中的盈余单位与赤字单位之间的流动、配置经常普遍地存在于多个经济单位之间，构成一个庞大的资金融通网络，这个网络就是金融市场，它是一切竞争性金融商品交易关系的总和。按照金融商品交易的内容，金融市场有广义和狭义之分，广义金融市场把社会的一切金融业务包括银行存贷款业务、信托业务、保险业务、贵金属买卖业务、外汇买卖业务、金融同业拆借及各类有价证券的买卖等都列入金融市场的范围内；狭义金融市场则排除存贷款业务、保险业务和信托业务，只把金融同业间的资金借贷、外汇买卖和有价证券的交易看作典型的金融市场行为。

金融市场是现代社会统一的市场体系的重要组成部分。它与商品市场有着密切的联系。金融市场的存在和发展以商品市场的存在和发展为基础，而金融市场的发展又影响和制约着商品市场。金融市场和商品市场一样，都从事商品交易活动，但与普通商品市场相比，金融市场在交易对象、方式、价格、目的及场所等方面都有其特殊性。

第一，在交易对象上，商品市场交易的是各具特色的、非同质的普通商品，而金融市场交易的是特殊的金融商品，金融商品之间没有质的差异。

第二，在交易方式上，商品交易以直接的购买和销售为主，其所使用的交易工具以货币工具为主，一般而言，交易关系随交易行为的结束而终止。而金融交易以借贷为主，也有买卖方式，其交易所使用的工具除货币外，还有票据、股票、债券等。一般而言，借贷方式的金融交易不随交易关系的结束而终止。

第三，金融商品的价格是借贷资本使用过程中的利息率，它不是资金本身的价格，因而不是价值的货币表现，它由金融商品的供求关系决定。普通商品的价格是其价值的货币表现，它由商品的价值及供求关系决定。

第四，在交易目的上，商品交易的一般动机是出售者实现自己商品的价值，购买者获得商品的使用价值，这种交易是所有权的让渡。而金融市场交易一般是使用权的让渡，出卖者是为了获得一定时期内的让渡资金使用权的报酬，购买者的目的也只是要购买一定时期内的资金使用权。

第五，与商品市场一般都有集中的交易场所不同，金融市场可能是有形的，即有固定的交易场所，如证券交易所；也可能是无形的，没有固定的交易场所，所有的交易皆在电脑系统内完成。

二、金融市场的类型

现代金融市场既是一个完整的市场体系，又是一个由多元构成、多层次组合的体系，根据不同的标准，我们可以对金融市场进行各种各样的分类。

（一）现货市场与衍生市场

按金融要求权交易的实际交割期的不同，金融市场可以划分为现货市场与衍生市场。现货市场（spot market）要求买卖及时结清，即买方必须及时付款以收取其所买的证券。衍生市场（derivative market）是买卖双方现在签订交易条款而在将来某一约定时间执行或选择执行的市场。

1. 现货市场

外汇市场、货币市场、债券市场和股票市场都是“现金”市场——或者说是现货市场，也就是即期交易的市场。现货市场上的买卖双方在证券或金融服务成交后，须立即（通常是在一个或两个交易日内）办理标的交割。

（1）外汇市场（foreign exchange market）。

外汇市场是兑换和交易各国货币的市场，是指“用一种货币标价的资金买卖另一种货币标价的资金的市场”，其主要功能是便利国际贸易和投资活动。在20世纪70年代早期，当时主要的货币如德国马克和英镑都与美元通过固定平价制度联系在一起。这个制度是根据布雷顿森林协议于1944年建立的，除去偶尔的几次调整外，该制度良好地运转了20多年。然而到了60年代，不同国家之间的经济增长差距日益明显，出现了货币动荡，并且日益频繁。最后，这个固定汇率制度终于在70年代早期崩溃，取而代之的是浮动汇率制度。

这个变化使外汇市场发生了革命性的变化。外汇汇率不再是稳定的，而是不断地波动，并且没有波动的上下限。各国政府不时地入市干预，但是在大多数情况下，汇率依照市场的供求关系变动而自由波动。

浮动汇率使得银行及其客户有必要积极地管理外汇头寸。与此同时，也使投机者有机可乘。另外，计算机和电信事业的发展使新闻评论的全球迅速传播成为可能，使得即时的交易工具的出现成为可能。这已成为今日外汇市场的重要特色。

外汇市场是一个无形市场，它分散在全世界，由国际的电信和计算机网络将交易商的交易室彼此联系在一起。外汇交易在3个地方最为活跃：伦敦（3000亿美元）、纽约（1920亿美元）和东京（1260亿美元），而其他地区的外汇总和为5120亿美元。这些数字只是每日的大体成交量（换算成等值的美元），由于缺少中央清算机构，没有人确切地知道真正的交易量是多少。

在这些交易量中，商业交易占5%～20%。这并不是说剩余的80%～95%都是投机交易，其中有许多交易是银行在银行间进行市场冲销及与其他银行的头寸进行的交易。

（2）货币市场（money market）。

货币市场是交易短期债权的电子市场，期限短到隔夜，长到1年。

许多债权是以可转让票据为基础的，货币市场交易的工具主要有财政债券、贸易票据、银行大额可转让定期存单（CDs）、商业票据（CP）、欧洲商业票据（ECP）、欧洲票据（通过NIFs、RUF或MOFs发行）等。

对于大多数可转让工具而言，其存在着相应的二级市场，使得买卖双方可以在债权到期日之前进行交易。这就是说，当投资者购买了6个月的CDs，1个月后他想兑换，就可以将CDs在二级市场上出售以换取现金。可转让工具发行或交易时的价格取决于许多因素，包括距离到期日的时间、信贷质量、当时的市场利率以及发生的利息。许多工具如CDs都有特定的利率，以面值或接近面值的价格发行。其他工具如财政债券和CP根本不支付利息，通常以贴现的方式发行。投资者在贴现类证券上获得的回报由初始支付的价格与到期面值之差来决定。

大多数贴现类证券的利率通常是以贴现率的方式表示，即面值的百分比，然后转换成年利率。例如，一张定价为98美元的财政债券，在3个月后按面值全部返还，其贴现收益率为8%。

与这些以票据为基础的债权不同，货币市场上相当大的部分是非可转让债权，其中包括银行间存款、联邦基金（美国）、地方政府和金融公司存款（英国）、回购和逆回购等。

虽然上述工具有一个相当活跃的一级市场，但是由于没有二级市场，存款人或投资者就不能交易这些资产。一旦A银行贷给B银行1000万德国马克，期限3个月，在到期之前，A银行就没有办法提前收回这笔贷款。因此这个市场中的期限是十分短的，像美国联邦基金市场交易的都是隔夜资金。非可转让工具的收益率比起以票据为基础的工具，稍高一些。例如，银行间市场3个月期存款的利率比3个月期CDs的利率高出0.0625个百分点或0.125个百分点。

（3）债券市场（bond market）。

债券的期限都长于1年，一般是2~10年，有些债券是30年期限，还有许多债券是永久性的，并没有固定的到期日。

在许多国家，票据与债券的最大发行人是中央政府和地方政府机构，其他由大型公司发行。债券有多种类型，包括政府债券、公司债券、抵押债券、浮动利率票据、欧洲债券、中期票据和欧洲中期票据等。

大多数债券定期支付利息，被称为“息票”，也有许多零息债券。出于各种考虑和目的，零息债券大部分是长期债券。大多数债券的息票都是事先固定的，被称为“固定收入证券”，但是也有债券经常重新规定利息，因此其利息是浮动的，这就是浮动利率票据。随着国际金融的发展，许多借款人可以发行多币种的证券，而在发行人所在国以外出售的，以该国货币面额表示的债券被称为“欧洲债券”。现在各种类型的债务工具向大公司借款人敞开大门，其可以发行短期的商业票据和债券、期限较长的公司债券和欧洲债券，以及期限位于二者之间的中期票据。

世界上最大的债券市场是以美元和日元标明面值的债券市场，二者占世界债券市场的2/3；其次是欧元（以前主要是德国马克、意大利里拉、法国法郎）和英镑的债券市场。在这些市场中，政府债券仍占主要地位。

（4）权益市场（equity market）或股票市场（stock market）。

与债券工具不同，股票或普通股是一家公司的所有权凭证。尽管许多股权证上标有面值，但这仅仅是名义上的，因为公司没有归还面值的任何承诺，对于股息的支付也没有保证。发行股票的公司每年决定发放多少股息，甚至根本不发放股息。在公司进入清盘的情况下，其他债权人先得到偿还，公司股东是公司资产变卖后所得收益的最后受益人。因此，股票的风险是很大的，这不仅表现在通过股票获得的未来收入是不确定的，而且在公司破产的情况下，股东有可能遭受损失。

虽然股票有如此大的风险，但是投资者还持有股票，其原因在于，投资者希望获得比债券更多的回报。从长期来看，股票的收益大于债券的收益。股票交易中获得的额外收入可以补偿投资者持有股票面临的额外风险。资本资产定价模型（CAPM）就是用来说明如何从不同的投资选择中寻求风险和回报的最佳组合的理论。

世界上最大的股票市场在美国纽约，即纽约证券交易所（NYSE）和美国全国证券交易商协会自动报价系统（NASDAQ）。其次是伦敦证券交易所和东京证券交易所。

尽管我们对债券市场和股票市场进行了严格的区分，但仍然有一些金融工具位于二者之间。优先股如同债券，它们的股息是按其面值的百分比事先设定的，与债券不同的是，公司不向优先股支付利息并不意味着违约；在发行公司进入清盘阶段时，优先股股东对发行公司资产的求索权位于股票和债券之间。可转换债券则是另一种混合性质的金融工具，发行时它是债券，但它的持有人有权利在特定的时期或期限内将债券转换成公司的一定数量的股份。还有一种混合性质的金融工具是永久性浮动利率票据（PFRN），与一般浮动利率票据一样，它是有债券的“息票”，但是它也有股票的特点——没有到期日，其面值仅仅是名义上的。

2. 衍生市场

20 世纪 70 年代以来，衍生市场和衍生工具的演变已经为管理风险提供了更有效率的办法。

衍生市场是指交易衍生证券的金融市场。衍生证券也称为“或有债券”（contingent claims），是依赖于其他基本的标的资产（underlying assets）——原生性金融商品和基础性金融工具而推出的新型金融工具。一般而言，衍生证券的价值由其交易的金融资产的价格决定。例如，货币期权与外汇市场上特定的货币相联系，债券期货与债券市场上特定债券相联系，股票指数期货与特定股票市场的表现相联系。如现金市场一样，衍生市场使得衍生工具的持有人面临相同的货币波动、利率或股市的风险，但没有损失本金的风险。因此，衍生工具的风险要小于基础工具的风险。

近年来，由于衍生金融工具在金融交易中具有套期保值、防范风险的作用，衍生工具的种类在不断增加，因此，在金融领域，衍生证券变得越来越重要。许多交易所正在进行大量的期货和期权交易。金融机构和它们的公司客户在交易所外的场外市场（over – the – counter，OTC）频繁进行远期合约、互换和其他不同种类的期权交易。

衍生市场最基本的有期货市场、期权市场和互换市场。期货市场是买卖双方现在签订交易条款而在将来某一约定时间执行的市场，其交割的时间多为 1 个月、2 个月、3 个月、6 个月，最长一般不超过 12 个月，交割时按合约上规定的价格、数量及其他条件执行。期货市场根据商品种类不同，分为软商品期货、硬商品期货、金融期货等。金融期货基本上可分为利率期货、外币期货和指数期货三种类型。期权市场交易的对象是期权合约，该合约给予持有者一种权利（而不是义务），使他们能在一定期限以一定价格从（向）另一方买进（卖出）某种商品或金融工具。期货市场和期权市场所交易的合约都是由原生金融资产衍生而来的，所以又称“金融衍生市场”。互换市场是指两个或两个以上参与者之间，直接或通过中介机构签订协议，互相或交叉支付一系列本金或利息的交易行为。互换市场的主要功能为：规避风险、空间填充、降低筹资成本和加强资产负债管理。

（二）一级市场与二级市场

按金融要求权是否首次发行，金融市场可以划分为一级市场与二级市场。

发行人把一种新金融资产出售给公众，即称为“发行”该种金融资产。一级市场（primary market）是指首次发行金融资产的市场，也称为“初级市场”或“发行市场”。其主要功能是进行融资，如购买公司发行的新股、房屋抵押借款等都属于一级市场中的交易。

各种已发行的证券在投资者之间进行买卖并流通所形成的市场即为二级市场（secondary market），又称为“流通市场”。二级市场可分为场内市场即证券交易所（诸如 NYSE、TSE 等）和场外市场。二级市场的主要功能是为证券投资者提供流动性，即投资者随时能将自己持有的金融资产变现。一般而言，二级市场的容量（volume）要比一级市场大得多。

一级市场与二级市场的联系十分紧密，二者相互制约、相互促进，共同构成金融市场交易的整体。一级市场是二级市场的基础，无发行市场，赤字单位无处筹资，也不可能有流通市场；而二级市场发育的好坏直接影响到金融资产流动性的强弱，制约着一级市场的发展。无流通市场，证券失去了流动性，投资者不能转变其资产组合，从而使发行市场的交易不能顺畅进行。金融资产在二级市场上的价格上升必然引起一级市场的发行价格上升，反之亦然。

（三）证券市场与借贷市场

按交易方式的不同，金融市场可以划分为证券市场与借贷市场。证券市场是政府或公司发行证券及证券流通买卖的市场，它以股票、债券、商业票据、大额可转让定期存单等有价证券为交易对象。借贷市场直接以货币资金自身的使用价值为交易对象，其首要的功能是促进借款和贷款，即通过发放和获得以货币标价的债务来实现购买力的转移。

（四）货币市场与资本市场

按金融要求权期限的长短，金融市场可以划分为货币市场和资本市场。货币市场是指到期日在一年内的短期金融工具的交易市场，其基本功能是调节短期资金的融通。资本市场是指到期日在一年以上的中长期金融工具的交易市场，其基本功能是促进资本的形成。

根据借贷方式的不同，货币市场又可具体分为银行短期信贷市场、短期证券市场、贴现市场和同业拆借市场。银行短期信贷市场是指银行为公司提供各种短期信贷的市场。这种短期信贷的期限都很短，一般不超过一年，主要是为了解决公司临时性、季节性的流动资金需要。短期证券市场是指以国库券等短期信用工具为交易对象的市场。贴现市场是指以国库券、短期债券、银行承兑汇票和商业票据等为交易对象的市场，其交易种类包括贴现公司对银行承兑汇票和商业票据的贴现、商业银行对贴现公司的拆放款以及中央银行对贴现公司的再贴现。同业拆借市场是指金融机构之间相互融通资金的市场。

资本市场的交易对象包括长期债券、普通股票等金融工具，因而资本市场又可分为债券市场、股票市场等。货币市场和资本市场是相互联系的。

（五）公开市场与议价市场

按成交与定价方式的不同，金融市场可以划分为公开市场与议价市场。公开市场（open market）是指通过公开竞价方式形成金融资产的交易价格的市场。金融资产在到期偿付之前可以自由交易，并且卖给出价最高的买家，一般在场内市场进行。议价市场（negotiated market）是指金融资产的定价和交易以买卖双方私下协商的方式进行的市场。金融资产一般根据私下协议，只出售给一个或少数买方。目前，世界上绝大多数债券和未上市的股票都通过这种方式交易。

例如，消费者通过其银行代理人获取汽车消费贷款是议价市场的活动。在证券交易所买卖公司股票，这是公开市场的活动。同样买卖股票，如果公司把其股票私下协商转让给另一家企业，则属于议价市场。

此外，金融市场根据金融工具的类别划分为股票市场、债券市场、同业拆借市场、贴现市场、外汇市场、黄金市场等。根据金融交易是否存在固定场所划分为有形市场和无形市场。前者指有固定的交易场所、专门的组织机构和人员、一定的交易规则和专门设备的组织化市场，如证券交易所。后者是一种观念上的市场，无固定场所、无专门组织，交易通过电话、电传、电报、电脑等手段来联系完成，是一种非组织化市场。

三、全球金融市场①

全球一体化意味着全世界的金融市场统一成为国际金融市场。由于金融市场的全球化，任何国家的实体在寻求融资时，不必受限于其国内金融市场，投资者也不受其国内市场上发行金融资产规定的限制。

因此，一国的金融市场也可分为内部市场和外部市场。内部市场（internal market）也称本国市场（nation market），又可被分解为两部分：本国证券市场（domestic market）和外国证券市场（foreign market）。居住于本国的发行人发行证券及其交易的市场被称为“本国证券市场”。外国证券市场是指证券的发行人不居住于本国，但在本国发行和交易证券的市场。外国证券的发行必须遵守所在国监管当局法令的规定。例如，非美国公司在美国发行证券必须遵守美国证券法的有关规定，在日本发行证券的非日本公司必须遵守日本证券法和日本大藏省颁布的有关规定。美国的外国证券市场被称为“扬基市场”，日本的外国证券市场被称为“武士市场”，英国的称“猛犬市场”，荷兰称“伦勃朗市场”，在西班牙则称“斗牛士市场”。

外部市场（external market）也称“国际市场”（international market）。这一市场上的证券有如下特点：它们同时向许多国家的投资者发行，且不受任何一国法令的制约。外部市场通常被称为“离岸市场”（offshore market）或“欧洲市场”（Euromarket），虽然这一市场并不只限于欧洲。所以，“欧洲市场”并不是一个地理上的概念②。

第二节　金融市场的功能

在现代市场经济条件下，金融市场通过把资金在当前和未来之间进行

---

① 参见：弗兰克·J. 法博齐，弗兰科·莫迪利安尼. 资本市场：机构与工具［M］. 北京：经济科学出版社，1999：13。

② 有些市场研究人员和数据统计人员认为外部市场包括外国市场和欧洲市场。

分配，强化了资金需求者（赤字单位）和资金供给者（盈余单位）之间的融通，有效地组织着借贷资本的运动，在社会经济的运行中发挥着巨大作用。金融市场的这一作用可以用一个模型来说明。该模型最早由美国经济学家欧文·费雪（I. Fisher）在其代表作《利息论》（1930 年）中提出，1958 年，杰克·海希雷夫（Jack Hirshleifer）在其《关于最佳投资决策理论》一文中对费雪的理论做了进一步深化，该模型因而被称为“费－海”模型。

“费－海”模型在一个确定的世界里分析金融市场在资本的时际配置中的作用，并假定金融市场是完全竞争的市场，在这个市场上，市场竞争是充分的，没有人有单独影响市场的能力；资金的运动是无障碍的自由运动；没有交易成本。

“费－海”模型建立在费雪的两个基本命题的基础之上。第一个命题是：人们的投资行为受到“时间偏好”的影响，就是说“现在财货优于将来财货的边际偏好”。费雪认为，人们对现在财货和将来财货的主观评论是不同的，一般都重视现在而贬低未来，或者说希望现在多消费，今后少消费，这被称作“人性不耐”。“人性不耐”具有排斥延期消费的倾向，因此成为投资的一大障碍。第二个命题是：人们对收入的选择有多种取舍的机会，其中一条选择是，“如果它的收入（未来一段时间）所具有的比较利益超过（在现值上）它的损失”，人们会放弃眼前的消费而重新安排资本组合，以期今后获得更高的收入，这种组合的改变被称为“投资机会”。“人性不耐”与“投资机会”是形成资本市场（金融市场）的两大重要因素，如果“没有时间偏好就绝不能有现在与将来的任何交换”，而没有投资机会则不存在自由竞争的市场。正因为资本市场（金融市场）的存在及发挥的作用，人们才得以在酌量“不耐”与“机会”大小时，促进资金的融通和自由转移。

以“不耐”和“机会”这两个命题为基础，“费－海”模型运用数理分析和几何分析方法分析了资金在当前和未来之间时际配置的均衡，为论证资本市场（金融市场）的重要性提供了有力的理论依据。其主要内容如下。

1. 时际消费模式的选择

假设时间被划分为两个时期（并且只有两个），分别为今年和明年。某个人在两种商品的组合中进行选择，即今年的消费与明年的消费。这个人面临的问题是如何在提供给他的消费选择中选择最佳模式。

首先考虑没有金融市场的情形。设该消费者的收入在时间上也分为今年收入 Y_0 和明年收入 Y_1。如图 5－2 所示，横轴表示今年消费，纵轴表示明年消费，G 点为禀赋点。由于没有金融市场，该消费者不能将明年的收入 Y_1 用于今年消费，但可以把今年收入窖藏起来，用于明年消费，这样如果该消费者今年不消费，则他明年可用于消费的总收入为 Y_0+Y_1，即纵轴上的 A 点，连接 AG，就是该消费者的消费可能线。至于选择 AG 线上的哪一点？很显然，他应该选择自己最喜欢的。准确的点取决于他的偏好，这用他的消费无差异曲线表示，该曲线表明带给该消费者相同效用的今年消费和明年消费的一系列组合。图 5－2 中的 U_1、U_2 和 U_3 为三条无差异曲线，根据无差异曲线的性质，可知 $U_1<U_2<U_3$。该消费者的均衡消费组合为 E。它是 AG 线与无差异曲线 U_2 的切点。

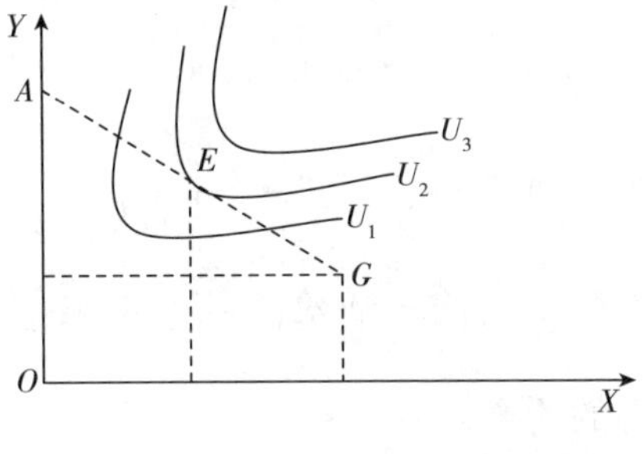

图 5－2　消费模式选择

2. 金融市场与消费模式

其次考虑引入金融市场的情形。这就存在一个今年消费与明年消费交易的市场，交易的条件取决于供求双方的力量。事实上，由于“人性不耐”，人们在任何时间、任何地点都希望以较多的明年消费来换取给定数量的今年消费。例如，一个人可能以 1 元的今年消费去换取 1.07 元的明年消费，这种交易叫“贷出”，或者他可能用 1.07 元的明年消费换取 1 元的今年消费，这称作“借入”。由于无交易成本，一切都是确定的，所以这种交易条件通常被称作“利率”。设利率为 r（实际利率），今年收入为 Y_0，明年收入为 Y_1，如图5－3所示，该消费者可以采取消费掉全部收入的消费模式，如点 G，也可将今年收入贷出，或将明年收入借入，这样他的消费机会包括 MGN 及其内的所有组合。消费者均衡消费组合为无差异曲线 U_3与线 MGN 的切点 E。由此可见，由于金融市场的存在，消费者的消费机会增多，效用水平提高。

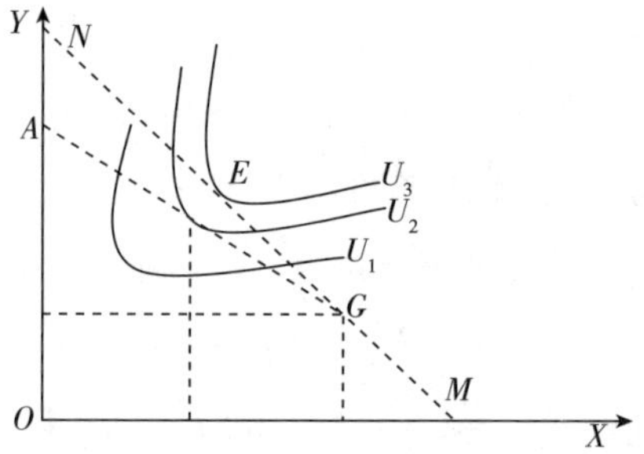

图5－3　金融市场与消费模式

上述分析可以用公式表述为：

$$\max TU = U \cdot C\ (C_0,\ C_1) \tag{5－1}$$

$$\text{s.t. } Y_0 + \frac{Y_1}{1+r} = C_0 + \frac{C_1}{1+r} \tag{5－2}$$

其中，C_0为今年消费，C_1为明年消费，$\frac{C_1}{1+r}$为明年消费的现值，$\frac{Y_1}{1+r}$为明年收入的现值。能得的均衡条件为：

$$\frac{\frac{\partial U}{\partial C_0}}{\frac{\partial U}{\partial C_1}} = |1+r| \tag{5－3}$$

或者 $MRS_{C_0C_1} = 1 + r$　　(5－4)

其含义是，每增加一个单位的今年消费所必须放弃的明年消费，即边际替代率 $MRS = 1 + r$，它实际上是现期消费与未来消费的相对价格。

“费－海”模型虽然夸大了人的主观心理评价在社会经济中的作用，而且它的有些假定是非现实性的，但是它对于论证金融市场的功能具有重要意义。

根据“费－海”模型，我们可以得出这样的结论，即金融市场明显地提高了经济运行的效率，整个社会的生产、消费和投资都可通过市场机制的作用，在收益极大的前提下进行有序的组合。金融市场的基本功能是在一个不确定的环境中使资源得到高效配置。

第三节　金融市场的形成与发展

一、金融市场的形成

金融市场是商品经济和信用制度发展到一定阶段的必然产物。从历史上来看，金融市场从萌芽、成长到发育成熟，经历了一个由低级到高级，由简单到门类齐全的历史演化过程。

在简单商品经济条件下，社会分工不发达，生产力水平低下，经济交易以物物交换为主，因而信用制度落后。随着生产力的发展，社会分工日益复杂，交换范围不断扩大，货币产生了。货币的产生克服了物物交换的障碍，大大促进了信用制度的发展。在商品货币经济条件下，由于种种原因，商品货币的分布不均衡，有的人有商品要出售，但有货币的人不一定马上购买，而想买商品的人又可能没有货币，这就不可避免地产生了以偿还为条件的借贷行为，即信用。这种借贷行为的经常发生，逐渐形成了借贷市场。

19 世纪末，欧美各国先后从法律上健全票据制度，促进了票据市场的发展。由于商业信用局限于商品流通，所以其在规模、使用方向及发行人信誉上都受到限制。为克服商业信用的缺陷，在商业信用基础上，银行信用产生了。银行信用的中心是银行，在 18 世纪和 19 世纪，银行信用以银行券作为流通工具，在存贷业务逐步成为银行的最主要业务后，在此基础上，人们推出诸如支票和银行票据一类的新的信用工具，丰富了借贷市场的信用工具种类。

银行和证券交易所是金融市场形成的核心。现代银行的雏形起源于中世纪的意大利。但现代意义上的银行是 1694 年在英国建立的英格兰银行。

经过300多年的演变，现代银行体系一般由中央银行、商业银行、投资银行和其他非银行金融机构组成。其中，中央银行是所谓"发行银行""银行的银行"，它垄断货币发行权，集中其他各类银行的存款准备金，充当最后贷款人，监管金融机构，执行货币政策。商业银行以存款、贷款和委托为主要业务。投资银行直接参与各类债券和股票的发行与承销。经过工业革命、第一次世界大战、1929—1933年的经济大危机和第二次世界大战，银行已从简单的中介人变成金融市场的核心。

证券交易在16世纪的西欧就已有了，当时的里昂、安特卫普已经有了交易所。世界上最早的证券交易所于1613年在荷兰的阿姆斯特丹建立。以后，法国、英国、美国等国家也建立起各自的证券交易所。但在19世纪60年代以前，在证券交易所交易的始终是国家公债。一直到19世纪的后十年，由于股份公司飞速发展，股份制成为最主要的企业制度，作为股东权益的证明，股票开始大量地发行并在证券交易所上市交易，证券交易所在金融市场的作用大大增强。现在，证券交易所在资本市场的运行中起着核心作用。

由此可见，金融市场是商品经济发展导致信用形式多样化的产物。货币、信用为其形成的基础，银行和交易行为其形成的核心。

二、金融市场的发展

第二次世界大战后，特别是20世纪70年代以来，为满足经济发展的需要，随着金融管制的放松和新技术在金融领域的应用，金融市场有了新的发展。

（一）金融市场的国际化与全球化

各国金融市场的国际化主要通过两条途径，一条是发展离岸金融市场，另一条是证券市场的国际化。

所谓离岸金融市场（offshore financial market）是相对于在岸金融市场（onshore financial market）而言的。后者是经营居民与非居民之间的金融业务活动并受当地法律管制的金融市场。与之相反，前者是经营非居民之间的境外货币借贷与投资业务而几乎不受任何政府管制的金融市场，它是在传统金融市场受到国家干预限制的情况下，绕过国家金融壁垒而建立起来的。20 世纪 50 年代末，欧洲货币市场的出现是离岸金融市场的开端。1957 年的英镑危机使美元取代英镑成为国际货币，随后美国联邦储备银行所颁布的 Q 条例和 M 条例使欧洲美元增加，最终形成欧洲美元市场。继欧洲离岸市场之后，以新加坡、中国香港为中心的亚洲美元市场在 20 世纪 60 年代末形成。进入 80 年代，离岸金融市场急剧发展，1981 年纽约离岸金融市场建立，被称作“国际银行便利”（international banking facility，IBF）。经过十多年的发展，纽约“国际银行便利”的规模已和伦敦离岸市场的规模相当。1986 年 12 月 1 日，酝酿已久的东京离岸市场正式开业，并取得了迅猛的发展。此外，巴哈马、开曼群岛、百慕大群岛、巴拿马等的离岸市场也得到迅速发展。离岸市场的形成与发展促进了各国金融市场的开放，加速了金融市场国际化的进程，使各国国内金融市场通过国际化而联成一体。

第二次世界大战以后，欧美主要工业国的证券市场的国际化趋势不断加强。一方面，外国投资者或借款人不仅可以在这些证券市场上买卖所在国的政府公债券、公司债券和股票，而且可以申请发行外国的政府债券、公司债券和股票；另一方面，外国人可以在其所在国的证券交易所买卖这些外国的证券。纽约、伦敦的证券市场无疑是高度国际化的证券市场。进入 20 世纪 80 年代，经过金融改革和日元的国际化发展，日本证券市场的国际化达到前所未有的高度。现在，伦敦、纽约和东京这三个金融中心构成世界金融市场的“金三角”（golden triangle）。

今天，以金融业务信息化、电脑化为中心的现代资产管理技术，掀起了一场世界范围的“金融革命”，使世界各地的金融市场形成一个庞大的金融网络。金融市场的国际化、全球化进入了一个新阶段。每日交易总额已达到天文数字的规模。金融市场的国际化一方面积极地推动了国际贸易和投资关系的发展，从而对各国经济及世界经济产生巨大的有利影响；另一方面也带来了一些不利影响，如金融市场的不稳定因素增加，金融监管的难度增加。

（二）金融市场的自由化

20世纪30年代的经济大萧条（有人认为金融体系的崩溃是这次大萧条的主要因素）和随后的凯恩斯主义理论，使人们对竞争性金融市场的信念产生了怀疑，美、英、德、日等国的金融制度逐步由自由竞争转向限制竞争，各国都建立起以中央银行为中心的金融管制体系，利率、汇率等金融价格，金融机构的设置和业务范围等都受到严厉管制，金融业及金融市场成为政府管制最严的领域。其中，最具典型意义的是美国的《1933年银行法》，它对西方金融制度影响最大。《1933年银行法》中最核心的两个内容是Q条例和《格拉斯－斯蒂格尔法》（Glass－Steagall Act）。Q条例规定，禁止银行对活期存款支付利息，并确定了储蓄存款和定期存款利息率上限；而《格拉斯－斯蒂格尔法》则要求将商业银行业务与投资银行业务分开，限制银行持有资产的种类。这些法案和条例的目的在于限制银行信贷资产流入证券市场，阻止商业银行进入风险投资领域，避免威胁金融体系的稳定。

从20世纪30年代开始的金融管制在一定程度上稳定了金融市场体系的秩序，发挥了金融市场在融资和资源配置方面的有利作用，对第二次世界大战以后经济的高速发展和繁荣起到了促进作用。然而从60年代后期开始，日益加剧的通货膨胀和国际货币体系中的美元危机频发，使上述法案和条例的负面作用逐渐显现。一方面，在高通货膨胀率的情况下，利率限制使得商业银行在竞争中处于不利地位，有些银行亏损、倒闭，形成所谓“脱媒”型信用危机；另一方面，国际货币体系的动荡使得布雷顿森林体系下的固定汇率制面临挑战，终于在70年代初被浮动汇率制所取代。在这种经济形势下，金融机构为了争夺资金来源，创造获利机会，掀起了规避金融管制的金融创新浪潮；同时金融管制机构也在酝酿着进行管制改革，其核心内容是放松管制，实现金融自由化。80年代是金融自由化的十年，在这期间，美国通过了《1980年银行法》和《加恩·圣杰曼法》（1982），取消了定期存款与储蓄存款的利率上限，消除了各类存款机构在业务上的分工，允许金融机构跨州经营，这是金融自由化趋势在世界范围内的重要体现。紧随美国放松金融管制，英、法、德、日等国也逐步放松金融管制。例如，以日本 1981 年的新《银行法》为标志，日本出现了利率自由化、经营多样化、日元国际化和交易电子化的浪潮，英国从 70 年代起就开始了金融自由化，法、德两国也分别在 1978 年和 1985 年实施新的银行法，逐步实现了利率自由化。进入 90 年代，受 1993 年 12 月达成的《服务贸易总协定》（General Agreement on trade in Services，GATS）的推动，金融自由化在全世界范围展开，发达国家长期的银证分离的规定逐步被取消，金融业务范围自由化。金融自由化由发达国家向发展中国家推进。特别指出的是，计划经济国家在向市场经济转轨过程中，随着经济货币化程度的提高，金融自由化也在发展之中。

（三）金融市场的创新

在金融市场上，创新活动基本上是一个持续性的过程。从历史上来看，今日金融工具和业务就是过去金融创新的结果，如股份有限公司和证券交易所等都是历史上金融创新的成果。所谓金融创新（financial innovation），指的是金融领域的变革，它涉及对金融工具、金融交易方式、金融技术、金融机构等多方面所进行的变革，其中最主要的是金融工具创新和金融制度创新，前者主要是由银行和其他各种金融机构为了获取潜在的利润或规避风险而进行的金融交易方式和工具的改革。例如，1972 年美国芝加哥商品交易所成立国际货币市场并推出第一个金融期货合约——外汇期货，就是金融工具创新。金融制度创新的创新主体主要是政府，所以有人称它为“管理者创新”，它是由政府发起的金融体制的改革。金融市场的创新主要指的是金融工具创新，它是为追求利润而推动的市场改革。

20 世纪 60 年代后期以来，西方国家的金融市场上掀起了一股新的创新浪潮，到 80 年代已形成全球性的大趋势。在这次创新浪潮中，以各种原生金融工具为基础，派生出众多的衍生金融工具和交易方式，如互换业务、金融期货、票据发行便利、浮动利率债券等被称为金融市场的“四大发明”，此外，大额可转让定期存单（CDs）、回购协议（RPS）、货币市场共同基金（MMMFs）、现金管理账户（CMA）、货币市场存单（MMC）、金融期权交易、远期金融合约等，都是在这一时期由金融机构推出的新型金融工具。国际清算银行在1986年的报告中，把这些新型金融工具根据其功能分成四大类：转移风险创新、增进流动性创新、创造信用创新和筹集股本创新。今天，各种衍生金融工具的交易规模已达到相当高的水平。

金融市场创新的一个结果是使金融工具日渐多样化。一方面，原有金融工具获得了革新和发展；另一方面，大量新的金融工具被开发出来。金融工具的多样化对推动金融市场的发展具有重要作用：一方面，金融工具多样化扩大了金融市场的容量，这对于金融市场结构的改善、金融市场的深化具有重要的意义；另一方面，丰富多样的金融工具增加了投资者进行资产组合选择、转移分散风险的机会，从而有利于金融市场功能的有效发挥。

金融市场创新的另一个结果是银行业务表外化，这是指银行所经营的承兑，外汇期货、金融远期交易，各种担保等不列入银行资产负债表的收费业务的扩展。这种表外业务的发展促进了银行的非中介化，增强了银行的金融实力。

（四）金融市场的证券化

20世纪80年代以来，金融市场中最令人瞩目的变化之一是证券化（securitization）。所谓证券化，它的一种趋势是股票、债券等证券发行作为一类直接融资方式，在全球范围内逐渐取代以银行贷款为代表的银行间接融资的市场份额。这种融资方式的证券化与所谓的非中介化（disintermediation）联系在一起。证券化的另一种趋势是资产证券化（asset securitization），这是指把已经形成的非证券形态的资产存量转变为证券资产。

在国际资本市场上，融资方式的证券化始于20世纪80年代初，在这之前证券融资一直不占重要地位。1982年国际债务危机爆发后，国际金融市场上国际银行贷款处于停滞、收缩状态，而与之相对，国际证券的发行量却不断增加。据国际清算银行的统计，在国际金融市场的融资总额中，1981年国际银行贷款净额占83.8%，1982年为61.9%，1983年为59.4%，1984年为52%，1985年为44.4%，同期的证券融资净额分别为

16.2%、38.1%、40.6%、48%、55.9%。在证券融资的发展中，国际债券的发行占绝对比重，一般占证券融资净额的90%以上。其次是欧洲票据融资。1987年的股市危机虽对融资的证券化进程有所打击，但国际债券市场在1988年就开始复苏，进入90年代，融资的证券化进一步深化。据经济合作与发展组织（OECD）统计，1994年的国际资本市场上以普通债券、浮动利率票据、可转换债券、附认股权债券和股票等形式筹资的份额为44.7%，而银团贷款的份额仅为21.3%。在融资证券化过程中，商业银行走向非中介化。在证券市场上，商业银行既是证券主要发行者与购买者，又充当证券发行的安排者与经理者。银行资产与负债同证券全面而紧密地结合在一起。

资产证券化是金融市场证券化的另一种趋势。20世纪80年代的国际金融动荡，使许多国家相继出现呆账危机；融资证券化使银行作为信用中介和资本市场代理人的功能界限越来越模糊；西方国家金融监管体制的改革使金融市场自由化进程加快；银行业务的表外化和金融工程的兴起等是资产证券化得以发展的原因。所谓资产证券化，是指公司（如商业银行）通过一定程序将资产转化为证券发行的融资过程。具体来说，它是发起人机构将自身持有的某些流动性较弱的资产加以分类汇集，形成具有相同的现金流特点的一系列资产组合，并将之出售给专业性的融资公司（special purpose corporation，SPC），再由融资公司以这些资产组合作为抵押资产担保证券（asset - backed securities，ABS）。资产证券化形式多样，按发行证券的担保证券的性质可以分成抵押贷款担保证券（mortgage - backed securities，MBS）和抵押资产担保证券；按资产证券化是否构成真实的资产出售以及该项资产能否从发起人的资产负债表上移出，可以分成表内证券化和表外证券化；按资产证券化的结构特点可分成过手式（pass through）证券化和现金流式（pay - through）证券化；等等。资产证券化的形式虽多，但是基本思想是一致的，即把一定资产的风险和收益全部或部分转让出去。以该特定资产的预期收入作担保发行债务凭证，包括商业票据、中期债券、所有权受益凭证、信托收据等，分销给投资者，一方面满足了寿险公司、年金基金等机构投资人对固定收入证券投资的需求；另一方面给发起机构提供了进行低成本融资和增强资产流动性的金融工具。

本章小结

金融市场是一切竞争性金融商品交易关系的总和。根据不同的标准，金融市场可分为：现货市场与衍生市场、一级市场与二级市场、证券市场与借贷市场、货币市场与资本市场、公开市场与议价市场等。

金融市场的基本功能是在一个不确定的环境中使资源得到高效配置。由此出发，金融市场的六大核心功能包括：清算和支付结算、聚合资源和细分股份、通过时间和空间转移资源、管理风险、提供信息、处理激励问题。

金融市场是商品经济发展导致信用形式多样化的产物。货币、信用为其形成的基础，银行和交易行为是其形成的核心。为满足经济发展的需要，随着金融管制的放松和新技术在金融领域的应用，金融市场有了新发展。20 世纪 70 年代以来，金融市场的新发展表现为国际化、全球化、自由化、风起云涌的金融创新以及证券化、电子化。

思考题

1. 引入金融市场后，人们的消费模式发生了怎样的变化?
2. 举例说明金融市场六大核心功能。
3. 金融市场形成的基本条件包括哪些?

进一步阅读书目

1. 张亦春,郑振龙,林海. 金融市场学[M]. 5 版. 北京:高等教育出版社,2017.

2. 弗雷德里克 · S. 米什金,斯坦利 · G. 埃金斯. 金融市场与机构:第 5 版[M]. 张莹,刘波,译. 北京:机械工业出版社,2009.

3. 郑长德,杨胜利. 中国金融市场概论 [M]. 北京:中国经济出版社,2010.

第六章　资产定价

本章要点

◎收益与风险如何度量？

◎资本资产定价模型的基本内容是什么？

◎套利定价理论是如何发展起来的？

◎投资组合理论的基本内容？

第一节　风险与收益

一、单个资产的收益率和风险

由于资本市场中资产收益率上下波动的幅度很大，所以采用一些基本的统计量来表现不同资产收益率走势变化的统计特性是必需的。对于单个资产，通常我们以某一特定期间内收益率的均值来衡量资产收益率的高低，以资产收益率的方差（或标准差）来衡量资产收益率的波动程度。

1. 收益率指标

若 r_1，r_2，…，r_T 为第1期到第 T 期某资产收益率的观察值，T 为观察样本数，则资产收益率的算术平均值为（以 $\bar{r}$ 表示）：

$$\bar{r} = \frac{r_1 + r_2 + \cdots + r_T}{T} \tag{6-1}$$

例6-1　假设投资者买入A企业股票，其在2018年各季度的收益率分别为11.62%、37.49%、43.61%以及-8.42%，请算出2018年A企业股票的平均收益率：

$$\bar{r} = \frac{11.62\% + 37.49\% + 43.61\% - 8.42\%}{4} = 21.08\%$$

2. 风险指标

如果资产收益率上下波动程度很大，则持有这个资产的风险自然较大。为了衡量随机变量对均值的偏离程度（波动性），金融学中通常采用随机变量的方差（variance，σ^2 或称 Var）或标准差（standard deviation，σ 或称 SD）作为衡量风险的指标。该方差的公式为：

$$Var = \frac{1}{T}[(r_1 - \bar{r})^2 + (r_2 - \bar{r})^2 + \cdots + (r_T - \bar{r})^2] \qquad (6-2)$$

例 6－2 请计算例 6－1 中 A 企业股票在 2018 年季收益率的方差（σ^2）以及标准差（σ）。

$$\sigma^2 = \frac{1}{4}[(11.62\% - 21.08\%)^2$$

$$+ (37.49\% - 21.08\%)^2 + (43.61\% - 21.08\%)^2 + (-8.42\% - 21.08\%)^2]$$

$$= 4.34\%$$

$$\sigma = \sqrt{4.34\%} = 2.08\%$$

式中，21.08％为 A 企业股票在 2018 年各季收益率的平均值。

二、资产组合的收益率和风险

可以证明，当投资者不止持有一种金融资产，而是持有不同金融资产组合而成的投资组合（portfolio）时，投资组合的预期收益率将是组合中每种资产的预期收益率的加权平均值，而组合收益率的方差和标准差则将发生较大的改变。组合收益率的风险（方差或标准差）将更多地取决于组合中不同资产收益率的变动相关性，即协方差（covariance）指标。

1. 两种风险资产组成的投资组合

假设由两种风险资产 A 和 B 组成的投资组合，X_A 和 X_B 分别为在组合中的投资权重，$\overline{r_A}$ 和 $\overline{r_B}$ 是资产 A 和资产 B 的预期收益率，则以 r_P 表示的投资组合收益率可以表达为：

$$r_P = X_A \overline{r_A} + X_B \overline{r_B} \qquad (6-3)$$

投资组合的方差 σ_P^2 可以表达为：

$$\sigma_P^2 = X_A^2 \sigma_A^2 + 2X_A X_B \sigma_{AB} + X_B^2 \sigma_B^2 \qquad (6-4)$$

其中，σ_A^2 和 σ_B^2 分别为资产 A 和资产 B 收益率的方差，σ_{AB} 为资产 A 和资产 B 收益率的协方差。方差是衡量随机变量可能实现值的离散程度的指标，协方差则是衡量两个随机变量变动的统计相关程度的指标。从资产组合的方差公式中可以发现，资产组合的风险（方差 σ_P^2 ）不仅要受到单个证券风险（方差 σ_A^2 和 σ_B^2 ）的影响，还要受到证券收益率之间相关性（协方差 σ_{AB} ）的影响。

在实际中，不同变量所用的衡量单位并不相同，不同资产之间的协方差往往会因为衡量单位的差异而难以比较，因此人们将表示两个资产收益率之间相关关系的协方差变量，除以两个资产各自标准差予以标准化，就得到了相关系数（correlation coefficient，以 ρ_{AB} 表示）。由于 ρ_{AB} 消除了衡量单位问题，所以往往被作为衡量不同资产间收益率变动相关性的统一指标。

$$\rho_{AB} \equiv Corr(r_A, r_B) = \frac{\sigma_{AB}}{\sigma_A \cdot \sigma_B} \tag{6-5}$$

容易证明：$-1 \leq \rho_{AB} \leq 1$。若 ρ_{AB} 值为正，则 r_A 和 r_B 变动呈正相关关系（ $\sigma_{AB} > 0$）。若 ρ_{AB} 值为负，则 r_A 和 r_B 变动呈负相关关系。而 $\rho_{AB} = 0$ 表示两者无关。图 6－1 至图 6－3 表示随机变量 r_A 和 r_B 变动相关程度的三种最基本类型（完全正相关、完全负相关、完全不相关）。

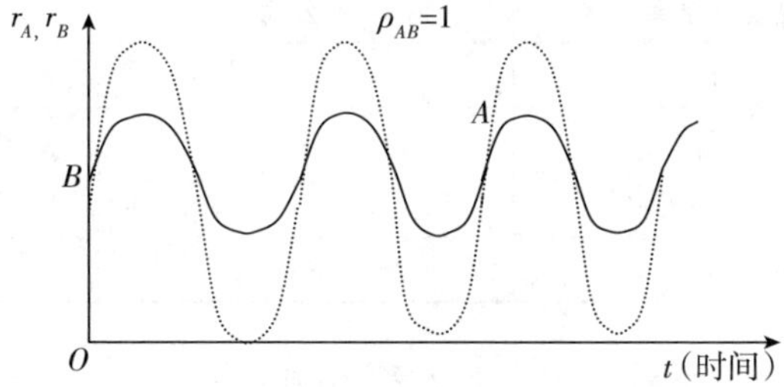

图 6－1　完全正相关

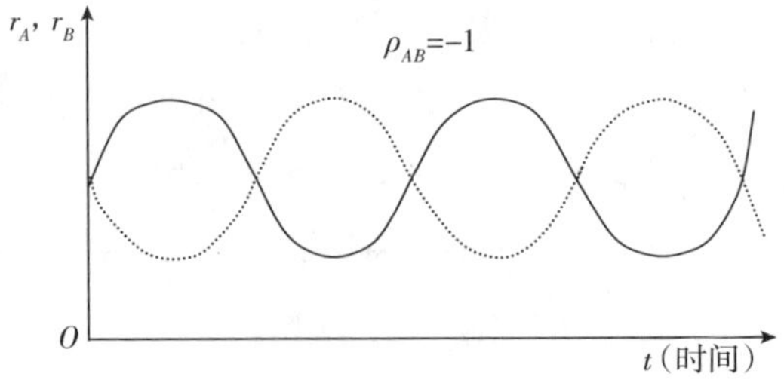

图6-2　完全负相关

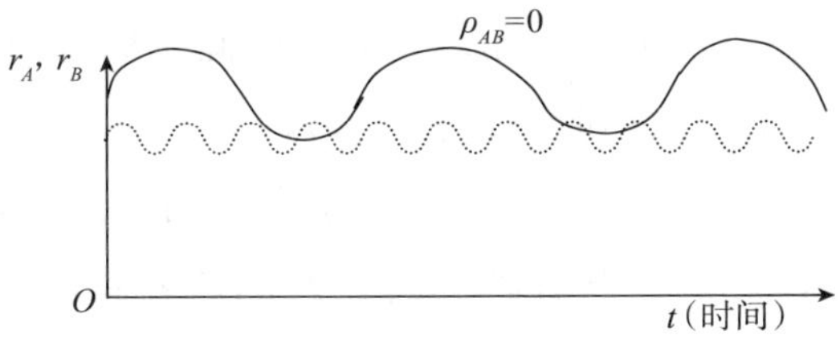

图6-3　完全不相关

例6-3　公司或厂商股票收益率都受到商业周期波动不同程度的影响。假设商业周期波动可分为四种状态：萧条、低迷、正常以及繁荣，而且每一种状态发生的概率相同（25%），在四种不同景气状态下A、B两家公司股票的预期收益率如表6-1所示。

表6-1　在四种不同景气状态下A、B公司股票的预期收益率　　(%)

不同状态下股票收益率	A公司	B公司
景气萧条（$i=1$）	-20	5
景气低迷（$i=2$）	10	20
景气正常（$i=3$）	30	-12
景气繁荣（$i=4$）	50	9

计算这两家公司股票的预期收益率和方差：

$$\overline{r_A} = \frac{-20\% + 10\% + 30\% + 50\%}{4} = 17.5\%$$

$$\overline{r_B} = \frac{5\% + 20\% - 12\% + 9\%}{4} = 5.5\%$$

$$\sigma_A^2 = \frac{1}{4}[(-0.2-0.175)^2 + (0.1-0.175)^2 + (0.3-0.175)^2$$

$+(0.5-0.175)^2]=6.6875\%$

$$\sigma_B^2=\frac{1}{4}[(0.05-0.055)^2+(0.20-0.055)^2+(-0.12-0.055)^2$$

$+(0.09-0.055)^2]=1.3225\%$

$$\sigma_A=\sqrt{\sigma_A^2}=\sqrt{0.066875}=25.86\%$$

$$\sigma_B=\sqrt{\sigma_B^2}=\sqrt{0.013225}=11.50\%$$

可以发现，A公司股票的预期收益率高于B公司股票，但是持有A公司股票的风险（25.86%）较持有B公司股票的（11.50%）风险高。

$$\sigma_{AB}=Cov(r_A,r_B)=E[(r_A-\overline{r_A})\cdot(r_B-\overline{r_B})]$$

$$=\sum_{i=1}^{4}P_{Ai,Bi}(r_{Ai}-\overline{r_A})\cdot(r_{Bi}-\overline{r_B})$$

其中，$i=1,2,3,4$ 表示萧条、低迷、正常以及繁荣四种不同的商业周期，r_{Ai} 和 r_{Bi} 分别表示资产 A 和资产 B 在不同概率（商业周期）下的收益率，$\overline{r_A}$ 和 $\overline{r_B}$ 则分别是资产 A 和资产 B 收益率 r_A 和 r_B 的期望值，$P_{Ai,Bi}$ 表示两个离差同时发生的概率，本例中统一等于25%，最终可以计算出A、B公司股票协方差为：

$$\sigma_{AB}=Cov(r_A,r_B)=\frac{-0.0195}{4}=-0.004875$$

$$\rho_{AB}\equiv Corr(r_A,r_B)=\frac{\sigma_{AB}}{\sigma_A\cdot\sigma_B}=-0.1639$$

A公司股票和B公司股票收益率的相关系数为 −0.1639，表明两家公司的股票波动存在着负相关关系。如果构造一个价值1000万元的资产组合，其中A公司股票价值600万元，B公司股票价值400万元，则投资组合的期望收益和方差为：

$$r_P=X_A\overline{r_A}+X_B\overline{r_B}=60\%\times17.50\%+40\%\times5.50\%=12.70\%$$

$$\sigma_P^2=X_A^2\sigma_A^2+2X_AX_B\sigma_{AB}+X_B^2\sigma_B^2$$

$$=(60\%)^2\times6.6875\%$$

$$+2\times60\%\times40\%\times(-0.004875)+(40\%)^2\times1.3225\%$$

$$=0.023851$$

2. 多种风险资产组成的投资组合

假设由 N 种风险资产组成的投资组合，X_1，X_2，…，X_N 分别为在组合中的投资权重，$\overline{r_1}$，$\overline{r_2}$，…，$\overline{r_N}$ 是 N 种资产的预期收益率，则以 r_P 表示的投资组合收益率可以表达为：

$$r_P = \sum_{i=1}^{N} X_i \overline{r_i} \tag{6-6}$$

即投资组合的预期收益率是组合中每种资产预期收益率的简单加权平均（以市场价值为权重）。

对由 N 种风险资产组成的投资组合，该组合的方差 σ_P^2 可以表达为一个 $N \times N$ 的矩阵，就是 N 种风险资产组合的组合，其方差一共是 $N \times N$ 项的加和。因为式（6－4）也可以表达为式（6－8）的形式，所以原来两种风险资产投资组合的方差同样适用于该原则，式（6－4）只是式（6－8）的特例。

$$\begin{bmatrix} X_1^2\sigma_1^2 & X_1X_2Cov(R_1,R_2) & X_1X_3Cov(R_1,R_3) & X_1X_NCov(R_1,R_N) \\ X_2X_1Cov(R_2,R_1) & X_2^2\sigma_2^2 & X_2X_3Cov(R_2,R_3) & X_2X_NCov(R_2,R_N) \\ X_3X_1Cov(R_3,R_1) & X_3X_2Cov(R_3,R_2) & X_3^2\sigma_3^2 & X_3X_NCov(R_3,R_N) \\ \vdots & \vdots & \vdots & \vdots \\ X_NX_1Cov(R_N,R_1) & X_NX_2Cov(R_N,R_2) & X_NX_3Cov(R_N,R_3) & X_N^2\sigma_N^2 \end{bmatrix} \tag{6-7}$$

$$\begin{aligned} \sigma_P^2 &= X_A^2\sigma_A^2 + 2X_AX_B\sigma_{AB} + X_B^2\sigma_B^2 \\ &= \begin{bmatrix} X_1^2\sigma_1^2 & X_1X_2Cov(R_1,R_2) \\ X_2X_1Cov(R_2,R_1) & X_2^2\sigma_2^2 \end{bmatrix} \end{aligned} \tag{6-8}$$

从式（6－7）中可以发现，投资组合风险（方差）同时受到单个证券的风险（方差）、证券之间收益率的相关程度（协方差）的共同影响。在矩阵（6－7）所包含的 N^2 项中，涉及单个证券方差的项目一共为 N 项（矩阵的对角线项），而涉及证券之间协方差的项目一共为 N^2-N 项（矩阵的非对角线项），这可以反映出：在一个投资组合中，两种证券之间收益率的相关性（协方差）对组合收益的方差影响，远大于每种证券的风险（方差）对投资组合风险的影响。因此，我们在投资组合的构建中，往往更加看重证券之间收益率的相关性，而非单个证券的方差。

三、分散化投资

根据式（6－5），以及对相关系数的限定 $-1 \leqslant \rho_{AB} \leqslant 1$ ，我们可以容易地将组合的方差公式（6－4）改变为：

$$
\begin{aligned}
\sigma_P^2 &= X_A^2\sigma_A^2 + 2X_AX_B\sigma_{AB} + X_B^2\sigma_B^2 \\
&= X_A^2\sigma_A^2 + 2X_AX_B\rho_{AB}\sigma_A\sigma_B + X_B^2\sigma_B^2 \\
&\leqslant X_A^2\sigma_A^2 + 2X_AX_B\sigma_A\sigma_B + X_B^2\sigma_B^2 \\
&= (X_A\sigma_A + X_B\sigma_B)^2
\end{aligned} \tag{6-9}
$$

1. 完全正相关

当两个证券收益率存在着完全正相关关系时（ $\rho_{AB}=1$ ），它们的投资组合的标准差等于两个证券标准差的简单加权平均，此时投资组合没有发挥任何风险分散作用。如图 6－4 所示，将风险资产 *A* 和风险资产 *B* 构建成一个投资组合，根据投资组合中权重（ X_A 和 X_B ）的不同，该投资组合在风险—收益图中可以表示为线段 *AB*。直线 *AB* 表明，由风险资产 *A* 和风险资产 *B* 构成的投资组合实际上没有起到任何风险分散的作用，该投资组合的风险仍然是两种资产风险的线性表达。

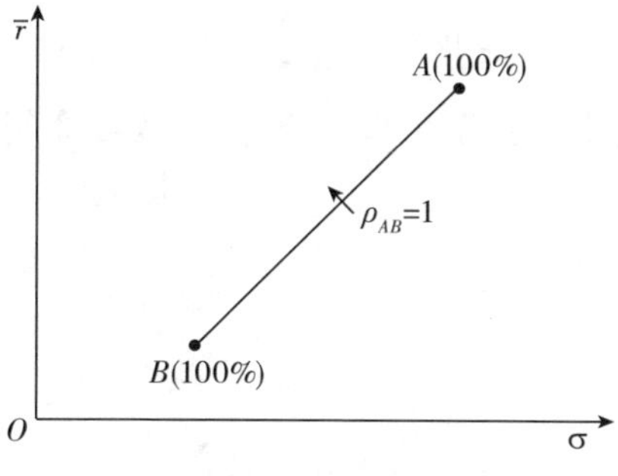

图 6－4　完全正相关的两种证券所组成的投资组合

2. 一定相关

当两个证券收益率存在着一定的相关关系时（ $-1 < \rho_{AB} < 1$ ），投资组合的标准差小于两个证券标准差的简单加权平均，此时投资组合能够发

挥一定的风险分散作用，且相关系数越小，投资组合的风险分散作用越大。如图6－5所示，将风险资产A和风险资产B构建成一个投资组合，根据投资组合中权重（X_A和X_B）的不同，该投资组合在风险—收益图中可以表示为曲线AB。当$-1<\rho_{AB}<1$时，曲线族AB上任何一点的风险都小于直线AB（收益相等的情况下），即投资组合发挥了风险分散的作用。ρ_{AB}越小，投资组合的风险分散效应越大。

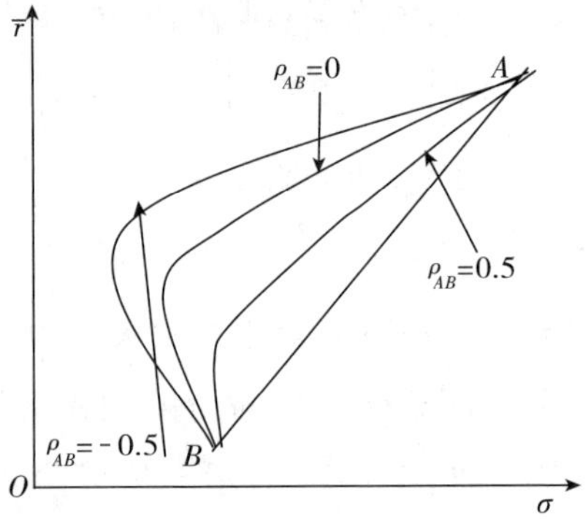

图6－5　一定相关的两种证券所组成的投资组合

3. 完全负相关

当两个证券收益率存在着完全的负相关关系时（$\rho_{AB}=-1$），投资组合能够发挥最大化的风险分散作用。该投资组合在风险—收益图（见图6－6）中可以表示为一条拐折的直线AB。当$\rho_{AB}=-1$时，折线ACB完成了风险的最大分散化，甚至可以由两个风险资产组成一个完全无风险的投资组合（C点）。

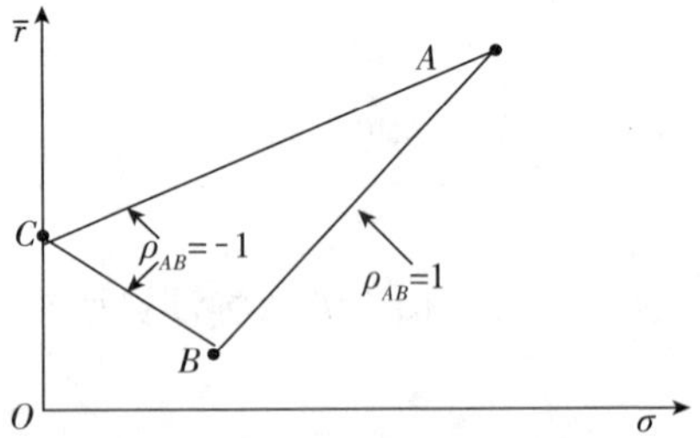

图6－6　完全负相关的两种证券所组成的投资组合

对上述 3 种情况的讨论进行总结，可以得出结论：只要资产 A 和资产 B 间收益率变动不是完全正相关（ $\rho_{AB}<1$），分散化投资就有降低投资组合风险的效果。相关系数值（ ρ_{AB} ）愈小，分散化投资的效果愈强。

例 6－4　假设风险资产 A（股票）的期望收益和标准差分别为 20% 和 0.2，风险资产 B（债券）的期望收益和标准差分别为 5% 和 0.1。假设某投资者有 100 万元，准备利用风险资产 A 和风险资产 B 构建一个投资组合。当 $\rho_{AB}=-1$ 时，应该如何构建投资组合，使组合的风险为零？

解：假设投资于 A 的权重为 X，则投资于 B 的权重为（$1-X$）。当投资组合的风险为零时，有：

$$\sigma_P^2 = X_A^2\sigma_A^2 + 2X_AX_B\sigma_{AB} + X_B^2\sigma_B^2$$

$$= X_A^2\sigma_A^2 + 2X_AX_B\rho_{AB}\sigma_A\sigma_B + X_B^2\sigma_B^2$$

$$= X_A^2\sigma_A^2 - 2X_AX_B\sigma_A\sigma_B + X_B^2\sigma_B^2$$

$$= X^2(0.2)^2 - 2X(1-X)(0.2)(0.1) + (1-X)^2(0.1)^2$$

$$= 0$$

可以解出 $X=33\%$，即当股票 A 和债券 B 收益呈现完全负相关时（ $\rho_{AB}=-1$ ），由 33 万元的股票 A 和 67 万元的债券 B 构成的投资组合的风险等于零。

四、引入无风险资产时的投资组合

1. 投资的可行集与机会集

诺贝尔经济学奖得主哈里・马科维茨教授于 1952 年就提出“投资组合选择”（portfolio selection）的概念，并建立了一套“均值—方差分析”（mean－variance analysis）方法。市场投资者首先可以利用各种资产收益率的时间序列数据，算出样本期间个别资产的期望收益率、收益率标准差、不同资产收益率的相关系数；其次通过投资组合的均值和方差公式，求解出可供市场投资者选择的所有投资组合的集合（opportunity set，投资的机会集）；最后在机会集中选择出值得投资者考虑的投资组合的集合（投资的可行集，efficient set；也称为“效率边界”，efficient frontier）。

例如，在图 6－7 中，曲线 AB 为由风险资产 A 和风险资产 B 构成的投资组合的机会集；M 为投资的机会集中方差（标准差）的最小点，被称为“最小方差组合”。可以证明，在最小方差组合上的曲线 AM，绝对优于最小方差组合下的曲线 MB，则我们称曲线 AM 为“投资组合的可行集”或“效率边界”。在效率边界上的投资组合不是在给定风险水平下的预期收益率最高，就是在给定预期收益率下的风险最小。利用上述公式，对于多种风险资产所构建的投资组合，我们也能够得到类似的结论（证明略）。

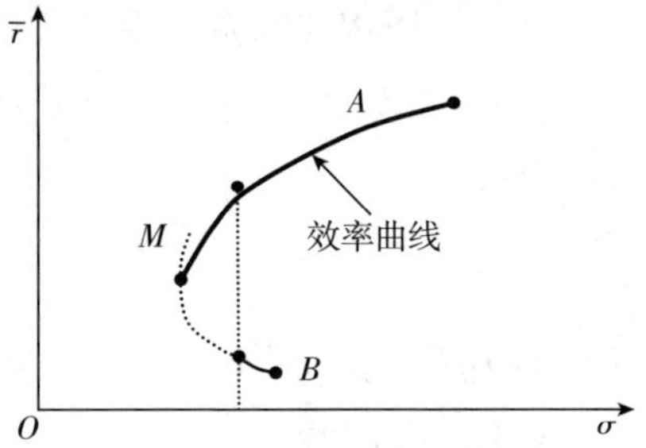

图 6－7　投资组合的可行集与机会集

2. 无风险资产和单个风险资产的组合

除了持有风险性资产，市场投资者还可持有或发行无风险资产（在资本市场从事无风险借贷）。

假设无风险性资产收益率为 R_f（此为确定数值而非随机变量，因此无风险资产的方差和标准差等于零）。当市场投资者持有该项资产的数量为正时，表示其在资本市场是资金贷出者（lender）；若持有的数量为负，则表示其是资金借入者（borrower）。假设在理想的资本市场中，没有任何借贷限制且借贷利率相等，即市场投资者无论是借入者还是贷出者，R_f 皆为借贷适用的利率。假设市场投资者除了无风险资产，还考虑持有具有风险性的资产 A（其预期收益率为 $\overline{R_A}$，收益率方差为 σ_A^2，资产 A 的权重为 X_A）。利用式（6－3）和式（6－4）可分别算出市场投资者新投资组合的预期收益率（$\overline{R_P}$）和标准差（σ_P）：

$$\overline{R_P} = X_A \overline{R_A} + (1 - X_A) R_f \tag{6－10}$$

$$\sigma_P = X_A \sigma_A$$

根据式（6－10），由无风险资产和风险资产组成的投资组合，可以表示为图6-8中从无风险利率点穿过风险资产A的一条射线。当投资组合位于FA之间时，表示投资者持有的无风险资产数量为正，投资者处于市场贷出者的地位，此时投资者将手中的资金分别投资于无风险资产和风险资产A（风险资产的权重$X_A<1$）；当投资组合位于A点以上时，表示投资者持有的无风险资产数量为负，投资者处于市场借入者的地位，此时投资者将按照无风险利率借入部分资金，采用杠杆方式将所有资金投资于风险资产A（风险资产的权重$X_A>1$）。当投资组合位于A点和F点时，则分别表示投资者将全部资金投资于风险资产或无风险资产。

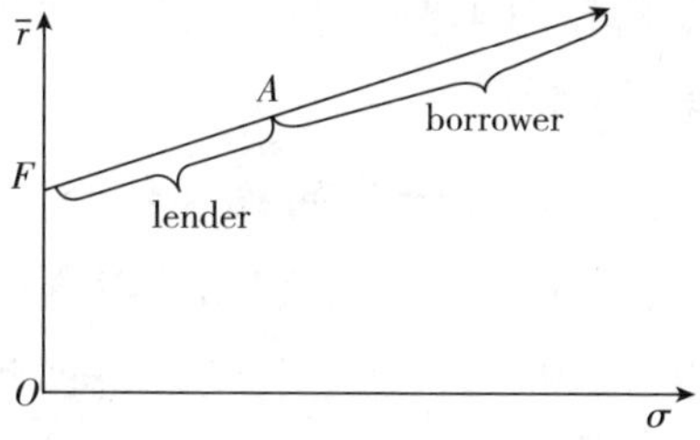

图6-8　无风险的借和贷

例6-5　如投资者甲拥有资金100万元，他除了可选择持有ABC公司股票，还可在信用市场以无风险利率借入或贷出资金。表6-2列出以下两种资产的预期收益率及收益率标准差。

表6-2　两种资产的收益率比较　（%）

项目	ABC公司	无风险资产
预期收益率	14	10
收益率标准差	2	0

（1）假设甲决定投资35万元持有ABC公司股票，另拿65万元持有无风险资产（或甲在信用市场贷出65万元）。请问此项投资的预期收益率和标准差为多少？

$$R_P=\frac{35}{100}\times 14\%+\frac{65}{100}\times 10\%=11.4\%$$

$$\sigma_P=35\%\times 2\%=0.7\%$$

可见当$X_A<1$时，这个由无风险资产和风险资产构成的投资组合，风

险和收益都介于两者之间。

（2）如果投资者甲改变投资策略，除去原本持有的100万元，他决定到信用市场再借20万元，全数用于持有ABC股票。请问此项投资的预期收益率和标准差为多少？

$$R_P = \frac{120}{100} \times 14\% - \frac{20}{100} \times 10\% = 14.8\%$$

$$\sigma_P = 120\% \times 2\% = 2.4\%$$

可见当$X_A > 1$时，这个由无风险资产（借入）和风险资产构成的投资组合的风险和收益都高于原来的风险资产。借款投资股票虽让预期收益率提高，但也让投资组合的风险增加。

3. 无风险资产和多种风险资产的投资组合

当投资者可以投资于多种风险资产和无风险资产时，投资者的可行集将是从无风险资产点F出发，经过各个风险资产组合的射线族。例如，图6-9中，A、B、C分别代表不同的风险资产组合，而无风险资产和风险资产组合A、B、C所再次构成的资产组合，可以表示为从无风险利率点R_f出发，经过A、B、C的射线族，这就构成了投资者在当前条件下的投资机会集。而投资者最优化的投资选择即投资可行集则是从无风险利率点R_f出发，与风险资产集合相切、位于最上方的射线。此时的切线称为“资本市场线”（capital market line，CML），切点M称为“市场组合”。M代表着由所有现存风险资产（如股票、债券、不动产等）按照市场价值加权计算所得到的组合。由于此种投资组合可能实际上并不存在，所以财务经济学者往往用具有广泛基础的证券市场综合指数来近似代表市场组合M，如美国市场的标准普尔500指数（S&P500）、中国市场的上证综合指数等，作为市场投资组合的替代变量。

4. 分离定理

可以发现，在存在无风险资产的情况下，投资者投资组合的选择就不再局限在原先的风险资产效率边界（AM曲线）上。一旦无风险资产的收益率（R_f）确定，通过R_f点和风险资产效率边界相切的直线（资本市场线CML）、切点M（市场组合，也称为最适风险性投资组合）也随即确定。

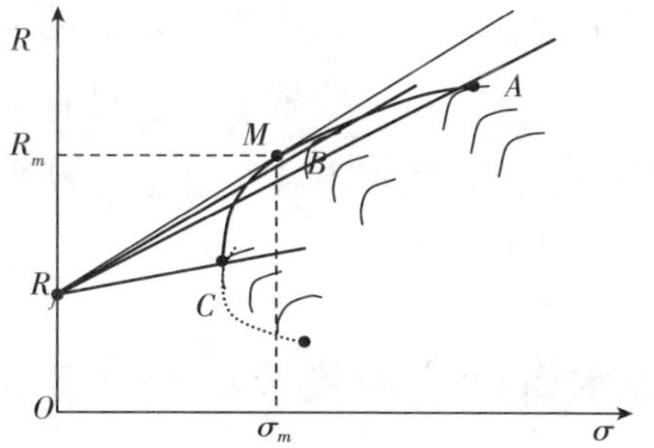

图 6 - 9 无风险资产和多种风险资产的投资组合

市场投资者所选择的最适风险性投资组合不会因市场投资者的偏好而有所不同，也就是说，无论市场投资者对风险持何种态度，只要他根据效率准则（efficiency criterion）进行决策，他就不可能在效率边界上选择点 M 以外的风险性投资组合。市场投资者较厌恶风险，他的选择会落在点 R_f 和点 M 之间的投资组合。若市场投资者不那么厌恶风险时，他的选择会落于接近点 M 甚至超过点 M 的资本市场线上。虽然市场投资者会依其偏好在资本市场上选择投资组合，但是最适风险性投资组合（点 M）的决定却和市场投资者的个别偏好无关。金融学中著名的分离定理（separation principle）就描述了这一问题，即市场投资者选择其最偏好的投资组合可拆解为以下两个相互独立的决策。

（1）首先计算个别资产的预期收益率、收益率标准差以及资产间收益率协方差，其次依照投资组合的预期收益率和方差公式，算出风险资产组合的效率边界（如 AM 曲线），在给定无风险资产收益率水平下，找到一条通过无风险利率点且和风险资产效率边界相切的射线。切点 M 就是市场投资者必须选择的最适风险性投资组合。这时市场投资者的任务是计算各项资产的预期收益率、收益率方差以及协方差，再导出资本市场线 CML，他的偏好不是考虑因素。

（2）在决定了资本市场线 CML 以后，市场投资者再依其偏好决定无风险资产以及最适风险性投资组合（M）的持有比重。风险厌恶程度较高的投资者，可以将一部分的资金投资于无风险资产，而将其余的资金投资于最适风险性投资组合 M，此时他的选择会落于点 F 和点 M 之间，投资者在市场上以无风险利率贷出资金。风险厌恶程度较低的投资者，则可以在资本市场以无风险利率借入资金，将这些资金连同自有资金全数投资于市场投资组合，此时他的选择会落在资本市场线超过点 M 的部分。在此步骤中，投资者的风险偏好才成为考虑因素。

第二节　资本资产定价模型（CAPM 模型）

资本资产定价模型（capital asset pricing model，简称 CAPM 模型）由美国斯坦福大学教授威廉·夏普（1964）和哈佛大学教授林特纳（Lintner，1965）分别提出。该模型首次以定量化数学模型的形式描述了资产收益和风险之间的线性正相关关系，该模型证明：任何个别资产的风险都可分解为系统性风险和非系统性风险，其中非系统性风险可通过分散化投资来消除，因此市场只会对系统性风险支付额外的风险溢价。CAPM 模型证明 β 系数是衡量个别资产的系统性风险的适当指标，而 β 的大小决定了该个别资产预期收益率的风险溢价。

一、分散化投资与风险分类

为说明多种资产情形下，分散持有如何降低投资组合的风险，先对前一小节中 $N \times N$ 方差—协方差矩阵进行三个简化假设。

（1）所有的资产都有相同的方差：$\sigma_1^2 = \sigma_2^2 = \cdots = \sigma^2$。

（2）不同资产间收益率的协方差完全相同：$\sigma_{12} = \sigma_{13} = \cdots = \sigma_{N-1,N} = Cov$。

（3）投资组合中，所有资产持有比重完全相同：$X_1 = X_2 = \cdots = X_N = \dfrac{1}{N}$。

在这三个假设下，前一小节中的 $N \times N$ 矩阵就变成：

$$
\begin{array}{c|ccccc}
\text{资产} & 1 & 2 & 3 & \cdots & N \\
\hline
1 & \left(\frac{1}{N}\right)^2\sigma^2 & \left(\frac{1}{N}\right)^2 Cov & \left(\frac{1}{N}\right)^2 Cov & \cdots & \left(\frac{1}{N}\right)^2 Cov \\
2 & \left(\frac{1}{N}\right)^2 Cov & \left(\frac{1}{N}\right)^2\sigma^2 & \cdots & \cdots & \cdots \\
3 & \cdots & \cdots & \cdots & \cdots & \cdots \\
\vdots & \cdots & \cdots & \cdots & \cdots & \cdots \\
N & \left(\frac{1}{N}\right)^2 Cov & \left(\frac{1}{N}\right)^2 Cov & \cdots & \cdots & \left(\frac{1}{N}\right)^2\sigma^2
\end{array}
\tag{6-11}
$$

其中，矩阵的 $N \times N$ 项中，有 N 项与单个资产的风险相关且完全相同（对角线的 N 个元素），有 $N^2 - N$ 项与资产间收益率的协方差相关且完全相同（非对角线的 $N^2 - N$ 元素）。此时，投资组合的总风险（方差）（σ_P^2）仍是上述矩阵中各元素的加总。

$$
\begin{aligned}
\sigma_P^2 &= N\left(\frac{1}{N}\right)^2\sigma^2 + N(N-1)\left(\frac{1}{N}\right)^2 Cov \\
&= \frac{1}{N}\sigma^2 + \left(1 - \frac{1}{N}\right)Cov
\end{aligned}
\tag{6-12}
$$

从式（6－12）中可发现，投资组合的风险（方差）由两部分构成，第一部分是衡量个别资产收益率方差对投资组合收益率方差的影响度；而第二部分则是衡量个别资产间收益率协方差对投资组合收益率方差的影响度。当加大投资组合的分散化力度，即组合中持有的个别资产种类愈来愈多（N 值愈大）时，投资组合风险就会变为：

$$
\lim_{N \to \infty} \sigma_P^2 = Cov \tag{6-13}
$$

（1）分散化投资的确能够降低风险。

随着投资组合中资产数量 N 的增加，投资组合的风险随之降低，投资的一部分风险可通过分散化投资来消除，这正是投资实践中常提到的“分散持有降低风险”或“不应将所有的鸡蛋放在同一个篮子内”。例如，在 A 银行计划将 1 亿元投入给企业的贷款中，A 银行如果选择将全部资金贷款给一家大型企业，将面临过大的风险，一旦该企业经营不善，A 银行可能面临全部贷款本金的损失。但是 A 银行如果将 1 亿元贷款给 100 家小型企业，每家银行贷款 100 万元，则单个企业经营成败的风险可以在一定程度上相互抵消，银行贷款的总风险大大降低。银行贷款分散化的程度越大，贷款的总风险就越小。

（2）持有资产组合的风险可以划分为两类。

一类风险（与组合中个别资产的方差相关）可以通过分散化投资予以降低，充分分散化的（$N \to \infty$）组合可以完全消除此类风险；另一类风险（与组合中资产收益率之间的协方差相关）不能够通过分散化投资予以消除，即使在充分分散化（$N \to \infty$）组合中仍然存在此类风险。这两类风险的关系可以用图 6－10 表示。

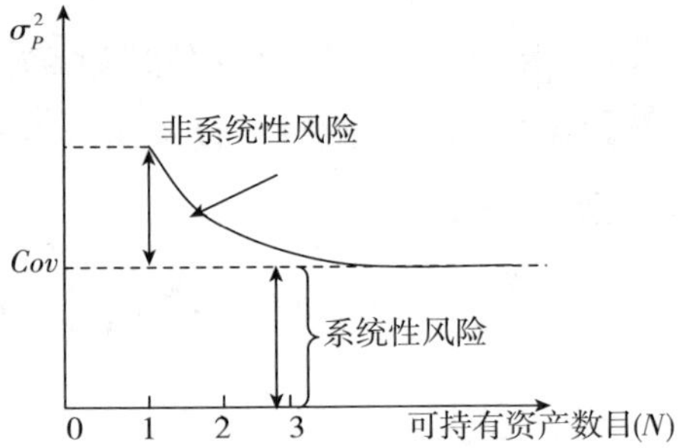

图 6－10　系统性风险和非系统性风险

图 6－10 中，无法通过分散化投资消除的风险通常被称为“系统性风险”（systematic risk）或“市场风险”（market risk）。市场风险反映的是一切足以影响所有资产收益率的总体经济因素（如油价变动、宏观经济周期波动、利率变动、战争等），这类风险是市场中所有资产都必须面临的风险，无法通过在不同资产之间分散投资予以回避。可以通过分散化投资予以消除的风险通常被称为“非系统性风险”（unsystematic risk）或“独特风险”（unique risk）。这部分风险主要反映的是那些会影响到个别资产收益率的个别经济因素（如 A 企业生产成本提高、B 企业工人罢工、C 企业面临法律诉讼等），其可以通过在不同资产之间的分散化投资予以消除。

虽然投资组合的总风险（σ_P^2）会随着持有资产数目的增加而逐渐下

降，但是始终不可能将其完全消除。根据西方学术界实证研究的结果，在实际交易中（考虑到交易成本的情况下），大约持有 30 种资产（$N=30$）的资产组合就可达到充分分散化，消除非系统性风险。

（3）在构建投资组合时，投资者更加关心资产收益率之间的相关性（协方差），而不是单个证券的风险（方差）。

对于任何可持有充分分散的投资组合的市场投资者来说，他不会关心个别资产风险的大小。因为投资者知道其中一部分（非系统性风险，与个别资产的方差相关）可透过分散持有而消除，所以他真正关心的应是投资组合风险中不能被消除的部分（系统性风险，与资产收益率间的协方差相关），而这部分的风险就是该项资产对整个投资组合风险的影响。

二、系统性风险的度量

1. 均值—方差衡量标准的不足

根据均值—方差分析方法，方差（标准差）是衡量资产风险的指标，但是这种风险衡量指标也存在着一定问题。前文的论证表明：在不考虑分散持有的情况下，个别资产的风险可以用该资产的收益率方差（或标准误）来衡量，然而在允许充分分散持有的情况下，个别资产的风险（σ^2）中有一部分将因分散持有而消除，此时 σ^2 就不是适合衡量个别资产的指标了。

例如，在图 6－11 中，当资产预期收益率的相关系数小于 1 时，构建投资组合能够在很大程度上分散风险，风险资产组合可行集上的 A 点，和该可行集以外的投资组合 B、C、D 点都有相同的预期收益率（$\overline{r_A}$），但个别资产（或投资组合）B、C、D 点的收益率标准差都比资产组合 A 的高，其与 A 点的差异部分就是投资组合（或个别资产）B、C、D 的独特风险。此时，由于 A、B、C、D 有相同的预期收益率和不同的标准差，资产或投资组合收益率的标准差（σ）不再是一个决定资产预期收益率（或资产价格）的恰当的风险指针。如果继续将标准差作为风险衡量指标，就无法体现“风险与收益正相关”的基本原则。因此，我们必须寻找一种更加适合的风险衡量指标。该指标在充分分散化投资的前提下，能够精确衡量投资组合的“市场风险”而不是“总风险”。

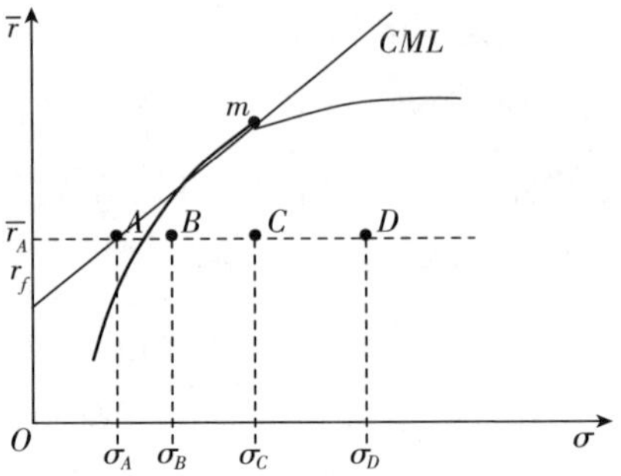

图 6－11 均值—方差衡量标准的不足

2. 系统性风险的衡量指标——贝塔系数

在持有一个充分分散化投资组合以降低风险的情况下，个别资产 i 的系统性风险可用如下的贝塔系数（β_i）指标来衡量。

$$\beta_i = \frac{Cov(r_i, r_M)}{\sigma_M^2} \tag{6－14}$$

式中，σ_M^2 为市场投资组合收益率的方差，$Cov(r_i, r_M)$ 为市场投资组合与资产 i 收益率的协方差，它表现的是市场投资组合对个别资产 i 收益率变动影响的程度。若 r_i 和 r_M 的协方差为正值，则表示资产 i 和市场投资组合（M）收益率呈同向变动；反之，则呈反向变动。作为系统性风险的衡量指标，贝塔系数具有以下特征。

（1）投资组合的贝塔系数等于组合中每种资产贝塔系数的加权平均(以资产的市场价值为权重)。如由 N 种资产构成的投资组合中，每种资产的市场价值权重为 X_i，贝塔系数为 β_i，则投资组合的贝塔系数为:

$$\beta_P = \sum_{i=1}^{N} X_i \beta_i \tag{6－15}$$

（2）市场组合的贝塔系数恒等于1。由于理论中的市场组合是所有风险资产按照市场价值加权所构成的，所以容易证明市场组合的贝塔系数 β_M 恒等于1。

（3）无风险资产的贝塔系数恒等于0。

（4）贝塔系数是衡量投资组合收益率变动和市场组合收益率变动敏感

程度的指标。当 $\beta>1$ 时，表示资产 i 的系统性风险大于市场平均水平（市场组合 β_M 恒等于1）；当 $\beta=1$ 时，表示资产 i 的系统性风险等于市场平均水平，资产 i 的风险收益特征等同于市场投资组合；而当 $\beta<1$ 时，表示资产 i 的系统性风险小于市场平均水平。

例6－6　已知风险资产 A 和风险资产 B 的贝塔系数分别为1.5和0.8，如果已有100万元资金，要利用风险资产 A 和风险资产 B 构建具有下列特征的投资组合，A 和 B 应该分别投资多少？

（1）构建系统性风险程度等同于市场组合 R_M 的投资组合。

解：设资产组合中 A 的权重为 X，B 的权重为 $(1-X)$，根据"投资组合的贝塔系数等于组合中每种资产贝塔系数的加权平均"的定义，可以得到：

$$\beta_P = X_A\beta_A + X_B\beta_B = 1.5X_A + 0.8(1 - X_A) = \beta_M = 1$$

可以解出 $X_A \approx 28.57\%$，$X_B \approx 71.43\%$，即购买28.57万元的资产 A 和71.43万元的资产 B，就可以构建系统性风险与市场组合相同的风险资产组合。在实践中，指数化基金（通过建立与市场组合相同的投资组合，保证组合收益率始终等同于市场组合）由于交易成本的限制，难以实现资产组合中证券的种类和权重完全等同于市场组合，但可以采用上述基本思路，利用有限的风险资产，动态复制出收益率和系统性风险完全等同于市场组合的投资组合。

（2）构建系统性风险程度为零，即等同于无风险资产 r_f 的投资组合。

解：设资产组合中 A 的权重为 X，B 的权重为 $(1-X)$，根据"投资组合的贝塔系数等于组合中每种资产贝塔系数的加权平均"的定义，可以得到：

$$\beta_P = X_A\beta_A + X_B\beta_B = 1.5X_A + 0.8(1 - X_A) = \beta_f = 0$$

可以解出 $X_A \approx -114.29\%$，$X_B \approx 214.29\%$，这里 A 的权重为负，表示将 A 资产卖空，即卖空114.29万元的 A 资产，加上原有100万元资金，总计将214.29万元投资于风险资产 B，即可以构建一个无风险资产组合。由于资产 A 和资产 B 面临同样的系统性风险，但分别处于空头和多头的位置，所以资产 A（卖空）和资产 B 的收益率将会发生相反方向的变化，从而相互抵消，最终恰好等同于无风险资产。

三、资本资产定价模型（CAPM 模型）的基本内容

资本资产定价模型可以简要表述为：个别资产 i 的预期收益率（ $\overline{R_i}$ ）与该资产的系统性风险（用 β_i 衡量）之间呈线性正相关关系。

$$\overline{R_i} = r_f + \beta_i(\overline{r_M} - r_f) \tag{6-16}$$

式中，$\overline{r_M}$ 为市场投资组合的预期收益率，r_f 为市场的无风险收益率。其中：① r_f 表示投资者持有资产的最低要求报酬率（当资产风险为零时，必须保证的最低收益率）。②（$\overline{r_M} - r_f$）为市场投资组合的风险溢价，代表市场的平均系统性风险溢价水平，或者说持有与市场平均风险水平相当的风险资产组合时，投资者所要求的额外风险补偿（除无风险报酬率 r_f 外）。③ β_i 表示资产 i 的系统性风险大小，或者说资产 i 的风险水平（β_i）是市场风险水平（ $\beta_M = 1$ ）的多少倍。④上述两者相乘即 $\beta_i(\overline{r_M} - r_f)$ ，代表资产 i 的系统性风险溢价水平，或者说当持有系统性风险程度为 β_i 的风险资产时，投资者所要求的额外风险补偿（除无风险报酬率 r_f 外）。

对于资本资产定价模型中所表达的“资产收益率与该资产的系统性风险之间呈线性正相关关系”，也可以采用 SML（security market line，证券市场线）予以描述。图 6－12 表明，确定 *SML* 线只需要两个点，其一为 *SML* 线与 *Y* 轴的切点（无风险利率 r_f ），其二为市场组合点（该点的横坐标为 $\beta_M = 1$ ，纵坐标为市场组合的预期收益率 $\overline{r_M}$ ）。

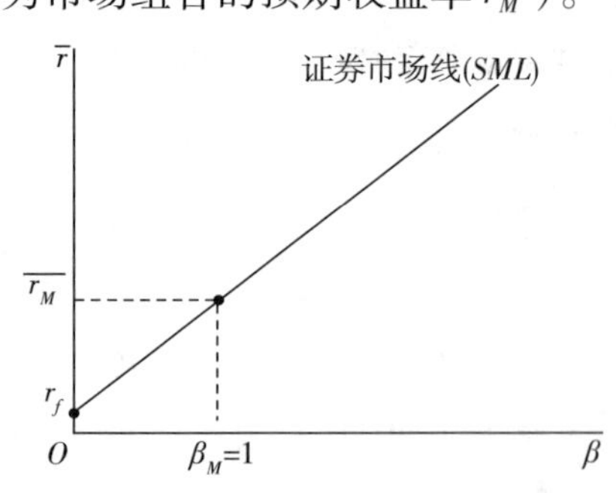

图 6－12　资本资产定价模型与证券市场线

根据资本资产定价模型可以发现，由于资产的风险可以划分为系统性

风险（无法通过分散化投资消除）和非系统性风险（可以通过分散化投资消除），所以单纯地提出“资产的收益和风险呈正相关关系”是不恰当的。事实上，由于非系统性风险可以通过分散化投资消除，或者说在一个充分分散化的投资组合中不再包含非系统性风险，所以非系统性风险无法得到市场的风险补偿，只有系统性风险才能得到市场的补偿（获得相应的风险溢价），即“资产的收益和系统性风险呈正相关关系”才是恰当的描述。

四、应用 CAPM 模型计算资产预期收益率

CAPM 模型第一次以计量金融模型的形式，揭示了金融资产预期收益与风险的关系，在金融实践中，该模型被广泛地应用于计算特定资产（或资产组合）的预期收益率。下文将具体介绍在实践中应用 CAPM 模型计算资产预期收益率的步骤。

1. 选择无风险利率

无风险利率来自无风险资产的收益率，这些资产在期初就可确定期末的现金流入，投资人可以购买这个资产以达到存款目的，或发行此项资产以达到借款目的。无借贷限制表示存款和放款利率相同。但在现实生活中，存款和借款的利率并不相同，而且不同到期期限的利率也不相同。我们应该选择哪一个利率呢？从机会成本的观念来看，投资人应选择其他相类似的资产可以获利的收益率。所以，相同到期期限的存款利率可作为无风险资产收益率（r_f）。

例 6－7 A 公司目前正考虑增设一条生产线，预计增设一条生产线可在一年后和两年后各创造 100 万元利润（现金流入）。目前，银行一年期及两年期的定期存款年利率分别是 4%、6%，假设市场投资组合的预期收益率（$\overline{r_M}$）是 12%。初步估计结果显示，该公司所购置资产的 β 值为 1.5，请问增设一条生产线所创造利润的现值为多少？

该生产线未来两年内所创造的利润现值等于将未来现金流量按照合适的折现率折现后的现值总和。我们将按照 CAPM 模型计算该资产的预期报酬率，将其作为折现率，而计算中涉及的无风险资产收益率就以同期银行定期存款年利率来代替。

由于无风险资产在一年期和两年期的收益率都不相同，所以我们也将分别计算其所对应的一年期和两年期的折现率。

其对应的一年期折现率为：

$\overline{R_i} = r_f + \beta_i(\overline{r_M} - r_f) = 4\% + 1.5 \times (12\% - 4\%) = 16\%$。

其对应的两年期折现率为：

$\overline{R_i} = r_f + \beta_i(\overline{r_M} - r_f) = 6\% + 1.5 \times (12\% - 6\%) = 15\%$。

故该生产线在未来两年所创造利润的现值为：

$$PV = \frac{100}{(1 + 16\%)} + \frac{100}{(1 + 15\%)^2} = 161.82\text{（万元）}。$$

2. 决定资产的 β 值

资产 i 的 β 值（β_i）是资产 i 的收益率（r_i）和市场投资组合收益率（r_M）的协方差除以市场投资组合收益率的方差（σ_M^2），即：

$$\beta_i = \frac{Cov(r_i, r_M)}{\sigma_M^2} \tag{6-17}$$

要计算 β_i 值，必须先定义市场投资组合。理论上来说，市场投资组合应包含经济体系中所有可能在未来创造现金流量的资产。例如，所有上市公司和未上市公司的股票或个人拥有的房地产，都应包含在市场投资组合中，甚至个人的人力资本也应包括在内，因为人力资本决定个人未来所得。由于市场投资组合中的个别资产涵盖范围很广，我们无法真正计算出所谓的“市场投资组合”收益率。实际上，我们仅以所有上市公司的股票收益率作为替代变量。

例如，我们可用上证综合指数计算中国股市收益率，再以此作为中国市场投资组合收益率，即：

$$r_{M,t} = \frac{Index_t}{Index_{t-1}} \tag{6-18}$$

其中，$Index_t$ 是 t 期的上证综合指数，$Index_{t-1}$ 是 $t-1$ 期的上证综合指数。

例6－8 表6－3列出A公司及市场投资组合在2019年上半年的月收益率。请计算这段时间A公司股票的 β 值。

表 6－3　2019 年上半年 A 公司收益率及市场投资组合收益率　(%)

月份	A 公司收益率 (r_i)	市场投资组合收益率 (r_M)
1	25.50	13.27
2	15.60	4.29
3	－8.65	1.19
4	－8.33	－7.96
5	－0.83	－2.49
6	4.17	11.96

首先，我们算出 A 公司及市场投资组合 2019 年上半年平均收益率为：

$$r_A = \frac{(25.50 + 15.60 - 8.65 - 8.33 - 0.83 + 4.17)}{6} = 4.58\%,$$

$$r_M = \frac{(13.27 + 4.29 + 1.19 - 7.96 - 2.49 + 11.96)}{6} = 3.38\%。$$

其次，利用协方差公式算出 $\sigma_{A,M}$，即市场投资组合收益率方差（σ_M^2）为：

$$\sigma_{A,M} = 70.06；\sigma_M^2 = 56.70。$$

最后，依 β 的定义式算出 A 公司的 β 值（β_A）为：$\beta_A = \frac{70.06}{56.70} = 1.24$。

另外一种估计 β 的方法则是利用资本资产定价模型，采用回归模型直接估计出 β_A：

$$\overline{r_{A,t}} = \alpha_A + \beta_A \overline{r_{M,t}} + \varepsilon_{A,t} \tag{6-19}$$

式中，$\varepsilon_{A,t}$ 为回归式中残差项。加上残差项的因素后，我们就可将资本资产定价模型转为线性回归模型，用来估计 β_A 值。我们可以使用一般的统计软件如 SPSS、Eview 等估计 β_A 值，在 Excel 中也可以完成这个回归模型的估计。值得指出的是，以回归方式估计 β 值时，从降低估计误差的观点来看，应该尽量增加样本数目，亦即使用样本期间较长的统计数据。

3. 决定预期市场风险贴水

使用资本资产定价模型计算 $\overline{r_i}$ 时，我们需先算出预期市场风险贴水（$\overline{r_M} - r_f$）的估计值。其中最简单的方式是以过去的统计数据算出相关变量的平均值，将其作为推算值。如果以一年期存款利率作为无风险资产收益率（r_f），则在实践中比较容易估计出特定时间段内，某一市场的风险贴水期望值（$\overline{r_M} - r_f$）。

依据资本资产定价模型，资产收益率是β的线性函数，β值越高，表明该资产的系统性风险度越高，该资产的预期收益率越高。

第三节　套利定价模型

资本资产定价模型揭示了在投资市场处于均衡状态时，投资者的期望收益率与投资风险之间的关系，简洁而又明确地解决了投资风险的合理度量问题以及投资品在投资市场上如何定价的问题。不过，资本资产定价模型也存在一些不足，一方面其所涉及的假设条件较多，另一方面缺少令人信服的经验验证的支持。正是基于资本资产定价模型的缺陷，人们提出了一种新的资本资产定价理论——套利定价理论（arbitrage pricing theory, APT）。该理论由英国经济学家斯蒂芬·罗斯（Stephen Ross）于1976年首先提出，其基本思路是从套利的角度来考察套利与市场均衡的关系，应用套利原理，得出在投资市场处于均衡状态时，资本资产的定价关系。由于套利定价理论有同资本资产定价模型一样的经济解释功能，而所涉及的假设条件较少，与现实经济生活也较接近，所以该理论越来越受到理论界与实际工作者的重视。

一、因素模型的基本内容

因素模型（factor model）也称为“指数模型”（index model），按照因素模型的复杂程度，又可以划分为单因素模型和多因素模型。

1. 单因素模型

单因素模型由美国经济学家威廉·夏普于1963年提出，因此也称为“夏普模型”。它将证券收益过程归结为一种影响因素，由于因素模型为统计模型，其表达式如下。

$$R_i = \alpha_i + \beta_i F + \varepsilon_i \tag{6-20}$$

式中：R_i为某个时期证券i的回报率；α_i为影响证券i的因素无变动时，

证券 i 的预期增长率；F 为因素 F 的预测值，是一个随机变量；β_i 为证券 i 收益率 R_i 对因素 F 的敏感度；ε_i 为随机误差顶，它是由与因素无关的资产 i 自身特殊事件所引起的（如公司经营管理失误、主要管理者死亡等）；α_i 和 β_i 为待估参数。

（1）单因素模型的基本假设为：

① ε_i 与 ε_j 无关，即 $Cov(\varepsilon_i, \varepsilon_j) = 0$，在现实中表示各公司的特殊事件一般只影响本公司，与其他公司无关。

② ε_i 与因素 F 无关，即 $Cov(\varepsilon_i, F) = 0$，在现实中表示各公司的特殊事件与宏观因素（$F$）之间不相关。

③ ε_i 的数学期望为零，即 $E(\varepsilon_i) = 0$，在现实中表示公司可能发生各种不可预测的特殊事件，但是从总体上来看，这些特殊事件对资产收益的影响应该趋于零。

（2）根据单因素模型，可以得到如下结论。

①资产 i 的期望收益率。

$$E(R_i) = E(\alpha_i + \beta_i F + \varepsilon_i) = \alpha_i + \beta_i E(F) \tag{6-21}$$

其中，$E(F)$ 为因素 F 的数学期望。

②任一项资产的风险（方差）。

$$\sigma_i^2 = \beta_i^2 \sigma_F^2 + \sigma_{\varepsilon i}^2 \tag{6-22}$$

如果事先假定随机误差项与因素不相关，同时任何两种证券的随机误差项之间也互不相关，则一种资产面临的风险可以表述为因素风险和非因素风险两个部分：σ_F^2 为因素 F 的方差，$\sigma_{\varepsilon i}^2$ 为随机误差的方差，$\beta_i^2 \sigma_F^2$ 为资产 i 的收益率关于因素 F 的风险，简称"因素风险"，它与因素 F 的自身风险成正比，其比例系数为 β_i。$\sigma_{\varepsilon i}^2$ 与因素 F 无关，所以称为"非因素风险"。

③投资组合的风险（方差）。

构建投资组合时，投资组合的风险（方差）可以表示为：

$$\sigma_P^2 = \beta_p^2 \sigma_F^2 + \sigma_{\varepsilon P}^2 \tag{6-23}$$

其中，$\beta_p = \sum_{i=1}^{n} x_i \beta_i$，$\sigma_{\varepsilon P}^2 = \sum_{i=1}^{n} x_i^2 \sigma_{\varepsilon i}^2$，$x_i$ 表示组合中单个证券的投资比例（权重）即组合的风险仍然受到因素风险和非因素风险的共同作用。当

投资分散化时，每一种证券所对应的 x_i 比例越来越小，此时 β_p 不会显著增大或减小，即因素风险趋于平均化；但是非因素风险 $\sigma_{\varepsilon P}^2$ 将会随证券个数的增加而降低。特别注意的是，假设投资于 N 种证券，每种证券的投资比例相同时，非因素风险 $\sigma_{\varepsilon P}^2$ 将变化为：

$$\sigma_{\varepsilon P}^2 = \sum_{i=1}^{n} x_i^2 \sigma_{\varepsilon i}^2 = \frac{1}{N} \frac{(\sigma_{\varepsilon 1}^2 + \sigma_{\varepsilon 2}^2 + \sigma_{\varepsilon 3}^2 + \cdots + \sigma_{\varepsilon n}^2)}{N} \qquad (6-24)$$

显然，随着投资的分散化（N 增大），投资组合的非因素风险将逐渐减少并趋近于零。这一结论与上一节关于系统性风险和非系统性风险的观点相同。

例 6－9 假设某证券分析师认为，影响 A 公司股票收益率的是国内生产总值（GDP），在过去的 8 年中，A 公司股票收益率和 GDP 增长率之间的历史数据如表 6－4 所示。

表 6－4 8 年中 A 公司股票收益率与 GDP 增长率比较 (%)

年份	A 公司股票收益率	GDP 增长率
1	14.0	5.5
2	17.5	6.0
3	19.0	7.2
4	12.0	5.0
5	17.6	6.6
6	11.0	3.2
7	9.0	3.0
8	15.0	4.1

如果将横轴表示为预期 GDP 增长率（X），纵轴表示为 A 股票收益率（Y），根据上面的单因素模型 $[E(R_i) = \alpha_i + \beta_i F + \varepsilon_i]$，运用线性回归模型能够简单地拟合上述数据，可以求出 $Y = 3.86651 + 2.07310X$，即 $E(R_i) = 3.86651 + 2.07310F$。

如果第 9 年的 GDP 增长率为 3.8%，可以预测该年 A 股票收益率为 11.6%；如果第 9 年的正式增长率为 13%，则表示出现了 1.4% 的随机误差 ε_i。

结合单因素模型可知：资产 i 收益率的总风险等于因素风险和非因素风险之和。敏感度较高的资产，一方面具有较高的因素风险，另一方面具有较高的期望收益率。而非因素风险较高的资产，虽然其总风险较高，但是未必有较高的期望收益率。

2. 多因素模型

单一因素模型仅是一个便于大家理解的简化模型。事实上，某一资产收益受多种因素的影响，如某一证券资产的收益率将受到同时期 GDP 增长率、通货膨胀率、利率、人均可支配收入等多种因素的共同影响。反映证券收益受多种因素影响的多因素模型表达式为：

$$R_i = \alpha_i + \beta_{i1}F_1 + \beta_{i2}F_2 + \beta_{i3}F_3 + \cdots + \beta_{iN}F_N + \varepsilon_i \qquad (6-25)$$

其中，R_i 为资产 i 的收益率；$F_1, F_2, \cdots, F_N$ 为影响资产 i 收益率的 N 个因素；ε_i 为随机误差项，且假定 ε_i 与因素 F 无关，ε_i 与 ε_j 无关，$E(\varepsilon_i) = 0$；β_{im} 为 R_i 关于因素 F_m 的敏感度（$m = 1, 2, \cdots, N$）。

多因素模型的期望收益率、方差、投资组合方差等分析与单因素模型相仿，由于篇幅所限，本书不再展开。其基本原理包括：

（1）投资分散化导致因素风险平均化；

（2）投资分散化大大减少了非因素风险；

（3）对于一个处于良好投资分散化的证券组合，非因素风险将毫无意义。

值得注意的是，多因素模型本身并没有告诉我们此模型中究竟应包含多少种因素，以及每个因素各自所代表的经济意义，这是该因素模型的不足之处。它不像资本资产定价模型那样明确指出只有一个因素，并且这个因素是市场组合的超额收益率。尽管如此，只要我们能根据经验及实际需要，合理而又准确地选择某些因素，就能利用多因素模型进行金融投资的分析研究。多因素模型仍是一个极为有效的方法。从现实来看，多因素模型已在投资分析的实践中得到了广泛应用。

二、套利定价模型的基本内容

1. 套利的定义

所谓套利（arbitrage），是指利用一个或多个市场上存在的各种价格差异，在不冒任何风险或冒很小风险的情况下获得较高收益的一种交易活动。也就是说，套利是利用投资品定价的失误、价格联系的失常，以及投资市场缺乏有效性等机会，通过买进价格被低估的投资品，同时卖出价格被高估的投资品来获取无风险利润的一种行为。

套利有五种基本形式，即空间套利、时间套利、工具套利、风险套利和税收套利。空间套利是证券市场上主要的无风险套利形式，进行空间套利的投资者在相同市场内买入低价的证券或组合，卖空另一个风险相同的价高的证券或组合，两个证券或组合价格趋同时即达到获利的目的。

一种简单而又明显的空间套利机会是指某相同资产在两个市场上的价格不同且价格差高于交易成本。此时，投资者只需在价格高的投资市场上将该资产卖空，并同时在价格低的市场上买入该资产，就可以在交易中获得无风险的套利利润。下面，我们用一个简单的例子来解释何为“套利”。在一个邮票市场上，收集者聚集在一起，以商议好的价格购买股票，如果你参加了这种集会，发现一种邮票以1000元出售，而在另一处，有人愿意以1200元购买，你必然会以1000元买下这种邮票，而后以1200元卖给他人，净赚200元。这一过程便是一个简单的套利过程。当然，你不会总有这种机会，随着越来越多的人发现这种机会，采取类似行动将导致原价1000元的邮票价格上涨，愿意出1200元的购买者由于购买渠道增多，愿意出的价钱也将降低，最终，这种套利机会消失，此时市场将处于均衡状态。证券市场也有类似情况。当两种同质证券（受相同因素影响，且对因素具有相同灵敏度的证券）的价格不能向投资者提供同样的预期收益率时，投资者可以出售低收益率证券并购买高收益率证券，这样会引起低收益率证券价格上涨，而高收益率证券价格下跌，最后证券的价格将是为投资者带来同样收益率的均衡价格。市场处于均衡状态是投资者的套利行为带来的。

利用因素模型，我们可以构造非均衡市场资产的套利组合。依照套利的定义，套利活动必须是无风险且有利润，同时又不占用资产，所以，多个资产的套利组合应该满足以下三个条件。

（1）套利组合的资产占有为零。记 $\bar{P} = \{x_1, x_2, \cdots, x_n\}$ 为 n 种资产的套利组合，x_n 表示第 n 种资产的投资比例（小于零表示卖空），则本条件可写为 $x_1 + x_2 + \cdots + x_n = 0$。

（2）套利组合不具有风险，即其对因素的敏感系数为零。

（3）套利组合的预期收益率为正。

很明显，上述的那种套利机会一旦被发现，所有理性的投资者均会利用它进行套利，这样，即使是少数几个套利者的套利行为也能最终消除这种价格上的差异。因此，金融学中认为这种套利行为是动态的。一方面，金融市场中随时可能出现对均衡价格的偏离，产生无风险套利的机会；另一方面，套利者的套利行为又能在很短时间内消除这种套利机会，恢复均衡价格。金融市场上对这种套利机会消除时达到的状况称为“无套利均衡”（non - arbitrage equilibrium）。

2. 套利定价模型的推导

前面几节我们讲述了资本资产定价模型，从证券组合的可行域到有效边界再到最佳组合，讲解并推导了资本市场线和证券市场线及相应的经济意义。所有的模型与曲线的推导分析都以证券或组合的预期收益率 $E(r)$ 和风险 σ_r 为基础（也就是常说的均值—方差分析），并且对投资者及市场有较强的假设。本节的套利定价模型以影响收益率的要素作为解释变量定义模型，对投资者行为的假设相对较宽松，只要求投资者对较高水平财富的偏好胜过对较低水平财富的偏好。套利定价模型的主要作者是斯蒂芬·罗斯，他在 1976 年 12 月《经济理论》杂志上发表的论文《资本资产定价的套利理论》及与别人合编的《金融中的风险与收益》一书中的《风险、收益与套利》成为研究者大量引用的主要文献。

根据“一价定律”，我们知道同一种资产不可能在一个或几个市场中以两种不同的价格出售，否则，就会出现套利机会。套利定价理论假设证券收益率也可以用因素模型来解释，其理论要点是证券的收益率与一组影响它的要素线性相关。现在我们假设它是双因素模型。

$$R_i = a_i + \beta_{i1} F_1 + \beta_{i2} F_2 + \varepsilon_i \tag{6-26}$$

其中，R_i 为第 i 种证券的收益率，F_1、F_2 表示对证券收益率有重大影响的因素，如国民生产总值 GNP 的增长率和通货膨胀率等。β_i 为证券 i 的收益率对要素 F 的敏感程度，ε_i 为随机误差项。

（1）纯要素证券组合。

若有证券组合 $R = \{x_1, x_2, \cdots, x_N\}$，其中 $\{x_1, x_2, \cdots, x_N\}$ 表示组合中每种证券的权重，则组合的收益率公式为：

$$r_P = x_1 r_1 + x_2 r_2 + \cdots + x_N r_N = \sum_{i=1}^{N} x_i r_i \qquad (6-27)$$

若第 i 种证券的两因素模型为 $r_i = a_i + \beta_{i1} F_1 + \beta_{i2} F_2 + \varepsilon_i$。对于投资组合 $R = \{x_1, x_2, \cdots, x_N\}$，则有 $r_P = a_P + \beta_{P1} F_1 + \beta_{P2} F_2 + e_P$。其中，$\beta_{P1} = \sum_{i=1}^{N} x_i \beta_{i1}$，$\beta_{P2} = \sum_{i=1}^{N} x_i \beta_{i2}$。

下面举例来说明一下。

例 6－10　假定有三种证券 A、B 和 C，两种风险因素 F_1、F_2，三种证券对应的灵敏度如表 6－5 所示。

表 6－5　A、B、C 证券对应的灵敏度

证券	β_{i1}	β_{i2}
A	−0.40	1.75
B	1.60	−0.75
C	0.67	−0.25

若有三种证券 A、B 和 C 组成的投资组合 P，其中 A、B 和 C 的比例分别为 $x_1 = 0.3, x_2 = 0.7, x_3 = 0$，则投资组合对两种风险因素 F_1、F_2 的敏感度指标分别为：

$$\beta_{P1} = 0.3 \times \beta_{A1} + 0.7 \times \beta_{B1} + 0 \times \beta_{C1}$$
$$= 0.3 \times (-0.4) + 0.7 \times 1.6 = -0.12 + 1.12 = 1$$
$$\beta_{P2} = 0.3 \times \beta_{A2} + 0.7 \times \beta_{B2} + 0 \times \beta_{C2}$$
$$= 0.3 \times 1.75 + 0.7 \times (-0.75) = 0$$

这样的投资组合对风险因素 F_1 的敏感度为 1，对风险因素 F_2 的敏感度为 0。如果投资组合中的证券个数足够，则可以使 $e_p \approx 0$，即非系统性风险充分降低。由此，我们看到，通过调整 $P = \{x_1, x_2, \cdots, x_N\}$ 即投资组合中各种证券的投资比例，投资者可以研究一个收益率只对要素 I 敏感的组合 P_{I}，即：

$$R_{P\mathrm{I}} = a_{P\mathrm{I}} + F_1 + \varepsilon_{P\mathrm{I}} \tag{6-28}$$

式（6－28）中，有 $\beta_{P\mathrm{I}1} = 1, \beta_{P\mathrm{I}2} = 2, \beta_{P\mathrm{I}} = 0$ ，这个组合 P_{I} 称为“纯要素组合”。

同样，上例中可以找出只对要素Ⅱ敏感“纯要素 2”的组合 P_{II}，该投资组合中各种证券的投资比例为 $P_{\mathrm{II}} = \{0.625,\ 0,\ 0.375\}$，有：

$$\beta_{P1} = 0.625 \times \beta_{A1} + 0 \times \beta_{B1} + 0.375 \times \beta_{C1}$$
$$= 0.625 \times (-0.40) + 0.375 \times 0.67 = 0$$
$$\beta_{P2} = 0.625 \times \beta_{A2} + 0 \times \beta_{B2} + 0.375 \times \beta_{C2}$$
$$= 0.625 \times 1.75 + 0.375 \times (-0.25) = 1$$

这样的投资组合，对风险因素 F_2 的敏感度为1，对风险因素 F_1 的敏感度为0，可得：

$$R_{P\mathrm{II}} = a_{P\mathrm{II}} + F_2 + \varepsilon_{P\mathrm{II}} \tag{6-29}$$

这个组合 P_{II} 也称为“纯要素组合”。

（2）要素证券组合的预期收益率。

对于纯要素组合，它的预期收益率取决于相关要素的预期值，为方便起见，这种预期收益可写成，设 $\lambda_1 = E(r_{P\mathrm{I}}) - r_F$ ，$\lambda_2 = E(r_{P\mathrm{II}}) - r_F$ ，即 λ_n 表示纯要素组合 n 的预期收益率高过无风险收益率的部分，即第 n 种因素的风险报酬率（风险溢价），则纯要素投资组合 I 和 Ⅱ 的预期收益率可以表达为：

$$E(R_{P\mathrm{I}}) = R_F + \lambda_1 \tag{6-30}$$
$$E(R_{P\mathrm{II}}) = R_F + \lambda_2$$

这里，我们把组合预期收益率分成无风险收益率 R_F 和风险溢价 λ 两个部分。类似的，我们还可以构造出很多这样的纯要素组合，这些纯要素组合可能有不同的组合方式，但根据无套利均衡原理，这些纯要素组合的预期收益率在均衡时肯定相等。其原因在于：如果有两个相对同一要素的不同的纯要素组合，在某个时刻，有不同的预期收益率，此时有套利机会存在。投资者可买入预期收益高的组合，卖空预期收益低的组合，风险对冲为零。起初预期收益高的组合所含证券经投资者买入后价格上升，预期收益率下降，而被卖空的组合内的证券因价格下跌，导致预期收益率上升，最后，两个组合的预期收益趋同，市场达到均衡。

所以，市场均衡状态（无套利均衡）下的相对同一要素的纯要素组合必有一致的预期收益率，且预期收益由无风险收益和风险溢价两部分构成，风险溢价来自要素的波动。

（3）APT 模型。

若投资者选择足够多的证券组合，则可降低非系统性风险，这在前面已分析过，若假定证券 R 的收益率对要素 F_1、F_2 的灵敏度分别为 0.8 和 1.5，则证券 R 的收益率可以用双因素模型表示为：

$$R_R = a_R + 0.8F_1 + 1.5F_2 + e_R$$

而组合 K 由无风险证券 F、纯要素组合 P_{I}、纯要素组合 P_{II} 构成（三类资产的投资比例为 $\{-130\%, 80\%, 150\%\}$）：

$$R_K = -1.3r_F + 0.8R_{P\mathrm{I}} + 1.5R_{P\mathrm{II}}$$

设投资者有 1000 元资金，若全部投向证券 R，则预期收益率为：

$$E(R_R) = a_R + 0.8E(F_1) + 1.5E(F_2)$$

而组合 K 中，若投资者有 1000 元初始资金的话，加上卖空 1.3 倍的无风险证券（1300 元），共 2300 元。其中，800 元投向纯要素 1 组合，1500 元投向纯要素 2 组合，故有：

$$\begin{aligned} E(R_K) &= -1.3E(r_F) + 0.8E(R_{P\mathrm{I}}) + 1.5E(R_{P\mathrm{II}}) \\ &= -1.3R_F + 0.8(R_F + \lambda_1) + 1.5(R_F + \lambda_2) \\ &= R_F + 0.8\lambda_1 + 1.5\lambda_2 \end{aligned}$$

我们注意到证券 R 和组合 K 对要素 F_1、F_2 有相同的灵敏度，故在均衡状态下，根据无套利均衡原理，证券 R 和组合 K 的预期收益率应趋向一致（原因是套利行为的存在），最后有 $E(R_R) = R_F + 0.8\lambda_1 + 1.5\lambda_2$。

对于任意一种证券 i，若它对要素 F_1、F_2 的灵敏度分别为 b_{i1}、b_{i2}，则该证券 i 的预期收益率可以表示为：

$$E(R_i) = R_F + b_{i1}\lambda_1 + b_{i2}\lambda_2 \qquad (6-31)$$

这就是套利定价理论的资产定价公式，也称“APT 模型”。若有 m 种要素 F_1，F_2，…，F_m，同样有：

$$E(R_i) = R_F + b_{i1}\lambda_1 + b_{i2}\lambda_2 + \cdots + b_{im}\lambda_m \qquad (6-32)$$

3. APT 模型与 CAPM 模型的联系

由 APT 模型式（6－31）可知：证券 i 的预期收益率可以表达为纯要素组合的预期收益率的多元线性函数，即 $E(R_i)$（资产的预期收益率）与 λ_j（风险贴水）存在线性正相关关系，这一结论与 CAPM 模型非常相似。但是 APT 模型并没有像 CAPM 模型那样直接定义风险溢价 λ_j 的含义，在 APT 模型中，λ_j 的大小如何计算是待定的。

与 APT 模型相比，CAMP 模型强调的是市场证券组合 M，其表达式为：

$$E(R_i) = R_F + [E(R_M) - R_F] \times \beta_i \qquad (6-33)$$

$$\beta_i = \frac{Cov(R_i, R_M)}{\sigma_M^2}$$

由要素模型：$R_i = a_i + b_{i1}F_1 + b_{i2}F_2 + \cdots + b_{im}F_m$

可得：$Cov(R_i, R_M) = b_{i1}Cov(F_1, R_M) + b_{i2}Cov(F_2, R_M) + \cdots + b_{im}Cov(F_m, R_M)$

即：$\beta_i = \dfrac{Cov(R_i, R_M)}{\sigma_M^2} = \sum_{j=1}^{m} b_{ij} \dfrac{Cov(F_j, R_M)}{\sigma_M^2}$

如果用 β_j 表示要素 j 的 β 系数（$j=1, 2, \cdots, m$），

则有：$\beta_i = b_{i1}\beta_{F1} + b_{i2}\beta_{F2} + \cdots + b_{im}\beta_{Fm}$ （6－34）

再把式（6－34）代入 CAPM 模型，有：

$$\begin{aligned} E(R_i) &= R_F + [E(R_M) - R_F] \times \beta_i \\ &= R_F + [E(R_M) - R_F](b_{i1}\beta_{F1} + b_{i2}\beta_{F2} + \cdots + b_{im}\beta_{Fm}) \\ &= R_F + \sum_{j=1}^{m}[E(R_M) - R_F]\beta_{Fj}b_{ij} \end{aligned} \qquad (6-35)$$

对照 APT 模型 $E(R_i) = R_F + b_{i1}\lambda_1 + b_{i2}\lambda_2 + \cdots + b_{im}\lambda_m$，有：

$$\lambda_1 = [E(R_M) - R_F] \times \beta_{F1}$$
$$\lambda_2 = [E(R_M) - R_F] \times \beta_{F2}$$
$$\cdots$$
$$\lambda_m = [E(R_M) - R_F] \times \beta_{Fm} \tag{6-36}$$

由此可见，在套利定价理论与资本资产定价模型的假定条件均成立的情况下，APT 模型所描述的投资市场均衡关系与 CAPM 模型所描述的均衡关系是相通的。只是 APT 模型并没有给出 λ_j 的具体大小，而 CAPM 模型却提供了较具体的帮助。

第四节　有效市场假说

一、有效市场的定义

20 世纪 60 年代以来，市场效率理论一直是金融学中一个十分重要的议题。罗伯茨（Roberts，1967）从信息和价格反应的角度出发，将证券市场效率划分为弱式有效、半强式有效和强式有效三种形式。芝加哥大学教授法玛（E. Fama，1970）从数学角度精确地定义了弱式有效市场、半强式有效市场和强式有效市场之后，有效市场假说（Efficient Market Hypothesis，EMH）一直在西方金融理论中占据着主流位置，特别是在 20 世纪六七十年代经历了一段最为辉煌的时期。在此期间学者们对此理论持有浓厚的兴趣，他们进行了大量的理论与实证研究。

有效的资本市场有所谓的内部有效市场（internally efficient markets）和外部有效市场（externally efficient markets）。内部有效市场又称“交易有效市场”（operationally efficient markets）。它主要衡量投资者买卖证券时所支付交易费用的多少，如证券商索取的手续费、佣金与证券买卖的价差等。外部有效市场又称“价格有效市场”（pricing efficient markets）。它探讨证券的价格是否迅速地反映出所有与价格有关的信息，这些“信息”既包括有关公司、行业、国内及世界经济的所有公开可用的信息，也包括个人、群体所能得到的所有的私人的、内部非公开的信息。本节讨论的有效市场主要指的是信息效率（外部有效市场），而不是分配效率（内部有效市场）。

有效市场假说由美国经济学家法玛于20世纪60年代创立。该假说认为，在一个充满信息交流和信息竞争的社会里，一个特定的信息能够在证券市场上迅速被投资者知晓，随后，股票市场的竞争将会驱使证券价格充分且及时地反映该组信息，从而使得投资者根据该组信息所进行的交易不存在非正常报酬，而只能赚取风险调整的平均市场报酬率。只要市场充分反映了现有的全部信息，市场价格代表证券的真实价值，这样的市场就称为“有效市场”。有效市场假说是数量化资本市场理论的核心，也是现代金融经济学的理论基石之一。

二、有效市场的层次

在此假说中，证券市场中的信息有以下关系。

第一阶层，证券市场的历史价格信息；

第二阶层，所有公开的信息；

第三阶层，所有可知的信息，包括内部的和私人的信息。

三个阶层的关系如图6-13所示，它们是一个逐级包含的关系。

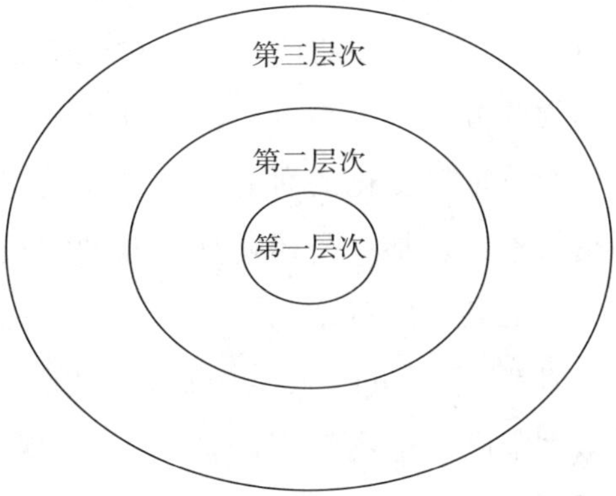

图6-13　有效资本市场及所对应信息集的不同层次

用文字描述法玛教授定义的有效市场，即指市场能够知晓所有可用的信息，并能据此正确地决定证券即期（$t-1$）期的市价。因此，在有效的资本市场下，证券价格能够充分地反映所有可以获得的信息。证券价格对有关信息的反映速度越快、越全面，证券市场就越有效率。根据证券价格对不同信息的反映情况，可以将证券市场的效率程度分为三等，即弱式有效市场、半强式有效市场和强式有效市场。

1. 弱式有效市场假说（weak form market efficiency）

弱式有效市场假说认为，市场价格已充分反映所有过去历史的证券价格信息，包括股票的成交价、成交量、卖空金额、融资金额等。因这些信息已免费公开给投资大众，假设这些历史信息中隐藏有关股票未来表现的信息，则投资大众会迅速地挖掘这些资料，并采取买卖交易行为，使股价变动，充分地反映出这些信息。如果弱式有效市场假说成立的话，证券市场的历史资料将失去作用，技术分析无用武之地，但基本分析尚可挖掘一些低价高值的股票。弱式有效市场的检验方法有时间序列相关检验、游程检验等。

2. 半强式有效市场假说（semi – strong form market efficiency）

半强式有效市场是指证券价格已经完全反映了所有公开可用的信息。这些信息不仅包括证券交易的历史数据，而且包括诸如公司的财务报告、管理水平、产品特点、持有的专利、盈利预测以及公布的宏观经济形势和政策等各种可用于基本分析的当前公开信息。同样，如果人们可以公开地得到这些信息，则分析这些信息对预测证券价格的未来变化也是无益的。

半强式有效市场的检验方法主要是事件研究（event study）。对公司重大事件宣布发生后公司股价走势变化的研究，为半强式有效市场的检验提供了证据。这些公司重大事件包括：公司购并、股利宣布、现金增资扩股宣布、股票分割宣布及营运利润公布等。

3. 强式有效市场假说（strong – form market efficiency）

强式有效市场是最大限度的市场效率概念，在这种形式的假设下，证券价格已经完全反映了所有有关信息，其不仅包括历史交易资料信息和所有公开可用的信息，而且包括仅为公司内部人员掌握的内幕信息。一般来说，公司取得内部消息直至公开该消息给投资大众无疑要一段时间，所以价格要迅速反映这些消息确属不易。公司内部人员或许会利用这些未公开的消息从事内幕交易，以此获取利润。各国和地区证券管理机构的责任之一就是打击这些内幕交易，维持股市交易的公平性。

强式有效市场检验的着重点在未公开的消息上，而拥有未公开消息的大都是公司的内部人士（insiders），其他外在投资者必须透过间接方法取得或推敲公司的内部消息，如基金管理公司的分析员会利用各种方式取得或推敲公司的内部消息。因为公司内部人士或基金管理公司随时可能拥有内部重大消息，而这些消息尚不为市场所知，所以内部人士和基金管理公司只要在其他投资者之前采取买卖股票的动作，便有可能获得丰厚的利润。因此，强式有效市场假说的检验主要以内部人士交易与基金管理公司的投资绩效为研究对象。实证研究的结果表明，内部人士交易确能获得丰厚的超额利润，但不能支持强式有效市场假说的成立，换种说法就是市场要达到强式有效颇为不易，而基金管理公司的投资绩效并未反映出有超出市场平均水平的超额利润，似又能支持强式有效市场假说。

三、违背有效市场假说的现象

资本市场的有效性研究在学术界是个有争议且又重要的课题。在西方发达国家的证券市场中，20 世纪 50 年代以前，投资大众相信用基本分析或核心技术分析方法可获得超额利润；20 世纪 60—70 年代，学术界研究证明市场已有相当程度的效率性，技术分析或基本分析无法为投资者提供超额利润；而过去的近 20 年间，又陆续有学者提出市场异例现象（market aomalies），市场有效性再度被质疑。故迄今为止，市场有效性问题尚无明确结论。常见的市场异例现象包括以下三方面。

1. 公司规模效应（size effect）

在股市中最有名的怪异现象要数小规模公司效应（the small – firm effect），即平均来说，规模小的公司，其超额利润非常高。

2. 市盈率效应（P/E effect）

市盈率效应是指市盈率低的股票或投资组合，其超额利润较市盈率高的股票来得高。应该说明的是，这些超额利润均已经过风险贴水的调整，因根据有效市场假说，所以风险调整后的股票超额利润应该是一致的。也有解释认为不一致的原因是风险调整模型的不一致性。

3. 封闭式基金的折价效应（closed – end fund puzzle）

封闭式基金在交易所或柜台挂牌买卖，其买卖价格由市场内供需情况决定，因此，封闭式基金的买卖价格可能高于基金的资产净值，称为“溢价”（premium），也可能比资产净值低，称为“折价”（discount）。我国目前的投资基金大多为封闭式基金，规模大的基金以折价成交为多，小盘改制基金以溢价成交为多。而美国和中国台湾的股市，封闭式基金大多以折价销售，折价幅度高达20%甚至30%。因基金以股票为主要投资对象，所以在有效率的市场中，其价格应与资产净值一致。

本章小结

对于单个资产，通常我们以某一特定期间内收益率的均值来衡量资产收益率的高低，采用资产收益率的方差（或标准差）来衡量资产收益率的波动程度，即风险程度。

投资组合的预期收益率是组合中每种资产的预期收益率的加权平均值，组合收益率的风险（方差或标准差）同时受到单个证券的风险（方差）、证券之间收益率的相关程度（协方差）的共同影响。在构建投资组合时，投资者更加关心资产收益率之间的相关性（协方差），而不是单个证券的风险（方差）。

资本资产定价模型（CAPM）首次以定量化数学模型的形式描述资产收益和风险之间的线性正相关关系：个别资产 i 的预期收益率（ $\overline{R_i}$ ）与该资产的系统性风险（用 β_i 衡量）之间呈线性正相关关系。资本资产定价模型可以简要表述为：$\overline{R_i} = r_f + \beta_i(\overline{r_M} - r_f)$。

CAPM模型认为，任何个别资产的风险都可分解为系统性风险和非系统性风险，其中非系统性风险可通过分散化投资来消除，因此市场只会对系统性风险支付额外的风险溢价。个别资产 i 的系统性风险可用贝塔系数（ β_i ）指标来衡量。当 $\beta > 1$ 时，表示资产 i 的系统性风险大于市场平均水平；当 $\beta = 1$ 时，表示资产 i 的系统性风险等于市场平均水平，资产 i 的风险收益特征就等同于市场投资组合；当 $\beta < 1$ 时，表示资产 i 的系统性风险小于市场平均水平。

套利定价模型认为，证券的预期收益受多种因素的影响，并可以表示为这些因素的函数。对于任意一种证券 i，若它对 m 种要素 F_1，F_2，…，

F_m的灵敏度分别为 b_{i1}，b_{i2}，…，b_{im}，则该证券 i 的预期收益率可以表示为：$E(R_i) = R_F + b_{i1}\lambda_1 + b_{i2}\lambda_2 + \cdots + b_{im}\lambda_m$。

有效市场假说根据证券价格对不同信息的反映情况，将证券市场的效率程度分为三等，即弱式有效市场、半强式有效市场和强式有效市场。弱式有效市场认为市场价格已充分反映所有过去历史的证券价格信息；半强式有效市场是指证券价格已经完全反映了所有公开可用的信息；强式有效市场是指证券价格已经完全反映了所有有关信息，不仅包括历史交易资料信息和所有公开可用的信息，而且包括仅为公司内部人员掌握的内幕信息。

违背有效市场假说的现象主要包括：公司规模效应、市盈率效应、封闭式基金的折价效应。

思考题

1. 单个资产和资产组合的收益与风险如何度量？
2. 分散化投资为什么可以降低风险？
3. 为什么在市场上存在套利者？
4. CAPM 模型的原理是什么？APT 模型的内容是什么？
5. 怎样理解 CAPM 模型与 APT 模型的区别和联系？
6. 用有效市场假说分析中国股市价格的波动。

进一步阅读书目

1. 兹维・博迪，亚历克斯・凯恩，艾伦・J. 马库斯. 投资学：原书第 10 版[M]. 汪昌云，张永骥，译. 北京：机械工业出版社，2017.

2. 弗兰克・J. 法博齐，弗兰科・莫迪利安尼. 资本市场：机构与工具：第 4 版[M]. 汪涛，郭宁，译. 北京：中国人民大学出版社，2015.

3. 威廉・夏普. 投资组合理论与资本市场[M]. 胡坚，译. 北京：机械工业出版社，2001.

第七章　跨时期选择

本章要点

◎什么是跨时期选择?

◎生命周期理论的主要内容是什么?

◎家庭如何进行生命周期理财规划?

第一节　跨时期选择的基本内容

金融学作为一门学科，其主要研究如何在不确定的条件下对稀缺资源进行跨时期的分配。从一定意义上来看，跨时期的最优化（不同时期的利益权衡）、资产估值、风险管理（包括投资组合理论）是现代金融学的三大支柱（博迪，1999）。在考察消费者最优选择行为时，如果没有考虑时间因素，金融学分析的则是消费者在某一个特定时期的效用最大化问题。但实际上，一个理性的消费者在进行消费决策时，所考虑的不只是某一特定时期的效用最大化问题，还要考虑如何安排不同时期的消费行为，以实现一生的效用最大化问题，即进行跨时期的最优选择问题。

在跨时期消费选择计划中，理性的消费者在进行消费决策时，不会仅局限于当前的收入约束，他可能会借贷消费（此时他是借款者），也可能将当前收入的一部分节省下来以备未来之需（此时他既是储蓄者，又是贷款者）。当消费者的现期消费大于现期收入时，就需要借款；当消费者的现期消费小于其现期收入时，就会储蓄。当然，如果消费者的现期消费等于现期收入，则消费者既不会借款也不会储蓄。在借款和储蓄存在的条件下，还会有利息。因此，跨时期选择问题实际上分析的是消费者如何规划自己在当前和未来的最优消费的问题。

一、预算约束及消费者效用函数假设

（1）消费者只面临两个时期：时期1（现在）和时期2（未来），可设想时期1为工作时期，时期2为退休时期。时期1的收入为 m_1（工资收入），时期2的收入为 m_2（一笔固定的养老金收入）。

（2）时期1和时期2的消费水平分别记为 C_1 和 C_2。

（3）消费者可在时期1和时期2之间进行借贷和储蓄，但在时期2结束时（生命结束前），消费者刚好用完其全部收入。

（4）消费者的总效用由两个时期的消费水平共同决定，即消费者的效用函数为 $U=U(C_1, C_2)$。

（5）消费者在两个时期消费之间存在着一定的替代关系，两个时期消费对消费者来说存在着特定的跨时期边际替代率：$MRS_{1,2} = -\Delta C_2/\Delta C_1 = MU_1/MU_2$。

（6）当消费者的现期消费大于现期收入时，就需要借款（用 B 表示）；而当消费者的现期消费小于现期收入时，就会储蓄（用 S 表示），储蓄和借贷利率均为 r。

二、跨时期预算约束曲线的推导

根据消费者对现期消费和现期收入的不同安排，消费者的跨时期选择行为有以下三种情形。

（1）在时期1消费掉他工作所得的全部工资收入，即 $C_1 = m_1$，这意味着 $C_2 = m_2$，如图7-1中的 a 点所示。在限值点 $a(m_1, m_2)$，消费者既不储蓄（$S=0$）也不借款（$B=0$）。

（2）消费者在时期1不将其工资收入全部花完，即消费者在时期1有储蓄（$S>0$）。设储蓄为 S，利率为 r，则：$C_1 = m_1 - S$，$C_2 = m_2 + (1+r)S$，如图7-1中的 d 点所示。

（3）消费者在时期1不仅消费掉他的全部工资收入，而且借款消费（$B>0$）。设借款为 B，利率为 r，则：$C_1 = m_1 + B$，$C_2 = m_2 - (1+r)B$，如图7-1中的 f 点所示。

综合考虑以上三种情形，并取 S 和 B 的不同值，我们就可以得到消费者在不同时期消费水平的各种组合点，把这些点连接起来（如图 7 –1 中的点 a、d 和 f），我们就可以得到跨时期消费预算约束线。

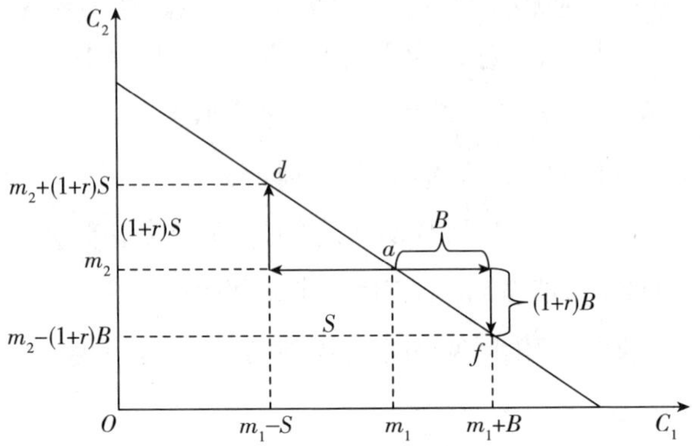

图 7 –1　跨时期预算约束线的推导

根据图 7 –1 可以得到消费者预算约束线的斜率为 $-(1+r)$。预算约束线与纵轴的截距为 $m_2+(1+r)m_1$，它表示在消费者将时期 1 的工资收入 m_1 全部用于储蓄（$C_1=0$，$m_1=S$）的情况下，他在时期 2 可以达到的消费水平为：$C_2=m_2+(1+r)S=m_2+(1+r)m_1$。跨时期预算约束线与横轴的截距为 $m_1+\frac{m_2}{(1+r)}$，它表示消费者在时期 1 以时期 2 的全部收入（m_2）作为消费抵押贷款 [$C_2=0$，$m_2=(1+r)B$]，其在当期所能消费的最大数额为：$C_1=m_1+B=m_1+\frac{m_2}{(1+r)}$。其中，$\frac{m_2}{(1+r)}$ 是消费者未来收入贴现到当期消费的值。

该预算约束线的直线方程可以表述为：

$$C_2=-(1+r)C_1+[(1+r)m_1+m_2] \text{ 或 } (1+r)C_1+C_2=(1+r)m_1+m_2 \tag{7-1}$$

例 7 –1　消费者预算约束线的推导。

消费者王某在第一期的收入（m_1）为 100 元，第二期收入（m_2）为 100 元。金融市场的投资和储蓄利率为 10%（r）。

（1）当王某选择每期收入等于消费，即不采取任何储蓄或借贷行为时，有 $C_1=m_1=100$，$C_2=m_2=100$。即图 7 –2 中的 A 点。

（2）当王某选择在第 1 期储蓄 50 元（$S=50$）时，有 $C_1 = m_1 - S = 100 - 50 = 50$，$C_2 = m_2 + (1+r)S = 100 + (1+10\%) \times 50 = 155$。此即图 7－2 中的 D 点。

（3）王某选择在第 1 期借款消费 50 元（$B=50$）时，有 $C_1 = m_1 + B = 100 + 50 = 150$，$C_2 = m_2 - (1+r)B = 100 - (1+10\%) \times 50 = 45$。此即图 7－2 中的 F 点。

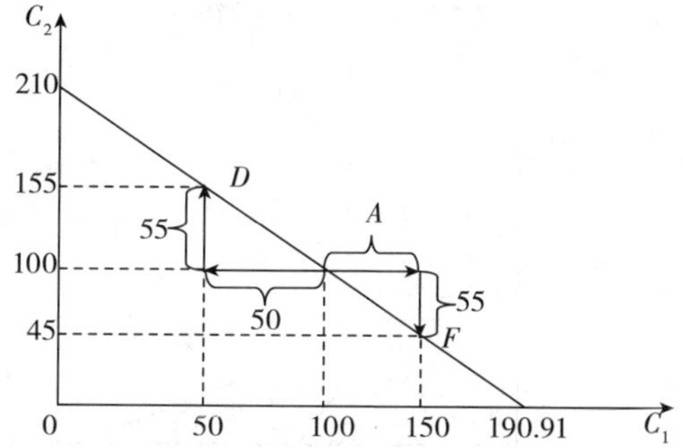

图 7－2　消费者预算约束线的推导

王某的预算约束线斜率为 $-(1+r) = -1.1$，预算约束线与纵轴的截距为 $m_2 + (1+r)m_1 = 210$，它表示在王某将时期 1 的工资收入 100 元全部用于储蓄的情况下，他在时期 2 可以达到的消费水平。预算约束线与横轴的截距为 $m_1 + \frac{m_2}{(1+r)} = 190.91$，它表示王某在时期 1 以时期 2 的全部收入 100 元作为消费抵押贷款，在第 1 期所能消费的最大数额。其中 90.91 是王某把第 2 期收入用于第 1 期提前消费的现值。

因此，王某的预算约束线可以表述为：$C_2 = -(1+10\%)C_1 + 210$。

三、消费者预算约束线的变动

根据消费者预算约束线方程（7－1），消费者预算约束线主要受利率 r 和消费者的收入（m_1, m_2）的影响。

1. r 的变动影响

根据消费者预算约束线方程，当 m_1、m_2 固定，r 变化时，约束线将始终通过点 A（$C_1 = m_1$；$C_2 = m_2$），并根据 r 的变化，围绕点 A 旋转。而且，随着利率 r 的提高，预算约束线将围绕 A 点顺时针旋转，即当利率 r 越大，消费者通过借贷将未来收入全部贴现到当期消费的损失就越大［现值 $\frac{m_2}{(1+r)}$］，而将当期收入全部储蓄到未来所得到的终值，即 $m_1(1+r)$ 就越大（见图7-3）。因此，消费者的预算约束线将按顺时针方向旋转，这表明当利率提高时，现期储蓄增加意味着消费者在未来可以消费更多的商品，消费者更加偏好未来消费而不是当期消费。

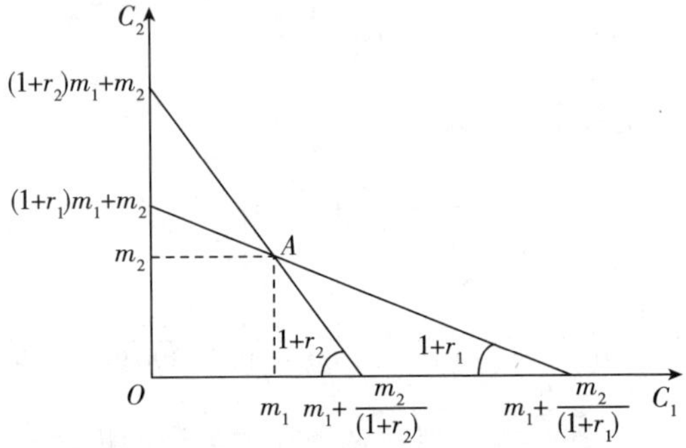

图7-3　r 的变动对跨时期预算约束线的影响

2. m_1 或 m_2 的变动影响

根据预算约束线方程，当 r 固定，而 m_1、m_2 变化时，消费者预算约束线的 X 轴、Y 轴截距发生变化，即发生平移。当 m_1、m_2 增加时，预算约束线向右平移，表示消费者当期和未来的可支配消费额增加；反之，则表示消费者当期和未来的可支配消费额减少（见图7-4）。

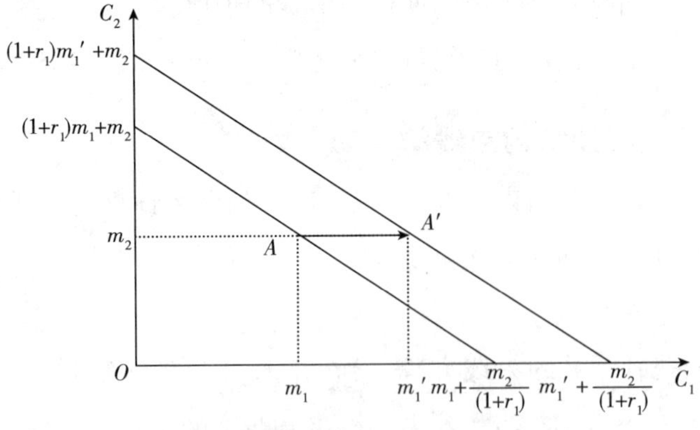

图7-4　m_1 的增加对跨时期预算约束线的影响

例 7－2　消费者预算约束线的移动。

例 7－1 中的消费者王某在第一期的收入（m_1）为 100 元，第二期的收入（m_2）为 100 元，金融市场的投资和储蓄利率 r 为 10%。由例 7－1 可知预算约束线的方程为 $C_2 = -(1+r)C_1 + [(1+r)m_1 + m_2]$。

（1）当利率 r 提高到 20% 时。

图 7－5 显示，王某的预算约束线仍然将通过点 A（$C_1 = m_1 = 100$，$C_2 = m_2 = 100$），但是 X 轴和 Y 轴的截距将分别变化为 $m_1 + \frac{m_2}{(1+r)} = 183.33$ 和 $m_2 + (1+r)m_1 = 220$，体现为顺时针旋转。即在 20% 的利率的情况下，王某如果放弃未来的所有消费，将所有的未来收入贴现到当期消费，那么他一共可以在当期获得 183.33 元的消费；王某如果放弃当期的所有消费，将所有当期收入储蓄到未来，那么他一共可以在未来获得 220 元的消费。显然与以前相比，王某如果选择储蓄，他可以在未来消费更多的商品（消费 220 元）；如果选择借贷，他只能在当前消费更少的商品（消费 183.33 元，而不是 190.91 元）。这将直接影响消费者对当期消费和未来消费的判断。

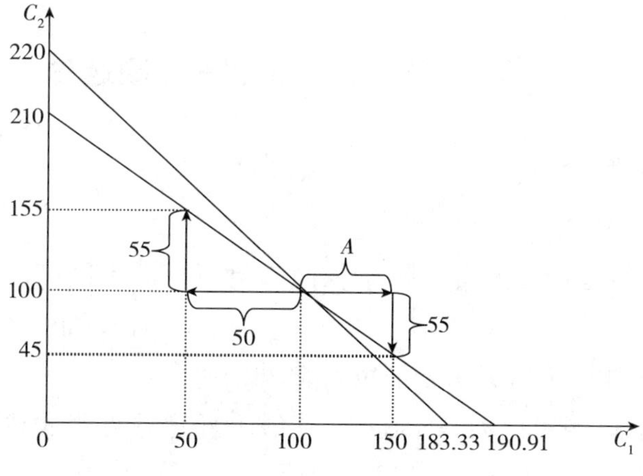

图 7－5　利率提高对预算约束线的影响

（2）当消费者的收入提高时。

当王某的当期收入 m_1 从 100 元提高到 150 元，而 m_2 和 r 保持不变。王某的预算约束线斜率不变，而其与 X 轴和 Y 轴的截距将分别变化为 m_1 +

$\frac{m_2}{(1+r)} = 240.91$ 和 $m_2 + (1+r)m_1 = 265$，即将向右平移。这表明王某的当期收入提高后，无论他是选择储蓄（将当期收入储蓄到未来消费），还是借贷（将未来收入贴现到当期消费），其在当期或未来的消费能力都将提高。但是 r 不变，这表明王某对当期和未来消费的判断不发生改变。同理，当王某的未来收入增加时，也将得到类似的结果。

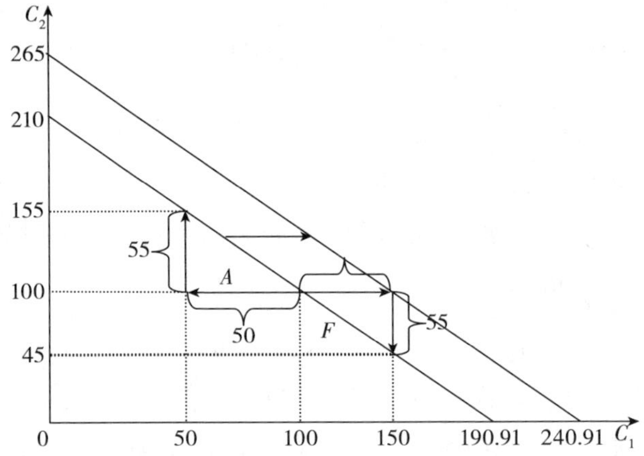

图 7-6　收入提高对预算约束线的影响

第二节　消费者均衡与跨时期选择

一、基本概念

1. 无差异曲线

无差异曲线是指给消费者带来相同满足程度的不同商品组合的轨迹，本章指在消费者效用函数 $U=U(C_1, C_2)$ 已知的情况下，给消费者带来相同效用的当期消费 C_1 和未来消费 C_2 之间的组合。

无差异曲线的特征为：①无差异曲线上任意两点代表着相同的偏好；②无差异曲线的斜率为负；③无差异曲线凸向原点；④同一无差异曲线图上的任何两条无差异曲线互不相交；⑤愈远离原点的无差异曲线所代表的效用水平愈高。

2. 边际替代率及其递减法则

（1）边际替代率（MRS）是指在保持消费者效用水平不变的前提下，

消费者增加一单位某种商品的消费所能代替另外一种商品的消费数量。在本章中，边际替代率是指消费者在现在消费 C_1 和未来消费 C_2 之间的抉择，即消费者在多大程度上愿意放弃当前的消费，以储蓄当期收入的形式换取未来更多的消费，或者说是愿意放弃未来的消费，以提前借贷的形式换取当前的消费。公式表示为：

$$MRS_{1,2} = -\Delta C_2/\Delta C_1 = MU_1/MU_2 \tag{7-2}$$

（2）边际替代率递减法则是指在保持消费者效用水平不变的前提下，随着一种商品消费数量的增加，每增加一单位该商品的消费所能代替的另一种商品的数量是逐渐减少的。本章中，消费者在未来消费和当期消费之间的替代关系也遵循同样的原则。

将上述关于消费者的边际替代率及其递减法则结合在一起，就得到本章对消费者的“凸性偏好”假设。

3. 预算约束线

根据式（7-2），假定消费者在时期 1 的收入为 m_1（工资收入），时期 2 的收入为 m_2（一笔固定的养老金收入）；时期 1 和时期 2 的消费水平分别记为 C_1 和 C_2，利率为 r，则消费者的即期消费和未来消费之间的预算约束线可以表达为：

$$(1+r)C_1 + C_2 = (1+r)m_1 + m_2 \tag{7-3}$$

影响预算约束线的因素包括：收入变化、价格变化以及收入和价格同时变化。

二、消费者均衡及其图解

1. 消费者均衡条件

在凸性偏好下，与消费者预算约束相适应的必然有跨时期的最优选择和投资问题，即消费者如何选择最佳的消费和投资（储蓄）水平，实现自己的效用最大化。我们面临的问题就是在约束条件下求解效用最大化问题，即：

$$\begin{cases} \max\ u(C_1, C_2) \\ \text{s.t.}\ (1+r)C_1 + C_2 = (1+r)m_1 + m_2 \end{cases} \tag{7-4}$$

根据消费者选择理论，利用消费者的效用函数，可以得出在特定的效用水平下，当期消费和未来消费的不同组合，将这些同一效用水平下的消费水平（C_1 和 C_2）的组合联结起来，就得到一条无差异曲线。不同效用水平的无差异曲线将构成无差异曲线图（见图 7－7）。消费者均衡条件转变为：在给定图中消费者的预算约束线的前提下，求解效用最大化的无差异曲线。

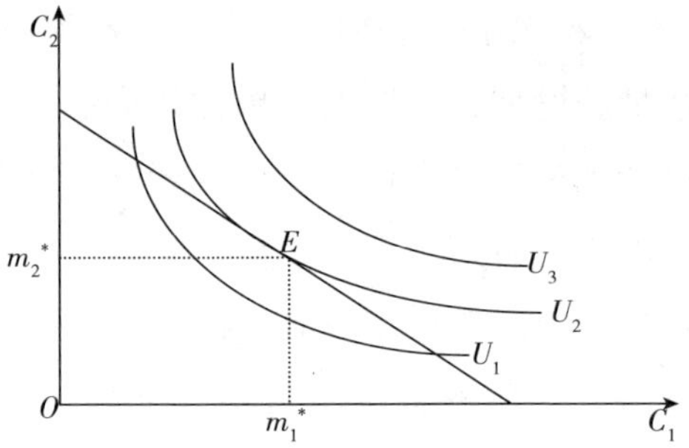

图 7－7　消费者均衡

2. 消费者均衡条件的求解

根据消费者均衡条件：

$$\begin{cases} \max\limits_{C_1,C_2} u(C_1,C_2) \\ \text{s. t. } C_1 + C_2 = m_1 + m_2 + r(m_1 - C_1) \end{cases} \tag{7-5}$$

对这种给定预算约束的最大化问题，一般解法是直接将约束条件（s. t.）代入效用函数，直接对变量（C_1 和 C_2）求导后取零，就可以得到最大化条件，即：

$$(1+r) = \frac{\partial u(C_1,C_2)/\partial C_1}{\partial u(C_1,C_2)/\partial C_2}\left(=\frac{u_1}{u_2}\right) \tag{7-6}$$

根据均衡条件 $\frac{u_1}{u_2} = (1+r)$ 和跨时期预算约束线方程，可以求出最优消费计划（C_1^*，C_2^*）。如图 7－8 和图 7－9 所示，在给定两期收入（m_1，m_2）和利率 r 的条件下，可以求出最优选择 C_1^* 和 C_2^*。最优选择具有两种情况：一是作为借款者；二是作为贷款者。

第一种情况：当 $C_1 > m_1$ 时，消费者是一个借款者。

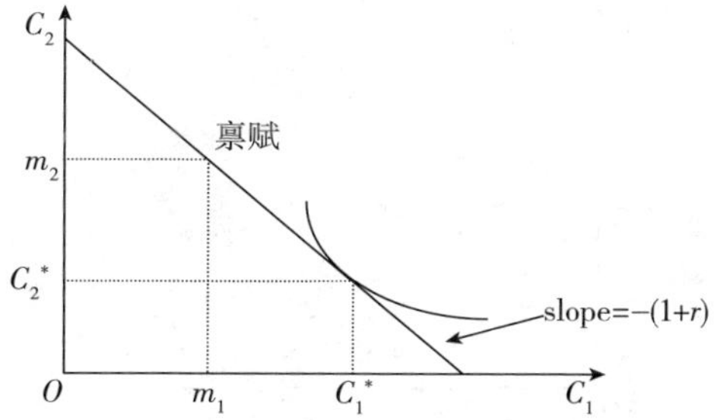

图 7-8　当 $C_1 > m_1$ 时的最优选择

第二种情况：当 $C_1 < m_1$ 时，消费者是一个贷款者。

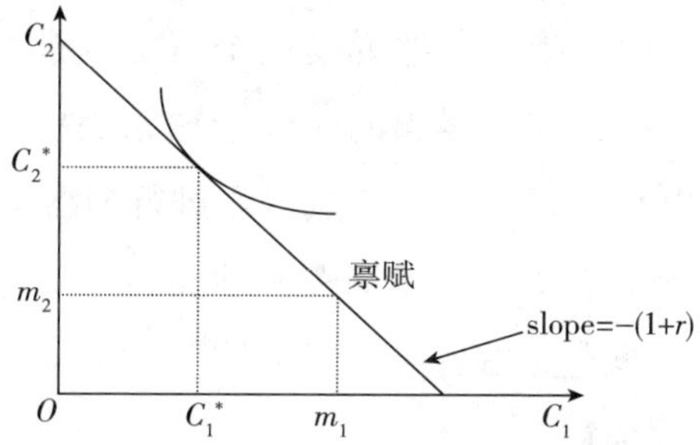

图 7-9　当 $C_1 < m_1$ 时的最优选择

三、利率变化对消费者福利的影响

1. 利率变化将改变预算线的斜率

（1）当 r 上升时，$(1+r)$ 上升，预算线斜率上升，预算线围绕禀赋点转动，更加陡峭；

（2）当 r 下降时，$(1+r)$ 下降，预算线斜率下降，预算线围绕禀赋点转动，更加平缓；

（3）预算线上每一点的消费组合（C_1, C_2）都是禀赋支付得起的。

2. 利率变化的福利影响（有四种情况）

（1）在利率上升时，如果他是一个贷款者，那么继续充当贷款者会提高消费者的福利，r 上升，预算线斜率上升，新的消费点处于较高的位置（见图 7-10）。

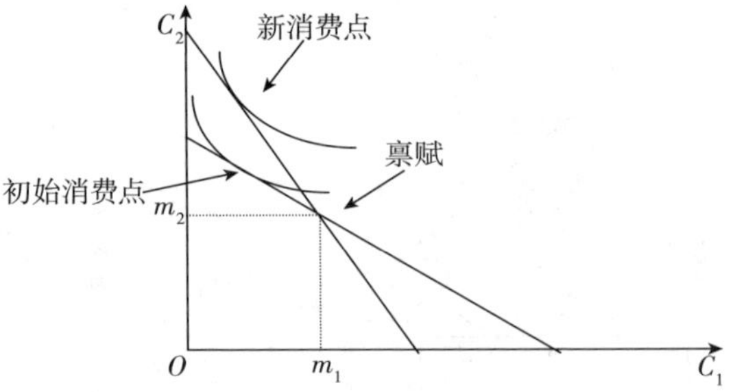

图 7－10　利率上升时对贷款消费者的影响

消费者如果继续充当贷款者，则可以用显示性偏好原理来解释：如果消费者最初在禀赋点以左消费，那说明这个消费点是禀赋点以右点的显示性偏好，因为以右的点是支付得起的。由于初始消费点是禀赋点以右点的直接显示偏好，所以它一定会在禀赋点以左进行消费。

（2）在利率上升时，如果消费者是一个借款者，那么继续充当借款者会使他的情况变坏，即遭受福利损失（见图 7－11）。

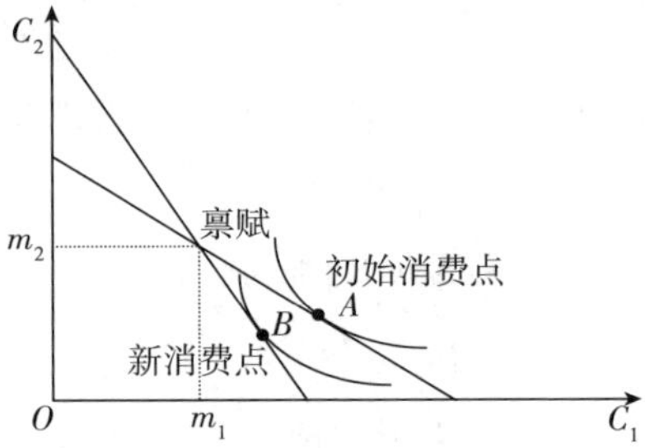

图 7－11　利率上升时对借款消费者的影响

A 是 B 的直接显示偏好：一是在 A 和 B 都支付得起的情况下，消费者选择 A 而不是选择 B；二是当消费者选择 B 时，A 一定是支付不起的；三是当消费者转为贷款者时，福利水平不能确定。

（3）借款者在利率下降时仍然充当借款者，福利水平提高。

（4）贷款者在利率下降时仍然充当贷款者，福利损失。

结论：①如果消费者是一个贷款者，利率上升以后，他仍然是一个贷款者；如果消费者是一个借款者，当利率下降时，他仍然会是一个借款者。在这种情况下，福利水平会提高。②利率下降可能会使贷款者变为借款者，利率上升可能会使借款者变为贷款者，这时的福利水平变化不能用显示偏好来说明。

3. 跨时期选择与斯勒茨基方程

用斯勒茨基方程来分析利率变化对当期消费的影响。假设 r 上升，提高了利率就如同提高了当期消费的价格，价格变化的影响为：

$$\frac{\Delta C_1}{\Delta P_1}=\frac{\Delta C_1^s}{\Delta P_1}+(m_1-C_1)\frac{\Delta C_1^m}{\Delta m} \tag{7-7}$$

当期消费的增减取决于 m_1-C_1 的符号：

当 $m_1-C_1>0$ 时，消费者为贷款者，消费不确定；

当 $m_1-C_1<0$ 时，消费者为借款者，消费减少，r 上升促使其减少借贷，减少消费。

4. 利率变化对均衡点位置的影响

一种观点认为，新的均衡点可以处于原均衡点的左方或者右方，这取决于变化后是替代效应影响大，还是收入效应的影响大？

另一种观点认为，新的均衡点一定处于原均衡点以左，因为根据消费者均衡条件，公式为：

$$\begin{cases}\max\limits_{C_1,C_2} u(C_1,C_2) \\ \text{s. t. } C_1+C_2=m_1+m_2+r(m_1-C_1)\end{cases} \tag{7-8}$$

$$(1+r)=\frac{\partial u(C_1,C_2)/\partial C_1}{\partial u(C_1,C_2)/\partial C_2}\left(=\frac{u_1}{u_2}\right) \tag{7-9}$$

当 r 上升时，为了满足均衡条件，就要求 u_1 上升或 u_2 下降，或者 u_1 相对于 u_2 上升。根据 MU 递减的规律，要使 MU 上升或者下降，就必须相应地增加或减少对商品的消费。由此可以判断均衡点的位置，可以得到以下结论：

（1）当 r 上升时，为了满足均衡条件，u_1 上升，就意味着 C_1 消费的减少，所以新均衡点处于原均衡点以左；

（2）当 r 上升时，如果 u_2 下降，就意味着 C_2 消费的增加，新均衡点处于原均衡点的左或右不确定；

（3）当 r 上升时，u_1 上升的幅度比 u_2 上升的幅度更大，新的均衡点不确定；

（4）当 r 上升时，u_1 下降的幅度小于 u_2 下降的幅度，新的均衡点仍然不确定。

由以上分析可以得出如下结论。

第一，只有当$\overline{u_1}$或$\overline{u_2}$不变时，r 上升才会使新均衡点处于原均衡点以左，这只是一种可能的情况，而不是必然的情况。因为当利率变化时，人们不仅要调整现期消费，而且要调整未来消费。

第二，根据对 r 变化的福利分析，当 r 上升时，如果消费者是一个储蓄者，他仍然会继续充当储蓄者，但是他会增加储蓄还是减少储蓄要取决于 r 变化后的收入效应。其中有一种选择：减少一些储蓄，在保证未来消费增加的情况下，增加一些当期消费。这样 u_1 和 u_2 都会下降，但只要保证 u_1 下降的幅度比 u_2 小就能满足均衡条件。

第三，在跨时期选择中，u_1 和 u_2 实际表示的是“货币的边际效用”，即当 r 变化使得收入发生变化时，每增加或减少一元的边际效用。如果在两个时期中的货币总量（m_1+m_2）相同，而且 $r(C_1-m_1)$ 不足以影响消费者的收入水平时，u_1 和 u_2 不一定表现出递减的趋势。在这种情况下，不存在跨时期选择的问题。谁会因为银行利息率上升一个百分点而改变跨时期选择呢？老百姓可能不会，但食利阶层会。

四、通货膨胀条件下的跨时期选择

抛弃价格不变的假设，需要确定一个实际利率，以抵消价格变化的影响。也就是说，消费者在根据 r 确定自己的现期消费和未来消费时，一定要将价格因素剔除出去。那么实际利率如何计算？

首先，设当期价格 $P_1=1$，未来价格为 P_2，未来时期的预算约束为 P_2C_2（表示第二期可以花费的货币量），第二期可以花费的货币量为：$P_2m_2+(1+r)(m_1-C_1)$。故有：$P_2C_2=P_2m_2+(1+r)(m_1-C_1)$；$C_2=m_2+\frac{1+r}{P_2}(m_1-C_1)$。由此可以看出，$C_2$ 不仅取决于 r，还取决于价格 P_2。

其次，设通货膨胀率为 π，则有：$P_2=(1+\pi)P_1=1+\pi$（因为 $P_1=$

1）；$C_2 = m_2 + \frac{1+r}{1+\pi}(m_1 - C_1)$。

最后，设实际利率为 ρ（剔除通货膨胀以后的利率），则有：$(1+\rho)(1+\pi) = 1+r$，即实际价格乘以通货膨胀率应当等于名义价格，移项后得到：

$$
\begin{aligned}
1+\rho &= \frac{1+r}{1+\pi} \\
\rho &= \frac{1+r}{1+\pi} - 1 = \frac{r-\pi}{1+\pi}
\end{aligned}
\quad (7-10)
$$

利率需要能够弥补通货膨胀率，才是实际利率。如果 π 比较小的话，就可以近似地得到实际利率：$\rho = r - \pi$，即实际利率等于名义利率减去通货膨胀率。

第三节 生命周期理财

一、生命周期假说

生命周期假说（life cycle theory of saving）又称为“消费与储蓄的生命周期假说”，由美国经济学家弗兰科·莫迪利安尼（Franco Modigliani）和理查德·布伦伯格（Richand Brumberg）于20世纪50年代初期共同创立。1954年，莫迪利安尼和布伦伯格发表了题为《效用分析与消费函数：对典型资料的解释》一文，标志着储蓄生命周期理论的创立。为了使储蓄生命周期假设进一步完善，他们又于1976年发表了一篇题为《效用分析与消费函数：一种思想的完整化》的论文。在此文中，莫迪利安尼和布伦伯格除了对原有模式进行修改完善外，还把个人储蓄生命周期推广到整个社会的储蓄消费行为去分析。由于该理论将储蓄与个人生命周期紧密地联系在一起，独树一帜地分析了决定和影响储蓄行为的各种因素，得到西方经济学界的高度评价，莫迪利安尼也获得了1985年的诺贝尔经济学奖，所以生命周期理论又常被世人称作“莫迪利安尼的生命周期理论”。

生命周期理论的观点可以概括为：①一个典型的理性消费者追求的是其生命周期内一生效用的最大化，而其预算约束为生命周期内的收入与消费支出的持平。也就是说，消费者是在相当长的时间内计划消费和储蓄行为，以在整个生命周期内实现消费的最佳配置。②一个人将综合考虑其过去积蓄的财富、现在的收入、将来的收入，以及可预期的支出、工作时间、退休时间等诸因素，决定一生中的消费和储蓄，以使消费水平在一生内保持在一个相当平稳的水平而不出现大幅波动。

生命周期理论同许多优秀的宏观经济理论一样，非常重视微观经济基础。生命周期理论从个人的生命周期消费计划出发，最终建立了消费和储蓄的宏观经济理论。生命周期理论以个人（或家庭）消费行为的研究为基础，依据微观经济学中的消费者行为理论，即用边际效用分析来说明一个理性的消费者以符合理性人的方式来消费自己的收入，以实现消费的最佳配置，使之产生的效用达到最大化。由于该理论主要是引用跨时期消费的概念来阐释个人的储蓄与消费行为，所以该理论对凯恩斯绝对收入假说理论中的储蓄取决于即期收入观点进行了重大修正。

二、生命周期假说的推导

1. 基本假设

生命周期假说隐含以下五个基本假设。

（1）不存在有预期寿命或者工作时间的任何不确定性因素；

（2）储蓄不赚取利息，价格保持不变，从而当前储蓄将等额地转换为未来可能的消费；

（3）工作期的收入保持不变；

（4）在开始工作时，个人没有财富；

（5）存在着完善的劳动力市场和资本市场，没有税收，没有不确定性。

2. 基本观点

（1）生命周期理论首先假设消费者是理性的，而且消费者行为的唯一目标是实现效用最大化，消费者能够以合乎理性的方式支配自己一生的收入，安排一生的消费与储蓄，使一生中的收入等于消费。个人消费函数表示为：

$$C = A \times WR + c \times YL \tag{7-11}$$

式（7－11）中，C 为个人消费，WR 为财产收入（非劳动收入）；A 为财产收入中的边际消费倾向，YL 为劳动收入。其中，c 为劳动收入中的边际消费倾向。

（2）每年消费额的决定。如果不考虑未成年时期，人的一生可以划分为工作期和退休期两个阶段。假设预期寿命为 NL，工作期为 WL，则退休期为（$NL-WL$）。为简化问题，首先假设财产收入为零，人的收入就只取决于劳动，假设每年的劳动收入为 YL，则人一生的劳动收入为（$YL \times WL$）。在没有遗产的前提下，个人一生的消费将最多等于其一生的总收入。根据边际效用相等原则，消费者如果要实现个人消费效用最大化，就必须在一生中合理安排消费和储蓄，使每年的消费相等。根据消费者一生中总消费等于总收入，可以得到：

$$c \times NL = YL \times WL$$

$$c = \frac{WL}{NL} \times YL \tag{7-12}$$

根据式（7－12）可以发现，消费者每年的消费（也是现期消费）不取决于现期收入，而取决于消费者一生的总收入（$YL \times WL$）和预期寿命（NL）。边际消费倾向等于工作期在预期寿命中所占的比例（$\frac{WL}{NL}$），它与预期寿命成反比，与工作期成正比。如果预期寿命延长，则边际消费倾向下降，如果工作期延长，边际消费倾向提高。

（3）工作期储蓄和退休期消费的关系。生命周期所表达的是人一生中储蓄与消费的规律，即在工作期进行储蓄，退休期则是用过去的储蓄（负储蓄）。假设工作期内每年储蓄额为 S，则：

$$S = YL - C = YL - \frac{WL}{NL} \times YL = \frac{NL - WL}{NL} \times YL \tag{7-13}$$

其中，$\frac{NL - WL}{NL}$ 为退休期在预期寿命中所占的比例，即消费者的边际储蓄倾向（$=1-$边际消费倾向$=1-\frac{WL}{NL}$），退休期越长，边际储蓄倾向越大。根据效用最大化的原则，在消费者的一生中，其每年的消费 C 保持不变，工作期每年的储蓄 $S = YL - C$，总储蓄为 $(YL - C) \times WL$，退休期每年的消费为 C，总消费为 $(NL - WL) \times C$。根据工作期总储蓄等于退休期总消费，可以得到：

$$(YL - C) \times WL = (NL - WL) \times C \tag{7-14}$$

上述公式表明，消费者追求整个生命周期内的效用最大化，通过在工作期间进行正储蓄和退休后负储蓄（提取储蓄）来实现一生中各个时期的平滑消费。这种关系被莫迪利安尼描述为“个人储蓄的驼峰形态分布”（见图 7-12）。

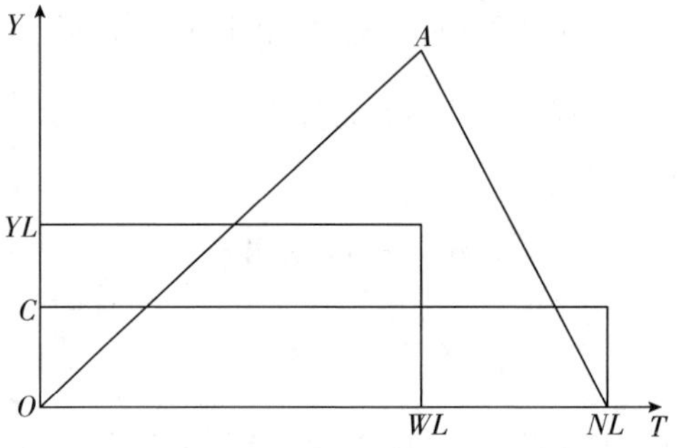

图 7-12 储蓄的分布

（4）存在非劳动收入下的消费函数。假定某人在第 T 年得到 WR 的非劳动收入（赠与或继承），其他条件不变，则 T 年以后的总消费为：

$$C(NL - T) = WR + (WL - T)YL \tag{7-15}$$

T 年以后每年的消费公式可以表达为：

$$C = A \times WR + c \times YL = \frac{1}{NL - T} \times WR + \frac{WL - T}{NL - T} \times YL \tag{7-16}$$

其中，A 为财产收入的边际消费倾向，c 为劳动收入的边际消费倾向。获得财产的年龄 T 越大，上述两个边际消费倾向越大。

三、生命周期理财规划

生命周期理财概念的基础是生命周期假说，生命周期假说认为消费者会根据一生的收入和支出来安排其在生命各个阶段的即期消费和储蓄，目的是获得整个生命周期内的效用最大化。这个概念已经成为消费者行为研究和金融服务业产品设计的基本框架，也是商业保险和养老金制度的理论研究框架。

根据家庭收入主导者的生命周期不同，家庭收入主导者的生理年龄在35周岁以下的家庭为青年家庭，家庭收入主导者的生理年龄在60周岁以上的为老年家庭，介于这两个界限的为中年家庭。家庭类型与理财策略：①青年家庭，理财规划的核心策略是进攻型。②中年家庭，理财规划的核心策略是攻守兼备型。③老年家庭，理财规划的核心策略是防守型。

表7－1　不同家庭类型、不同生命周期下的理财需求与理财规划

家庭类型	生命周期	理财需求	理财规划
青年家庭（35周岁以下）	单身期	租赁房屋	现金规划
		满足日常支出	消费支出规划
		偿还教育贷款	投资规划
		小额投资积累	投资规划
	家庭与事业形成期	购买房屋	消费支出规划
		养育子女	现金规划
		建立应急基金	风险管理规划
		增加收入	投资规划
		风险保障	风险管理规划
		储蓄和投资	教育规划
		建立退休基金	退休规划
中年家庭（35～60周岁）	家庭与事业成长期	购买房屋、汽车	消费支出规划
		子女教育费用	教育规划
		增加收入	投资筹划
		风险保障	风险管理规划
		储蓄和投资	税收规划
		养老金储备	退休规划
	退休前期	提高投资收益的稳定性	投资规划
		养老金储备	退休规划
		保障财务安全	现金规划

续表

家庭类型	生命周期	理财需求	理财规划
老年家庭（60周岁及以上）	退休期	财产传承与分配	财产传承规划
		保障财务安全	现金规划
		建立信托	投资规划
		准备善后费用	现金规划

表7－1列出了不同家庭类型、不同生命周期下的理财需求、理财规划。

（1）个人单身阶段的理财规划。单身阶段一般收入不多，支出较大，此时理财的目的不在于短期获得多少，而在于积累收入及投资经验，为未来的生活打下基础，所以要制定正确的投资策略。人们可以通过开源节流、购买基金等方式削弱人生风险。

（2）青年家庭的理财规划。此时个人处于家庭起步阶段，收入相对稳定，在理财时比较重视家计负担、贷款偿还等问题。因此，要做好支出、投资、资金等管理工作。例如，30岁的韩某作为一家公司的职员，月薪5000元、妻子月薪3000元。由于租房，每月支付租金1000元。其理财规划目标是：短期内去三亚旅游一次，预计花费5000元；中期目标为5年后生子、10年后购置一套80平方米的住房；长期目标是退休后晚年生活保障无忧。由于今后孩子上学需要每年支出2000元；当孩子上大学后，每年应根据具体状况支出2万元左右。经分析，韩先生应预留3万元流动资金，以备应急所需。住房方面，在不借贷的状况下，韩先生只有将每年的结余资产投资高于回报率的理财项目，才能实现买房目标。所以，建议韩先生先付款八成，以30年按揭方式买房，根据当地7000元每平方米的楼价，若购买80平方米住房，韩先生5年内要准备16.8万元，首付后，月房贷还款3934.3元，小于其总收入8000元，在可承担范围内。

（3）中年家庭的理财规划。此阶段，个人的工作能力较好，具备了一定的工作经验，家庭经济状况处于最佳阶段，所以理财要放在如何增加收入与积累退休金、改善生活及遗产规划方面。例如，上海的钱先生，58岁，月收入4000元；钱太太，月收入3000元，其持有债券利息收入8000元，年终奖5000元，夫妻均双双退休，儿女成家自理。钱先生家庭有存款

43 万元、黄金及藏品价值 30 万元、住房一套市值 80 万元，家庭资产合计 155. 5 万元，月生活支出 5000 元。经财务诊断，钱先生家庭年收入 11. 06 万元，投资 2. 72 万元，年结余 6 万元，属于高品质生活。钱先生夫妇家庭总资产 155. 5 万元，无债务纠纷，有 80 万元房产，且流动性强，安全系数高，但在当前市场及政策影响下，建议钱先生出售房产。钱先生退休后，收入必然缩减，若退休后旅游费用年支出 8 万元，月生活支出 5000 元，退休后寿命为 25 年，钱先生家庭则有 133 万元养老金缺口。因此，鉴于钱先生的养老需求，建议其保留 3 万元作为应急储备资金，将月结余的 50% 用于投资股票等高收益产品，预计年收益率为 20% 。

总之，家庭应当根据其所处的不同阶段，进行不同结构的理财，即综合考虑即期收入、未来收入，以及可预期开支、工作时间、退休时间等诸因素，决定目前的消费和储蓄，以使自己的消费在一生中保持相对平稳的水平，而不至于出现消费水平的大幅波动。

本章小结

跨时期选择是指消费者如何规划自己在当前和未来的最优消费选择的行为，其主要目标为实现一生的效用最大化。

跨时期最佳消费和投资水平是消费者在一定的假设条件下，实现跨时期消费均衡。假设条件主要包括：消费者仅面临两个时期，效用水平由两个时期的效用水平来决定，存在跨时期边际替代率；消费者均衡条件为在给定消费者的预算约束线的前提下，求解效用最大化的无差异曲线。

消费者实现跨时期消费效用最大化的主要影响因素包括收入、利率、价格和通货膨胀等。

根据斯勒茨基方程，利率的变化影响到价格，通过价格进一步影响到消费者对作为借款人和贷款人的抉择，从而影响到消费者的效用水平。

生命周期假说认为，消费者行为的唯一目标是实现效用最大化。理性的消费者将根据效用最大化的原则支配一生的收入，安排一生的消费与储蓄，使一生中的收入等于消费。

家庭类型与理财策略：①青年家庭，理财规划的核心策略是进攻型。

②中年家庭，理财规划的核心策略是攻守兼备型。③老年家庭，理财规划的核心策略是防守型。

思考题

1. 跨时期选择的实质是什么？消费者实现跨时期消费效用的最大化主要受哪些因素的影响？其各自具有什么样的特点？彼此之间有什么样的联系？

2. 在利率降低后，跨时期的预算约束线是如何变化的？是更为陡峭还是变得更平坦？

3. “如果名义利率低于通货膨胀率，那么作为一个理性消费者不会选择储蓄。”你是否同意这句话？为什么？

4. 一个消费者，开始是一个贷款人，利率下跌后，仍然是一个贷款人，如果利率发生变动，这个消费者的境况会向哪个方向发展？会变好还是会恶化？

5. 在跨时期选择中，如果消费者起初是一个贷款人，则利率上升，该消费者仍然是一个贷款人，分析这一原理。

6. 生命周期理论与生命周期理财存在怎样的联系？

7. 家庭如何进行生命周期理财规划选择？请用案例进行分析。

进一步阅读书目

1. 兹维·博迪,罗伯特·C. 默顿,戴维·L. 克利顿. 金融学:第2版[M]. 刘澄,等译. 北京:中国人民大学出版社,2009.

2. 多伦·皮莱格. 金融学基本模型[M]. 王忠玉,卜长江,译. 北京:中国金融出版社,2015.

第八章　资本结构与融资策略

本章要点

◎什么是资本结构?

◎什么是 MM 定理?

◎什么是股权融资?

◎什么是债务融资?

◎融资策略有哪些?

资本结构（capital structure）是指在企业全部资本中，各种资本的构成及其比例，它是企业融资活动的结果。企业资本结构是否合理，对企业的融资成本和杠杆利益有决定性影响，并对企业经济效益产生重大影响。

融资方式包括权益融资和债务融资。通过对权益融资和债务融资不同数额的组合及对融资成本的比较，进行融资方式的选择，进而达到企业市场价值最大化，是企业融资决策的主要内容。

本章首先探讨资本结构的概念及其影响因素、理论发展等，其次分别介绍权益融资和债务融资的特点、种类、区别、条件等，最后就企业融资策略问题进行深入的分析。下面我们分节叙述。

第一节　资本结构与资本成本

一、资本结构的概念

（一）资本结构的含义

资本结构的含义有狭义和广义之分。狭义的资本结构是指企业各种长期资金的构成比例；而广义的资本结构则是指企业各种资本的构成及其比例关系。资本结构可以用绝对数或相对数表示。例如，某企业的资本总额为1亿元，其中借款1500万元、债券2500万元、普通股4000万元、留用利润2000万元。其比例分别为借款15%、债券25%、普通股40%、留用利润20%。由于短期资金的需要量和筹集是经常变化的，且在整个资金总量中所占比重不稳定，所以一般不被列入资本结构管理范围，而作为营运资金进行管理。

在通常情况下，企业的资本结构由长期债务资本和权益资本构成。资本结构指的就是长期债务资本和权益资本各占多大比例。

（二）资本结构和资本成本

一般情况下，企业都采用债务筹资和权益筹资的组合。总的来说，资本结构的问题就是负债比例的问题。企业利用负债资本要定期支付利息并按时还本，所以债权人的风险比较小。企业利用债务筹集资金所需要支付的利率可低于支付给股东的股利率。另外，债务利息在税前支付，可减少缴纳的所得税税额。以上因素使得债务资金的成本明显低于权益资本的成本。因此，企业在一定的限度内增加债务，可减低企业加权平均的资本成本，即综合资本成本；而减少债务，则会使综合资本成本上升。从另外一个角度来看，综合资本成本越小，企业价值越大，资本结构就越合理。

二、影响资本结构的主要因素

（一）销售利息比率对资本结构的影响

在考虑适当的资本结构时，最重要的是分析企业现金流量支付固定费用的能力。若企业的现金流量无力支付财务固定费用如债务利息，将使企业面临财务困难的危机。一个企业预期未来的现金流量越多、越稳定，其借债的能力就越大。

销售利息比率是指企业在一定时期内支付的利息额与销售额的比例关系。在有贴现票据的情况下，这里的利息额除了通常的负债利息，还包括票据贴现费。销售利息比率的高低可以较准确地判断企业经营承受债务的程度，并为企业确定最佳资本结构提供必要的依据。销售利息比率计算公式为：

$$\text{销售利息比率} = \text{利息}/\text{销售额} \times 100\% \qquad (8-1)$$

该比率越高，表明企业的利息负担越大，资金周转越困难。

将式（8-1）进一步分解，可得：

销售利息比率 = 利息/负债 × 负债/资本总额 × 资本总额/销售额

= 利息率 × 负债比重 × 全部资本周转次数　　（8-2）

由式（8-2）可以看出，决定该比率高低的主要因素是利息率、负债比重与全部资本周转次数等三个因素。

日本制造企业将销售利息比率分为四级：3% 为健康型，资金周转顺畅；5% 为维持现状型，即当该比率达到 5% 时，为了减轻债务负担，不便轻易地增加借款，应靠内部筹措资金，同时加速流动资产的变现；7% 为缩小均衡型，为渡过难关，企业应果断出售某些资产，缩小经营规模，求得经营的均衡；10% 为危险型。

（二）影响资本结构的其他因素

影响资本结构的其他因素如下：

（1）企业的长期经营活动。财务杠杆的运用必须限制在不危及企业长期经营活动的范围内。

（2）企业的经营风格。如果企业不愿分散控制权，就不要随意加大权益资本；如果企业不愿承担财务风险，就应尽量减少债务资本。

（3）贷款人和信用等级评定机构的角度。企业的信用等级在很大程度上影响着其未来的筹资活动乃至经营活动。在确定资本结构时，必须考虑这一因素。

（4）企业获利能力。企业获利能力太低，息税前利润不足以支付利息，因而不可能运用财务杠杆；当企业获利能力很强时，可有较多留用利润满足增资需要，也不会过量使用债务资本。

（5）税收政策。由于债务利息有税前列支的好处，所以所得税税率越高，企业越倾向债务筹资。

（6）企业发展速度。企业若不要求快速发展，则仅靠留用利润补充资本即可；而当企业要求快速发展时，往往需要使用较多的债务资本。由于资本结构受多种因素影响，企业在筹资决策中，除认真分析自身具体情况外，还应当参考同行业类似规模企业的资本结构，并注意随着各种条件的变化，对资本结构进行调整。

第二节 资本结构理论

公司的资本结构决策是公司金融决策的一个重要方面，它与公司的目标——公司价值最大化密切相关。资本结构理论（capital structure theory）主要研究的是公司资本结构的决定因素、资本结构与公司价值和资本成本的关系，它是微观金融理论和企业理论的一个重要组成部分。具体来讲，资本结构理论主要包括两个具体问题：①公司以负债代替部分权益资本以后能够增加股东的收益吗？②如果可以增加股东的收益，合理的公司负债额是多少？

对这两个问题的不同回答形成了不同的资本结构理论。从理论渊源上来说，企业资本结构理论是微观经济理论在公司金融中的应用。过去的数十年里，在资本结构领域，以 MM 定理为基础，积累了非常丰富的材料，内容十分庞杂。根据这些文献讨论的重点、应用的方法，可以把资本结构理论划分为三个大的发展阶段：古典资本结构理论（或称为“传统的资本结构理论”）、新古典资本结构理论和现代资本结构理论。

一、古典资本结构理论

企业资本结构问题是企业财务管理中的一个古老话题，但其引起主流经济学家的关注是20 世纪 50 年代的事。在 MM 定理产生之前，人们一直认为财务杠杆对公司价值具有复杂的影响，财务杠杆的使用是有益的。资本结构理论关心的主要问题是公司如何通过负债—权益比例的选择，尽可能使公司总价值达到最大。这在正常状态下就是使股东利益达到最大化。

20 世纪初期是西方国家企业发展的重要时期。股份公司的规模迅速扩大，其在经济活动中扮演着越来越重要的角色。公司制企业的迅速发展，使公司面临着如何为生产和经营更好地筹措资金的问题。为适应这一情况，各个公司纷纷成立了专门的职能部门——财务管理部门，独立的公司理财活动应运而生。

与公司理财活动同时产生的，是对这一活动的经验总结和理论研究。1910 年，美国学者米德（Meade）出版了 20 世纪第一部专门研究公司筹资财务管理的著作《公司财务》，1938 年杜因（Dewing）和雷恩（Lyon）分别出版了《公司财务政策》和《公司及其财务问题》。这些著作主要研究公司如何卓有成效地筹集资本，由此形成了以研究公司融资为中心的传统公司财务管理理论学派。这为现代公司理财理论的产生与完善奠定了基础。

20 世纪 50 年代后期，公司金融理论的重大进展是对公司整体价值的重视和研究。

在实践中，投资者和债权人往往根据公司的盈利能力、资本结构、股利政策和经营风险等一系列因素来决定公司股票和债券的价值。在遇有重大决策时，必须评估决策将会对公司价值产生何种影响。由此，资本结构和股利政策的研究成为公司金融研究的中心论题。

1958 年以前的资本结构理论没有一个统一的分析框架和理论基础，分析主要是描述性的，研究者主要是财务管理人员，资本结构理论一直没有进入主流经济学的研究视野，可以称此阶段的资本结构理论为"古典资本结构理论"（classical structure theory）。根据大卫·杜兰德（David Durand）1952 年向美国国家研究局提交的论文《企业债务和权益成本计量方法的发展和问题》中的总结，古典资本结构理论可划分为三种类型，即净收益理论（the net income approach）、净经营收益理论（the net operating income approach）和传统理论（the traditional theory）。

（一）净收益理论

净收益理论假设投资者以固定的利率 K_S 计算公司的净投资，公司能够以固定利率 K_D 取得所需的全部负债，即债务资本成本和权益资本成本不变。在这种情况下，公司提高财务杠杆，可以降低其加权平均资本成本，增加公司价值。正式地说，设 D 表示负债，S 表示权益，用负债/权益比率（$D/S=d$）代表财务杠杆，V 表示企业价值，t 表示税率，K_a 表示加权平均资本成本，K_D 表示负债资本成本，K_S 表示权益资本成本，净收益理论可总结为下面的命题。

命题1:公司的加权平均资本成本率(K_a)随着负债比率的增加而缩小;当 $K_a = K_D(1-t)$ 时,即加权平均成本等于债务资本成本 K_D时,加权平均资本成本最小。

命题2:企业的市场价值随着负债比率的增加而增加。当 $K_a = K_D(1-t)$ 时,即加权平均资本成本等于债务资本成本时,企业市场价值最大。

因此,净收益理论认为采用负债融资总是有利的。用图形表示为(见图 8-1):

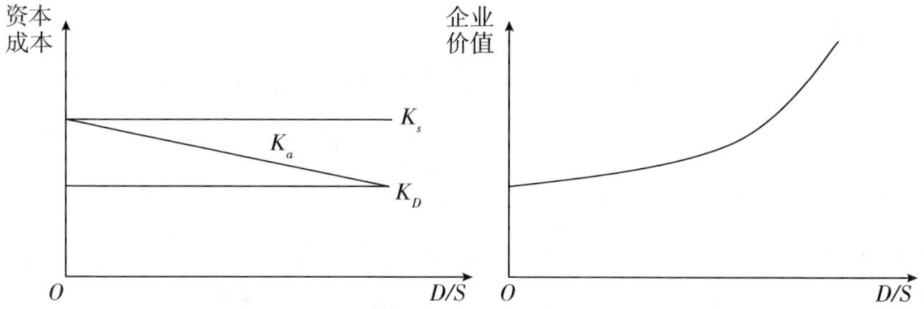

图 8-1 净收益理论

净收益理论认为,由于债务资本的成本比较低,所以当财务杠杆提高时,加权平均资本成本更低,并逐渐接近债务资本成本,公司的最佳资本结构就是图中 K_a与 K_D的交点,此时负债占 100%,公司资本成本最低,企业价值最大。

(二) 净经营收益理论

净经营收益理论假设投资者以固定利率 K_a 计算公司的净经营收益(earning before interest and taxes, EBIT),公司能够以固定利率 K_D取得所需的全部负债。该理论认为,增加成本较低的债务资本,会同时增加企业的风险,使权益资本 K_S的成本提高,加权平均成本 K_a保持不变。因此,不论企业的财务杠杆如何,其加权平均资本成本均不变,从而企业价值不变;也就是说,不管企业负债比率高低,企业总价值保持不变。净经营收益理论如图 8-2 所示。

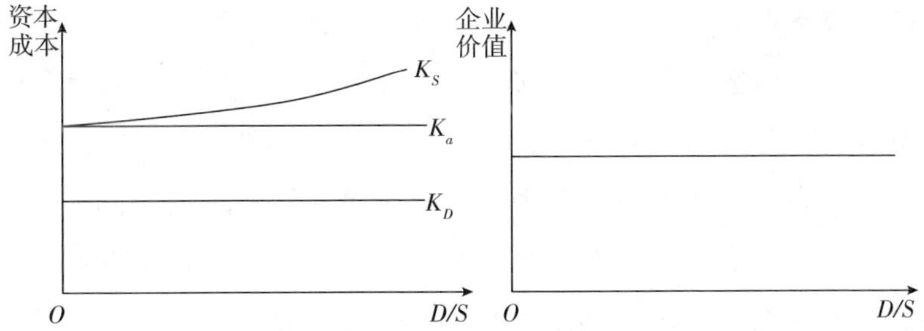

图 8－2　净经营收益理论

根据净经营收益理论，负债的实际成本与自有资本的实际成本都是 K_a。负债的成本可分为两部分：一部分是可用利息率代表的显成本；另一部分是因负债增加而使自有资本风险增加的部分，即隐成本。此时不存在最优资本结构，所有的资本结构都可以视为最佳资本结构。

（三）传统理论

传统理论是介于净收益理论和净经营收益理论之间的折衷理论。该理论假设，投资者视企业在一定限度内的债务比例是“合理和必要的”，因此无论是对债权投资者还是对股权投资者来说，企业适度地使用财务杠杆并不会增加其投资风险。该理论假设各种资本成本都要随资本结构的变动而变化，但其变化的速率不同（见图 8－3）。

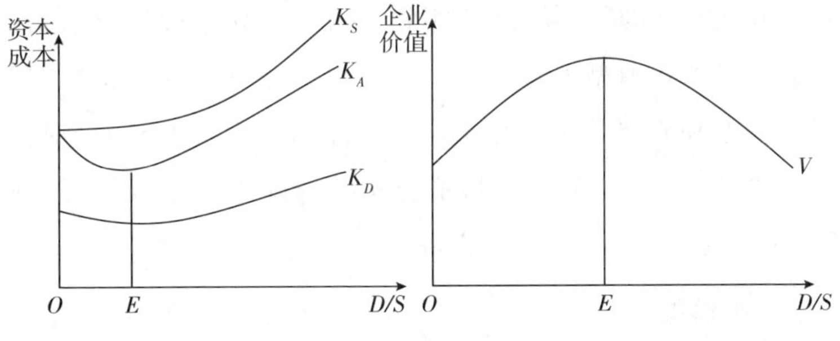

图 8－3　传统理论

从图 8－3 中可知，权益资本成本 K_S 随着财务杠杆作用的增加，按照递增的速率增加，债务资本成本 K_D 只有当财务杠杆作用明显后，才随财务杠杆的增加而上升。加权平均资本成本 K_a 首先随着负债的增加而下降，因为权益资本成本的提高还没有抵消成本较低的负债成本所带来的利益，当负债比率超过某点时，权益资本成本上升，抵消了债务资本成本带来的利益，结果导致加权平均资本成本的增加。当债务资本成本开始上升时，加权平均资本成本上升的趋势得到加强。在这个过程中，企业的价值先开始上升，直到最高点，然后随负债比率的增加而下降。因此，企业存在一个最佳的资本结构。最佳资本结构点就出现在加权平均资本成本的最低点 E。

上述三种理论都是在企业和个人所得税为零的条件下，同时考虑了资本结构对资本成本和企业价值的双重影响。这三种理论都是建立在经验判断的基础上，因而缺乏行为意义，在理论界没有得到认可和进一步发展研究，但这些理论的提出为以后的资本结构的理论研究提供了思路。

二、新古典资本结构理论

古典资本结构理论由于没有行为意义，一直没有进入主流经济学的视野。在资本结构研究中，1958 年是一个重要的分水岭。在这一年，莫迪利安尼和米勒对资本结构与价值评估具有一系列重大贡献的第一篇文章发表了。他们基于新古典假设，从投资者行为出发，建立了第一个具有行为基础的正式的资本结构模型（MM 模型），这标志着资本结构理论进入了主流经济学的视野，是资本结构理论的一次飞跃，从而使资本结构研究成为一种严格的、科学的理论，“MM 定理因此成为公司金融理论和经验分析的自然基础，或比较标准”。从 1958 年到 20 世纪 70 年代的前半期，资本结构的研究都是以 MM 模型为基础的，研究重点侧重于现金流的配置，视证券（主要是债券和股票）为外生给定，关注的是什么决定了企业发行证券的相应的资本量。因此，这一阶段的资本结构理论可称为“新古典资本结构理论”（new classical capital structure theory）。

（一）MM 模型

在 1958 年的文章里，莫迪利安尼和米勒第一次提出了“关于资本成本可操作的定义及可以运作的投资理论”，这些理论明确地提出了不确定性的存在，并且以市场价值最大化为坚实基础。

1. MM 资本结构模型的假设

MM 定理以下面这些直接或间接的假设为前提：①所有的实物资产归

公司所有。②资本市场无摩擦。没有公司及个人收入所得税，证券可以无成本地、直接地交易或买卖，没有破产成本。③公司只能发行两种类型的证券，一种是有风险的股票，一种是无风险的债券。④公司和个人都能按无风险利率借入或贷出。⑤投资者对于公司利润的未来现金流的预期都是相同的。⑥没有增长，所以现金流是不增加的。⑦所有公司都可以归为几个"相等的利润等级"中的一类，在此等级上，公司股票的收益与在该等级上的其他公司的股票收益比例完全相关。

2. MM 定理

莫迪利安尼和米勒对资本结构的研究实际上涉及资本结构选择与企业价值的关系、股东收益与财务杠杆之间的关系及企业的投资决策与融资决策之间的关系。

（1）MM 定理 1：公司价值模型。

"任一企业的市场价值与它的资本结构无关，并且，按适合于它的所在类的资本化率 k 将它的期望报酬资本化，便得到这一价值。"等价地说，"任何企业的平均资本成本与它的资本结构完全无关，并且等于它所属类的一个纯权益流量的资本化率"（Modigliani & Miller，1958）。

莫迪利安尼和米勒开发出了一个无套利方法来证明 MM 定理 1，也可以利用期权的思路来证明 MM 定理 1（Stephen A. Ross，1992）。考虑有一个企业在本期末要将全部资产变现，设 x 为资产的随机变现值。该企业有未清偿的债务，债务面值为 F，企业余下的资产归企业股票持有人所有，他们在债务持有者之后拥有剩余权。

到期末时，如果 $x > F$，股票持有者就会得到 $x - F$；如果 $x < F$，股票持有者就什么也得不到。也就是说，对股票持有者的最终支付为：

$$\max\ [x - F,\ 0] \tag{8-3}$$

由此可见，股票持有者持有的股票可看成基于企业资产价值 x 的看涨期权，执行价格为 B。对于债券持有者来说，如果 $x > F$，就得到 F；如果 $x < F$，就得到 x。即对于债券持有者的最终支付为：

$$\min\ [x,\ F] \tag{8-4}$$

企业的现值 V 定义为对其资产所有未清偿的要求权，即债券的现值和股票的现值之和，即：

$$V=S+B=E^*[\max(x-F,0)]+E^*[\min(x,F)]$$
$$=E^*[\max(x-F,0)+\min(x,F)]=E^*(x)$$

所以，V不依赖于债券的面值F，因而也不依赖于债务和股本的相对数量。这就证明了MM定理1。

虽然MM定理1的证明非常简单，但是意义重大：①奠定了现代资本结构理论的基础。在一定市场环境下，企业经营者与投资者的目标和行为存在冲突；企业价值最大化的努力将被投资者收益最大化行为所抵消。该角度克服了过去该领域单方面考察研究的片面性，为学术界广泛接受。②提示了实物资产对企业价值的实质性影响和作用。从资产负债表来看，右方的结构变化不会影响到左方，那左方的内容即实物资产就是影响企业价值的决定性因素。这就从财务管理的角度，验证了马克思关于虚拟资本与实物资本的数量关系（1975），从根本上否认了任何改变资本结构以提高企业价值的有效性。③莫迪利安尼和米勒提出的“无套利”（no－arbitrage）分析方法对后来的微观金融理论的发展和金融工程的出现产生了巨大影响。

（2）MM定理2：公司股票资本成本模型。

负债企业的股票的预期收益是该企业负债权益比率的线性函数。或者用莫迪利安尼和米勒的话说，“每股预期收益等于同等级内的无负债企业资本化率，加上一个风险溢价，该风险溢价等于负债权益比率与无负债企业的资本化率和负债企业负债成本的差的乘积”（Modigliani & Miller，1958）。

由MM定理1得，$V_L=V_U=\frac{EBIT}{K}=\frac{EBIT}{K_U}$，也就是用一个适用于公司风险等级的固定比率，把公司的EBIT转化为资本，由此可以确定公司的价值。$K=K_U$，亦即MM定理所说的既定风险等级的公司有相同的适用贴现率。

由$V=\frac{EBIT}{K_U}=S+B$（K_U为无负债公司的股权成本），得$EBIT=(S+B)K_U$。负债企业的股权成本为：

$$K = \frac{EBIT - K_D B}{S} = \frac{(S + B)K_U - K_D B}{S}$$

$$= K_U + (K_U - K_D)\frac{B}{S} \qquad (8-5)$$

这就证明了 MM 定理 2，即负债企业的股权成本等于同一风险等级中某一无负债企业的股权成本加上根据无负债企业的股权成本和负债成本之差与负债权益比率确定的风险溢价。其含义是：企业可通过改变资本结构改变股权收益率，股权收益率与企业负债率正相关；投资者可通过投资决策改变企业资本结构，从而改变其自身财富的分布。

MM 定理 2 的结论似乎与 MM 定理 1 相矛盾。MM 定理 1 表明，企业负债率提高不会改变企业价值和企业股价；MM 定理 2 表明负债率提高会提高股票预期收益率，而预期收益率提高是股票升值的重要因素。其关键因素是债务风险，负债率提高，股东收益面临的债务风险相应提高，要求有更高的投资收益率予以补偿，这种与风险相对应的、反映投资者要求的收益率增量被称为“必要收益率”（required rate of return）。必要收益率抵消了预期收益率对股价的推动作用。企业借债越多，债务风险越大，股权收益率的增长会减缓，而债务收益率的增长会加快。

（3）MM 定理 3：分离定理。

根据 MM 定理 1 和 MM 定理 2，MM 定理 3 为“企业投资决策与企业融资决策相互独立”。MM 定理 3 又称“分离定理”（separation theorem）（Modigliani & Miller，1958）。

（二）有公司税的 MM 模型

原始的 MM 模型忽略了税收、破产成本以及企业利益相关主体间的利益冲突，一旦放松这些假设，就必须修正其结论。为此，1963 年，莫迪利安尼和米勒首先引入了公司所得税对 MM 定理进行修正。

由于税法的存在，举债对企业有利。按美国税法，利息支付是在纳税前，股息支付和保留盈余则在纳税后。因此，举债可以增加负债企业的价值。这里的关键是要研究资本结构如何影响公司在税后可以支付投资者的现金数额。故莫迪利安尼和米勒提出了有公司税时的 MM 模型。

（1）命题1：企业价值模型。

负债企业的价值等于相同风险等级的无负债企业的价值加上赋税节省的价值。负债越多，企业价值越大。企业的最佳资本结构是100%的负债（Modigliani & Miller，1963）。

在有公司所得税的情况下，无负债企业的价值为：

$$V_U = \frac{EBIT(1-t)}{K_U} \tag{8-6}$$

则无负债企业的股权成本为 $K_U = \frac{EBIT(1-t)}{V_U}$。根据命题1有：

$$V_L = V_U + tB \tag{8-7}$$

也就是说，负债企业的价值增量相当于企业免税优惠的现值（present value of tax shield）。

（2）命题2：企业股权资本成本模型。

有公司税时，负债企业的股权成本等于同一风险等级中某一无负债企业的股权成本加上根据无负债企业的股权成本和负债成本之差以及公司税率所决定的风险溢价，即：

$$K = K_U + \frac{B}{S}(k_U - K_D)(1-t) \tag{8-8}$$

企业的股权成本随财务杠杆的扩大而增加，但由于（$1-t$）总是小于1，亦即税赋会使股权成本的上升幅度低于无税时上升的幅度，所以负债的增加提高了企业价值，这也进一步论证了命题1的结论。

（三）Miller 模型

根据有公司税的 MM 模型，企业的最佳资本结构应是100%的负债，但现实中没有企业这样来进行资本结构决策。那么，是什么原因阻碍了企业无限扩大负债率。一种考虑是除了公司税还有个人所得税。米勒于1976年在 *Debt and Taxes* 一文中系统阐述了公司所得税、个人所得税对企业债券和股票价值的综合影响，再次修正了 MM 定理。他的研究以1986年美国税法改革前为背景。这一时期股息所得税远远低于利息所得税，由于免税优惠，企业希望增加负债，但高利息所得税使得投资者偏好于股票投资，这只是一般的情况。从企业和投资者的整体来考察就会发现：只要企业免税优惠的纳税节约高于债权投资者的纳税损失，企业就会尽可能地从纳税节约额中让出一部分给投资者，如提高债券利率以吸引资本，从而提高企业负债率，但这个过程将在均衡税率实现时停下来。所谓均衡税率是指企业纳税节约等于投资者纳税损失时的税率。从宏观上来看，均衡税率决定整体企业负债率，企业负债率依赖于所得税税率和纳税人可提供的资本来源。如果企业税率提高，则资本将从股票向债券转移，企业负债率将提高；如果个人所得税税率提高，则资本将从债券向股票迁移，企业负债率将降低。这样，米勒从一个角度解释了企业没有无限扩大负债率的原因。

设 t_S 为个人股票所得税税率，t_D 为个人债券所得税税率，t 为公司所得税税率，则无负债企业的价值 V_U 为：

$$V_U = \frac{EBIT(1-t)(1-t_S)}{K_U} \tag{8-9}$$

下面，我们先将负债企业的现金流分为两部分，即股权持有者的现金流和债券持有者的现金流（设利息为 I），可得：

$$\begin{aligned} CF_L &= \text{股东的净现金流} + \text{债券持有者的净现金流} \\ &= (EBIT - I)(1-t)(1-t_S) + I(1-t_D) \\ &= EBIT(1-t)(1-t_S) - I(1-t)(1-t_S) + I(1-t_D) \end{aligned} \tag{8-10}$$

而 $EBIT(1-t)(1-t_S)$ 同无负债企业的税后现金流完全相等，所以其现值可用 K_U 进行贴现而得。$I(1-t)(1-t_S)$ 和 $I(1-t_D)$ 反映了企业负债情况，因为是与利息支付有关的现金流，可用 K_D 进行贴现，所以负债企业的价值为：

$$\begin{aligned} V_L &= \frac{EBIT(1-t)(1-t_s)}{K_U} - \frac{I(1-t)(1-t_s)}{K_D} + \frac{I(1-t_D)}{K_D} \\ &= V_U + \frac{I(1-t_D)}{K_D}\left[1 - \frac{(1-t)(1-t_s)}{1-t_D}\right] \\ &= V_U + B\left[1 - \frac{(1-t)(1-t_s)}{1-t_D}\right] \end{aligned} \tag{8-11}$$

这就是包含公司所得税和个人所得税的 Miller 模型。

Miller 模型实际上是 MM 模型的发展，原因如下。①如果忽略所有的税率，即 $t=t_S=t_D=0$，Miller 模型就是无税的 MM 模型。②如果忽略个人所得税，即 $t_S=t_D=0$，Miller 模型就是含公司税的 MM 模型。③如果股票和债券收益的个人所得税税率相等，即 $t_S=t_D$，则 Miller 模型也是含公司税的 MM 模型。④如果 $(1-t)(1-t_S)=(1-t_D)$，即负债的减税正好被股票个人所得税抵消，这时，资本结构对公司价值和资本成本无任何影响，又回到了无税的 MM 模型。⑤Miller 模型中的 $B\left[1-\frac{(1-t)(1-t_S)}{1-t_D}\right]$ 代表负债收益，代替了 MM 模型中的 tB。⑥米勒认为确实存在最优资本结构，这时公司负债总额将会达到最优水平，对任何企业而言，最优负债水平对企业总是有利的。⑦根据美国联邦税法，股票的个人所得税税率低于债券的个人所得税税率，这是因为税法对资本利得作了较有利的处理，因此 $t_S<t_D$，这时 Miller 模型中括号内的项目小于 t，负债价值小于不考虑个人税收因素时的价值。

（四）权衡模型

企业不会无限扩大负债融资的另一个解释是考虑负债比率提高而使公司的破产风险上升，因此认为企业最优资本结构就是在负债的税收利益与破产成本现值之间进行权衡（trade - off）。考虑此种权衡的资本结构理论叫作“权衡理论”，它是资本结构理论在 20 世纪 70 年代中期的重要发展。

1. 公司资本结构中的平衡作用

权衡理论认为，负债企业的市场价值等于无负债企业的市场价值加上节税现值，再减去财务危机成本。最优资本结构取决于一点，即预期负债的边际税收收益等于预期负债的边际成本，用公式表示为：

$$V_L=V_U+PVTS-PVFD \tag{8-12}$$

其中，$PVFD$ 即财务亏空成本的现值（present value of financial distress）。这种权衡理论可用图 8 - 4 表示。公司以全部自有资本筹资，即债务为 0，公司的市场价值为 V_U，随着公司负债增加，由于免税优惠政策的作用，公司市场价值也上升至 A 点，过了 A 点，财务困境成本发生作用，随着资产负债率的增加，公司市场价值的增值小于免税价值，但免税优惠大于财务困境成本，公司市场价值仍在上升，公司继续借款，在 B 点，企业市场价值达到最大值。此时，因借债带来的免税现值等于因债务增加引起的财务困境的现值。过了 B 点，随着债务增加的财务困境现值大于免税现值，公司市场价值下降。因此，公司最佳资本结构是点 B。

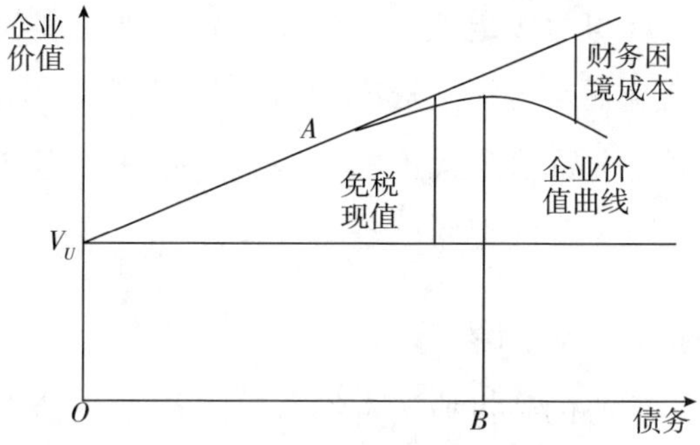

图 8－4　权衡模型

2. 破产成本对公司资本结构的影响

公司因陷入财务困境而产生的成本大致可分为两类：一类是因财务困境导致破产的破产成本；另一类是破产可能性增大使代表股票所有者的经理采取次优或非最优决策，牺牲债务持有者的利益，扩大股票持有者的利益。

由公司破产而导致的直接成本和间接成本是财务困境成本中最直接的部分。根据美国的法律，股东对公司只负有限责任，一旦公司的市场价值小于其所负债务，公司即宣布破产，此时股东只损失股票面值而无须以个人资产去补偿公司损失。破产的直接成本包括支付给律师、会计师、破产经纪信托人、资产评估人、拍卖商等的费用。这些费用实际上是由债券持有者承担的，因此破产使股票收益为 0，债券收益部分下降，公司市场价值自然也急剧跌落。

破产过程也会产生许多间接成本，会减少公司市场价值。例如，在破产采取清理变现形式时，因为处理公司资产的二级市场并不完全有效，公司资产会以低于其经济价值的“亏空”价格清理变现，公司因此要承担额外的损失。如果破产后采取整顿组合，再整顿破坏了公司内部管理的合理性，会导致成本上升，销售下降，这又是一种破产的间接成本。

破产过程实际上是股东与债券持有者的利益再分配。破产使股票收益为0，代表股东利益的公司经营者为了防止破产发生而少发债券，尽管这样做会减少由免税优惠带来的利益。这是抵制企业追求免税而扩大资产负债率的有力杠杆。这与MM定理2的含义一致。当代表股东利益的经理决策层为实现股东利益采取次优投资决策时，尽管可以增加股票价值，却是以降低债券价值和企业价值为代价的。因此，企业的财务危机和破产成本抑制了企业追求无限免税优惠的欲望。

三、现代资本结构理论

以MM模型为核心的新古典资本结构理论框架视债券和股票为外生证券，把企业的资本结构决策仅仅看成融资问题，侧重于讨论决定企业发行证券的相应资本量的因素。原始的MM模型建立在非常理想的新古典假设基础上，后来的发展也仅仅是引入了税收和破产成本的影响，其研究重点依然在现金流的配置上。实际上，企业的资本结构选择中的一个更深层次的问题是，在投资者向企业提供资金的情况下，是什么决定了证券合约的具体形式。它既包括了现金流的配置，也包括了剩余控制权的配置。因此，资本结构的研究就不仅是融资问题，而且涉及企业的产权安排和企业的治理，还要考虑企业相关利益主体的行为、利益冲突和决策环境。

20世纪70年代后期，Jensen和Meckling（1976）发表了具有划时代意义的文章，他们把企业的资本结构与企业的所有权结构相关联，从代理成本角度研究了企业的资本结构，使资本结构研究与企业理论、信息经济学相联系。以MM模型为核心的新古典资本结构理论框架出现了历史性转折，以信息不对称理论为中心的新资本结构理论开始取代旧资本结构理论，它一反新古典资本结构理论只注重“税收”“破产”等内部因素对公司最优资本结构的影响，力图通过“信息”“代理”等概念，从公司外部因素着手，对资本结构问题进行分析，从而把权衡难题转化为结构和制度设计问题。目前为止，以不对称信息理论为基础，学术界已发展了多种资本结构理论。Milton Harris和Artur Raviv（1991）以影响资本结构的因素为基础，把现代资本结构理论分为四种类型：①缓解持有企业资源（包括经理）索取权的不同团体之间的利益冲突（代理成本模型）；②把私人信息传递到资本市场或减少逆向选择的影响（非对称信息模型）；③在产品或投入要素市场上影响产品或竞争的性质（产品市场模型）；④影响公司控制权竞争的结果（公司控制权模型）[①]。

第三节　融资策略

企业的融资策略是指企业资金的各项组合及其相互关系，即通过对融资成本的比较，进行融资方式选择，进而达到企业市场价值最大化。不同的融资方式由于具有不同的特征表现，其融资成本和收益也存在较大的差异性，这是企业选择最佳融资策略的出发点。

企业融资策略的选择问题实际上是确定企业的最优资本结构问题。所谓最优资本结构是指企业在一定时期且最适宜的有关条件下，使其综合资本成本最低，同时企业价值最大的资本结构。最优资本结构是一种能在财务杠杆利益、财务风险、资本成本、企业价值等之间实现最优均衡的资本结构，它应作为企业的目标资本结构。一般来说，最佳资本结构在不同时期、不同地区、不同企业间是不相同的。企业往往是对拟定的融资总额，在不同数额的债务融资和权益融资组合方案中，选择较好的融资方案。

一、债务融资与权益融资的区别

一般地，债务融资与权益融资的区别在于以下五个方面。

（1）债务持有人有权获得合同规定的现金流量（利息及本金），而股权持有人通常要在其他承诺的索取权得到满足后才有权获得剩余的现金流量。

（2）债务索取权无论是对企业每一期现金流量，还是对企业的资产清偿都有优先权。

（3）税法对利息费用和股利的处理不同。世界各国税法基本上都准予利息支出在税前列支，而股息则必须在税后支付。

---

① 若要进一步了解现代资本结构理论，可参考郑长德著《企业资本结构：理论与实证研究》。

（4）债务通常有一个确定的到期日，股权通常没有确定的到期日。

（5）股权投资者由于对企业的剩余现金流量具有索取权，所以其通常部分或者全部拥有对企业管理的控制权；债权则比较消极，最多是在一些重大的融资决策上行使否决权。

二、融资策略选择的方法

融资策略选择的方法主要有比较融资成本法和每股利润分析法。

（一）比较融资成本法

比较融资成本法是指计算不同融资方案的加权平均资本成本，比较其高低，选择成本最低者为最优融资方案。

1. *初始融资方案的优选*

例 8－1　某企业有三个融资方案可供选择，有关资料见表8－1所列。

表8－1　融资方案

融资方式	融资方案Ⅰ		融资方案Ⅱ		融资方案Ⅲ	
	融资额/万元	融资成本/%	融资额/万元	融资成本/%	融资额/万元	融资成本/%
银行借款	80	6.0	150	6.5	160	7.0
企业债券	200	7.0	250	7.5	240	7.5
优先股	120	12.0	100	12.0	100	12.0
普通股	600	15.0	500	15.0	500	15.0
合计	1000		1000		1000	

下面分别测算三种融资方案的加权平均融资成本。

融资方案Ⅰ的加权平均融资成本为：

$$K_{w1}=\frac{80}{1000}\times 6\%+\frac{200}{1000}\times 7\%+\frac{120}{1000}\times 12\%+\frac{600}{1000}\times 15\%=12.32\%$$

融资方案Ⅱ的加权平均融资成本为：

$$K_{w2}=\frac{150}{1000}\times 6.5\%+\frac{250}{1000}\times 7.5\%+\frac{100}{1000}\times 12\%+\frac{500}{1000}\times 15\%=11.55\%$$

融资方案Ⅲ的加权平均融资成本为：

$$K_{w3}=\frac{160}{1000}\times 7.0\%+\frac{240}{1000}\times 7.5\%+\frac{100}{1000}\times 12\%+\frac{500}{1000}\times 15\%=11.62\%$$

对以上三个融资方案的加权平均融资成本进行比较，可知融资方案Ⅱ的融资成本最低，在其他有关因素大体相同的条件下，方案Ⅱ即为最优的融资策略。

2. 追加融资方案的优选

例 8－2 某企业有两种追加融资方案可供选择，有关资料见表 8－2 所列。

表 8－2 追加融资方案的比较

融资方式	初始融资		追加融资方案Ⅰ		追加融资方案Ⅱ		比较	
	资本额/万元	融资成本/%	追加融资额/万元	融资成本/%	追加融资额/万元	融资成本/%	方案Ⅰ/万元	方案Ⅱ/万元
银行借款	200	6.5	25	7.0	75	7.5	225	275
企业债券	300	8.0	75	8.5	25	8.5	375	325
优先股	150	12.0	0	13.0	50	13.0	150	200
普通股	350	15.0	400	15.0	350	15.0	750	700
合计	1000		500		500		1500	1500

（1）若采用方案Ⅰ，则追加融资后的综合融资成本为：

$$K_{w1} = \frac{225}{1500} \times \frac{200 \times 6.5\% + 25 \times 7\%}{225} + \frac{375}{1500} \times \frac{300 \times 8\% + 75 \times 8.5\%}{375} + \frac{150}{1500} \times 12\% + \frac{750}{1500} \times 15\% = 11.68\%$$

（2）若采用方案Ⅱ，则追加融资后的综合融资成本为：

$$K_{w2} = \frac{275}{1500} \times \frac{200 \times 6.5\% + 75 \times 7.5\%}{275} + \frac{325}{1500} \times \frac{300 \times 8\% + 25 \times 8.5\%}{325} + \frac{200}{1500} \times \frac{150 \times 12\% + 50 \times 13\%}{200} + \frac{700}{1500} \times 15\% = 11.60\%$$

在以上计算中，根据同股同利原则，原有普通股应按新普通股的资本成本计算其加权平均数，这里假定股票的成本与报酬等价。

比较追加融资后的两个新的资本结构下的综合融资成本，方案Ⅱ追加筹资后的综合资本成本低于方案Ⅰ追加筹资后的综合融资成本，显然应采用方案Ⅱ追加融资。同时可以看出，追加融资可使企业的原有资本结构得到调整和优化。

（二）每股利润分析法

每股利润分析法是指通过计算和比较不同融资方案增资后的每股利润，以每股利润最高的方案作为最优融资方案。

每股利润的计算公式如下：

$$DPS = \frac{(EBIT - I)(1 - T) - D_p}{N} \tag{8-13}$$

式中，DPS 表示每股利润，$EBIT$ 表示息税前利润，I 表示负债年利息，T 表示所得税税率，D_p 表示优先股年股利，N 表示普通股股数。

在上例中，假设该企业息税前利润为 200 万元，普通股面值为 10 元，所得税税率为 33%，则两个追加融资方案筹资后的每股利润分别为：

$$DPS_1 = [(200 - 200 \times 6.5\% - 300 \times 8\% - 25 \times 7\% - 75 \times 8.5\%) \times (1 - 33\%) - 150 \times 12\%] / 75 = 1.144 \text{（元）}$$

$$DPS_2 = [(200 - 200 \times 6.5\% - 300 \times 8\% - 75 \times 7.5\% - 25 \times 8.5\%) \times (1 - 33\%) - 150 \times 12\% - 50 \times 13\%] / 70 = 1.136 \text{（元）}$$

计算结果表明，方案Ⅰ的每股利润高于方案Ⅱ的每股利润，应采取方案Ⅱ追加融资。

在实际融资工作中，往往会遇到债务、普通股、优先股的相互替代问题，即企业经营者需要知道在息税前利润为多少时，采用哪种增资方式更有利。这可以通过息税前利润平衡点来判断，其计算公式如下：

$$\frac{(EBIT^* - I_1)(1 - T) - D_{p1}}{N_1} = \frac{(EBIT^* - I_2)(1 - T) - D_{p2}}{N_2} \tag{8-14}$$

式中，$EBIT^*$ 表示息税前利润平衡点，即每股利润无差别点；I_1、I_2 表示两种增资方式下的年利息；D_{p1}、D_{p2} 表示两种融资方式下的年优先股股利；N_1、N_2 表示两种融资方式下的普通股股数。

例 8-3 某公司拥有资本 500 万元，其结构为：债务资本 100 万元，普通股权益资本 400 万元（10 万股）。现拟追加筹资 100 万元，有三种筹资选择：增发普通股（3 万股）、增加债务（年利率 9%）、发行优先股

（年股利 12%）。已知所得税税率为 33%。由以上资料可知：债务年利息额为 9 万元，优先股股利为 12 万元。

将上述数据代入式（8－14）。

（1）增发普通股与增加债务两种融资方式下的无差别点为：

$$\frac{(EBIT^{*}-9)(1-33\%)}{13}=\frac{(EBIT^{*}-18)(1-33\%)}{10}$$

$$EBIT^{*}=48$$

（2）增发普通股与发行优先股两种融资方式下的无差别点为：

$$\frac{(EBIT^{*}-9)(1-33\%)}{13}=\frac{(EBIT^{*}-9)(1-33\%)-12}{10}$$

$$EBIT^{*}=86.61$$

即当息税前利润为 48 万元时，增发普通股和增加债务后的每股利润相等；当息税前利润为 86.61 万元时，增发普通股和发行优先股后的每股利润相等。

$EBIT^{*}$ 为 48 万元的意义在于：当息税前利润大于 48 万元时，增加债务融资比增发普通股有利；当息税前利润小于 48 万元时，则不应再增加债务。$EBIT^{*}$ 为 86.61 万元的意义在于：当息税前利润大于 86.61 万元时，发行优先股比增发普通股有利；当息税前利润小于 86.61 万元时，则不应再发行优先股。

本章小结

资本结构是指企业全部资本中各种资本的构成及其比例关系。在通常情况下，企业的资本结构是指长期债务资本和权益资本的比例。影响资本结构的因素包括：销售利息比率、企业的长期经营活动、企业的经营风格、企业信用等级、企业获利能力、税收政策、企业发展速度。

资本结构理论主要研究公司资本结构的决定因素、资本结构与公司价值和资本成本的关系。资本结构理论可以划分为三个大的发展阶段：古典资本结构理论（或称为“传统的资本结构理论”）、新古典资本结构理论和现代资本结构理论。

古典资本结构理论可划分为三种类型，即净收益理论、净经营收益理论和传统理论；新古典资本结构理论包括 MM 模型、有公司税的 MM 模型、Miller 模型、权衡模型；现代资本结构理论包括代理成本模型、非对称信息模型、产品市场模型、公司控制权模型。

企业融资有两种主要方式：权益融资与债务融资。权益融资包括内源性权益融资和外部股权融资。内源性权益融资的典型例子是资本公积转增股本。外部股权融资方式有普通股融资和优先股融资。债务融资按使用期限长短可分为短期债务融资和长期债务融资两种。

企业融资策略的选择是在拟定的融资总额中，选择权益融资和债务融资的最佳组合方案，即确定企业的最优资本结构。最优资本结构是一种能在财务杠杆利益、财务风险、资本成本、企业价值等之间实现最优均衡的资本结构。它是企业的目标资本结构。

企业融资策略的选择方法主要包括：比较融资成本法、每股利润分析法。

思考题

1. 什么是资本结构？什么是 MM 定理？
2. 比较权益融资与债务融资的成本差异。
3. 比较说明两种企业权益融资方式的优劣。
4. 企业长期债务融资与短期债务融资的特点及主要方式是什么？

进一步阅读书目

1. 理查德 · A. 布雷利,斯图尔特 · C. 迈尔斯,富兰克林 · 艾伦. 公司理财原理:精要版[M]. 罗菲,译. 大连:东北财经大学出版社,2010.

2. 若昂 · 阿马罗 · 德 · 马托斯. 公司金融理论[M]. 费方域,译. 上海:上海财经大学出版社,2009.

3. 多伦 · 皮莱格. 金融学基本模型[M]. 王忠玉,卜长江,译. 北京:中国金融出版社,2016.

第九章　资本结构与公司治理

本章要点

◎什么是公司治理？

◎什么是公司治理模式？

◎公司治理的发展趋势是什么？

◎金融合约如何体现公司治理？

◎如何理解公司治理与资本结构的关系？

第一节　公司治理

现代企业的一个典型特征是企业的所有者——股东与控制企业资产及活动的经理之间的分离（Berle & Means，1932）。这种分离意味着经理和股东之间存在利益冲突，因为经理可能会利用自己对企业资产的控制权力追逐自己的目标，从而牺牲股东的利益。从企业金融角度来看，现代企业有多种融资方式，其中最主要的是股权融资和债务融资，这两种资金来源的供给方——股东和债权人，他们在企业中的权利和义务不同，因而也存在利益冲突，这是现代企业的另一个典型特征。这两类利益冲突的程度、范围等会直接影响企业价值的大小。为了降低这两类利益冲突对企业价值的不利影响，使股东和经理层的利益趋于一致，激励经理层努力按照股东的利益采取行动，减少股票持有者和债权人之间的利益冲突，保护债权人的利益，现代企业建立了其最重要的制度架构——企业治理结构。

一、公司治理的含义

公司治理结构（corporate governance，又译为“法人治理结构”或“公司督导机制”）明确规定了公司的各个参与者如董事会、经理层、股东和其他利害相关者的责任和权利，并清楚地说明了决策公司事务时所应遵循的规则和程序，以达到企业效率经营的目的。同时，它提供了一种结构，使之用以设置公司目标，也提供了达到这些目标和监控运营的手段。另外，从不完全合约理论的角度来看，企业是一系列不完全合约的集合（the nexus of a set of contracting relationships）（Jensen & Meckling，1976），企业所有权包括对企业的剩余索取权和剩余控制权，企业的价值取决于决策权或控制权的配置(Milgrom & Roberts，1992)，因此从这种意义上来讲，企业治理结构又可以理解为是企业剩余索取权和剩余控制权分配的一整套法律、文化和制度的安排（张维迎，1999)。

公司治理结构是现代企业制度中最重要的架构。它要解决三个问题：一是公司经营者的选择问题；二是经营者的激励问题；三是经营者的监督问题。一个有效的公司治理结构，对这三个问题的解决是通过内部治理结构和外部治理结构来实现的。一方面，通过对股东大会、董事会、管理者及利益相关者之间权、责、利关系的内部制度安排，使对公司收益的现金流权和与之相关的控制权（投票权）尽可能对应，使管理者的收入与公司的业绩相联系，使公司的董事会和管理者对股东（及利益相关者）尽责；另一方面，通过产品市场、经理市场，特别是资本市场等外部的制度安排，有效地完成经营者的聘选、激励和监督工作。

二、世界主要的公司治理模式

从全球范围来看，各国的公司治理结构对外部机制和内部机制的强调不同，表现出治理结构模式的多样性。不过，从总体来看，世界发达国家的公司治理模式可分为英美模式、日德模式和介于其间的意大利模式(Michele Bagella & Leonardo Becchetti，1999)。英美模式是一种主要基于市场的治理模式，所以又称为“市场导向型”模式，其基本特征是企业所有权和控制权的强分离，所有权集中程度低，管理层的独立性高，金融中介的作用低，金融市场的作用大。日德模式是一种主要基于银行的治理模式，所以又称为“银行导向型”模式，其基本特征是企业所有权和控制权的分离弱，所有权集中程度高，管理层独立性低，公司监督中金融中介的作用高，金融市场的作用低，银行对企业权益的约束非常弱。其中，日本公司中交叉持股更多，内部集团关系更强。此外，意大利的公司治理模式是一种“银行—依赖型”的治理模式。一方面其具有英美模式的某些特征，如对银行持有企业权益的强约束；另一方面也有日德模式的某些特征，如金融市场在公司监督中的作用非常小，在股票交易所上市的大企业中，交叉持股和集团之间及集团内部的参与也非常广泛（见表9－1）。

表9－1　主要国家的公司治理模式

项目	意大利	美国	日本	德国
公司治理				
所有权和控制形式				
所有权集中	高	低	低	高
所有权/控制分离	弱	强	弱	弱
对银行所有权的限制	强	强	弱	非常弱
支配控制模型				
交叉持股	大	小	大	中
集团间	大	—	小	中
集团内部	大	—	大	小
公司监督				
董事会组成	内部人	混合	内部人	内部人
大股东	是	没有	是	是
其他利益相关者	不是	没有	是	是
董事会对管理者的权力	高	低	中	高
管理者独立	低	高	低	低
公共揭发要求	中间		中	低
金融中介的作用	低	低	高	高
股票市场的作用	低	高	低	低
公司融资形式				
自我融资	中间	高	低	中
杠杆	高	低	高	中
产业结构				
专业化部门	资本密集型、劳动密集型	R&D密集型、资本密集型	R&D密集型、资本密集型	资本密集型、R&D密集型
平均企业规模	小	大	小	大
商业集团的扩散	高	低	高	中
生产者/供应方关系				
雇主/雇员关系	中期	短期	长期	长期
R&D密集度	低	高	高	中
企业国际化	低	高	中	中

资料来源：BAGELLA M. Finance, investment and innovation: Theory and empirical evidence [M]. Ashgate Publishing Ltd, 1997: 37.

第二节　资本结构与公司治理机制

企业不同资金来源所形成的价值比例关系及其所反映的经济金融联系就是企业的资本结构。根据企业融资方式的不同，企业的资本结构包括内部资本和外部资本的比例关系、股权资本和债务资本之间的比例关系、股权结构、债务结构等内容，其中最主要的资本结构关系就是债务价值与权益价值的比例关系，它和企业价值之间的关系是企业金融理论研究的最重要的一个主题。新古典企业金融理论认为，在完全竞争的金融市场假定的前提下，企业融资方式、资本结构和股利政策等金融方面的决定对企业的价值不产生任何影响，与企业的价值无关（Modigliani & Miller，1958）。这就是著名的MM定理。基于完全竞争金融市场假定的MM定理无疑是正确的。但是，新古典企业金融理论是极不完全的，它把企业简单地看成通过投资获取现金收益流量的一个主体，它把企业为筹集资金而发行的融资证券仅仅看成对净收入流量的要求权，其大小和波动性为外生给定的。例如，企业股份的所有者只有权索取企业支付其合约后所保留的剩余收益。尽管新古典企业金融理论承认投资收益的不确定性，但仍假定投资收益的大小和投资者对投资收益的预期不受企业的融资方式及资本结构的影响。

20世纪70年代以来，随着代理理论、信息经济学、合约理论和博弈论的发展及这些理论在企业金融领域的应用，现代的企业金融理论产生和发展。现代的企业金融理论表明：第一，企业的融资方式实际上要通过影响各利益相关主体的激励和行为及企业破产概率来影响企业的收益与企业价值；第二，由于企业的经理层和外部投资者之间存在信息不对称，企业管理层与外部投资者相比，拥有信息优势，他们获取的企业的盈利前景、项目的投资收益等方面信息比外部投资者获取的多。有的投资者把管理层的金融决策视作预测企业绩效的一个指标。

现代的企业金融理论研究证明，企业的资本结构问题不仅涉及在证券（主要是股票和债券）给定的情况下，企业发行证券的相应资本量的决定问题，而且涉及金融合约的设计，它既包括现金流量的配置，也包括剩余控制权的配置。这样，从本质上来讲，企业的融资方式、资本结构的选择就是企业治理结构模式的选择。

新古典企业金融理论注重金融证券所有者对企业收益要求权的分析，以金融证券所有者对企业收益要求权的差异来区分股票和负债的不同特征。股票的所有者——股东通过获取红利的方式，负债的所有者——债权人通过获取固定利息和本金返还的方式，拥有企业收益的要求权。但是，现代金融合约理论认为，资本结构问题既包括了现金流量的配置，也包括了剩余控制权的配置（Harris & Raviv，1991）。企业的所有权实际上是一种“状态依存所有权”（state - contingent ownership），股东是“正常状态下的企业所有者”，股东作为企业的所有者拥有企业的剩余索取权和最终的剩余控制权；当企业资不抵债，无法偿还债务时，债权人可以通过对企业进行资产重组、再建的方式介入企业经营，获取企业的剩余索取权，并将企业的控制权和经营决策权转移到自己手中。因此，现代金融合约理论更注重金融证券所有者对企业所有权的分析，并以此来区分股票和负债的不同特征。既然公司治理结构是指企业剩余索取权和剩余控制权分配的一整套法律、文化及制度性安排，企业不同融资方式的选择也就是不同治理机制的选择（Williamson，1988）。

一、股票合约的公司治理机制

股票合约的公司治理机制主要体现在股票的所有者——股东拥有对企业的剩余索取权和剩余控制权。一方面，作为公司股权资本的供给者，股东拥有由其出资额所决定的资本受益权。此种受益权是一种剩余索取权。股东根据其所持股份等比例来获取企业的剩余收益。企业的剩余价值即企业收入扣除其他所有固定支付后的余额。另一方面，作为企业剩余收益索取者的股东，拥有企业的剩余控制权。此种剩余控制权是通过股东所持股票的投票权来实现的。在上市公司中，股东对企业的控制权主要是通过内部治理机制和控制权市场两种途径来实施的。

内部治理机制是股东以其所拥有的“每股一票”的投票权，通过投票选择经营者和参与公司重大事项的决策来实现的。首先，股东通过股东大会来行使投票权，实现对公司的最终控制。在投票制基础上，一些要夺取公司管理权的人（包括股东），也可不必通过收购股份而是通过说服、联合其他股东，以争夺更多投票选举的方式挤掉在职管理者或改变公司的政策。投票制和在此基础上形成的争夺代理权就是股东控制权的基本形式。其次，股东决定董事会的人选，而董事会这种内部治理机制的一个功能就是协调经理和股东利益之间的不一致、规管沉溺于机会主义行为的经理。特别是部分股东进入董事会之后，股东的控制权又顺延到董事会中或间接通过董事会的机能，进一步发挥对经理层的控制作用。如果经理未能对股东尽法律上的义务，或者股东认为经营者因道德风险行为而未能效率经营时，股东可以通过董事会更换企业经理。董事会监控是股东控制权的又一形式。

当公司股权很分散或者股权结构中存在大量的“有廉价投票权”的股票时，内部治理机制不能有效发挥作用，这时通过市场退出和控制权市场这种外部治理机制能有效地解决股东对经理的控制问题。股东对公司业绩和管理效率表示不满或失望的信号就是利用资本市场转让股份或抛出股票。控制权市场主要通过兼并、收购、敌意收购、杠杆收购等方式来使企业达到效率经营的目的。这种对公司经营者有致命打击的“接管”是在资本市场比较发达的国家中一个非常重要的外部治理机制。股票的可转让性及股票的所有权特征构成了控制权市场的基础。当企业经营不善、经营效率低下或者股东无法有效地对董事会和经理进行控制时，股东可以通过转让股票给外部投资者或收购股份等方式，将企业的经营管理权转移给能为股东利益进行效率经营的经理。而且，控制权市场的存在本身能给企业经理以潜在的压力，使董事会和经理能自觉地按股东利益要求，从事经营活动。退出和接管机制可以说是股东一种剧烈的、彻底的外部控制权形式。

公司投票权、争夺代理权、董事会监控、退出和接管机制共同组成一个有机的股东控制权体系。该体系又构成公司治理结构的基本组成部分。在这里需要注意的是，同样是股东，但小股东的控制意义无法与大股东相比。小股东发挥作用的主要途径就是投票权和退出。这些往往对公司经营者形成不了太大的约束。争夺代理权、董事会监控和接管等直接决定公司经营者命运的控制活动基本是由大股东或机构投资者进行的。不过，小股东往往是大股东为壮大自己竞争实力时考虑的联合对象。

二、负债合约的公司治理机制

债务合约有这样几个特征：①债务人向债权人承诺一个非或有的支付流；②债权人有权在违约状态下取消债务人资产的赎回权；③破产时，债权人有优先权。新古典企业金融理论中，在企业正常经营的情况下，债权人按负债合约规定获取固定利息收益，债权人没有企业的剩余索取权和剩余控制权；当企业破产时，债权人通过清算，获取企业的剩余索取权。在现代企业金融理论中，债务合约不仅内含着对现金流量的状态索取权，而且内含着控制权的配置。在委托代理理论中，负债的作用是在破产可能性出现的情况下，阻止企业继续经营。在交易费用理论中，负债是通过破产的威胁来对经营者施加市场压力的工具。在不完全合约理论中，强调的是负债所具有的企业重组功能。不完全合约理论认为，当企业经营破产时，不只是剩余索取权由股东向债权人转移，还包含着控制权的转移。为了看到这点，阿吉翁和博尔顿（Aghion & Bolton，1992）借助一个不完全合约的二期间模型，从控制权的效率配置角度分析了负债合约的本质。

在他们的模型中，一个缺乏足够起家资本的企业家和一个富有的投资者构成模型的经济主体。企业家为实施投资项目不得不向投资者借入资金。企业家的预期收益不仅包括货币收益，还包括非货币收益，而投资者只关心项目的货币收益。在这种情况下，如果事前的合约是不完全的，则企业控制权归属的不同会导致企业家和投资者的利益冲突。这种利益冲突表现在两个方面：①如果投资者拥有企业控制权，那么在第一期期末收益为好的状态下，选择扩大投资规模对投资者最为有利。但此时，对企业家而言，最有利的选择是维持第一期的投资规模不变。两者之间发生利益冲突。②如果企业家拥有企业控制权，那么在第一期期末收益不佳的状况下，选择清算对投资者而言是最为有利的选择。但对企业家来讲，清算的私人成本最高，只要企业家从项目中获取的货币收益小于其因清算带来的非货币的损失，企业家就不愿意选择对企业进行清算。如果项目的收益较多地分配给企业家，投资者的收益就难以保障，投资者就不会对项目进行继续投资，企业家也就无法使投资项目继续下去。

由于存在这两种利益冲突，企业控制权无论给予哪一方，最佳的合约都难以达成。解决这两种利益冲突的有效方法是依第一期期末的收益状态的不同，将控制权配置给不同的主体。当第一期期末的收益状态为好时，给予企业家控制权，使投资项目继续实施；而当企业的收益状态不佳时，给予投资者控制权，让其对企业进行清算和重组。阿吉翁和博尔顿认为，现实经济中具有这种控制权配置的金融合约就是负债合约，因此，负债本质上隐含着控制权的配置。

当企业违反债务合约或资不抵债时，债权人拥有企业的控制权，他可以通过处理抵押资产、迫使企业破产等方式来行使控制权力，对经营者构成硬约束。这就是说债权人对企业的控制通常是通过受法律规范的破产程序来进行的。大多数国家的《破产法》规定债权人对偿债能力不足的企业可以有两种处理方式：一种是清算，即把企业的资产拆开卖掉，收益按债权的优先序列分配。清算有自愿和强制两种情况，债权人更易采纳后一种情况。这时在职经营者将同时被“清算”出来。另一种方式是重组，即由股东、债权人和经营者等就是否对负债企业的资产及负债重新进行调整、组合和处理的协商过程。如果重组后的价值大于清算的价值，则破产企业可能被重组。典型的债务重组包括“债转股”、延期偿债、减免债务本金和利息、注入新的资本等；典型的资产重组可能包括剥离不良资产、引入新的管理制度、改变经营方向及采用更合适的生产技术。重组也有可能更换企业经营者。

由于交易成本问题，清算与重组之间的选择和债权人的集中度有关。如果债权人比较集中，每个债权人持有的债权比较大，重组的可能性就大，因为持有债权大，债权人清算后的损失大，而当债权人较集中时，达成重组协议的可能性也大。相反，如果债权人比较分散，每个债权人持有的债权相对较小，重组的成本就高，清算的可能性就大。

第三节　资本结构与企业的利益冲突

新古典企业金融理论对企业融资决策和股利决策的不相关分析是从融资决策不影响现金流量本身开始的。这一结论是建立在一系列理想假设基础上的。实际上，在现实经济中，我们观察到大量企业的现金流量在政府、股东和债权人之间转移。例如，债务融资能减少企业的税收义务，从而发生价值从政府向股东的转移。这里我们分析的重点是资本结构如何影响现金流量在股东与经理、股东与债权人之间的转移所引起的利益冲突。

企业通过股票和负债两种融资方式对外筹集资金，由此引起的资本结构变化将会对两种类型的企业利益相关主体间的利益冲突产生影响：一种是因股票融资而引起的企业经理与股东之间的利益冲突；另一种是因负债融资而引起的股东与债权人之间的利益冲突。

一、经理与股东之间的利益冲突

经理与股东之间的利益冲突问题，基本上属于由所有权与经营权分离引起的在控制成本和使价值最大化方面存在的管理者的道德风险问题。一方面，股东把企业看成一种投资工具，他们以投入企业的资本承担风险，但对企业的经营影响不大，因而他们期望经理能够为实现股东利益最大化而勤勉工作；另一方面，经理把企业看成工资、地位和“在职消费”的来源，股权收入（如果他们在企业中占有若干股权的话）仅是经理与企业联系的一个很小的方面，因而经理的行为必然是为了实现其自身利益最大化。在这种情况下，便出现了由二者利益冲突导致的激励不相容，它在很大程度上影响到企业的价值。

管理者的道德风险主要表现在以下四个方面：①偷懒行为。由于经理所持股权仅占企业股权的小部分，其只承担偷懒行为导致的部分成本，故他具有更强烈的偷懒动机。②短期行为。由于企业比经理更“长寿”，所以经理主要从他的任职期间而不是企业的生命周期出发来考虑经营决策。③保守行为。由于经理不能通过分散化来降低人力资本的风险，所以经理在投资、融资和股利的分配上更为保守。④控制行为。由于经理比股东对企业资源具有更强的控制力，所以经理可能利用这种控制力进行“在职消费”“营造个人帝国”“掘壕沟”等自利行为。

管理层的道德风险行为受到很多因素的制约。一般而言，经理所持企业的股权比例越小，其道德风险动机就越强；当企业拥有较多的自由现金流时，这种经理的道德风险倾向就会更加严重。所谓自由现金流是指将企业的现金收益对有利的投资项目进行再投资后结余的现金收益。从效率角度来看，这部分收益应通过红利的方式返还给股东，由股东用于其认为最合适的消费，或者最有利的投资，但企业的经理却倾向于将这部分现金收益用于并非有利于股东利益的扩大企业规模的新项目投资上，以满足自己获取企业规模扩大而带来的各种货币、非货币收益的欲望。

二、股东与债权人之间的利益冲突

如果企业投资所需资金不仅可以通过对外发行股票获得，而且可以通过对外借款、发行债券等负债融资获得，在这种情况下，就存在着股东（和管理者）与企业的债权人之间的利益冲突。一般地，除非为企业选择投资项目的人同时拥有相同比例的企业债权和股权，否则他们将不会有动力去选择使企业实现总价值最大的投资项目。债权人和股东投资目标的不同是他们之间产生利益冲突的前提。

这种利益冲突主要表现在两个方面：第一，股东存在着将债权人的财富转移到自己手中的激励；第二，有可能出现债务威胁（debt overhang），使股东放弃对债权人而言有利的投资的投资不足（underinvestment）的现象。

股东及作为股东利益代表者的经理将本应属于债权人的财富转移到股东手中的手段主要有两种：①红利政策操作。在投资政策无法改变的情况下，股东及经理可以将负债筹集到的资金作为红利支付的来源，分配给股东；而在投资政策可以改变的情况下，股东及经理就有可能削减投资，增加红利，使股东的利益增加；更为极端的情况是，当企业经营状况恶化时，股东及经理有可能将企业的资产以红利的形式分配给股东，以逃避对债权人的债务。②资产替代行为（asset substitution）。当企业的债务权益比例很高时，所有者就容易选择高风险的投资项目。这是因为如果高风险的投资项目成功，股东实际上就得到了所有的投资收益；如果高风险投资项目失败，由于股票的有限责任，债权人实际上就承担了损失的大部分。有限责任制下的这种投资收益归属与损失负担的不对称使得股东和经理有激励选择净现值为负的风险投资项目，而不选择净现值为正的安全项目，此即为所谓的“资产替代行为”。假设投资项目的预期净现值给定，股东和债权人的利益冲突就直接存在：投资项目的风险增加，降低了债权人的预期收益，而等价地使股东的预期收益增加。

若债权人预期到企业的所有者有做出无效投资选择的激励，则他们愿意借出资金的数量会减少，或者他们发放贷款的利率会提高。结果，无效率投资选择的预期成本就落到了股东的头上。这又使股东及经理有动机承诺不从事风险投资。例如，股东可能愿意在债务合约中施加一些限制性条款，限制股东和经理进行风险投资。

负债的利用导致股东与债权人之间的利益冲突的另一种可能性是，负债的利用有可能使企业经理放弃对债权人而言有利的投资，发生投资不足的现象。迈耶斯（Myers）最早分析了投资不足出现的可能性。迈耶斯认为，企业的价值不仅包含市场对企业现有资产的评价，而且包含对企业将来投资机会的市场评价。企业对其所拥有的投资机会并非一定能够实际投入资金。企业在决定是否对其所拥有的投资机会投入资金时，当企业所拥有的投资机会的净现值为正，但该净现值小于或等于企业现有的负债余额或将借入的负债额时，企业处于债务威胁状态，此时，在现有债务优先偿还的原则下，企业无法筹集到新的债务，投资项目无法实施；即使对债权人而言，这种投资机会有利（投资项目的净现值等于即将借入的负债额时），应该投入资金（因为投资机会的净现值为正），但从股东的角度来看，股东得不到任何收益。在这种情况下，企业的投资水平就处于投资不足的状态。债务威胁导致投资不足，引起企业价值损失，其显然是无效率的。在这种情况下，就存在某些新的债务安排，如相关各方重新谈判债务合约，一方面能够偿付目前的债务，另一方面能增加企业的价值。

综合债务融资对企业两组利益冲突的作用的分析，我们发现，作为企业融资手段的负债在上述两组利益冲突中起着利益相反的作用：一方面，负债的利用有利于缓解股票融资引起的股东与经理的利益冲突；另一方面，负债的利用却又可能引起并加深股东与债权人之间的利益冲突。因此，为建立有效的经理和股东的激励约束机制，企业资本结构必须选择使这两种类型的利益冲突都降低到最低程度的最优水平上。

本章小结

本章从现金流量配置和控制权配置两个方面理解资本结构，通过激励，把它和企业治理结构联系起来。我们的结论是：企业的资本结构影响经理、股东、债权人的激励和行为，影响企业破产成本的发生。改变企业的融资方式必然要改变激励和行为，而激励和行为的改变最终要改变收益和企业价值。需要注意的是，不只是债务权益比率决定对企业利益相关主体的激励，管理层持有的股权数、股票所有权在外部大投资者之间的集中程度、董事会的组成和权力、贷款协议和债务合约中的限制性条款及企业遭遇财务困境时可利用的资源等都影响着激励和行为。

思考题

1. 什么是公司治理？
2. 公司治理的模式和发展趋势是什么？
3. 金融合约如何体现公司治理？
4. 资本结构如何影响公司治理？

进一步阅读书目

1. 若昂·阿马罗·德·马托斯. 公司金融理论[M]. 费方域，译. 上海：上海财经大学出版社，2009.

2. 罗伯特·A. G. 蒙克斯，尼尔·米诺. 公司治理[M]. 5版. 李维安，牛建波，译. 北京：中国人民大学出版社，2017.

3. 多伦·皮莱格. 金融学基本模型[M]. 王忠玉，卜长江，译. 北京：中国金融出版社，2015.

第三篇
宏观金融

第十章　货币供给

本章要点

◎什么是货币供给?

◎货币是怎么被创造出来的?

◎中央银行可以完全控制货币供给吗?

◎银行和公众的行为是如何影响货币供给的?

◎政府预算赤字影响货币供给吗?

《2019年第四季度中国货币政策执行报告》显示，2019年末，广义货币M2余额为198.6万亿元，同比增长8.7%；狭义货币M1余额为57.6万亿元，同比增长4.4%；流通中现金M0余额为7.7万亿元，同比增长5.4%。这些数据反映了一国货币供给的变化。货币供给的变化会影响整体经济运行，从而对我们每个人产生影响。所以，我们需要理解货币供给是如何被决定的。中央银行是如何创造货币的？M0、M1和M2全部都是一个国家的中央银行创造的吗？这就是本章将要回答的问题。

第一节　货币供给的定义

一、货币的定义

货币（money）是指在购买商品和劳务时，或在偿还债务时被普遍接受的资产。通货（currency），即纸币和硬币，显然符合货币的定义，但仅仅是货币的一种。如果把货币定义为通货，则会将许多具有货币特征的资产排斥在外，如支票存款等。现实中，人们往往把货币与财富（wealth）等同起来。例如，“盖茨很富，他有很多钱”。准确地说，应该是盖茨拥有大量财富。财富不仅包括货币，还包括各种有价资产。另一个经常提到的词是“收入”（income）。收入是一个流量概念，即一段时期内的所得。而货币与财富是存量概念，即在某一时点上存在的数量。

二、货币供给的计量

将货币定义为在购买商品和劳务时被普遍接受的资产，意味着货币是根据人们的行为来定义的。一种资产之所以成为货币，是因为人们相信它能够被普遍接受。自古以来，黄金、白银等资产都发挥过这一功能。货币供给（money supply）指的是某一时点上经济中拥有的货币数量。因此，在分析货币供给量时，需要一个更为准确的定义，这个定义应该能够准确地告诉我们哪些资产属于货币。

由于信用货币制度下存在多种形式的货币，所以货币存量的统计并不容易。各国对货币的计量有多种方法，但普遍遵循的原则是以流动性的强弱进行划分。流动性指的是一种资产转变为交换媒介的难易程度。现金具有最强的流动性。

综合各国的情况，货币供应量指标大致划分如下：

M0 = 公众手中持有的通货；

M1 = M0 + 支票存款；

M2 = M1 + 储蓄存款（包括活期存款和定期存款）；

M3 = M2 + 其他短期流动资产（如国库券、银行承兑汇票、商业票据等）。

具体到每个国家，货币供应量指标因经济和金融市场的发展程度不同而稍有差别。

美国联邦储备系统的货币供应量指标为：

M1 = 通货 + 旅行支票 + 活期存款（不付息的支票账户） + 其他支票存款（如 NOW 账户、ATS 账户等）；

M2 = M1 + 小额定期存款（10 万美元以下） + 储蓄存款和货币市场存款账户 + 货币市场共同基金份额（非机构所有） + 隔日回购协议 + 隔日欧洲美元 + 合并调整（为防止重复计算所做的调整）；

M3 = M2 + 大额定期存款（10 万美元以上） + 货币市场共同基金份额

（机构所有） + 定期回购协议 + 定期欧洲美元；

M4 = M3 + 短期政府债券 + 商业票据 + 银行承兑汇票。

需要说明的是，在美国的货币供给指标中，活期存款指的是可以开支票的支票存款；储蓄存款则是指活期储蓄存款，不包括定期存款。

中国人民银行于 1994 年开始正式确定并定时公布货币供应量指标。货币层次的划分方式为：

M0 = 流通中的通货；

M1 = M0 + 单位活期存款；

M2 = M1 + 居民储蓄存款 + 单位定期存款；

M3 = M2 + 金融债券 + 商业票据 + 大额可转让定期存单等。

在上述划分中，M1 被称为“狭义货币”，M2 被称为“广义货币”，M2 减去 M1 被称为准货币，M3 根据金融工具的不断创新而设置。

第二节　货币的创造过程

在上一节里，我们详细地介绍了货币的定义和货币供给的衡量指标。本节将描述货币供给的创造过程，确切地说，就是阐述在部分准备金制度下运行的银行系统是如何创造货币的。这就需要对上述众多货币供给指标进行选择。我们经常使用的一个货币供给指标是上述划分中的 M1。在下文中，我们用 M 表示货币供给量，C 表示通货，D 表示支票存款，货币供给可以表示为：

$$货币供给 = 通货 + 支票存款$$

$$M = C + D \tag{10-1}$$

为了理解货币供给，我们必须理解通货与支票存款之间的相互作用，以及中央银行的政策是如何影响货币供给的这两个组成部分的。

一、银行准备金及其相关概念

由于使用的是货币供给指标，即 M1，所以本章提到的银行是指从私人和机构那里接受存款并发放贷款的金融中介机构，包括商业银行、信用社等。银行从储户手中得到但并不贷出去的存款被称为“准备金”（reserves）。准备金是银行为了保持日常的提款要求而保留的流动性最强的资产。一些准备金在全国各地银行的金库中，但大部分存在中央银行。

$$准备金 = 银行在中央银行的存款 + 库存现金 \tag{10-2}$$

例如，某人到银行存入10万元现金，银行的库存现金马上就增加10万元，成为银行准备金的一部分。

中央银行要求商业银行必须以准备金的形式保留其一部分存款。中央银行要求银行根据其存款持有的最低准备金额被称为“法定准备金”（required reserves）。法定准备金占存款的比例，如10%，被称作“法定准备金率”（required－reserve ratio，r）。银行所持有的准备金与法定准备金之间的差额就是超额准备金（excess reserves）。

货币只有在部分准备金银行体系下才能被创造出来。如果法定准备金率是100%，也就是说银行必须将所吸收的所有存款都保留在银行金库和中央银行，那么货币是没有办法被创造的。我们举一个例子，假设中央银行向经济中投放了100元，被你拿到了，你把它存入银行，而银行就把这100元锁在保险柜里，这100元就静静地躺在银行里了，不会再创造新的货币出来。因此，百分之百的准备金银行体系不能创造货币。

另一种可能是，你没有把这100元存入银行，而是放到家里的保险柜里，结果是一样的。这100元也不会再创造货币。

所以，货币创造是有条件的：一个是部分准备金银行体系；另一个是公众部分持有现金。幸运的是，这两个条件在现实中都得到了满足。

二、银行系统与货币扩张过程

中央银行改变货币供给的方式有许多种，比较常用的是公开市场操作（open market operation），即中央银行向债券交易商、银行或者其他金融机构买卖政府债券，从而增加或者减少货币供给。为简化对公开市场操作的分析，做如下两个假设。

（1）家庭和企业对目前持有的现金数量非常满意。任何获得的新增现金都会存入银行的活期账户，任何减少的资金都来自他们的银行活期存款。

（2）银行不持有任何超额准备金。

在随后的分析中，将放开这两个假设。

银行系统内部的银行被禁止印刷自己的通货，但是银行系统可以通过增加存款的办法来创造货币。这个过程首先从中央银行开始。为了增加货币供给量，中央银行需要购买政府债券，即通过公开市场购买。我们假定中央银行向某一个交易商购买了100元的政府债券，无论是现金支付还是支票支付，都不影响其分析过程。

上面的第一个假设意味着人们把所得到的100元人民币全部存到银行，假设为银行A。那么银行A的准备金将会立刻增加100元，同时负债也增加了100元。银行A的资产负债表变化见表10－1所列。

表10－1　银行A的资产负债表

资产	负债
准备金　100元	存款　100元

在进一步分析之前，先注意两个重要细节。首先，通过公开市场购买，中央银行向银行系统注入了准备金。到目前为止，新增的100元准备金由银行A持有。其次，货币供给量增加了。银行A的支票存款增加了100元，而支票存款是货币供给的一部分。

第二个假设意味着银行只保留法定准备金，如果法定准备金率为10%，则保留10元的准备金，用90元发放贷款。这也符合银行追求利润的动机，因为银行保留的超额准备金是没有利息的。银行A发放贷款后的资产负债表见表10－2所列。

表10－2　银行A的资产负债表（2）

资产	负债
准备金　10元 贷　款　90元	存款　100元

需要注意的是，当银行A贷出这笔存款时，它就增加了货币供给90元。在发放贷款之前，货币供给增加量是中央银行增加的100元，即转化为银行的100元存款。在发放贷款之后，货币供给量增加了190元：存款

人仍然有100元的支票存款，但现在借款人持有90元的通货。因此，在一个部分准备金银行体系中，银行创造了货币。

货币的创造不会就此停止。我们曾经假设人们不愿意增加持有通货，因此，90元的借款经过一系列流动又会被存入银行，假设被存入银行B，银行B的资产负债表见表10-3所列。

表10-3　银行B的资产负债表

资产	负债
准备金　9元 贷　款　81元	存款　90元

银行B得到90元的存款，保留其中的10%或者9元作为准备金，然后贷出81元。因此，银行B创造了81元的货币。这81元又会被存入第三家银行，这家银行把其中的10%作为准备金，将其中90%的资金贷出，又将创造出货币。

这个过程会一直继续下去。随着每一次存款和贷款，更多的货币被创造出来。那么，最初由中央银行增加的100元货币经过银行系统的创造最终会变成多少呢?

虽然这个货币创造过程可以永远继续下去，但是它并不能创造无限量的货币，因为每一家银行创造的活期存款数量都小于前一家银行。用r表示法定准备金率，则原来增加的100元最终带来的货币增加量为：

最初增加货币供给量=100元

第一轮贷款后货币增加量=$(1-r)\times 100$元

第二轮贷款后货币增加量=$(1-r)^2\times 100$元

第三轮贷款后货币增加量=$(1-r)^3\times 100$元

……

货币供给增加总量=100元+$(1-r)\times 100$元+$(1-r)^2\times 100$元+$(1-r)^3\times 100$元+…=$(1/r)\times 100$元

每1元准备金创造$(1/r)$元货币供给量。在上面的例子中，法定准备金率r等于10%，意味着每增加1元准备金将创造10元的存款。因此，最初注入经济的 100 元创造了 1000 元的货币。

上面的分析结果可以用一个公式表示：

$$货币供给增加量 = (1/r) \times \Delta R \qquad (10-3)$$

式中，r 表示法定准备金率，ΔR 表示由最初注入资金所导致的准备金变动额。$1/r$ 被称为“存款乘数”（deposit multiplier），它是法定准备金率的倒数。

三、银行系统与货币减少过程

中央银行通过购买政府债券，增加了货币供给。同样，它也可以通过公开市场出售政府债券，减少货币供给。

现在假设中央银行向债券交易商出售 100 元的政府债券。债券交易商从银行 A 的账户中提取 100 元支付给中央银行。银行 A 的资产负债表变化见表 10－4 所列。

表 10－4 银行 A 的资产负债表（3）

资产		负债	
准备金	－100 元	存款	－100 元

现在，银行 A 出现了一个问题。由于它的存款减少了 100 元，它的准备金可以合法地减少 10%，即 10 元。但是，它的准备金实际上却减少了 100 元，比其允许减少的数量多 90 元。银行出现赤字准备金，即准备金数量小于法定要求的数量。银行 A 该如何补足所需的准备金？

为补偿不足的准备金，银行 A 将不得不收回贷款，数量等于 90 元。银行 A 减少 90 元贷款后，资产结构发生了变化：准备金增加了 90 元，贷款减少了 90 元。与最初的情况相比，银行 A 的准备金减少了 10 元，贷款减少了 90 元，存款减少了 100 元。银行 A 的资产负债表见表 10－5 所列。

表 10－5 银行 A 的资产负债表（4）

资产		负债	
准备金	－10 元	存款	－100 元
贷　款	－90 元		

事情并没有结束。无论谁偿还银行 A 的贷款，都意味着另一家银行存款的减少。假设另一家银行为银行 B，则银行 B 将损失 90 元的存款和准备金，其资产负债表变化见表 10 –6 所列。

表 10 –6　银行 B 的资产负债表 (2)

资产	负债
准备金　　－90 元	存款　　－90 元

现在，银行 B 面临银行 A 开始时的情况。它的存款下降了 90 元，按照法定要求，它的准备金可以减少 9 元，但是，它的准备金实际下降了 90 元，比法定要求多出 81 元。于是，银行 B 开始回收贷款。其变化过程与银行 A 相同。

银行每收回一笔贷款，存款就会减少。这个过程将会永远继续下去，正如货币供给增加过程一样。不同的是，现在是贷款和货币供给量的减少。因此，货币供给减少量和货币供给增加量具有相同的计算公式。

$$\text{货币供给减少量} = (1/r) \times \Delta R \qquad (10-4)$$

在本例中，货币供给减少量 = （1/0.1） × （ –100 元） = –1000 元。换言之，中央银行在公开市场出售 100 元的债券，会造成活期存款减少 1000 元。

四、控制货币供给的其他工具

公开市场操作是中央银行控制货币供给的基本手段。除此之外，中央银行还有两种方式用于增加或者减少货币供给。

（1）改变法定准备金率。从上面的分析过程可以看出，中央银行可以通过改变法定准备金率来影响存款的增加或者减少。例如，中央银行将上例中的法定准备金率从 10% 降低到 5%，银行 A 将发现自己持有超额准备金。为了能获得更多的利润，银行 A 将 5 元的超额准备金贷出去。全国其他银行也面临银行 A 的情况，因此，货币供给将会增加。

相反，如果中央银行提高法定准备金率，则所有银行都将突然出现准备金赤字而被迫收回贷款。货币供给将下降。

（2）改变贴现率。贴现率（discount rate）是中央银行向商业银行贷出准备金时收取的利率。降低准备金将鼓励银行多借款。准备金借款增加的作用原理如同中央银行向银行注入准备金，它增加了货币供给。相反，贴现率上升使银行从中央银行的借款变得更加昂贵，从而降低了整个体系的准备金借款数量，导致货币供给下降。

无论是改变法定准备金率，还是改变贴现率，都将引发上述的存款创造或者存款减少过程。但实际上，这些工具都不会经常使用。其部分原因在于它们会产生不可预测的影响。当法定准备金率变化时，体系内的所有银行同时受到影响。即使预测出现微小失误，货币供给也会出现较大偏差。在下一节的货币供给模型里将会看得很清楚。贴现率变化也有不确定性的影响。贴现率的变化能否影响银行从中央银行借款，取决于银行管理者自己，而不是中央银行，因此，贴现率变化对货币供给的影响不能确定。

相反，公开市场操作对货币供给的影响更具预测性。一方面，它可以将货币供给量调整到任意目标数量；另一方面，它不会使金融市场产生波动。因此，公开市场操作是中央银行改变货币供给的基本手段。

第三节　货币供给模型

在上一节中，我们分析了存款创造的一个简单模型。但是，事情远非如此简单，中央银行控制货币供给的过程相当复杂。本节在这个简单模型的基础上，提出了一个存款者和银行都发挥重要作用的货币供给模型。在推导货币供给模型时，仍然使用 M1 的定义，即货币供给量等于通货加支票存款。

一、基础货币的控制

基础货币（monetary base），又称“高能货币”（high - power money），它等于流通中通货 C 加上银行持有的准备金 R。基础货币用 B 表示，可以写为：

$$B = C + R \tag{10-5}$$

中央银行可以通过公开市场操作和改变贴现率来影响基础货币。

(1) 公开市场操作。中央银行改变基础货币的一种方式是公开市场操作。中央银行的公开市场操作既可以面向银行,也可以面向非银行公众。

首先分析中央银行对银行的公开市场操作。例如,中央银行从一家银行购买100元的债券并且用一张100元的支票进行支付。这家银行既可以将这张支票存入它在中央银行的账户上,也可以将之兑现,银行库存现金将增加100元。中央银行的T账户变化见表10-7所列。

表10-7　中央银行的资产负债表(1)

资产		负债	
证券	+100元	存款	+100元

银行的T账户变化见表10-8所列。

表10-8　银行的资产负债表

资产		负债
准备金	+100元	
证　券	-100元	

这一公开市场购买的结果是,银行的准备金增加了100元,而流通中的现金没有变化,所以基础货币也增加了100元。

其次分析中央银行对非银行公众的公开市场操作。这种操作对基础货币的影响要分两种情况来分析。我们还是以100元的公开市场购买为例。第一种情况是出售债券的个人或者公司将得到的中央银行的支票存入银行。这时,银行的准备金将增加100元,与对银行公开市场购买的结果相同。第二种情况是出售债券的个人或者公司将中央银行的支票兑现。这时,流通中的通货增加了100元,而银行准备金没有发生变化。

从上面的这个例子中我们可以得到两个非常重要的结论。

第一,中央银行的公开市场操作无论是面对银行还是面对非银行公众,其对基础货币的影响都是一样的。基础货币的变化量等于公开市场买卖的数量。

第二,银行准备金的变化是不确定的,这取决于公众的行为。因此,相对于银行储备,公开市场操作对基础货币的影响要确定得多。换言之,中央银行运用公开市场操作对基础货币的控制比对银行准备金的控制更为有效。这也是我们在货币模型中引入基础货币的原因。

（2）改变贴现率。中央银行也可以通过改变贴现率来影响银行的贴现贷款，从而改变基础货币。例如，当中央银行下调贴现率时，如果一家银行增加了 100 元的贴现贷款，那么这家银行的准备金将增加 100 元。

在本章后面的内容里，我们将对以上两个货币政策工具进行进一步分析，这样可以观察中央银行控制基础货币的能力。通过公开市场操作，中央银行可以完全控制基础货币。而改变贴现率对基础货币的影响则不确定，因为是否从中央银行贷款以及贷款多少在很大程度上取决于银行决策。

二、货币供给模型

既然货币供给的变化来源于基础货币的变化，那么货币供给和基础货币之间肯定存在如下关系：

$$M = m \times B \tag{10-6}$$

式中，m 表示相对于基础货币的变化，货币供给发生变化的倍数，所以 m 被称为“货币乘数”（money multiplier）。货币乘数反映了基础货币之外的其他因素对货币供给的影响。

图 10－1 直观地显示了基础货币和货币存量之间的倍数关系。由于货币是通过部分准备金银行体系创造出来的，所以基础货币中的准备金变化可以创造出多倍货币（存款），而人们手中持有通货的变化却不能创造货币。

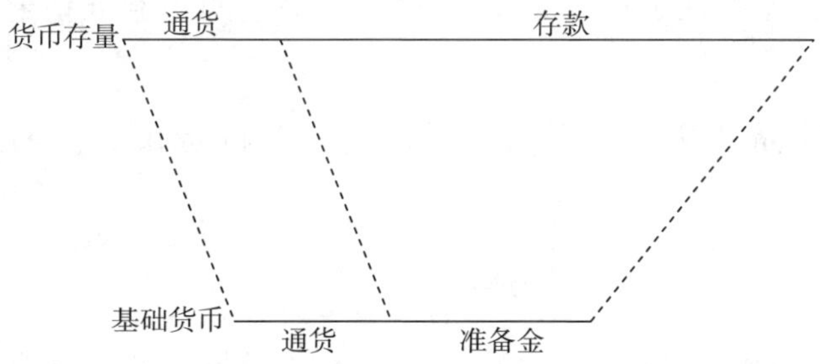

图 10－1　基础货币和货币存量之间的关系

在上一节的简单模型中，我们没有考虑公众持有通货和银行超额准备金对货币供给的影响。现在放开这两个假设。人们持有的现金占支票存款的比例称为“通货—存款比率”，用 cr 表示。用 C 表示通货，用 D 表示支票存款，则通货—存款比率为：

$$cr = C/D \tag{10-7}$$

现在可以将银行持有的准备金总量 R 分为法定准备金 RR 和超额准备金 ER，即：

$$R = RR + ER \tag{10-8}$$

银行持有的超额准备金占支票存款的比例被称为“超额准备金率”。用 er 表示超额准备金率，即：

$$er = ER/D \tag{10-9}$$

与上一节的定义相同，法定准备金率 rr 等于：

$$rr = RR/D \tag{10-10}$$

货币乘数意味着每增加 1 元基础货币所增加的货币供给。那么，货币乘数应等于：

$$m = \frac{M}{B} = \frac{C + D}{C + R} = \frac{C + D}{C + RR + ER} \tag{10-11}$$

式（10－11）中右边的分子和分母同时除以支票存款 D，然后将上述相关定义代入，就可以得到货币乘数：

$$m = \frac{1 + cr}{cr + rr + er} \tag{10-12}$$

很明显，货币乘数是一个函数，随着存款者决定的通货—存款比率 cr、中央银行决定的法定准备金率 rr 和银行决定的超额准备金率 er 的变化而变化。

知道了货币乘数，那么货币供给和基础货币之间的关系也就明确了，即：

$$M = \frac{1 + cr}{cr + rr + er} \times B \tag{10-13}$$

货币供给取决于货币乘数和基础货币。我们已经分析了基础货币的变化，下面对货币乘数进行分析。

三、货币乘数的决定因素

首先我们举一个数字例子，以对货币乘数有一个感性认识。例如，rr 为 10%，流通中的通货 C 为 5000 亿元，支票存款 D 为 1 万亿元，超额储备 ER 为 10 亿元，则货币乘数为：

$$m = \frac{1 + C/D}{C/D + 10\% + ER/D} = 2.5$$

这意味着，在法定准备金率为 10%，通货—存款比率为 50%，超额准备金率为 0.1% 的条件下，基础货币每增加 1 元将导致货币增加 2.5 元。

接着，我们逐一考虑影响货币乘数的变量。

（1）法定准备金率的变化。在其他变量不变的条件下，法定准备金率提高意味着银行必须保留更多的准备金，由此形成的准备金不足使得银行必须收缩贷款，从而导致存款及货币供给量减少。另外，从货币乘数公式可以看出，法定准备金率提高导致货币乘数变小，即货币扩张的倍数变小。法定准备金率下降的作用正好相反。

（2）通货—存款比率的变化。在其他变量不变的条件下，通货—存款比率上升意味着人们将提高通货持有量。由前面的分析可知，支票存款会发生多倍扩张而通货则不会。所以，当支票存款转变为通货时，货币供给中发生多倍扩张的部分转成不发生多倍扩张的部分。多倍扩张的总体水平下降，货币乘数必然下降。通货—存款比率下降，则货币乘数上升。

（3）超额准备金率的变化。当银行增加持有超额准备金时，银行系统支持支票存款的准备金实际上减少了，支票存款和货币供给也会减少。从货币乘数公式方面我们也可以得出相同的结论。只是需要注意的是，因为银行一般持有的超额准备金较少，超额准备金率较小，所以该项变化对货币乘数影响不大。

简单总结一下，货币乘数和货币供给与法定准备金率、通货—存款比率和超额准备金率反相关。

第四节　货币乘数的影响因素

在上一节的货币供给模型中，虽然我们分析了银行和存款人行为对货币供给的影响，但是并没有分析其选择某种行为的方式和原因。本节将分析存款人和银行的决策行为以及其对货币乘数的影响。

一、存款人行为分析

存款人主要通过影响通货—存款比率来影响货币乘数和货币供给。存款人在通货和存款之间的资产配置取决于四种因素：个人拥有的财富总量、资产预期回报率、资产的风险、资产的流动性。因为通货和支票存款具有相似的流动性，所以以下的分析主要集中于前三项。

（1）财富变动的影响。财富和通货—存款比率之间的关系为：一方面，在现实中，通货被低收入或者没有什么财富的人广泛使用，也就是说通货是一种必需品。随着收入的上升，必需品的需求量比例将会下降。另一方面，财富数量上升将会导致交易量上升，用支票存款进行交易将变得更加方便，即通货—存款比率将下降。所以，通货—存款比率与财富存在反相关关系。

（2）预期回报率变动的影响。存款人在决定持有多少通货或者存款时，会考虑通货和存款的预期回报率。持有通货的预期报酬率为零，而持有存款不仅有利息收入，还有银行提供的一些服务。当存款利率上升时，持有存款的收益率上升，人们会降低通货的持有比例。所以，通货—存款比率与支票存款的利率存在反相关关系。

但是，存款的预期回报率并非绝对高于通货。对于那些从事非法活动的人来说，持有通货具有更高的预期回报率。因为使用支票进行交易将使违法活动有据可查，所以非法活动与通货—存款比率之间存在正相关关系。另外，持有通货更容易躲避税收从而提高通货的预期回报率。所以，当所得税税率上升时，人们通过现金交易来逃避税收的动力增加，通货—存款比率上升。

（3）资产风险变动的影响。人们在决定资产持有量时，不仅要考虑资产带来的收益，还要考虑资产存在的风险。相对于其他资产来说，手中持有的现金无疑具有最低风险。在正常情况下，支票存款也具有较低的风险。当出现银行破产甚至银行恐慌时，存款的风险就急剧上升。最为典型的例子是大萧条。在1930—1933年大萧条的年代，美国发生了历史上最为严重的银行恐慌，有1/3的银行倒闭。面临银行纷纷倒闭的局面，人们理性的选择是取出存款，增加通货持有量。

二、银行行为分析

从货币供给模型中可以看出，当银行改变超额准备金率和从中央银行借入的贴现贷款数量时，都会影响货币乘数和货币供给。所以，银行行为对货币供给的影响主要从这两个方面进行分析。

（1）超额准备金率的决定因素。超额准备金是指银行持有的准备金超过法定准备金的部分。不像证券和贷款，银行持有的准备金不能带来利息收入，但是银行仍然愿意保留一定的超额准备金。超额准备金占存款的比例显然取决于持有超额准备金的成本和收益。

银行持有超额准备金的成本是一种机会成本，即银行选择持有超额准备金而放弃了持有贷款和证券所丧失的收益。我们可以统一用市场利率来表示贷款和证券的收益率。那么，当市场利率上升时，银行持有超额准备金的机会成本增加，超额准备金占存款的比率将会下降。当市场利率下降时，超额准备金率将上升。所以，超额准备金率与市场利率反相关。

银行持有超额准备金的收益是什么呢？仍然是为了避免因流动性不足而可能造成的损失。超额准备金占存款的比率取决于两个方面：一是预期存款外流造成的流动性不足的可能性。可能性越高，超额准备金率就越高。二是当流动性不足时，银行从其他银行或公司借款、从中央银行借款、出售证券和收回贷款的难易程度。如果银行融资成本越低，则超额准备金率就越低。反之则越高。

（2）借入贴现贷款的决定因素。与超额准备金率的决定分析类似，银行决定借入多少贴现贷款也取决于成本和收益。

银行从中央银行借入资金的主要成本就是贴现率，贴现贷款的数量与贴现率反相关。借入资金的收益就是通过增加贷款来赚取市场利率，贴现贷款的数量与市场利率正相关。总体来看，银行借入贴现贷款的数量取决于市场利率与贴现率之间的差额。该差额越大，贴现贷款就越多，反之则越少。

三、各种决定因素的相互作用

存款者通过改变通货—存款比率 *cr* 来影响货币乘数和货币供给。通货—存款比率受财富数量、支票存款利率、银行经营状况和非法活动的影响。

银行通过它们对超额准备金率 *er* 和贴现贷款的决策来影响货币供给。超额准备金率取决于银行对持有超额准备金的成本（存款外流）和收益（市场利率）的分析。市场利率通过超额准备金率对货币供给产生影响，而市场利率又受到金融市场上资金的供给与需求的影响。存款者的行为将影响银行对存款外流的预期，与此同时，银行经营情况也会对存款者产生影响。

在所有影响货币供给的变量中，由中央银行通过公开市场操作控制的基础货币是最为重要的一个变量。而其他变量并不是货币变动的重要源泉。

第五节　基础货币的决定

基础货币是货币供给变化的主要原因。前面的分析表明，中央银行可以通过公开市场操作和改变贴现率对其进行调节。尽管这两种工具特别是公开市场操作是中央银行调节基础货币的基本工具，但是仍然有一些其他因素会影响基础货币。为了对货币供给有一个完整的理解，需要对基础货币进行更加全面的分析。

一、中央银行的资产负债表与基础货币

由于基础货币是中央银行的负债，所以对中央银行的资产负债表进行考察可以清楚地把握影响基础货币的各种因素。表 10 - 9 是一张简化了的中央银行资产负债表。

表 10－9 中央银行的资产负债表（2）

资 产	负 债
政府借款	通货
贴现贷款	银行存款
黄金、外汇和特别提款权	财政存款
在途资金	外国和其他存款
其他资产	其他负债和中央银行资本

基础货币 B 定义为流通中通货 C 和银行准备金 R 之和。银行准备金包括银行库存现金和银行在中央银行的存款两部分。所以，基础货币实际上等于公众和银行持有的通货加上商业银行在中央银行的存款，可以用公式表示为：

$$B = C + R = \text{通货} + \text{准备金} \tag{10-14}$$

这个等式说明了基础货币的用途，而没有说明基础货币是如何被决定的。运用资产负债表的资产等于负债的特性可以解决这个问题。资产负债表左边的资产总额等于右边的负债总额，也就是说，表中左边各项之和等于右边各项之和。这样就可以计算出基础货币。

基础货币＝政府借款＋贴现贷款＋黄金、外汇和特别提款权＋其他资产－财政存款－外国和其他存款－其他负债和中央银行资本　　（10－15）

通过中央银行的资产负债表，我们得到了一个非常有用的等式，它清楚地显示了影响基础货币的 7 种因素。前 4 种因素的增加使基础货币增加，后 3 种因素的增加使基础货币减少。

二、影响基础货币的因素分析

在影响基础货币的 7 种因素中，有一些在前面的分析中被忽略。下面只对其中一些对基础货币有重要影响的因素进行详细分析。

（1）黄金、外汇和特别提款权以及其他资产。中央银行买卖黄金、外汇和特别提款权以及其他资产，就像在公开市场上买卖债券一样。中央银行购入这些资产将会增加基础货币，出售这些资产将会减少基础货币。

由于中国采取的是钉住汇率制，所以中国的中央银行即中国人民银行要在外汇市场买卖外汇以保持人民币汇率的稳定。如上所述，中国人民银行在外汇市场的干预将会导致基础货币的变化。具体来说，当中国国际收支出现盈余时，中国人民银行必须用人民币购入盈余的外汇，以保持汇率稳定，基础货币供给增加。当国际收支出现赤字时，基础货币供给减少。不同的汇率体制下，中央银行在外汇市场干预的程度不同，从而对基础货币的影响也有所不同。

（2）财政存款。如果财政部将来自税收和出售债券获得的收入存入中央银行，将会减少流通中的通货，从而减少基础货币。如果中央银行的财政存款减少将会增加基础货币。外国和其他存款的变化对基层货币的影响与财政存款的影响相同。

在影响基础货币的7种因素中，中央银行持有的债券量影响最大，它是通过公开市场操作进行控制的。因此，前面的分析指出，公开市场操作是中央银行控制货币供给的一个基本工具。虽然中央银行难以对其他因素进行控制，但是这些因素对基础货币的影响有限，并且可以预料，从而可以通过公开市场进行冲销。所以，从总体来看，中央银行对基础货币仍然有较强的控制。

三、预算赤字和基础货币

以上的7种因素是直接影响基础货币的，还有一种影响基础货币的间接因素，那就是政府的预算赤字。为了说明预算赤字对基础货币的影响，必须首先分析政府为其赤字融资的方式。

正如个人一样，政府也必须为其支出买单，换句话来说，政府也有预算约束。当政府的支出大于收入时便产生了预算赤字。政府弥补其预算赤字的方式有三种：增加税收、发行债券和发行货币。政府可以用其中一种方式融资，也可以用这三种方式融资。

这三种融资方式对基础货币的影响是不一样的，我们可以举一个例子来说明。假定政府打算新建一座办公大楼，需要1000万元。政府可以通过增加税收、发行债券和发行货币的方式为这1000万元融资。这会对基础货币产生什么影响呢？

（1）税收融资。如果政府通过征税获得1000万元并将其用于建造大楼，那么基础货币将如何变化？虽然在公众交纳税款的过程中，有1000万元的货币离开了银行系统，即基础货币减少了1000万元。但是在政府将1000万元用于支付建造大楼的各项费用后，它们又回到了公众手中。所以，用税收方式为政府支出融资，对基础货币没有影响。

（2）债务融资。增加税收融资并不容易，因为税率一旦确定不会轻易变化，所以出售债券融资是政府常用的一种融资方式。我们可以用T账户对这种融资方式的影响进行分析。当政府向公众出售1000万元的债券时，非银行公众的T账户变化见表10－10所列。

表10－10　非银行公众的资产负债表（1）

资产	负债
通　货　－1000万元 证　券　＋1000万元	

政府出售证券，使流通中的通货减少了1000万元。但是，在政府将其用于支付建造大楼的各项支出后，公众又收回了1000万元通货。财政部和公众的资产负债表所发生的整体变化见表10－11、表10－12所列。

表10－11　财政部的资产负债表

资产	负债
通　货　0 办公大楼　＋1000万元	证　券　＋1000万元

表10－12　非银行公众的资产负债表（2）

资产	负债
通　货　0 证　券　＋1000万元 办公大楼　－1000万元	

由于基础货币在整个交易中没有发生变化，所以以发行债券的方式为政府支出融资，对基础货币没有影响。

（3）增发货币融资。直观地看，通过发行货币来融资是最为简便快捷的方式。这也是世界上一些国家的财政部常用这种方法的原因。很明显，这种融资方式会导致基础货币增加。根据前面的货币供给模型，我们知道，基础货币增加将会引发货币供给成倍增加。过多的货币供给会引起通货膨胀，使货币贬值。因此，许多国家都在限制政府的这种权利。但是，政府依然可以通过迂回的方式增加货币发行。政府向公众出售债券，然后由中央银行在公开市场上从公众手里购入这些债券。这种政府融资的方式被称为“债务货币化”，结果也导致了基础货币的增加。

本章小结

货币供给指的是某一时点上经济中拥有的货币数量。货币供给是一个存量概念。由于信用货币制度下存在多种形式的货币，所以货币存量的统计并不容易。各国对货币的计量有多种方法，但其普遍遵循的原则是以流动性的强弱进行划分。本章使用的货币供给的定义是流通中的通货与支票存款之和。

在部分准备金制度下，银行系统可以进行多倍的存款创造。在公众不改变持有的通货和银行不持有超额准备金的条件下，其创造的倍数就是简单货币乘数，它等于法定准备金率的倒数。这两个假设条件意味着货币没有漏损，货币创造达到最大值。

基础货币等于流通中的现金加上银行准备金。它比银行准备金更容易为中央银行所控制，所以中央银行主要通过影响基础货币来影响货币供给。中央银行可以通过公开市场操作买卖债券和改变贴现率来控制基础货币。

基础货币与货币供给之间的倍数关系被称为“货币乘数”。它是一个函数，取决于通货—存款利率 cr、法定准备金率 rr 和超额准备金率 er。货币乘数与这三个变量都是反相关关系。

公众对现金和存款的选择是一种典型的资产选择。因此，通货—存款比率取决于公众的财富总额，以及可以选择的其他资产的预期收益和风险。

银行持有的超额准备金数量取决于持有超额准备金的成本和收益。持有超额准备金的成本是放弃持有证券等其他形式资产而丧失的收益，而收益则表现为超额准备金可以使银行避免因准备金不足造成的损失。

由于基础货币是中央银行的负债，通过中央银行的资产负债表，我们找到了影响基础货币的 7 种因素。在除基础货币以外的负债项目不变的条件下，任何中央银行资产项目的变化都会引起基础货币同方向的变化；在资产不变的条件下，任何基础货币以外的负债项目的变化都会引起基础货币反方向的变化。

对货币供给过程的完整分析表明，货币供给量由中央银行、银行和非银行公众的行为共同决定。但是，中央银行仍然对基础货币以及货币供给有较强的控制能力。

思考题

1. 中央银行新增的 100 元准备金最终都到哪里了？如果银行从中央银行借入 100 万元的贴现贷款，同时降低了超额准备金率，货币供给将会发生什么变化？

2. 什么是货币乘数？试推导 M2 的货币乘数。中央银行、银行和公众的行为是如何决定货币乘数的？

3. 中央银行向银行或是向公众购买了 100 元的债券，对基础货币的影响是否有所不同？试用 T 账户分析中央银行购买债券的影响。

4. 当财政部以向公众发行债券的方式来弥补 200 亿元的赤字时，基础货币将会如何变化？如果出售对象是商业银行或是中央银行，情况又是怎样呢？

5. 如果中央银行借给银行 1 亿元，但与此同时存款者从银行提取现金 5000 万元，那么这对基础货币有什么影响？用 T 账户说明。

6. 如果中央银行出售 100 万元的债券，银行减少 100 万元的贴现贷款，货币供给将会发生什么变化？如果你决定减少 100 元的现金持有，而将 100 元存入银行，假设其他人没有改变通货持有，这将对货币供给产生什么影响？

7. “货币乘数必然大于 1”这一说法正确还是错误，为什么？

进一步阅读书目

1. 弗雷德里克·S. 米什金. 货币金融学:第十一版[M]. 郑艳文,荆国勇,译. 北京:中国人民大学出版社,2016.

2. 卡尔·布鲁纳,艾伦·H. 梅尔茨. 货币经济学:货币分析问题[M]. 康以同,等译. 北京:中国金融出版社,2010.

第十一章　货币需求

本章要点

◎什么是货币需求?

◎如何理解货币数量理论?

◎如何理解凯恩斯的货币需求理论（流动偏好理论)?

◎什么是货币需求的测度?

第一节　货币数量论

经济学家一提供应就得提到需求，其对货币的讨论也不例外。货币需求理论是货币理论中的重要内容之一，是货币政策选择的理论依据。本章将论述货币需求理论的演变。我们首先讨论在20世纪初由欧文·费雪、阿尔弗雷德·马歇尔（Alfred Marshall）和A. C. 庇古（Pigou）等经济学家完善起来的古典货币数量论，其次转向凯恩斯的货币需求理论，最后讨论米尔顿·弗里德曼（Milton Friedmann）的现代货币数量论。

古典经济学家在19世纪末20世纪初发展起来的货币数量论，是一种探讨如何决定总收入名义价值的理论。因为该理论揭示了对既定数量的总收入应持有的货币数量，所以它也是一种货币需求理论。

为了与20世纪70年代美国以弗里德曼为核心的货币学派推出的经过修改的货币数量论相区别，一般把古典经济学家在19世纪末20世纪初提出的货币数量论称为“古典货币数量论”，而把货币学派的货币数量论称为“现代货币数量论”。

一、货币流通速度和交易方程式

1911 年，美国经济学家欧文 · 费雪（1867—1947）出版了著名的《货币购买力》一书，该书对古典货币数量论做了最清晰的阐述。表示 M 和支出总量 $P \times Y$ 之间关系的概念称为“货币流通速度”（以下简称“流速”），即货币周转率。流速通常用符号 V 表示，其数学定义为支出总量 $P \times Y$ 除以货币数量 M。它们之间的关系是：

$$V = \frac{P \times Y}{M} \tag{11-1}$$

例如，假设某年名义 GDP（$P \times Y$）为 8 万亿美元，货币数量（M）为 2 万亿美元，则货币流通速度就是 4，它表示平均一美元一年被 4 次用来购买经济中最终产品和劳务总量。当货币流通速度为 4 时，我们也可以说，在每美元收入中，公众平均持有的货币数量为 0.25 美元，因为 1 美元除以 4 等于 0.25 美元。

将货币流通速度的定义公式［式（11-1）］两边都乘以 M，就得到著名的交易方程式，它揭示了名义收入、货币数量和货币流通速度之间的关系。

$$M \times V = P \times Y \tag{11-2}$$

交易方程式是由定义所概括出的一种关系，因此它是一个恒等式。它表示，货币数量乘以在给定年份中货币被使用的次数必定等于该年度名义总收入（$P \times Y$）。

二、古典货币数量论

费雪的短期内货币流通速度相对稳定的观点，可以将交易方程式转化为名义总收入如何决定的理论，即货币数量论。该理论认为，名义收入仅取决于货币数量的变动：当货币数量 M 翻番时，$M \times V$ 也翻番，因此，名义收入 $P \times Y$ 也一定翻番。例如，假定货币流通速度为 4，最初的名义收入（GDP）为 8 万亿美元，则货币供给数量（M）为 2 万亿美元。如果 M 翻番，变为 4 万亿美元，货币数量论认为，名义收入也一定翻番，变为 16 万亿美元（4 ×4 万亿美元），因为短期中货币流通速度相对稳定。

对于古典经济学家来说，货币数量论不仅揭示了名义收入仅取决于货币数量变动的观点，还提供了价格水平变动的一种解释，即价格水平的变动仅源于货币数量的变动。

三、货币需求数量论

货币数量论是一种探讨总收入名义价值如何决定的理论，因为该理论揭示了既定数量的总收入与货币数量之间的关系。换句话说，货币数量论揭示了对既定数量的总收入，即全社会所持有的货币数量，所以它也是一种货币需求理论。这只需将交易方程式做一数学变化，重新写成：

$$M = \frac{1}{V} \times PY \tag{11-3}$$

其中 PY 就是前面的名义收入 $P \times Y$。当货币市场均衡时，人们手持的货币数量 M 就等于货币需求量 M^d，因此我们可用 M^d 代替等式中的 M。由于费雪认为，短期中货币流通速度相对稳定，V 是常量，$1/V$ 仍是常量，所以我们用 K 代表常量 $1/V$，这样就得到方程式的另一种表达形式。

$$M^d = K \times PY \tag{11-4}$$

式（11－4）说明货币数量论也是一种货币需求理论。因为 K 为常量，所以由固定水平的名义收入引致的交易水平决定了人们的货币需求量 M^d。因此，货币需求是收入的函数。

货币需求是收入的函数可以很直观地从等式（11－4）中得出。但是，利率作为一个重要的经济指标，是否对货币需求产生影响呢？事实上，费雪的货币数量论表明，利率对货币需求不产生影响。其原因在于，费雪相信人们持有货币的目的仅是为了交易，就所持有的货币数量来说，其没有多大的选择余地。他认为，货币需求取决于：①名义收入 PY 引致的交易水平；②经济中影响人们的交易方式及决定货币流通速度 K 的制度因素。

四、剑桥学派的货币需求理论

古典货币数量论的另一形式是剑桥方程式。在费雪发展他的货币需求数量论的同时，一批英国剑桥大学的古典经济学家也在研究同样的话题，代表人物有马歇尔和 A. C. 庇古。虽然他们的分析得到了与费雪货币需求等式（$M^d = K \times PY$）相同的等式，但是研究方法大相径庭。

我们在前面提到，费雪认为人们持有货币的目的仅仅是为了交易，就所持有的货币数量来说，没有多大的选择余地。利率对货币需求不产生影响。费雪的这个观点被许多经济学家认为是一个缺陷，因为他仅仅考虑了持有货币的交易目的，而没有考虑微观主体的其他动机对货币需求的影响。剑桥学派的经济学家不仅将交易水平和影响人们交易方式的制度作为研究货币需求的关键性决定因素，还探讨了个人在持有货币的数量上具有的弹性。剑桥学派的经济学家认为，人们之所以持有货币，是因为货币具有以下两个属性。

（1）交易媒介。货币作为交易媒介，人们用它来完成交易。剑桥学派的经济学家同意费雪的观点，货币需求与交易水平相关（但并非完全相关），由交易引起的货币需求（交易层面）与名义收入成正比。

（2）财富储藏。人们的财富水平也影响货币需求。财富增加，则个人需要持有更多数量的财产来储藏，而货币是财产的一种。因此，财富增加，货币需求也增加。由于剑桥学派的经济学家认为名义财富和名义收入成比例，所以货币需求中由财富引起的货币需求部分也与名义收入成比例。

剑桥学派的经济学家断定，货币需求（包括交易层面和财富层面）与名义收入成比例，用数学表示为：

$$M^d = K \times PY \tag{11-5}$$

这就是著名的剑桥方程式。其中，K 是用比例表示的常量。剑桥的这个等式在形式上与费雪等式［式（11－4）］是一样的，而且二者都认为货币需求与名义收入成比例。那么，剑桥学派和费雪的观点有没有差异呢？

剑桥学派和费雪观点的差异主要集中在 K 的不同上。费雪认为，K 代表常量 $1/V$，短期内相当稳定。虽然剑桥学派常常将 K 视为常量，但是也考虑了短期内 K 发生波动的可能性。因为剑桥学派的理论允许个人选择意愿持有的货币数量，使用货币储藏财富的决策取决于其他也可以作为储藏财富的财产如债券等的回报率和预期回报率。如果其他也可以作为储藏财富的财产的回报率和预期回报率发生改变，则人们愿意持有的货币数量就可能改变，即 M^d 就会变动，而这种变动可能在名义收入 PY 固定的情况下发生。也就是说，如果其他也可以作为储藏财富的财产的回报率和预期回报率发生改变，K 也可能改变。从这点可知，剑桥学派的理论没有排除利率对货币需求的影响。当凯恩斯在后来发展剑桥学派的理论观点时，人们就发现利率对货币需求是否有影响是一个重要的问题。

总之，费雪和剑桥学派经济学家都发展了货币需求的古典理论，认为货币需求与名义收入成比例。二者的差别在于，费雪强调了技术上的因素，并排除了短期内利率对货币需求的任何可能影响；剑桥学派却强调了个人选择，没有排除利率的影响。

【专栏 11 -1】

货币流通速度是常数吗？

古典经济学家得出的名义收入由货币供给的变动决定的结论，建立于他们将货币流通速度 PY/M 视为常量的基础上。货币流通速度是常数吗？

20 世纪 30 年代，西方世界普遍经历了经济的大萧条。大萧条时代，经济学家注意到货币流通速度的波动幅度巨大。大萧条之后，凯恩斯和其他经济学家开始致力于研究影响货币需求的其他因素，以更好地解释货币流通速度的波动。

从很多国家来看，货币流通速度长期内并不是稳定的。从图 11 -1 中可以看出，美国 20 世纪 60 年代以来的货币流通速度有波动，但波动区间总体比较稳定。从 1961 年开始的多数年份里，美国 GDP/M2 的比率在 1.5 至 2.0 之间波动，仅有少数年份的波动范围略高于 2.0 或略低于 1.5，总体呈现较稳定的特征。1961—1978 年，该比率值虽然有波动，但是始终没有超过 1.72。此后，该比率在波动中缓慢上升，到 20 世纪 90 年代后，该比率缓慢地持续上升，超过了 2。1996 年和 1997 年分别达到了 2.11 和 2.12。随后开始了较长时期的回落，2017 年和 2018 年为 1.4 和 1.42。

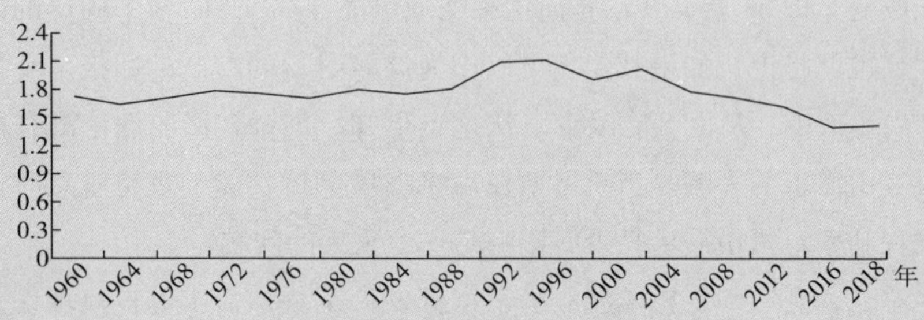

图 11－1　1960—2018 年美国 GDP/M2 变动

资料来源：根据美国 BEA、FED 官网统计数据整理所得。

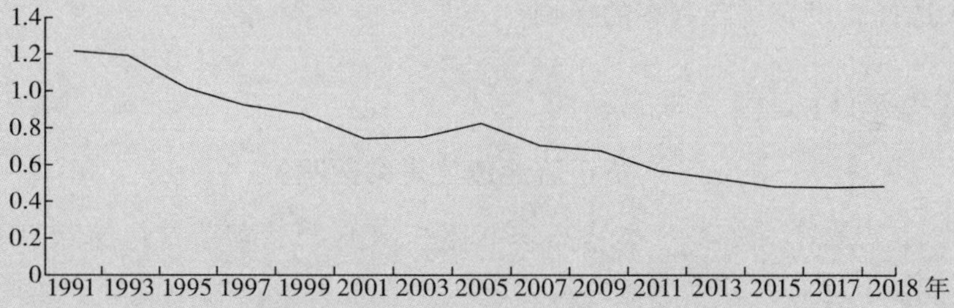

图 11－2　1991—2018 年中国 GDP/M2 变动

资料来源：根据中国国家统计局官网数据整理所得。

从图 11－2 中可以看出，中国 GDP/M2 的比率值总体呈持续下降趋势：1991 年为 1.23，1995 年为 1.01，2001 年为 0.74，2011 年为 0.57，2015 年为 0.49，2018 年为 0.49。其中，1991—2003 年下降幅度较大，从 1.23 降到 0.62；2003—2007 年比较平稳，在 0.65 左右；2007 年后又呈较快下降趋势；2015—2018 年处于一个相对平稳的阶段，在 0.5 左右。

对比较长时期中美两国货币流通速度变化特征的差异，我们发现美国货币流通速度波动中有稳定，中国的货币流通速度总体呈下降趋势。其可能的原因有金融创新活力的差异和两国货币供给规则的差异。

历史上，古典经济学家为何没有发现将货币流通速度视为常量是不合适的呢？其原因在于第二次世界大战之前政府还没有准确的

GDP 和货币供应数据资料。第二次世界大战之后，政府才着手收集这些数据。

资料来源：中国国家统计局官网，美国 BEA、FED 官网。

第二节　凯恩斯的流动偏好理论

1936 年，英国剑桥大学经济学家约翰·梅纳德·凯恩斯（1883—1946）所著的革命性著作《就业、利息和货币通论》出版了。在此书中，凯恩斯放弃了古典经济学派将货币流通速度视为常量的观点，发展了一种强调利率重要性的货币需求理论。凯恩斯认为，货币需求是指特定时期公众能够而且意愿持有的货币量。人们之所以需要持有货币，是因为存在流动偏好这种普遍的心理倾向，而现金是流动性最强的资产。流动偏好就是个人持有货币的原因，这一流动偏好构成了人们对货币的需求。因此，凯恩斯的货币需求理论又称“流动偏好理论”。

一、货币需求的三种动机

凯恩斯提出了构成货币需求的三种动机，即交易动机、预防动机和投机动机。

（1）交易动机。费雪和剑桥学派的经济学家都认为货币具有交换媒介的功能，为完成日常的交易，个人需要持有货币。凯恩斯承袭了古典传统，把为完成日常交易而持有货币的动机叫作“交易动机”，把基于交易动机而产生的货币需求称为“货币的交易需求”。凯恩斯强调货币的交易需求主要由人们的交易水平决定，与收入成比例。收入越高，货币的交易需求就越大；反之，收入越低，货币的交易需求就越小。

（2）预防动机，也称为“谨慎动机”。凯恩斯认为，持有货币的动机除了完成当期交易，还用来预防意料不到的需求。这一认识使得凯恩斯的分析超越了古典分析的框架。例如，应付失业、患病等意料不到的需求，或者应付未预料到的购买或消费支出。事实上，多数人的钱包里总是揣着多于计划支出的货币量就说明了这一点。因预防动机而产生的货币需求称为“货币的预防需求”，与收入成比例，收入越高，货币的预防需求就越大。

凯恩斯认为，交易动机和预防动机主要与货币的交易媒介职能有关。他把这两个动机合二为一，由这两种动机产生的货币需求统称为交易性货币需求。如果以 M_1 代表交易性货币需求，Y 代表收入，则 $M_1=f(Y)$，如图 11－3 所示。

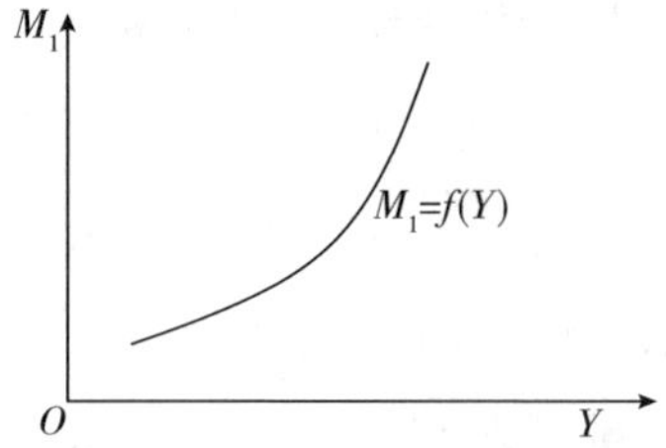

图 11－3　货币的交易性需求

从图 11－3 可知，在其他条件不变的情况下，交易性货币需求 M_1 是收入 Y 的增函数。

（3）投机动机。投机动机是三大动机中最复杂、最重要的一个。凯恩斯同意古典经济学家的观点，认为货币具有财富储藏的功能，他将持有货币的这一动机称为“投机动机”。更确切地说，投机动机是指人们根据对市场利率变化的预测持有货币，以便满足从中获利的动机。因投机动机而产生的货币需求称为“货币的投机需求”。凯恩斯不但同意古典经济学家关于货币需求的财富储藏层面与收入成比例的观点，而且独创性地详细分析和发展了利率在货币投机需求中的作用。

凯恩斯将可用来储藏财富的资产分成两类：货币和债券。货币的预期回报率为零（因为在凯恩斯生活的年代，大多数支票存款没有利息收入），债券的预期收益来自利息收入和预期资本利得（简单地说就是价差所得）两个方面。

从利率与债券的关系可知，利率上升则债券价格下降。如果预期利率上升，则债券价格将预期下降，从而持有债券的人有负值的资本利得，即资本损失。假如预期利率大幅上升，资本损失可能超过利息收入，则债券的预期回报率为负。在这种情况下，理性的人都愿意用货币来储藏财富，因为货币较债券具有更高的预期回报。结果，个人将愿意以货币而非以债券来储藏财富，货币需求增加。

当人们预期未来利率趋于下降时，情况又如何呢？利率与债券价格存在反向关系，当预期未来利率趋于下降时，则预期债券未来价格将上升，债券持有会带来资本利得的增加。此时，人们更愿意持有债券而非货币，从而使得货币需求减少。

归纳起来，预期未来利率上升，货币需求增加；预期未来利率下降，货币需求减少。进一步来说，当经济体中的利率处于较低水平时，人们倾向于预期未来利率上升，则货币需求增加；当经济体中的利率处于较高水平时，人们倾向于预期未来利率下降，则货币需求减少。因此，我们可以得到一个重要的结论：货币的投机需求同利率水平负向相关。

如果用 M_2 表示投机性货币需求，i 表示利率，则 $M_2 = f(i)$。如图 11－4所示，当利率较高时，货币需求处于较低水平；当利率下降到较低水平时，货币需求增加了。当利率下降到极低的水平，人人普遍认为利率将不可能再降低，只能上升的时候，人们无论如何都不会持有债券，只持有货币，这时货币需求近乎无穷大，表现在图形上，投机性货币需求曲线变得十分平坦（或水平），凯恩斯把这种情况叫作“流动性陷阱”。20 世纪 30 年代西方国家经济大萧条时期曾经出现过流动性陷阱的情况。在后面的学习中，我们将看到流动性陷阱下货币政策无效。

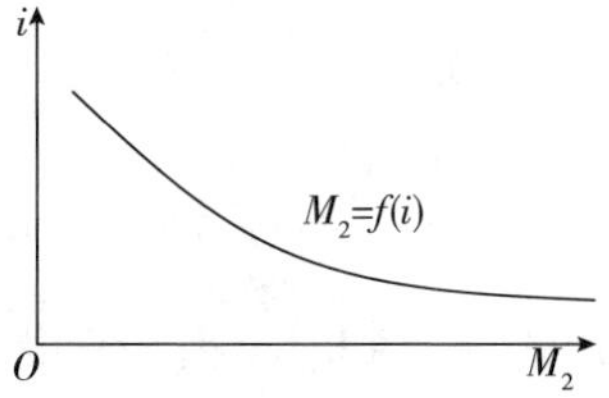

图 11－4　货币的投机动机

二、货币需求三种动机的综合

在将持有货币余额的三种动机综合起来放入货币需求公式的时候，凯恩斯对名义数量和实际数量进行了严格的区分。货币的价值表示为其能购买东西的数量。例如，假设经济中所有的价格都上涨了一倍，那么，同样数量的名义货币只能购买原来所能购买数量的一半。因此，凯恩斯推断人们要持有的是一定数量的实际货币余额（以不变价格表示的货币数量）。他的三种持币动机表明，这一数额与实际收入 Y 和利率 i 有关。凯恩斯的货币需求公式被称为“流动性偏好函数”，该函数表明实际货币需求余额 M^d/P 是 i 和 Y 的函数（与 i 和 Y 有关）。

$$\frac{M^d}{P} = f(\underset{-,+}{i,Y}) \tag{11-6}$$

在流动性偏好函数中，i 下面的负号表示对真实货币余额的需求与利率成反比，Y 下面的正号表示对真实货币余额的需求与收入成正比。

凯恩斯得出的货币需求不仅与收入有关，而且与利率有关的结论，与费雪的利率对货币需求没有影响的观点大相径庭，但是与剑桥学派经济学家的观点差异较小，因为后者虽然没有准确地探讨利率对货币需求的影响，但是并没有排除利率可能带来的影响。

通过求解流动性偏好方程中的货币流通速度，我们发现，在凯恩斯的货币需求理论中，货币流通速度并非常量。

如前所述，$V = \dfrac{P \times Y}{M}$

而流动性偏好方程可以重新写成：

$$\frac{P}{M^d} = \frac{1}{f(i,Y)} \tag{11-7}$$

在等式两边乘以 Y，用 M 代替 M_d（因为在货币市场均衡时，二者必须相等），求解货币流通速度，得：

$$V = \frac{P \times Y}{M} = \frac{Y}{f(i,Y)} \tag{11-8}$$

由于货币需求与利率负向相关，当 i 上升时，$f(i,Y)$ 下降，从式

(11 - 8)可知，货币流通速度加快。换句话说，利率上升，使人们在既定收入水平上持有较少的真实货币余额，货币的周转率（货币流通速度）必须上升。这一推理过程表明：货币需求的流动偏好理论说明因为利率波动剧烈，所以货币流通速度的波动也很剧烈。正因如此，凯恩斯反对将货币流通速度视为常数。

总的来说，凯恩斯的流动偏好理论虽然是剑桥学派理论的扩展，但是其在分析人们的持币动机上却要精细得多。具体来说，凯恩斯假设人们持币动机有三种：①交易动机；②预防（或谨慎）动机；③投机动机。虽然凯恩斯认为货币需求的交易动机和预防动机需求与收入成比例，但是他认为投机性货币需求与利率水平负向相关。

凯恩斯货币需求模型的重要含义是，它认为货币流通速度并非常量，而与波动剧烈的利率正向相关。他的理论反对将货币流通速度视为常数。这样，凯恩斯的流动偏好理论对古典货币数量论提出的名义收入主要由货币数量的变动决定的观点提出质疑。

第二次世界大战以后，通过发展更精确的理论来解释凯恩斯提出的三种持币动机，经济学家进一步发展了凯恩斯的货币需求理论。因为在货币理论中，利率被认为是一个关键的因素，所以理论研究的焦点集中在更好地理解利率对货币需求的作用上。如威廉·鲍莫尔（William Baumol）和詹姆斯·托宾（James Tobin）独立地发展了类似的货币需求模型。这些模型表明，即使用于交易目的的货币余额对利率水平也很敏感。关于凯恩斯货币需求理论的进一步发展，有兴趣的读者可以参阅相关书籍，在此不再详述。

第三节　弗里德曼的现代货币数量论

米尔顿·弗里德曼在 1956 年发表了著名的论文《货币数量论：一种新的阐释》，弗里德曼发展了货币需求理论。虽然弗里德曼经常引用费雪的货币数量论的观点，但是实际上他对货币需求的分析却更接近凯恩斯和剑桥学派的观点。

弗里德曼继续探讨人们持币的原因。与凯恩斯不同的是，弗里德曼不再具体分析持有货币的动机，而是笼统地认为影响其他资产需求的因素也必定影响货币需求。然后，弗里德曼将资产需求理论应用到货币中。

资产需求理论表明，货币需求是个人拥有的资源（财富）及其他资产相对于货币的预期回报率的函数。与凯恩斯一样，弗里德曼承认人们愿意持有一定数量的真实货币余额（用实物表示的货币数量）。据此，弗里德曼的货币需求公式为：

$$\frac{M^d}{P} = f(Y_p, r_b - r_m, r_e - r_m, \pi^e - r_m) \tag{11-9}$$

其中：M^d/P 是对真实货币余额的需求；Y_p 是弗里德曼计量财富的指标，称为“永久性收入”（理论上讲，就是所有未来预期收入的折现值，简单地说，可以称为“长期收入的平均预期值”）；r_b 是债券的预期回报率；r_m 是货币的预期回报率；r_e 是股票的预期回报率；π^e 是预期通货膨胀率。

下面将详细考察弗里德曼的货币需求公式中各变量及其对货币需求的意义。因为一种资产的需求同财富正向相关，所以货币需求也与弗里德曼的财富概念即永久性收入正向相关。与我们通常所说的收入概念不同，永久性收入（可以当作长期收入的平均预期值）在短期内波动非常小（因为许多收入的变动是过渡性短期收入）。例如，在商业周期的扩展阶段，收入迅速增长，但因为这种增长中某些部分是临时性的，所以长期收入的平均值变动不大。故在经济繁荣时期，永久性收入的增加比收入的增加小得多。在经济衰退期，减少的收入中，大部分是暂时的，因此永久性收入的减少比收入的减少小得多。弗里德曼将永久性收入的概念作为货币需求的一个决定性因素的意义在于，它表明了货币需求在很大程度上不随产业周期的波动而波动。这也正是弗里德曼认为货币需求比较稳定的重要原因。

除货币以外，人们还可以持有好几种形式的财富。弗里德曼将它们归为三类资产：债券、股票和商品。持有这些资产而非货币的动力在于这些资产的预期回报率，其在弗里德曼的货币需求公式中用最后三项来表示。

这三项中都有货币的预期回报率，它受两个因素的影响：银行对包括在货币供应中的存款所提供的服务，如将过期的注销支票作为收据交给存款人或自动支付账单等，增加这些服务，则提高了持有货币的预期回报率；货币余额的利息收入，包括在货币供应之内的 NOW 账户和其他存款，现在都支付利息。利息提高，则持有货币的预期回报率也提高。

r_b-r_m和r_e-r_m代表相对于货币，债券和股票的预期回报率。它们提高，则货币相对的预期回报率减少，从而货币需求降低。π^e-r_m代表商品相对于货币的预期回报率。由于持有商品的预期回报率就是当商品价格上涨时的预期资本利得率，所以它等于预期通货膨胀率。例如，如果预期通货膨胀率为 10%，则预期商品价格将按 10% 的速度上涨，从而商品的预期资本利得率为 10%。当π^e-r_m上升时，商品相对于货币的预期回报率提高，货币需求降低。

第四节　弗里德曼理论和凯恩斯理论的区别

弗里德曼和凯恩斯的货币需求理论存在以下几点差异。

（1）通过将许多资产视为货币的替代物，弗里德曼认为对于整体经济运行而言，具有重要意义的利率不止一种。而凯恩斯的理论将货币之外的其他金融资产一并归入债券中，因为他认为这些资产的回报通常一起波动。如果实际情况如此，则债券的预期回报率将是其他金融资产预期回报率的一个很好的指示器，在货币需求函数中无须将它们分别列示。

（2）弗里德曼将货币和商品视为替代物，即人们在决定持有多少现金时，可在两者之间做出抉择，这就是弗里德曼将商品相对于货币的预期回报率作为他的货币需求函数中的一项变量的原因。商品和货币互为替代物的假设表明：货币数量的变动可能对总支出产生直接的影响。

（3）弗里德曼的货币需求函数中的 Y 代表永久性收入，指的是一个人在比较长的一个时期内的过去、现在和将来的收入的平均数。凯恩斯的货币需求函数中的 Y 是指现期实际收入水平。

（4）弗里德曼的货币需求函数强调永久性收入是决定货币需求的主要因素，利率变动对货币需求的影响极小。而凯恩斯的货币需求函数则认为利率是决定货币需求的重要因素。

在弗里德曼看来，货币需求之所以对利率不敏感，不是因为他认为货币需求对其他资产相对于货币的机会成本（$r_b - r_m;r_e - r_m$）的变动不敏感，而是因为利率的变动对货币需求函数中各项机会成本影响甚微。这可以分不存在利率管制和存在利率管制两种情况来讨论。如果不存在利率管制，当利率上升时，银行因为贷款利率的上升可获得更多利润，从而有动力吸收更多的存款用于贷放。为了能吸收更多的存款，在不存在利率管制的情况下，银行将会通过提高存款利率来竞争。事实上，社会公众有货币、股票、债券和商品等多种资产形式可供选择。当债券、股票等预期回报率上升，银行必须提高存款利率才能吸收到更多的存款，以谋取利润。因此，货币的预期回报率（存款利率）必然随着债券和贷款利率的不断上升而上升。银行对存款的竞争一直持续到没有超额利润为止。这一过程缩小了贷款和存款的利差。银行业这种竞争的最后结果是当利率上升时，其他资产相对于货币的机会成本（$r_b - r_m;r_e - r_m$）保持相对稳定。

如果存在利率管制，弗里德曼认为，虽然银行无法对存款支付更高的利率，但它们仍然可以在服务质量上展开竞争。例如，银行可以向存款人提供更多和更优质的服务，包括配备更多的出纳员，为客户提供自动支付账单服务，在更多可到达范围配备自动提款机等。银行服务业通过这些改进，使货币的预期回报率（即存款利率）增加。所以，虽然限制支付货币形式的利息，弗里德曼认为，市场利率的上升将大幅度提高货币的预期回报率，使其他资产相对于货币的机会成本（$r_b - r_m;r_e - r_m$）保持相对稳定。

综上所述，当经济中利率上升引起其他资产的预期回报率增加时，货币的预期回报率（存款利率）也相应上升，二者抵消后，其他资产相对于货币的机会成本（$r_b - r_m;r_e - r_m$）保持相对不变。因此，弗里德曼的货币需求函数强调永久性收入是决定货币需求的主要因素。弗里德曼曾经计算出，1867—1960 年，美国利息率每增加或减少 1%，人们对（真实）货币的需求只减少或增加 0. 15%，他认为利息率的影响极小。

（5）弗里德曼强调货币需求函数相当稳定，而凯恩斯则认为货币需求函数因为利率的剧烈波动而波动剧烈。弗里德曼认为，利息率对货币需求的影响极小，永久性收入是决定货币需求的主要因素。而永久性收入是社会公众一生中的稳定收入。因此，弗里德曼坚持货币需求函数稳定而且可预测。由于货币需求函数的可预测性，货币流通速度也可预测。

货币流通速度可表示为如下形式。

$$V = \frac{P \times Y}{M} = \frac{P \times Y}{P \times f(Y_p)} = \frac{Y}{f(Y_p)} \quad (11-10)$$

其中，M 是货币供给等于货币需求时的货币需求量，亦即货币市场均衡时的货币需求量。由于实际收入 Y 与永久性收入 Y_p 的关系可预测，所以稳定的货币需求函数表明，货币流通速度也可预测。而凯恩斯认为，货币需求的流动偏好理论表明货币流通速度的波动也很剧烈。

弗里德曼关于货币流通速度可预测的观点使他的货币需求理论得出了与货币数量论相同的观点。因为，如果我们能够预测下一阶段的货币流通速度，就可以预测货币数量变动对总支出的影响。其逻辑在于货币流通速度 V 可表示为：

$$V = \frac{P \times Y}{M} \quad (11-11)$$

其中，P 代表价格水平，Y 代表总产出，总支出 $P \times Y$ 也称为“名义总收入”或“名义 GDP”，M 代表货币数量。

与货币数量论一样，即使不再假定货币数量论为常数，货币供给数量 M 仍然是决定名义总收入（$P \times Y$）的主要因素。因此，货币对总支出的作用重大，弗里德曼的货币需求理论得出了与货币数量论相同的观点。弗里德曼的货币需求理论也就被视为货币数量论的重新表述。

总之，弗里德曼的货币需求理论采用了与凯恩斯和更早些的剑桥学派的经济学家相类似的方法，但未对持有货币的动机做深入分析。相反，弗里德曼把资产需求理论应用于货币需求，提出了货币需求是永久性收入和货币相对于其他可替代资产的预期回报率的函数。弗里德曼理论和凯恩斯理论有两点重要差异：一是弗里德曼认为货币需求对利率不敏感，因为利率的变动不会带来其他资产相对于货币的机会成本（$r_b - r_m; r_e - r_m$）的较明显变动，而凯恩斯坚持货币需求对利率敏感；二是弗里德曼强调货币需求函数非常稳定，货币流通速度也可以预测，货币是决定总支出的主要因素，而凯恩斯认为利率的剧烈波动导致货币需求波动很大，货币流通速度并非常量。

本章小结

欧文·费雪提出了一种以交易为基础的货币需求理论。该理论认为，对实际余额的需求同实际收入成比例且对利率波动不敏感。该理论还认为货币流通速度是一个常数。这一认识导致了货币数量论的产生，货币数量论认为总支出仅取决于货币数量的变动。

剑桥学派经济学家的理论试图回答个人愿意持有的货币数量。这一理论也认为对实际货币余额的需求同实际收入成比例。其与费雪的不同之处在于：费雪排除了利率在短期内对货币需求的影响，而剑桥学派经济学家的理论却强调了个人选择，没有排除利率对货币需求的影响。

通过分析持有货币的三种动机，即交易动机、谨慎动机和投机动机，凯恩斯发展了剑桥学派的理论。在凯恩斯的流动偏好理论中，他认为货币需求的交易动机需求和预防动机需求与收入成比例，但货币的投机需求不仅对利率敏感，而且对利率未来变动的预期也很敏感。这一理论表明，货币流通速度并不稳定，并非常量。

米尔顿·弗里德曼的货币需求理论使用了与凯恩斯和古典剑桥学派经济学家类似的方法。弗里德曼将货币视同任一其他资产，创立了一种货币需求理论。该理论认为，货币需求是其他资产相对于货币的预期回报率和永久性收入的函数。与凯恩斯不同，弗里德曼认为货币需求稳定且对利率波动不敏感。他认为货币流通速度可以预测（尽管不是常量），这一认识推出了与货币数量论相同的结论，即货币是决定总支出的主要因素。

思考题

1.“由于费雪与剑桥学派的货币需求方程式相同，都是 $M^d = K \times PY$，故他们的理论相同。”这一说法正确、错误还是无法确定？试解释。

2. 在凯恩斯对投机性货币需求的分析中，如果人们突然认为利率的正常水平已下降，则货币需求将发生什么变化？为什么？

3. 凯恩斯和弗里德曼的货币需求理论都认为当货币的相对预期回报率下降时，对其需求也将减少。为何弗里德曼认为货币需求不受利率变动的影响，而凯恩斯认为货币需求受利率变动的影响呢？

4. 为何弗里德曼的货币需求理论认为货币周转率可以预测，而凯恩斯的观点却与之相反？

进一步阅读书目

1. 弗雷德里克·S. 米什金. 货币金融学:第十一版[M]. 郑艳文,荆国勇,译. 北京:中国人民大学出版社,2016.

2. 卡尔·布鲁纳,艾伦·H. 梅尔茨. 货币经济学:货币分析问题[M]. 康以同,等译. 北京:中国金融出版社,2010.

3. 米尔顿·弗里德曼,安娜·J. 施瓦茨. 美国货币史 1867—1960[M]. 巴曙松,王劲松,等译. 北京:北京大学出版社,2009.

第十二章　货币均衡

本章要点

◎什么是货币均衡?

◎*IS* – *LM* 模型中货币的作用是什么?

◎是否存在挤出效应?

◎通货膨胀与通货紧缩的原因是什么?

尽管货币可能仅仅是商品经济的一层面纱，实体经济的正常运行并不必然依赖于货币，但是这层面纱的厚薄——货币数量的多少将会对经济产生重要影响。

货币数量的多少是个相对概念。只有将货币供给量与需求量相结合才能清楚地分析经济中的货币量是多了还是少了。也就是说，必须考虑货币均衡的问题。货币均衡在社会总供求的均衡中居于核心地位，货币供给与货币需求的变化直接影响到经济中的各个部门和市场，因而货币供求关系在宏观调控中也居于核心地位。货币供求的变化会产生什么样的效果？货币政策如何与其他经济政策相结合达到预期的宏观经济目的？本章将借助 *IS* – *LM* 模型和总需求—总供给模型对这些问题给予回答，并分别考察当代经济学的主要流派关于货币如何影响经济的观点。

第一节　货币市场与商品市场均衡

我们现在把决定国民经济的各个变量综合起来，然后分析货币因素是如何影响国内生产总值的。

假设投资的边际效率提高了，如果投资每年增加 100 亿元，而且投资乘数是 2，那么收入会不会每年增加 200 亿元？这是不可能的，因为我们忽略了利率对投资和收入增加的反应，以及利率的这种变化对收入的反馈效应。当投资和收入增加时，货币需求将增大，从而使利率上升，然后又使收入减少。既然收入先是上升，随后下降，那么怎能肯定投资的增加真的会增加收入呢？我们好像掉入了一个循环，为了知道收入的情况，必须懂得利率的情况，然而利率又部分地取决于收入的状况。所以，我们必须通过同时考察商品、劳务市场和货币市场来分析收入与利率，它将保证我们在决定收入过程中假定的利率，同以收入和其他变量一起决定利率时所使用的利率相一致。*IS－LM* 模型可以说明当商品市场、劳动市场和货币市场同时处于均衡状态时收入与利率的关系以及货币市场的变动对整体经济的影响。该模型不仅可以用于经济预测，还有助于我们更好地理解经济政策对总体经济活动的影响。

一、商品市场的均衡——*IS* 曲线

在一定时期内，一个经济中各部门对全部经济活动产出的需求总量，称为“总需求”。在开放经济中，总需求方程如下：

$$AE = C + I + G + NX \tag{12-1}$$

式中：AE 表示总需求，C 表示消费，I 表示投资，G 表示政府在商品和服务上的支出，NX 表示净出口。消费、投资、政府支出和净出口以及人们预期的不确定性会导致总需求曲线的变动。

投资 I 是指企业在新设备和厂房上的支出，其主要取决于销售水平 Y（假设产出全部销售，因此可用产出 Y 代表销售水平）和市场利率 i。投资函数可表述为：

$$I = I(Y, i) \tag{12-2}$$

一般而言，销售水平上升，企业会扩大生产，增加投资。利率上升，企业贷款成本增加，企业会减少投资。

总需求曲线可表示为：

$$AE = C_0 + C(Y - T) + I(Y, i) + G + NX \tag{12-3}$$

式中，C_0 为自主消费，T 为税收收入。随着收入 Y 增加，消费增加，投资增加，从而总需求增加。因此，总需求曲线向上倾斜。商品市场的均

衡条件为：总产出 = 总需求，即 $Y = AE$。图 12－1 描述了商品市场的均衡。

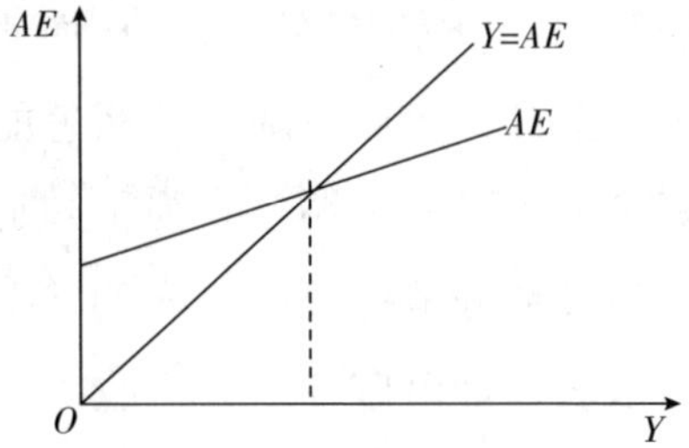

图 12－1　商品市场的均衡

现在，我们可以利用利率与投资之间的关系来考察利率和总产出均衡水平的关系。我们用图 12－2 来推导 *IS* 曲线。

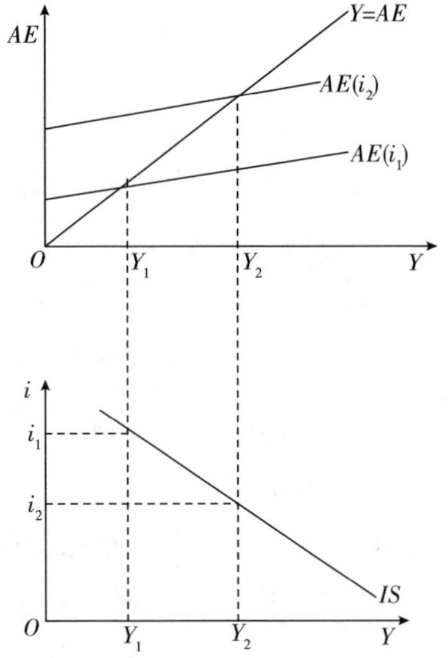

图 12－2　*IS* 曲线的推导

对于一个既定的利率水平 i_1，商品市场均衡时的产出为 Y_1。假设一个较低的利率 i_2。利率下降，投资增加，从而总需求增加，进而导致产出增加，如图 12－2 所示，均衡产出将由 Y_1 增加到 Y_2。在相应的 $i-Y$ 图上，我们得到（Y_1，i_1）和（Y_2，i_2）两个点，这两个点的连线就是 *IS* 曲线。*IS* 曲线代表商品市场处于均衡状态时，所有利率和产出的组合。

接下来我们来考虑 *IS* 曲线的移动。如图 12－3 所示，当政府实施紧缩性财政政策如增加税收 T 时，居民可支配收入 $Y-T$ 减少，总需求减少，IS 曲线向左移动（IS_0移动到 IS_1）。当政府实施扩张性财政政策如增加支出 G 时，总需求增加，从而导致产出增加，IS 曲线向右移动（IS_0移动到 IS_2）。

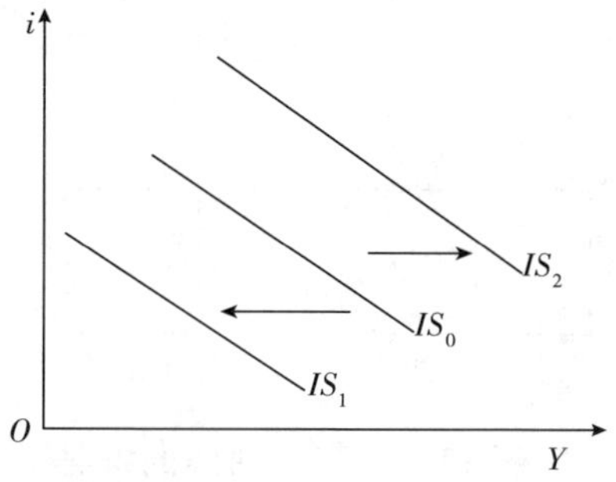

图 12－3　*IS* 曲线的移动

迄今为止，我们不太确切地假定了利率变动只影响投资，而不影响其他支出。事实上，利率还会影响消费和净出口。国内利率上升，外国人将购买更多的本国证券，本币需求增加。与此同时，国内居民将减少购买外国证券，从而减少对外币的需求。由于本币需求增加而外币需求减少，所以在外汇市场上，本币将升值，本国商品相对于外国商品来说变贵了，从而造成本国出口减少和进口增加，对本国产品的需求以及本国的国内生产总值将下降。政府对商品和劳务的支出（只包括纳入国内生产总值的那些政府支出）甚至也会受到利率的影响。利率越高，政府对到期公债支付本息的成本越高。如果存在对赤字数额的政治或法律约束，那么政府支付的利息越多，它对商品与劳务的支出就越少。所以从现在起，我们把 IS 曲线同国内商品和劳务的全部支出联系起来，而不仅仅是同投资相联系。

二、货币市场的均衡——*LM* 曲线

在短期，利率由货币供给和需求所决定。决定利率的变量很多，假定除了一种变量变动外，其余变量都不变，我们就可以看出该变量如何影响利率。我们在这里先选择收入变量，收入通过 LM 曲线和利率相联系。LM 曲线反映了当货币市场均衡时，利率和国民收入之间的关系。它是向上倾斜的，因为随着收入的增加，人们对货币的需求增加，为了获得更多的货

币，人们愿意支付更高的利率，从而导致利率上升。假设实际货币供给量 M/P 不变，我们用图 12－4 来推导 *LM* 曲线。

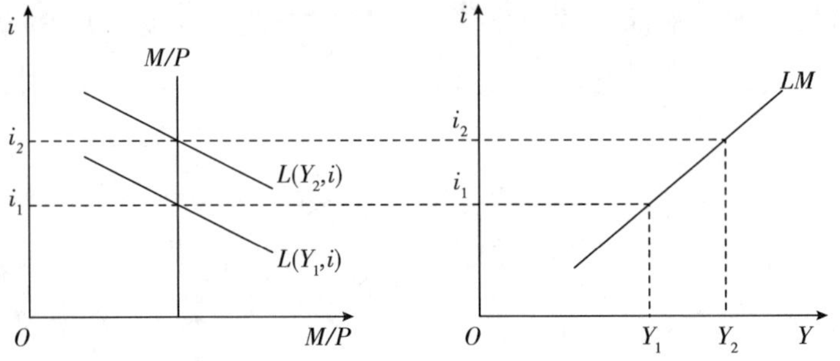

图 12－4　*LM* 曲线的推导

当收入为 Y_1 时，对应的货币需求函数为 $L(Y_1, i)$，货币市场均衡时的利率为 i_1。当收入由 Y_1 增加到 Y_2 时，货币需求函数变为 $L(Y_2, i)$，货币市场均衡时的利率为 i_2。在相应的 $i-Y$ 图上，我们得到了 (Y_1, i_1) 和 (Y_2, i_2) 两个点。这两个点的连线就是 *LM* 曲线。*LM* 曲线代表货币市场均衡时，所有利率和收入的组合。

接下来，我们考虑 *LM* 曲线的移动。当中央银行实施扩张性货币政策，如增加货币供给量 M 时，我们假设价格水平 P 保持不变，因而实际货币供给量 M/P 增加。在给定的收入水平上，实际货币供给量增加，导致利率下降，*LM* 曲线向下移动（LM_0 移动到 LM_1）；反之，紧缩性货币政策会使 *LM* 曲线向上移动（LM_0 移动到 LM_2）。

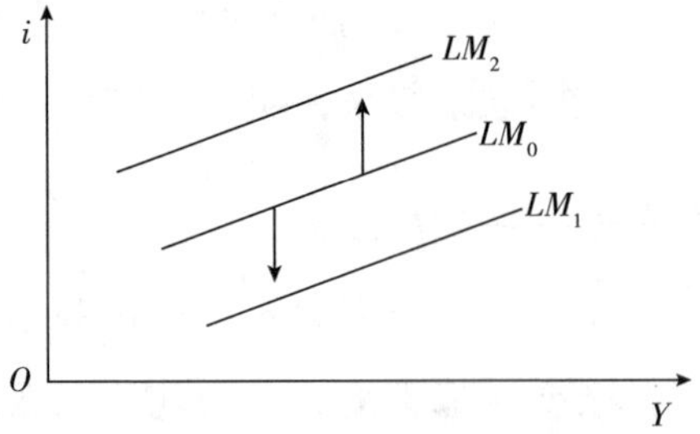

图 12－5　*LM* 曲线的移动

三、IS - LM 模型

（一）IS 曲线和 LM 曲线的结合

由于 IS 曲线上的任何一点都表示商品和劳务市场处于均衡，LM 曲线上的任何一点都表示货币市场处于均衡，所以 IS 曲线和 LM 曲线的交点表示商品市场和货币市场同时达到均衡——从而整个经济处于均衡状态。换句话说，只有在这两条曲线的相交处，IS 曲线所假定的利率才能和货币市场上实际确定的利率相等。从另一种方式来看，这里有两个未知变量（收入和利率）和两个方程式（IS 方程和 LM 方程），联立这两个方程就可求出商品市场和货币市场均衡时的收入和利率（见图 12 -6）。

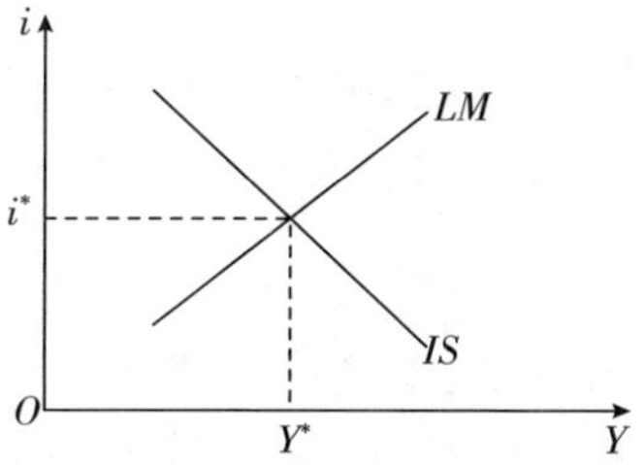

图 12 -6　商品市场与货币市场均衡

为了弄清楚为什么只有在 IS 和 LM 曲线的交点处经济才能达到均衡状态，我们也可以分析一下在其他点上将出现的情况。在图 12 -7（a）中，A 点的利率为 i_1，高于均衡利率 i^*，根据 LM 曲线，只有收入等于 Y_1，才能使人们愿意持有现有的全部货币供给。但 IS 曲线告诉我们，当利率为 i_1 时，收入只能是 Y_2。所以，如果利率水平高于均衡利率 i^*，那么收入将下降。收入下降又会影响利率，使利率下降。因此，收入和利率都会移向均衡点（Y^*，i^*），经济最终会重新达到均衡。

现在考虑图 12 -7（b）。B 点的利率为 i_1，低于均衡利率 i^*，根据 IS 曲线，收入将为 Y_1。但是，LM 曲线告诉我们，当利率为 i_1 时，收入必须等于 Y_2 才能使货币供给等于货币需求，所以 B 点不可能是均衡点，经济最终会回到均衡点（Y^*，i^*）。

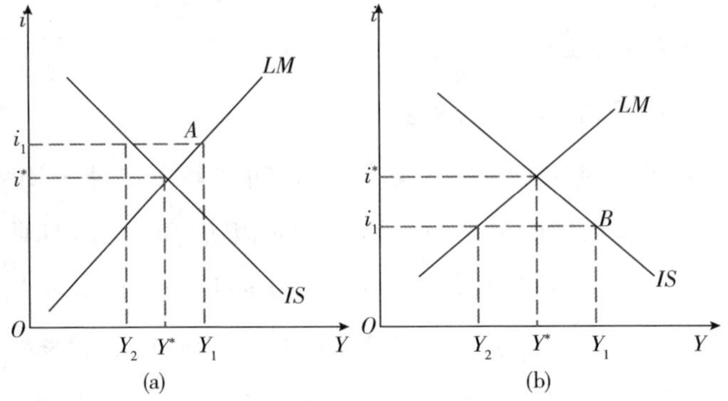

图 12 -7　*IS* - *LM* 图形中的非均衡点

（二）*IS* 和 *LM* 曲线的斜率

IS 曲线的斜率取决于投资支出对利率的敏感程度，而且取决于乘数的值。投资支出对利率越敏感，或者乘数值越大，则一定幅度的利率变动引起的收入变动幅度就越大，从而 *IS* 曲线也就越平滑。

LM 曲线的斜率更为复杂。*LM* 曲线表示使货币需求等于货币供给的所有利率和收入水平的组合，它的斜率取决于货币需求对收入以及利率的反应程度。货币需求对收入变动的反应程度越大，*LM* 曲线就越陡峭；而货币需求对利率变动的反应程度越大，*LM* 曲线就越平滑。

四、*IS* - *LM* 框架中的财政政策和货币政策

IS - *LM* 框架可以用来描述财政政策和货币政策如何影响国内生产总值。

（一）财政政策

政府支出 G 是总需求的一部分，政府支出的变化会使 *IS* 曲线发生移动。在图 12 - 8（a）中，当政府支出变动使 *IS* 曲线外移到 IS_1 时，收入从 Y_0 增加到 Y_1，而不是按乘数公式 $Y = G/(1 - c)$ 上升到 Y_2（c 是边际消费倾向），其原因是存在挤出效应。当收入增加时，利率上升，利率上升反过来又会使企业减少投资，从而挤出一部分收入。如图 12 - 8（a）所示，利率的上升将挤出 $Y_2 - Y_1$ 的收入。*LM* 曲线越陡峭，这种挤出效应越大。在无利息弹性的 *LM* 曲线这样的极端情况下，如图 12 - 8（b）中的 LM_2，

提高政府支出对收入没有影响，它只是使利率从 i_0 上升到 i_2。

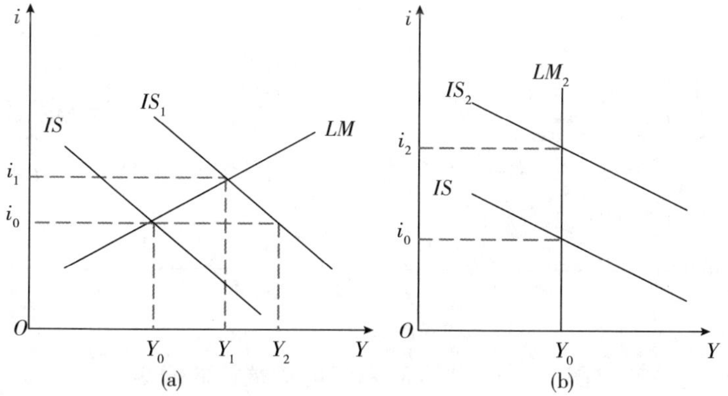

图 12－8 挤出效应

税收变动也可能使 *IS* 曲线移动。如减少个人所得税，则个人可支配收入将增加，家庭将相应地增加消费。在图 12－9（a）中，减税通过把 *IS* 曲线移至 IS_1，从而增加了收入并使利率上升。同样，如果 *LM* 曲线变成完全垂直的，则收入将不会变动。

但是 *LM* 曲线不是完全垂直的，因为货币需求并不是完全无利息弹性的。如果要论证财政政策对收入没有作用，就必须借助某种间接的挤出效应。当政府增加支出时，它必须通过卖出证券，或增加收入，或创造新货币来为这一增加的支出筹集资金。假设政府售出更多的证券，这对 *LM* 曲线有何影响？一种可能是，当人们持有更多的证券时，他们也想要持有更多的货币，这或是因为他们变得更为富有，或是因为货币和证券是互为补充的。如果是这样的话，那么政府支出以及随之而发行的政府证券就不仅仅是使 *IS* 曲线右移，而且会使 *LM* 曲线左移。如果 *LM* 曲线向左移动的幅度足够大，如移至图 12－9（a）中的 LM_1，则收入降至 Y_2，低于政府支出变动前的水平。这就是过度的挤出效应。

但是也存在相反的可能性。假设人们把政府证券作为货币的良好替代品，这样，当他们持有较多的政府证券时，他们对货币的需求就会减少，从而 *LM* 曲线向右移动。如果 *LM* 曲线右移的幅度很大，如移至图 12－9（b）中的 LM_2，则利率降低到 i_2，收入增加到 Y_2。政府证券不但没有挤出

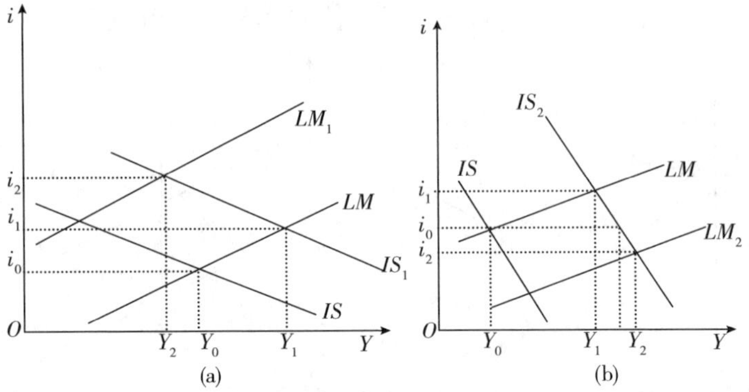

图 12－9　对 *LM* 曲线的极端性的假定

私人开支，而且会发生“挤进”：总需求增加幅度大于政府支出和乘数的积。此外，需求的增加还可能通过加速器的作用而增加投资。

挤出效应和挤进效应都是理论上的可能性。遗憾的是，极难找到证明政府证券是货币的补足物或替代物的令人信服的实证性证据。所以，经济学家不同意组合挤进效应的存在，也不同意这种挤进效应（如果存在的话）大到足以抵消沿 *LM* 曲线的移动所造成的利率上升。但是，对于“部分”挤出效应产生方式的争论则少得多。当政府支出和收入增加时，利率也会上升。这导致外国人购买更多的本国证券，而本国人则减少购买外国证券。对本币需求的增加和外汇市场上本币供给的减少将促使本币升值，从而造成本国出口下降，进口增加。由于出口下降和进口增加，本国的收入将减少。

（二）货币政策

如果中央银行实施扩张性货币政策，则 *LM* 曲线将向下移动。例如，在图 12－10（a）中，曲线 *LM* 移至 LM_1，则利率从 i_0降至 i_1，收入从 Y_0增加到 Y_1。图 12－10（b）表示了完全无利息弹性的垂直的 *IS* 曲线的极端情况。此时，扩张性货币政策对收入没有影响，仅仅降低了利率，货币政策完全无效。图 12－10（c）列示了 *IS* 曲线呈水平状态的另一种极端情况。由于支出对利率的弹性无穷大，所以利率的微小变动就会使支出增加到足以吸收全部增加的货币供给，货币供给的增加全部转化为收入的增加，在

图12－10（c）中从 Y_0增加到 Y_1。此时，货币政策完全有效。

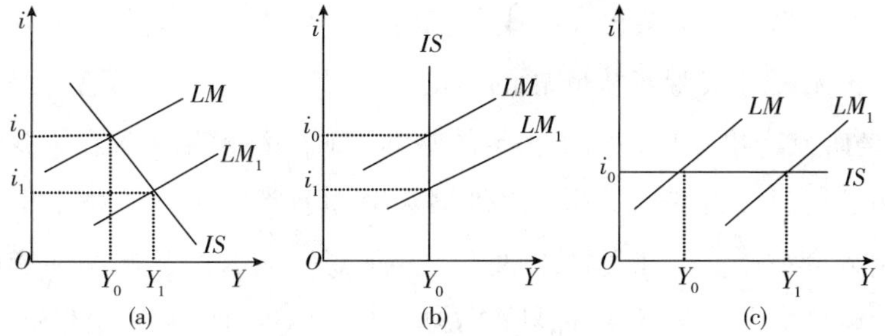

图 12－10　扩张性货币政策的效果

（三）财政政策和货币政策相互作用

一般来说，一种政策变动会影响另一种政策，两种政策相互作用，将改变一种政策变动的效果。如图 12－11 所示，扩张性财政政策会导致利率上升，央行如果想维持利率 i_0不变，则需增加货币供给量，使 *LM* 曲线移动到 LM_1，经济最终达到的均衡状态为点（i_0，Y_1）。

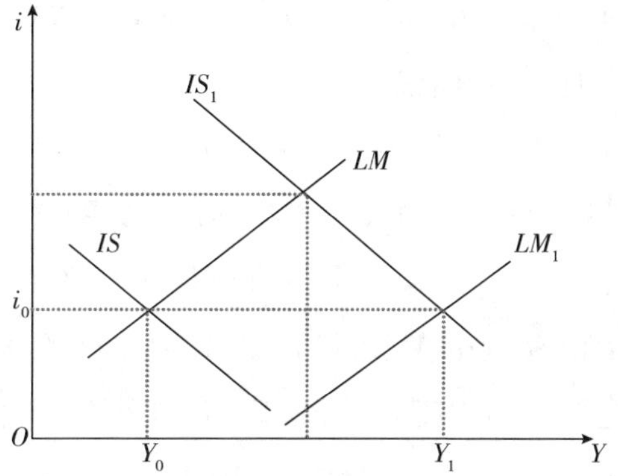

图 12－11　财政政策和货币政策相互作用

第二节　一般经济均衡

前面讨论 *IS*－*LM* 模型时曾经假定价格水平是固定不变的，通过假定在现行价格水平上产品需求等于产品供给，研究了货币供给、政府收支变动对产出的影响。但是，假定中央银行增加了货币供给量，这对价格水平和产出将会有什么影响呢?需要注意的是,货币供给量的增加会引起通货膨胀吗?产出水平会不会提高?或者产出和价格水平会不会都上升?价格和通货膨胀无疑是宏观经济问题的核心,总需求—总供给模型(AD - AS model)是研究产出和价格水平决定的基本宏观经济模型。现在,我们以需求曲线和供给曲线为基本工具,将价格水平和通货膨胀(价格水平的变动情况)引入分析中。对于总需求曲线上的任意一点,商品市场和货币市场均处于均衡状态。这是由 *IS* 曲线和 *LM* 曲线的交点所决定的均衡。例如,给定价格 P_0,Y_0表示使商品市场和货币市场达到均衡的产出水平。总供给曲线 *AS* 刻画了价格水平与厂商愿意供给的产品数量之间的关系。例如,在价格 P_0上,厂商愿意供给产出 Y_0。

一、总需求曲线

总需求反映了价格对产出的影响,它是从商品市场和货币市场均衡推导出来的。商品市场均衡时,*IS* 曲线方程为:

$$Y = C(Y - T) + I(Y,i) + G + NX \tag{12-4}$$

货币市场均衡时,*LM* 曲线方程为:

$$M/P = L(Y,i) \tag{12-5}$$

图 12 - 12 反映了总需求曲线的推导过程。如图 12 - 12(a)所示,经济最初处于均衡点 E_1(Y_1,i_1)。考虑一下价格水平由 P_1降为 P_2,价格水平的降低使实际货币存量由 M/P_1增加到 M/P_2,实际货币存量增加之后,为了使货币市场重新达到均衡,要么利率必须下降,使公众持有更多的现金余额,要么产出必须上升,以增加货币的交易需求,最终使 *LM* 曲线向右移动,新 *LM* 曲线与 *IS* 曲线的交点即为新的经济均衡点 E_2(Y_2,i_2)。与图 12 - 12(a)中的 E_1点相对应的是图 12 - 12(b)中的 E_1点,价格为 P_1,收入为 Y_1。同理,我们得到了 E_2点,价格为 P_2,收入为 Y_2。以此类推,我们可得到一系列的点(P_i,Y_i),连接这些点即可得总需求曲线 *AD*。

从图 12 - 12 中可以看出,总需求曲线向下倾斜,原因有三点:①利率效应。当价格下降时,实际货币供给增加,利率下降,从而导致投资增加,产出增加。②实际余额效应。价格下降导致实际财富增加,居民消费

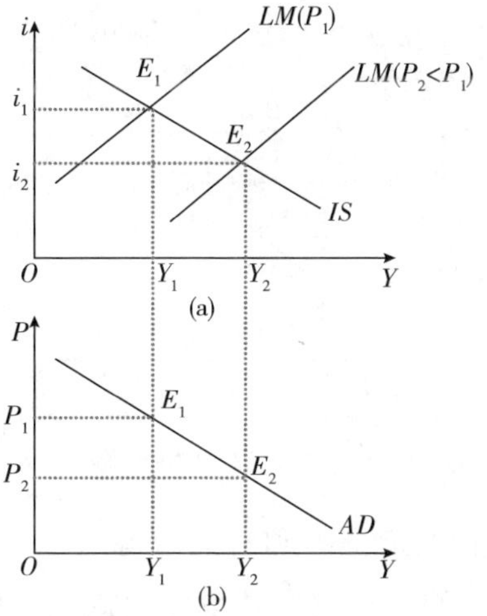

图 12－12　总需求曲线的推导

水平提升，从而引起产出增加。③贸易效应。价格下降导致净出口增加，进而导致产出增加。

对于图 12－12 还需注意一点：利率随着 *AD* 曲线的点向下移动而不断变化。E_2点的利率 i_2要低于 E_1点的利率 i_1。也就是说，随着 *AD* 曲线向右下方移动，利率与价格水平一起下降。

二、总供给曲线

总供给的主要特点是，当价格水平上升时，产出在短期内相应增加。图 12－13中的短期总供给曲线 *AS* 表示产出与价格水平间的正向关系。假定原来价格水平为 P_1时，产出品供给量为 Y_1，由点 *A* 表示。价格水平上升到 P_2时，会导致短期内产出增加到 Y_2（点 *B*）。连接 *A*、*B* 得直线 *AS*，*AS* 表示短期内产出和价格水平的关系，被称为"短期总供给曲线"，该曲线向上倾斜。

短期内企业根据成本进行加成定价：

$$P = (1+\mu)MC \tag{12-6}$$

短期内产出增加会导致：①单位产出需要更多投入。产出增加时，企业使用了新工人或使用了不太适合本行业的资本和土地，因此，生产率下降，这意味着单位产出投入增加，导致生产成本上升。②非劳动投入价格

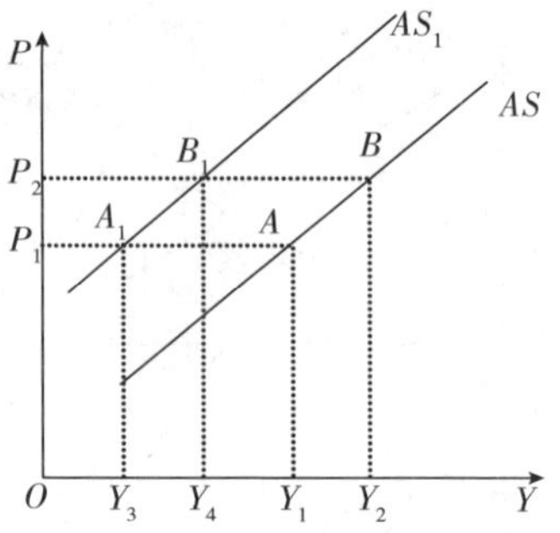

图 12－13　短期总供给曲线及其移动

上升。非劳动投入主要是指土地和自然资源（如煤、电、油等），短期内它们的数量有限，对它们的需求上升将使它们的价格上升，导致生产成本上升。③名义工资上升。产出增加意味着劳动需求增加，从而名义工资上升，导致生产成本上升。生产成本上升后，企业会根据式（12－6）所示的定价原则要求提高价格水平。

结论：短期内产出增加引起单位产出的成本上升，因此，价格水平上升，即产出与价格之间存在正相关关系。

三、总供给与总需求均衡的分析

在总供给等于总需求的点上，会出现均衡的产出水平和价格水平。然而，在总供给和总需求分析中，有两种均衡——短期均衡和长期均衡。

（一）短期均衡

如图 12－14 所示，在 AS 曲线与 AD 曲线的交点 E，宏观经济达到短期均衡，均衡时产出为 Y^*，价格为 P^*。这里我们要注意，均衡产出并不等于充分就业产出。正如前面的供求分析那样，只有当经济活动确有均衡的趋向时，均衡才是一个有用的概念。首先观察一下当价格水平高于均衡价格水平 P^* 时发生的情况。如果价格水平为 P_2，则在 D 点的总供给量大于 A 点的总需求量，因此商品和劳务的价格就会下降，价格水平的下降一直要持续到点 E 达到的均衡水平 P^* 为止。当价格水平低于均衡价格水平时，如在 P_1，则会出现供不应求的情况，价格水平就会上升，价格水平的上升一直要持续到再次达到在 E 点的均衡价格水平 P^* 为止。

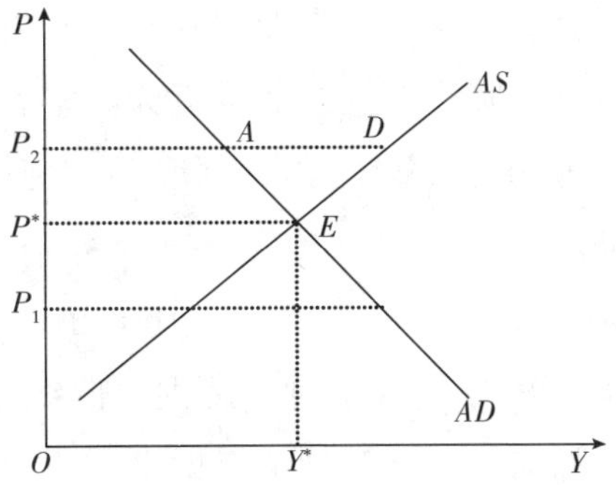

图 12-14　短期均衡

（二）长期均衡

在供求分析中，一旦找到需求量等于供给量的均衡时，便无须进一步讨论了。可是，在总供给与总需求的分析中，情况并非如此。即使当总产出的需求量等于总供给量时，也还有一些因素会使均衡点随时间的推移而移动。为了解其中的原因，必须记住：如果生产成本变动，总供给曲线就会移动。

生产成本中最重要的组成部分是工资成本（约占生产成本的 70%），它由劳动力市场决定。如果经济繁荣，雇主们就会发现他们难以雇到合格的工人，甚至难以留住现有的雇员。在这种情况下，劳动力市场吃紧，劳动力的需求超过劳动力的供给，雇主们就会提高工资以吸引劳动力，这将增加生产成本。生产成本的提高，将降低每一价格水平下单位产出的利润，使总供给曲线左移（见图 12-13）。

与此相反，如果经济发生衰退，劳动力市场由于劳动力供过于求而显得萧条，找不到工作的工人就愿意接受较低工资的工作。此外，已经有工作的工人也愿意在工资方面做出让步，以免失去工作。因此，在劳动力供过于求的萧条的劳动力市场上，工资下降，生产成本下降，总供给曲线就会右移。

上述分析表明，总供给曲线移动与否，在于劳动力市场是吃紧还是宽松。如何确定其是紧还是松？自然失业率（natural rate of unemployment）的概念可能有助于回答这个问题。自然失业率就是劳动力供求相等时存在的失业率。当失业率低于自然失业率时，那么劳动力市场就吃紧，工资就会上升，总供给曲线就会左移。当失业率高于自然失业率时，那么劳动力市场就疲软，工资就会下降，总供给曲线就会右移。只有当失业率维持在自然失业率水平时，劳动力市场上才没有使工资上升或下降的压力，此时总供给曲线不会移动。

在自然失业率条件下的总产出水平称作产出的自然率水平。由上可知，当失业和总供求偏离自然水平时，总供给曲线不会保持不变。因此，需要观察短期均衡是如何对以下两种情况做出反应而随时间变动的：一是原来的均衡水平低于自然率水平；二是原来的均衡水平高于自然率水平。

在图 12－15（a）中，原来的均衡在点 E_1。由于均衡产出水平 Y_1 高于自然率水平 Y_n，所以失业率低于其自然率水平，劳动力市场存在过紧现象。这将促使工资上升，从而使生产成本上升，总供给曲线上移到 AS_2。在新的均衡点 E_2 上，产出下降到 Y_2，但仍高于自然率水平 Y_n，工资继续上升，最终使总供给曲线上移到 AS_3。在均衡点 E_3 处，产出正好等于自然率水平 Y_n，因而经济达到长期均衡。既然产出处在自然率水平，工资便不再受到上升的压力，因而总供给曲线也不再有移动的倾向。

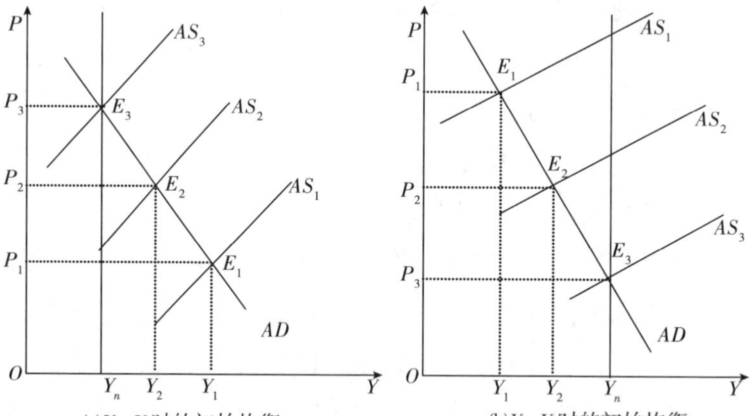

(a) $Y>Y_n$ 时的初始均衡　　(b) $Y<Y_n$ 时的初始均衡

图 12－15　总供给与总需求分析中长期均衡的调整

如图 12－15（a）所示的短期总供给曲线的移动表明，经济活动不会停留在高于自然率水平的产出水平上，产出最终会达到自然率水平 Y_n 的垂直线上的一点。既然这条垂直线是总供给曲线停止移动的唯一位置，那么这条垂直线便表明在任何给定的价格水平上，长期中产出品的供给量。该垂直线被称作“长期总供给曲线”。

图 12－15（b）中，在原来的均衡点 E_1 处，产出水平低于自然率水平。由于失业率高于其自然率水平，工资会开始下降，总供给曲线会下移，一直到达 AS_3 为止。经济活动则沿着总需求曲线向下移动，一直到长期均衡点 E_3，即总需求曲线 AD 与长期总供给曲线相交在点 E_3 处。在这种情况下，与图 12－15（a）一样，当产出水平回到自然率水平时，经济便稳定下来。

图 12－15（a）、图 12－15（b）中的显著特点是：不管产出量原来在什么位置，它终究会回到自然率水平上。这个特点可以这样描述：经济活动具有一个自我校正机制，即在长期内，通过价格和工资变化，产出水平回到充分就业产出水平的调整过程。

对于政策制定者而言，重要问题是这种自我校正机制多快才能起作用。许多经济学家特别是凯恩斯学派，认为自我校正机制费时太长，所以达到长期均衡太慢。这一观点反映在常被引用的凯恩斯的一句话中：“在长期中，我们都已不复存在了。”这些经济学家认为，自我校正机制起作用的速度很慢，因为在高失业率的条件下，工资下调是不易的，即存在工资黏性。工资和价格调整缓慢意味着总供给曲线不能迅速移动，使经济达到自然失业率的水平。因此，当失业率较高时，这些经济学家（被称为“主动论者”）认为，政府应主动采取积极的政策，使经济活动恢复到充分就业的状态。

第三节　通货膨胀与通货紧缩分析

一、通货膨胀

（一）通货膨胀的类型

1. 通货膨胀的定义

通货膨胀指的是物价水平的持续上涨。其定义很简单，但需要注意两个关键词：一是“物价水平”，即整体价格水平，不是一种或几种商品的价格；二是“持续上涨”，通货膨胀并不是指短暂的价格水平上涨。

2. 按起因划分的四种通货膨胀类型

（1）需求拉动型通货膨胀：指因社会总需求的增长幅度超过了社会总供给的增长幅度，从而引起物价持续上涨的通货膨胀类型。这种通货膨胀类型有自发性的，即支出的增长是独立的，与实际的或预期的成本增长均无关；有诱发性的，即成本的增长导致工资及其他收入的增长，诱使消费支出增长；有支持性的，即政府采取扩张性财政政策或货币政策以扩张总需求。

（2）成本推动型通货膨胀：指因成本自发性增加而导致物价上涨的通货膨胀类型。这种通货膨胀类型包括：工会促使的“工资推动型通货膨胀”，即工资与物价的螺旋上升现象；由垄断企业推动的“利润推动型通货膨胀”，即垄断企业为实现高额垄断利润而人为抬高产品价格所引起的通货膨胀。

（3）输入型通货膨胀：指因进口商品价格上升、费用增加而导致国内物价总水平上涨的通货膨胀类型。这实质上是一种通货膨胀的国际传递现象。如20世纪70年代OPEC（石油输出国）抬高原油价格，使石油进口国的产品成本升高，这成为西方主要资本主义国家出现严重通货膨胀的主要原因之一。

（4）结构型通货膨胀：指社会经济结构发生了变动，即使在总供给与总需求处于均衡状态时，也会引起物价总水平上涨的通货膨胀类型。

3. 按表现形式划分的两种通货膨胀类型

（1）公开型通货膨胀：指物价水平随货币数量的波动而波动，故物价上涨是通货膨胀的基本标志，又称为“开放性通货膨胀”。

（2）抑制型通货膨胀：若一国实行价格管制，由于物价受到管制而不能随货币数量的变动自发波动，商品供给短缺不能由物价上涨来反映，只表现为人们普遍持币待购而使货币流通速度减慢，又称为“隐蔽性通货膨胀”。

（二）导致通货膨胀的原因

1. 直接原因

由定义来看，通货膨胀是由于过度发行货币，使货币贬值，物价上涨。而在当代不兑现的信用货币制度下，货币不仅包括中央银行发行的银行券（现金通货），而且包括银行体系的活期存款（存款货币）。此外，银行的其他存款及其他信用流通工具也能部分地替代现金和活期存款，对货币均衡产生重要影响。因此，在当代经济体系中，形成通货膨胀的直接原因不仅在于过度的通货发行，更在于过度的信用供给量。并且，当代的货币，无论是通货还是存款货币，均是通过信贷供给。因此，过度的信用供给是造成通货膨胀的直接原因。

2. 主要原因

那么，又是什么原因导致过度的货币供给呢？其主要有两方面的原因：一是财政原因。因财政原因迫使过度供给货币的情况一般有两种，即增加财政赤字或推行赤字财政政策。财政赤字是指政府在执行国家财政预算过程中，因收入减少或支出增加，出现财政收不抵支的状况；赤字财政是指政府在做财政预算时，提高支出，留出收入缺口，形成预算赤字。赤字财政政策是一种扩张性财政政策，其目的在于增加有效需求。二是信贷原因。因信贷原因迫使过度供给货币的情况主要是指银行信用提供的货币量超过了商品经济的发展对货币数量的客观需求，导致货币贬值、物价上涨，一般称为“信用膨胀”。引起信用膨胀的原因很多，既有来自财政赤字的压力，又有来自过热的经济增长要求的压力，还有银行自身决策失误的原因。

（三）通货膨胀的社会承受能力

温和的通货膨胀不仅表现为价格的缓慢上升，同时往往伴随着较快的经济增长。于是，当出现通货膨胀时，社会面临着利弊的比较和选择：一方面，快速的经济增长能够创造更多的就业机会，提高收入水平；另一方面，物价不断上涨，将会抵消劳动者的部分收入，导致劳动者实际收入下降。那么，什么样的通货膨胀水平才会使社会大众产生强烈的抵制情绪，直至影响政府的决策呢？这取决于社会各阶层从各自利益出发，对通货膨胀带来的利弊的对比和判断的总和。这就是我们通常所说的“通货膨胀的社会承受能力”。决定通货膨胀的社会承受能力的因素主要有以下三个方面。

1. 社会大众对通货膨胀的预期

经济增长会提高公众的收入水平，但在物价持续上涨的情况下，很大程度上只是劳动者名义收入的提高，而实际收入的增长微小甚至可能下降，原因是物价上涨抵消了劳动者名义收入的一部分。这样，在通胀时期，名义收入增长和物价上涨之间的对比关系决定着劳动者实际收入水平的升降。因此，对实际收入增长的预期，自然就包括对经济增长的预期和对物价上涨的预期。如果经济增长快于物价上涨，劳动者的实际收入就有正的增长，那么这样的物价上涨，即使程度很高，公众也是能够承受的；反之，如果物价上涨速度快于经济增长，表面上劳动者收入提高了，但实际收入却有逐渐下降的趋势，那么这样的物价上涨，即使程度不算很高，公众也是难以承受的。

作为理性的消费者，公众更关心自身的实际生活水平。他们依靠工资收入维持生活，在工资不变而物价不断上涨时，其实际收入就会趋向逐渐下降，因此他们厌恶通货膨胀。一旦劳动者在通货膨胀中“醒来”，他们必然要求增加工资、补贴等，以使其实际收入不至于降低。在通货膨胀环境中，劳动者要求增加名义收入的强烈程度在很大程度上取决于他们对通货膨胀的预期。公众作为一般的消费者，他们不能在市场上获得充分的信息，因而不能完全预测物价上涨的趋势和程度；并且，由于福利的不可逆性，人们对于物价上涨的敏感度总是高于对收入增长的敏感度。因此，在物价持续上涨的情况下，大众对通货膨胀的预期往往偏高。这往往导致公众过高地要求名义收入的增长。偏高的通货膨胀预期使公众对名义收入的增加提出过高要求，从而形成了对政府决策的压力。

2. 公众对通货膨胀的心理准备

通货膨胀导致物价上涨、公众实际收入下降，损害了公众的实际利益，使公众不得不采取一些可使自己资产保值的防范措施。这样，就形成了对通货膨胀所固有的戒备心理。公众对通货膨胀的心理准备程度决定了通货膨胀的社会承受能力上限。这可以从两个意义上来讲。

一是人们是否预料到了通货膨胀的发生。如果公众普遍预料到了通货膨胀的发生，那么就会有相应的心理准备，或者事前可采取一些理性的防范措施，一旦预期的事情变为了现实，不至于无所适从；反之，如果公众普遍缺乏对通货膨胀预期的心理准备，可能会出现各种非理性的行为，如不考虑自己是否需要或对自己有无使用价值的无谓的抢购商品的行为，这将会形成一股风潮，席卷市场，严重影响社会经济生活的正常秩序，甚至会酿成社会危机。

二是人们以前是否经历过类似的通货膨胀。如果人们在各自的人生中经历过类似程度的通货膨胀，则会在心理上有所准备。或者说，面对通货膨胀，应采取怎样的应对措施，人们具备了一定的经验。其在物价上涨和收入增长之间也会理性地思考利弊，以客观地判断通货膨胀的程度和自身经济利益的得失。反之，若通货膨胀在之前并没有发生过或者说程度不严重，则人们会感到无所适从，不满甚至厌恶的情绪将激增，他们会采取一系列非理性的防范行为，从而影响经济的稳定和社会的安定。

人们对通货膨胀的心理准备，不论是来自经验还是预期，所形成的对通货膨胀影响的缓冲作用都在递减；相反，不满和厌恶的情绪会递增，理性的保值措施可能会演化为非理性的防范行为，增加社会中的不安定因素，从而形成对政府的社会压力。

3. 人们与政府政策之间的博弈

政府的执政基础是广大公众，因此政府首先要争取人民的信任和支持。政府制定政策，通过政策实施与公众联系在一起。因此，政策能增加公众的福利，是政府维持执政基础的保证。当通货膨胀遭到公众的强烈反对时，若政府仍然采取无为政策，不能及时采取相应的紧缩政策或在贯彻紧缩政策时软弱无力，公众就会怀疑政府的执政能力，甚至对政府丧失信任。而一旦政府丧失了公众的信任，那么该政府就面临着倒台的危机了。因此，公众对政府及其政策的信任程度的下降，将会形成对政府的政治压力。

4. 结论

当通货膨胀发展到严重程度，货币贬值、物价上涨的趋势进一步发展，上述三个因素将不断地从经济、社会和政治方面向政府施加压力。此时，通货膨胀的社会承受能力已达到了极限，政府面临的社会危机风险要高于其实施紧缩政策可能付出的经济下滑代价，政府必须采取严厉措施来抑制通货膨胀。

二、通货紧缩

（一）通货紧缩的基本含义

通货紧缩是与通货膨胀相对应的概念，两者都是说明经济处于非均衡状态中的货币现象。因此，通货紧缩问题的研究应与通货膨胀联系起来。

经济学界对于通货膨胀的定义说法不一，但有两点是共同的：一是有效需求大于有效供给；二是物价在一段时期内持续上涨。前者说明了通货膨胀的经济实质，后者则反映了通货膨胀的经济表象。与之相对应，通货紧缩的定义也应包括两个方面：一是有效需求不足；二是物价总水平持续下跌。前者是通货紧缩的经济实质，后者是通货紧缩的表现形式。

固然，通货紧缩是一种宏观经济现象。宏观经济的良好运行要求社会总供给与总需求之间保持大体均衡。而在市场经济条件下，由于信用的激增和金融的深化，要保证国民经济在物价稳定的条件下协调发展，就必须使流通领域中货币量的增长幅度与国民经济的增长速度相协调。而在货币供应量增长率、经济增长率和物价上涨率三者之间，货币供应量常常较主动，货币供应量增长水平决定着一定时期内社会的有效需求规模。货币供应量增长过快，将会使社会有效需求增加，在刺激经济增长的同时，推动物价上涨，使通货膨胀发生，此时货币供应量增长率、经济增长率和物价上涨率均处于高位，反映出经济的高水平均衡；反之，货币供应量增长偏慢，社会有效需求不足，经济增长速度缓慢、停滞甚至负增长，物价稳定甚至下跌，出现所谓的经济衰退现象，此时货币供应量增长率、经济增长率和物价上涨率均处于低位，反映出经济的低水平均衡。前者与通货膨胀问题有关，后者则与通货紧缩问题相联系。

通货紧缩体现的经济实质是有效需求不足。而有效需求本来就是一个相对的概念，是相对于供给状况而言的。因此，通货紧缩现象的数量标志必然是通过一些数据指标表现出来，而不是采用单一指标来衡量。

在相同的货币供给条件下，若 M1 增长率高于 M2 增长率，则所形成的体现现实社会购买力的狭义货币量 M1 的比重增加，短期内总需求大于总供给，经济增长速度加快的同时，物价持续上涨，形成通货膨胀压力；反之，若 M1 增长率低于 M2 增长率，则转化为储蓄性质的准货币的比重增加，现实社会购买力萎缩，短期内有效需求不足，物价持续下跌，经济增长速度减慢，形成通货紧缩压力。因此，M1 与 M2 的增长比率即货币流动性的变化情况，也是考核短期有效需求不足问题和通货紧缩现象的重要标志。

从上述分析中，我们可以得出如下结论：①就经济实质而言，通货紧缩是有效需求明显不足而引致的经济萎缩或衰退，是经济萎缩或衰退的货币现象或金融现象。②就表现形式而言，通货紧缩是指货币供应量增长率明显下降，特别是 M1 增长率明显低于 M2 增长率，物价总水平持续下跌，反映出货币数量与实际经济过程处于低水平均衡状态。

（二）导致通货紧缩的原因

我国在 20 世纪 90 年代末曾经出现过有效需求不足和通货紧缩的现象，原因可以说是多方面的。具体而言，主要有以下四个方面。

1. 金融深化

金融深化表现为货币流动性减弱、社会购买力相对萎缩。金融深化是使货币形态的金融资产总量迅速增加的主要因素。金融的深化，体现着货币资产从商品和劳务交易领域向生产要素交易领域渗透的过程。在此过程中，货币资产不仅是当年产出的各个环节的交易媒介，而且是资本存货的表现形式。作为现实购买手段和支付手段的狭义货币 M1，其主要为当年产出的流通服务。由于消费对货币的需求是对 M1 存量的需求，所以金融深化在 M1 的增长方面，主要体现在填补增加的流通环节上，其与国内生产总值的增长相比，增长幅度很有限。拥有储蓄性质的准货币，在很大程度上体现着资本存货的增加。因此，储蓄向投资的转化率决定着M1占M2比重的变化，即货币流动性的强弱。而在经济高速增长的过程中，资本存货的增长速度往往要高于商品和劳务价值的增长速度，其表现为储蓄向投资的转化率往往要小于1，准货币的增长幅度一般要高于M1。从当时我国的情况来看，经济体制转轨和经济高速增长，导致流通规模扩大、流通环节增多、资本积累增加，金融深化的速度加快且程度加强，货币流动性也逐渐减弱。同时，证券市场迅速发展，吸收、容纳了一定量的货币，从而使银行体系投放的货币很大一部分被储蓄起来或被证券市场吸收，而并未形成现实的社会购买力，导致有效需求不足。

2. 收入因素

收入因素表现为居民消费倾向递减、储蓄倾向递增。居民收入的增长是影响有效需求的主要原因之一。从我国的情况来看，促使我国居民收入迅速增加有两方面原因：一是经济的高速增长；二是国民收入分配结构的变化。货币收入的增加对有效需求的影响主要反映在两个方面：一是货币的花费与实物的消费并不一致，人们会将一部分货币收入储蓄起来，随着收入的提高，边际储蓄倾向会提高；二是收入周期与消费品的购买周期并不一致，特别是耐用消费品的使用周期要远长于收入周期，并且随着收入的提高，耐用消费品在消费总量中的比重有增长的趋势。从我国的实际情况来看，1978—1997年，扣除物价上涨的因素，我国城乡居民的人均消费支出以年均4.49%的速度递增，而同期扣除货币贬值因素的人均银行储蓄存款则以年均8.90%的速度递增。可见，在货币收入快速增长的同时，我国居民消费的增长速度明显低于储蓄的增长速度。

3. 体制因素

体制因素表现为居民消费预期大于收入预期。从传统的计划经济向社会主义市场经济转轨，对广大人民而言，其固然提高了收入和生活水平，但又面临着经济市场化改革导致的消费预期增加的问题。一方面，国企改革、失业（下岗）率增高、劳动市场化的发展，加之当时面临的经济的暂时衰退，使人们调整了对未来收入提高的预期；另一方面，住房制度改革、医疗制度改革、教育制度改革、退休制度改革等，增加了人们对未来消费增加的预期，从而使人们不得不减少当期消费并提高储蓄，以备将来的购房、医疗、子女上学及养老等大宗支出。其结果是造成现实消费需求不足、购买力萎缩问题。

4. 政策因素

政策因素表现为“适度从紧”政策的惯性。通货膨胀与通货紧缩的循环，财政政策与货币政策的松紧交替是主要原因之一。1993 年以后，我国实施的“适度从紧”的货币政策，在抑制严重通货膨胀、实现经济“软着陆”方面成就显著，但我们在政策力度上把握得不是很适当，或者说，总是感觉到“从紧有余”而“适度不够”，至少未考虑到货币政策的滞后效应。特别是在 1995 年以后，物价上涨率已呈下降趋势，但我们未能及时调整政策力度。1996 年，利率水平明显处于高位，贷款总量增长率仍比上年收缩了 3 个百分点，物价水平的波动幅度明显大于经济增长率的波动幅度，物价仍呈下跌趋势。这就反映了紧缩的货币政策对货币供给的滞后效应，货币供应量对物价水平的弹性大于其对经济增长的弹性。尽管中央银行多次大幅度下调银行存贷款利率，试图通过利率工具的短期操作，防止经济过度紧缩，但由于紧缩政策的惯性，在相当长的一段时期内，货币供给仍处于萎缩状态，由此引发通货紧缩，导致现实社会购买力萎缩、有效需求不足、物价持续下跌。

本章小结

IS – *LM* 模型可以说明当商品市场、劳务市场和货币市场同时处于均衡状态时，收入与利率的关系以及货币市场的变动对整体经济的影响。*IS* – *LM* 模型不仅可以用于经济预测，还有助于我们更好地理解经济政策对总体经济活动的效果。

IS 曲线代表商品市场处于均衡状态时所有利率和产出的组合。扩张性财政政策使 *IS* 曲线右移，反之左移。*LM* 曲线反映了货币市场均衡时利率和国民收入之间的关系。扩张性货币政策使 *LM* 曲线右移，反之左移。

我们可从 *IS* – *LM* 图形中分析 *IS* 曲线和 *LM* 曲线的斜率对政策实施效果的影响。

根据政策调整的需要，扩张性和紧缩性财政政策、货币政策可以搭配使用。

AD 曲线反映了价格对产出的影响，它是从商品市场和货币市场均衡中推导出来的，*AD* 曲线向下倾斜；*AS* 曲线来自总量生产函数和劳动力市场，*AS* 曲线向上倾斜。

通货膨胀是指“在一定时期内，商品和生产要素价格总水平的持续不断上涨”。通货膨胀按起因可分为需求拉上型、成本推动型、输入型、结构型通货膨胀；按表现形式可分为公开型和抑制型通货膨胀。

思考题

1. 下列哪种情况中，增加货币供给不会影响均衡收入？（　　）

A. *LM* 曲线陡峭而 *IS* 曲线平缓　　C. *LM* 曲线垂直而 *IS* 曲线陡峭

B. *LM* 曲线平缓而 *IS* 曲线垂直　　D. *LM* 曲线和 *IS* 曲线一样平缓

2. 下列哪种情况中，挤出效应可能很大？（　　）

A. 货币需求对利率敏感，私人部门支出对利率不敏感

B. 货币需求对利率敏感，私人部门支出对利率也敏感

C. 货币需求对利率不敏感，私人部门支出对利率不敏感

D. 货币需求对利率不敏感，私人部门支出对利率敏感

3. 假设货币需求 $L=0.2Y$，货币供给量为 200 亿美元，$C=90$ 亿美元 $+0.8Y_d$，$T=50$ 亿美元，$I=140$ 亿美元 $-5r$，$G=50$ 亿美元。

（1）导出 *IS* 和 *LM* 方程，求均衡收入、利率和投资。

（2）若其他情况不变，*G* 增加 20 亿美元，均衡收入、利率和投资各为多少？

（3）是否存在挤出效应？

4. 假定经济起初处于充分就业状态，现在政府要改变总需求构成，增加私人投资而减少消费支出，但不改变总需求水平，问应该采取什么样的混合政策？请用 *IS*－*LM* 图形来表示这一政策建议。

5. 试述总需求曲线和总供给曲线的推导过程。

6. 导致 *AD* 曲线和 *AS* 曲线移动的因素是什么？

7. 试述弗里德曼的货币政策。

8. 简述适应性预期的内容。

9. 试述通货膨胀的类型及成因。

10. 决定通货膨胀社会承受能力的因素有哪些?

11. 通货紧缩的原因有哪些?

进一步阅读书目

1. 弗雷德里克·S. 米什金. 货币金融学:第十一版[M]. 郑艳文,荆国勇,译. 北京:中国人民大学出版社,2016.

2. 卡尔·布鲁纳,艾伦·H. 梅尔茨. 货币经济学:货币分析问题[M]. 康以同,等译. 北京:中国金融出版社,2010.

第十三章　货币政策

本章要点

◎货币政策的工具是什么？

◎货币政策的目标是什么？

◎中央银行如何确定利率目标和货币存量目标？

◎货币政策的传导机制是什么？

货币政策是指中央银行为了实现一定的经济目标，运用各种政策工具调节货币供给量和利率，从而影响经济的方针和措施的总称。本章关于货币政策的讨论集中在货币政策工具、操作目标、中介指标和最终目标等方面，并在最后讨论了货币政策对经济的影响机制。政策工具是决策者直接控制的变量，而最终目标是决策者最关心的变量。由于政策效果存在滞后性，如物价水平和产出水平要经过很长时间才能观察到，所以从政策工具到最终目标之间还需要操作目标和中介指标。

第一节　货币政策的工具

货币政策工具（monetary policy instrument）是指由中央银行直接控制的变量。在第十章，我们提到中央银行的货币政策工具主要有三种：公开市场操作、贴现政策和法定准备金率，并分析了它们对货币供给的影响。在这一节中，我们将对中央银行的货币政策工具进行详细的分析。货币政策工具从其操作对象来划分，可以分为三类：一般性货币政策工具、选择性货币政策工具和其他货币政策工具。

一、一般性货币政策工具

一般性货币政策工具主要有三个：公开市场操作、法定准备金政策和贴现政策。

1. 公开市场操作

公开市场操作（open market operation）是指中央银行在公开市场上买卖二级市场债券（主要是指政府债券）以增加或者减少货币供给量。公开市场操作是最重要的货币政策工具。因为它是决定基础货币变动的基本因素，也是货币供给波动的主要根源。中央银行通过公开市场购买投入基础货币，从而扩大货币供给；通过公开市场出售收缩基础货币，从而减少货币供给量。

同其他货币政策工具相比，公开市场操作的优点如下：

（1）公开市场操作是由中央银行主动进行的，因此，货币供给变动的规模也完全由中央银行控制。

（2）根据货币供给模型，我们知道，在货币乘数稳定的情况下，中央银行可以准确地调整货币供给量。通过连续的证券买卖，中央银行可以将货币供给调控到合适的水平。

（3）公开市场操作是易于逆转的。由于存在购买和出售两个相反的操作，所以当中央银行发现错误时，其可以立即进行逆向操作，以矫正错误的货币供给。

（4）公开市场操作是可以迅速实施的，不存在行政性延误。中央银行只需要向证券交易商发出购买或者出售的指令，交易便可以立即执行。

尽管公开市场操作的优点远远大于缺点，但是它也有自己的局限性。相对于其他政策工具来说，公开市场操作的政策意图告示作用较弱。例如，法定准备金率和贴现率的改变可以明确表示中央银行的政策意图。另外，公开市场操作能够顺利且迅速进行的前提是需要一个健全的金融市场。而许多发展中国家的金融市场往往难以满足这一点，从而影响了公开市场操作的效果。

2. 法定准备金政策

法定准备金政策（required reserve policy）是指中央银行对商业银行等

存款金融机构规定了存款准备金率，强制性地要求其按照规定的比例计提并上缴存款准备金。在分析货币供给时，我们已经知道，法定准备金率的变动会引起货币乘数的变化，从而影响货币供给量。若法定准备金率降低，则每一元基础货币创造的存款增加，从而货币供给量扩张；若法定准备金率提高，则一定水平的基础货币所能支持的存款额减少，货币供给量收缩。

使用法定准备金率来控制货币供给的主要优点在于它对所有银行的影响都是平等的，并且对货币供给量有很强的影响。

法定准备金政策的缺点比较显著。

（1）法定准备金率通过影响货币乘数来影响货币供给量，因此它的任何微小变化都会导致货币供给量的大幅度调整。如果采取这种工具来改变货币供给量，那么货币供给将会存在极大的波动性。

（2）对于超额准备金率很低的银行，提高其准备金率可能立即引起流动性问题。

（3）法定准备金是金融机构日常业务统计和报表中的一个重要指标，频繁地调整准备金率，将会影响金融机构正常的财务计划和管理，使它们的流动性管理更为困难。

由于存在上述种种缺点，所以中央银行在现实中很少通过改变法定准备金率来影响货币供给量。

3. 贴现政策

中央银行向商业银行提供的贷款被称为“贴现贷款”，其利率即为贴现率。中央银行向商业银行发放贴现贷款的设施，称作“贴现窗口”（discount window）。所谓贴现政策（discount policy）主要是指改变贴现率，通过它可以影响贴现贷款的数量和基础货币，从而影响货币供给量。贴现率下降，贴现贷款增加，基础货币增加，货币供给扩大；贴现率上升，贴现贷款减少，基础货币减少，货币供给收缩。

除了贴现率，中央银行还可以通过对贴现窗口的行政管理来影响贷款的数量。中央银行对银行的贷款有三类：调整性贷款、季节性贷款和延伸性贷款。调整性贷款用于帮助银行解决它所面临的暂时性的流动性困难，其使用最为普遍；季节性贷款主要用来满足筹资能力有限的小银行所面临的季节性资金需求；延伸性贷款用于救援那些流动性严重不足的银行，属于应急性贷款。

当贴现率低于市场利率时，银行有动机按贴现率借入准备金，然后按较高的利率贷出准备金。为了防止这种情况出现，中央银行主要有两种方法：对单个银行取得贴现贷款的频率进行限制，或者将贴现率提高到银行同业拆借利率水平之上，即所谓的惩罚性贴现率。

相对于以上两种货币政策工具，贴现政策有以下优点：

（1）除了作为影响基础货币和货币供给量的一种工具，贴现政策也具有防止金融恐慌的重要作用。在银行危机时期，中央银行通过贴现政策，发挥最后贷款人的职能，增加银行体系的准备金，从而防止金融恐慌的发生。这也是贴现政策最为重要的优点。

（2）贴现政策可以作为一种表示中央银行货币政策增加意图的信号。例如，为了抑制经济增长过快，中央银行可以提高贴现率来减缓货币供给，公众由此会预测到未来的政策走势，这样有助于达到中央银行的政策目标。

贴现政策的缺点为：

（1）中央银行发挥最后贷款人职能，尽管贴现政策有助于防止金融恐慌，但是也增加了银行的道德风险。如果银行知道中央银行会来救助，它就会冒更大的风险。

（2）调整贴现率的政策，可能会导致公众对中央银行政策意图的误解。如果市场利率相对于贴现率上升，为了防止银行增加贴现贷款，中央银行将会提高贴现率以保证贴现总额不变。公众会把它理解为中央银行正在实行紧缩性货币政策的一个信号，虽然情况并非如此。

（3）当市场利率发生变化时，贴现率一般随之调整。这样会引起贴现贷款和货币供给发生非政策意向的变化。

（4）与公开市场操作相比，贴现政策对货币供给的影响不够精确。因为中央银行虽然可以控制贴现率，但是无法完全控制银行的贷款规模。

这些缺点使贴现政策饱受争议，如米尔顿·弗里德曼就建议中央银行取消贴现贷款。但是，近年来发生的金融危机使中央银行最后贷款人的职能显得越发重要，因此贴现政策依然有存在的必要。

二、选择性货币政策工具

选择性货币政策工具是指中央银行采取旨在影响银行系统的资金运用方向和信贷资金利率结构的各种措施。一般性货币政策工具用来调节货币供给量，而选择性货币政策工具则是在不影响货币供给总量的情况下，对某些用途的信贷数量产生影响，主要包括：消费者信用控制、证券市场信用控制和不动产信用控制。

1. 消费者信用控制

中央银行关于消费者对耐用消费品的分期购买或者贷款的管理措施被称为“消费者信用控制”（consumer credit control），如规定分期付款时首付的最低金额、分期付款的期限等。在一国经济中，消费特别是耐用品的消费是影响总需求的重要因素之一，消费的变动往往会引起或者加剧经济的波动。因此，消费者信用控制的目的在于减缓经济波动。

2. 证券市场信用控制

证券市场信用控制（securities market credit control）是指中央银行对有价证券交易的保证金比率做出规定。这样既可以控制证券市场的资金供求，抑制过度投机，稳定金融市场，又可以控制信贷资金流向，改进宏观金融结构。

3. 不动产信用控制

不动产信用控制（real estate credit control）是指中央银行对商业银行等金融机构向客户提供不动产抵押贷款的管理措施，包括规定提供贷款的最高限额、贷款的最长期限和首次付款的最低金额等。该项政策与消费者信用控制政策的目的类似，也是为了控制需求波动，从而避免经济波动。

三、其他货币政策工具

其他货币政策工具主要包括直接信用控制和间接信用指导。它们主要通过行政命令、道义劝告和窗口指导等方式来实施。

1. 直接信用控制

直接信用控制是指中央银行从总量和结构两个方面以行政命令或其他方式对金融机构的信用活动进行控制。具体方式有以下四种：

（1）设置最高利率限额。中央银行规定存款机构对定期和储蓄存款可以支付的最高利率，目的在于防止银行用抬高利率的方式来吸引存款。典型的如美国在1980年设立的Q条例，即规定定期存款的最高利率限额。

（2）信用配额管理。信用配额管理是指中央银行根据金融市场的资金供求状况以及经济发展需要，分别对每个银行的信用规模进行分配，从而实现对整体信用规模的控制。这种工具主要用于资金相对稀缺的发展中国家。

（3）流动性比率管理。流动性比率是指银行的流动资产与存款的比率，改变流动性比率意味着调整银行的信用扩张。提高流动性比率使银行贷款数量减少，降低流动性比率则使银行贷款数量增加。

（4）直接干预。直接干预是指中央银行直接对商业银行的信贷业务、贷款范围等进行干预。例如，对业务经营不当的银行拒绝贴现或者采取高贴现率，明确规定银行的贷款或投资范围。

2. 间接信用指导

间接信用指导是指中央银行通过道义劝告和窗口指导的方式对信用的变动方向进行间接影响。间接信用指导主要采取以下两种方式。

（1）道义劝告。道义劝告是指中央银行利用其特殊的声望和地位，对商业银行和其他金融机构经常发出通告、指示，或者与金融机构的负责人面谈，劝告其遵守和贯彻中央银行的政策。例如，当证券市场出现过度投机时，中央银行可以劝告商业银行减少对证券投资的贷款。

（2）窗口指导。窗口指导的概念来自日本，是指中央银行根据产业行情、物价走势和金融市场的动向，规定商业银行的贷款方向和变动数量。

间接信用指导的实施效果取决于中央银行在金融体系中的声望和地位。

【专栏13-1】

中国人民银行的货币政策工具

中国人民银行的货币政策工具主要有5种：公开市场业务、存款准备金、中央银行贷款、利率政策和常备借贷便利。[①]

① 以下仅介绍其中4种货币政策工具。

1. 公开市场业务

中国的公开市场操作包括外汇公开市场操作和人民币公开市场操作两部分。外汇公开市场操作于1994年3月启动，人民币公开市场操作于1998年5月26日恢复交易，规模逐步扩大。1999年以来，公开市场操作已成为中国人民银行货币政策日常操作的重要工具，对于调控货币供应量、调节商业银行流动性水平、引导货币市场利率走势等发挥了积极作用。

中国人民银行从1998年开始建立公开市场业务一级交易商制度，并选择了一批能够承担大额债券交易的商业银行作为公开市场业务的交易对象。目前，公开市场业务一级交易商共有40家商业银行。这些交易商可以以国债、政策性金融债券等为交易工具，与中国人民银行开展公开市场业务。从交易品种来看，中国人民银行公开市场业务债券交易主要包括回购交易、现券交易和发行中央银行票据。其中，回购交易分为正回购和逆回购两种：正回购是指中国人民银行向一级交易商卖出有价证券，并约定在未来特定日期买回有价证券的交易行为，正回购为中国人民银行从市场收回流动性的操作，正回购到期则为中国人民银行向市场投放流动性的操作；逆回购是指中国人民银行向一级交易商购买有价证券，并约定在未来特定日期将有价证券卖给一级交易商的交易行为，逆回购为中国人民银行向市场上投放流动性的操作，逆回购到期则为中国人民银行从市场收回流动性的操作。现券交易分为现券买断和现券卖断两种，前者为中国人民银行直接从二级市场买入债券，一次性地投放基础货币；后者为中国人民银行直接卖出持有债券，一次性地回笼基础货币。中央银行票据即中国人民银行发行的短期债券，中国人民银行通过发行中央银行票据回笼基础货币，中央银行票据到期则体现为投放基础货币。

2. 存款准备金

存款准备金是指金融机构为保证客户提取存款和资金清算需要而准备的资金，金融机构按规定向中央银行缴纳的存款准备金占其存款总额的比例就是存款准备金率。存款准备金制度是在中央银行体制下建立起来的，美国是世界上最早以法律形式规定商业银行向中央银行缴存存款准备金的国家。存款准备金制度的初始作用是保证存款的支付和清算，之后才逐渐演变为货币政策工具，中央银行通过调整存款准备金率，影响金融机构的信贷资金供应能力，从而间接调控货币供应量。中国人民银行从 1998 年 3 月 21 日起，对存款准备金制度进行改革，主要内容为：

（1）将原各金融机构在中国人民银行的“准备金存款”和“备付金存款”两个账户合并，改为“准备金存款”账户。

（2）法定存款准备金率从 13% 下调到 8%。准备金存款账户超额部分的总量及分布由各金融机构自行确定。

（3）对各金融机构的法定存款准备金按法人统一考核。

3. 中央银行贷款

中央银行贷款指中央银行对金融机构的贷款，简称“再贷款”，是中央银行调控基础货币的渠道之一。中央银行通过适时调整再贷款的总量及利率，吞吐基础货币，促进货币信贷总量调控目标的实现，合理引导资金流向和信贷投向。

1984 年，中国人民银行专门行使中央银行职能以来，再贷款一直是我国中央银行的重要货币政策工具。近年来，为适应金融宏观调控方式由直接调控转向间接调控，再贷款所占基础货币的比重逐步下降，结构和投向发生重要变化。新增再贷款主要用于促进信贷结构调整，引导扩大县域和“三农”信贷投放。

4. 常备借贷便利

从国际经验来看，中央银行通常综合运用常备借贷便利和公开市场操作两大类货币政策工具管理流动性。常备借贷便利的主要特点是：一是由金融机构主动发起，金融机构可根据自身流动性需求申请常备借贷便利；二是常备借贷便利是中央银行与金融机构“一对一”交易，针对性强；三是常备借贷便利的交易对手覆盖面广，通常覆盖存款金融机构。

借鉴国际经验，中国人民银行于2013年初创设了常备借贷便利（standing lending facility，SLF）。常备借贷便利是中国人民银行正常的流动性供给渠道，主要是为了满足金融机构期限较长的大额流动性需求。其对象主要为政策性银行和全国性商业银行，期限为1～3个月。利率水平根据货币政策调控、引导市场利率的需要等综合确定。常备借贷便利以抵押方式发放，合格抵押品包括高信用评级的债券类资产及优质信贷资产等。

资料来源：中国人民银行（http：//www.pbc.gov.cn/）。

第二节　货币政策的目标

货币政策目标（monetary policy）是指决策者希望通过调节货币和信用达到的目的。根据中央银行对货币政策的影响力、影响速度和施加影响的方式，货币政策目标一般分为操作目标（operating target）、中介指标（intermediate target）和最终目标（ultimate goal）三个层次。

我们举一个例子来进一步说明为什么将货币政策目标分为三个层次。假设中央银行的最终目标是保持充分就业下的物价稳定，但是它无法直接影响这些目标，而是通过一套工具来间接地影响它们。问题在于，即使在最理想的情况下，今天采取的政策工具也要在若干个月后才会影响这些目标变量。如果中央银行在采取措施后等着看物价水平和就业的结果如何，那么再对政策进行修正将为时太晚。

因此，中央银行要在政策工具和所要达到的最终目标之间选择一些变量进行“跟踪”。这些变量被称为“中介指标”，如货币供给量（M0、M1或者M2）和利率（短期或者长期），它们对最终目标产生直接影响。但是，中央银行的政策工具不能对中介指标产生直接影响。所以中央银行又要选择另一套被称为“操作目标”的变量来进行观测。这些变量包括准备金总量（准备金和基础货币）或者利率（国库券利率或者银行间同业拆借市场利率)。

有了中介指标和操作目标，中央银行就能较为迅速地判断货币政策的运行效果。因此，货币政策的目标体系应该是包括最终目标、中介指标和操作目标在内的相互联系的有机整体。

一、货币政策的最终目标

在许多国家，货币政策的最终目标主要是保证物价稳定、充分就业、经济增长和国际收支平衡。除此之外，货币政策的目标还有保持一国金融市场稳定、汇率稳定等，但这不是本章讨论的重点。

(1) 物价稳定。价格水平的高低反映了资源的稀缺程度，从而起到合理配置资源的作用。价格水平的变化还会对人们的实际财富造成影响。因此，价格水平的任何变化（通货膨胀或者通货紧缩）都会对经济产生重要影响。通货膨胀较之通货紧缩发生得更为频繁，许多国家因此更多地将注意力放在反通货膨胀上。

根据总供给—总需求模型，我们容易知道，总供给与总需求的任何变动都会引起物价水平的变化。技术、生产要素的价格和预期等因素的变化都会引起总供给曲线的移动，而货币供给量、政府购买以及税收等因素的变化都会引起总需求曲线的移动。因此，社会经济生活中存在许多发生通货膨胀的潜在原因。但是，当对较长期的通货膨胀予以理解时，经济学家典型地只强调一个因素，即货币供给的增加。这种强调的理由是，没有其他因素更有可能导致价格水平的持续增加。例如，总供给不可能无限下降，总需求也不可能无限上升。

所以，各国中央银行货币政策的首要目标是稳定物价，将价格水平控制在一定的范围内，以防止通货膨胀。

(2) 充分就业。失业不仅对失业者本人造成不良影响，而且造成社会资源的浪费，甚至会引起社会的不稳定，所以各国政府一般都会努力治理失业问题。失业可以分为摩擦性失业、季节性失业、结构性失业和周期性失业。前三种类型的失业在经济正常运行时也会存在，因此被经济学家称为“自然失业”，或者说达到了充分就业。而周期性失业则是因经济运行出现问题时而引发的失业。所以我们又可以说，当经济中消除了周期性失业时，就达到了充分就业。

中央银行货币政策的目标就在于如何消除由经济衰退引起的周期性失业。

（3）经济增长。对于任何国家来说，经济增长即商品和劳务数量的增加，都极具吸引力。货币政策能否影响经济增长目前仍然存在较大争论。几乎所有的经济学家都承认，货币的长期效应完全或者几乎完全地落在了价格上，对实际变量基本没有影响。但是，大多数经济学家也相信，货币供给变化在短期内对产出等实际变量也会有较大影响。因此，中央银行的货币政策在短期内对经济增长依然有促进作用，至少对经济增长有稳定作用。中央银行可以通过影响厂商投资或者家庭储蓄来影响经济增长。

（4）国际收支平衡。国际收支是指在一定时期内一国与世界上其他国家经济往来的所有记录。当用同种货币表示的本国支出大于收入时，本国国际收支出现赤字；当收入大于支出时，本国国际收支则出现盈余。有意思的是，国际收支平衡并不是简单地定义为收入等于支出。一般将国际收支平衡分为静态平衡和动态平衡。静态平衡是指每年年末的收入等于支出，动态平衡则是指在一定时期内收入等于支出。动态平衡涉及一国资源的跨期配置。

国际收支盈余意味着一国对外债权的增加，国际收支赤字意味着一国对外负债的增加，它们都会对一国经济产生不利影响。货币政策可以对国际收支产生重要影响。例如，利率的变化将会引起资本流动，而货币供给量的变化将对汇率产生影响，这些都会对国际收支产生影响。

在上述四个目标中，只有充分就业和经济增长是一致的，其他目标之间则存在冲突。最为典型的是，在短期内，通货膨胀和失业之间存在交替关系，即菲利普斯曲线。例如，为了降低失业率，中央银行应该采取扩张性货币政策以刺激总需求，货币供给和总需求的增加在一定程度上会导致物价水平的上升。值得注意的是，通货膨胀和失业之间在长期内不存在这种交替关系。经济增长和国际收支之间也存在冲突。国内经济的增长会导致国民收入增加，从而增加对进口商品和国内本来可以用于出口的一部分商品的需求，这将影响本国的贸易账户。

因此，政策目标之间的冲突可能会使中央银行面临某些困难的选择。各国中央银行运用货币政策发挥宏观调控的职能是在实践中慢慢发展起来并逐渐完善的。货币政策的目标不是一成不变的，而是根据各国自身的经济特点和国内外经济环境的变化而变化的。

二、货币政策的中介指标

由于货币政策工具不能对最终目标直接产生影响，所以中央银行必须选择一些变量作为中介指标，来观测和判断货币政策的作用效果。中介指标的选择关系到货币政策的调节效果以及最终目标的实现，是十分重要的控制变量。

（1）中介指标的选择标准。根据中介指标产生的原因，可以推导出选择中介指标的三个标准：必须是可以计量的，必须是可以控制的，必须对最终目标具有可预测性的影响。

对中介指标变量进行迅速和精确的测量是必要的，因为只有在政策偏离预定轨道时，它能比最终目标更快地发出信号才是有用的。假如中央银行不能迅速和精确地计量货币供给量，那么它计划要实现10%的货币增长就毫无意义。因此，可计量性至少包括两个方面的含义：一是中介指标有明确的定义；二是中介指标可以及时地被中央银行获得。

作为一个有用的目标，中介指标不仅是可以计量的，而且必须能够被中央银行有效地控制。如果中央银行不能控制一个中介指标，那么即使中央银行知道它运行出现问题也没有什么用处，因为中央银行无法让它回到正常的运行轨道上来。

在满足了可计量性和可控性两个标准后，一个变量能否作为中介指标还要看它能否对最终目标产生可以预测的影响。选择中介指标就是为了影响货币政策的最终目标，因此，能否影响最终目标对中介指标是否有用是十分关键的。中介指标对最终目标的影响力直接关系到货币政策的作用效果。

（2）可供选择的中介指标。根据上述标准，可供选择的中介指标主要有：货币供给量、利率和银行的信贷规模。

由于货币供给量对社会总需求产生影响，从而对最终目标产生直接影响，所以货币供给量常常被选作货币政策的中介指标。在前面的章节里，我们曾经对货币存量的计量进行了详细的分析。根据货币流动性的强弱，可以将货币划分为M0、M1、M2和M3。它们都有明确的定义，并且分别反映在中央银行、商业银行和其他金融机构的资产负债表中，具有较强的可测性。货币总量也具有可控性。根据货币供给模型，货币供给量取决于货币乘数和基础货币，在货币乘数稳定的条件下，中央银行可以通过改变基础货币来准确地控制货币总量。不过，随着金融创新的不断深化，其对货币总量的测度和控制变得越来越困难。

作为中介指标的利率主要是指中长期债券利率。根据凯恩斯主义的观点，利率通过影响投资来影响产出水平。利率作为中介指标的优点是明显的。尽管中央银行不能直接控制利率，但是它可以通过公开市场操作来改变债券价格，从而控制利率水平。因此，利率的数据不仅能够被较快地得到，而且也计量得更为精确。

初看之下，利率似乎比货币总量更适于作中介指标。但是，能够迅速获得和精确计量的是名义利率，而现实中用来衡量借贷成本的是实际利率，即根据预期通货膨胀率调整过的利率（$r=i-\pi^e$）。遗憾的是，目前仍没有计量预期通货膨胀的精确方法，因此实际利率难以计量。所以，我们不能明确作为中介指标，利率和货币供给量到底哪个更好。

由于货币包括流通中的现金和存款，所以信贷规模与货币供给量直接相关。改变信贷规模是改变货币供给量的重要途径，会对货币政策的最终目标产生直接影响。以货币供给量作为中介指标与以信贷规模作为中介指标是同一事物的两个方面。中央银行只要通过观测、调控银行信贷规模的变化，就能促使和保证货币政策的实现。

三、货币政策的操作目标

为了影响和观测中介指标，中央银行又选择了一些变量作为操作目标。这些变量对货币政策工具的反应较为灵敏，中央银行正是借助货币政策工具作用于操作目标，进而影响中介指标，以期实现最终目标。

（1）操作目标的选择标准。操作目标的选择可以建立在与评价中介指标所使用的相同标准上。除此之外，操作目标的选择与中介指标密切相关。因为操作目标是用来影响中介指标的，所以我们可以把中介指标视为操作目标的政策目的。如果一项操作目标对中介指标的冲击影响能够预测，而该中介指标又被认为是最理想的，那么这项操作目标将被优先考虑。

（2）可供选择的操作目标。经常被选作操作目标的主要有：银行准备金、银行同业拆借利率和基础货币。

银行准备金包括商业银行和其他存款机构在中央银行的存款以及它们持有的库存现金。中央银行可以通过公开市场操作和贴现窗口来调控准备金。准备金的变化将会引起存款的成倍变化，从而使货币供给量发生变化。银行准备金作为操作目标常常与银行同业拆借利率相联系。

银行同业拆借市场是货币市场的基础，其利率是整个货币市场的基准利率。银行同业拆借利率取决于银行准备金的供给和需求。从需求方面来看，准备金可以分为法定准备金和超额准备金。从供给方面来看，准备金的供给主要有借入准备金（borrowed portion of reserve）和非借入准备金（non－borrowed portion of reserve）两个来源。前者来自中央银行的贴现贷款，后者主要来自公开市场上债券的买卖。通过公开市场操作以及改变贴现率，中央银行可以调控准备金的供给量，以影响银行同业拆借利率，从而影响货币供给和经济运行。例如，中央银行如果试图提高同业拆借利率，就可以通过公开市场出售以减少准备金供给来达到目的。关于银行同业拆借利率和准备金的进一步分析可参见专栏13－2。

基础货币包括通货和银行准备金，是比较理想的操作目标。在货币供给的那部分内容中，我们已经详细地分析了基础货币较准备金更容易为中央银行所控制。根据货币供给模型，货币供给量等于货币乘数与基础货币之积，只要中央银行能够控制基础货币的数量，也就等于间接地控制了货币供给量，从而对经济产生影响，实现货币政策的最终目标。

四、货币政策的作用过程

中央银行一般通过操纵政策工具来实现某一预先设定的操作目标，操作目标对中介指标产生影响，从而实现货币政策的最终目标。我们可以用图 13 - 1 来直观地描述中央银行从实施货币政策工具到实现最终目标的作用过程。

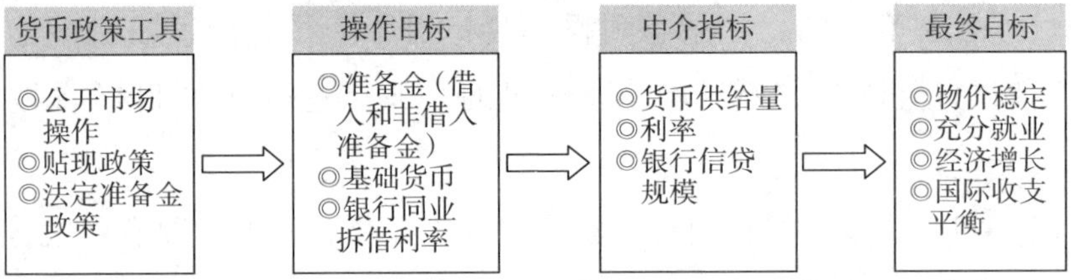

图 13 - 1　货币政策的作用过程

货币政策工具、操作目标、中介指标和最终目标体现了从直接受中央银行控制的工具到终极政策目标的顺序。值得注意的是，在实际中，政策设计的思路正好相反：首先从最终目标开始，得出与之相应的中介指标变量；其次得出实现该中介指标所需的操作目标变量；最后选择有关工具以实现所需的操作目标。

第三节　货币目标与利率目标

我们在上一节的分析表明，目标有两种不同的类型：利率和总量（货币总量和准备金）。假设中央银行要刺激经济增长，它可以选择增加货币供给量，也可以选择降低利率。中央银行能否同时选择两个目标？两个目标中哪个更有效呢？

一、货币政策目标之间的冲突

在这一节里，我们将证明一个简单而重要的论点：中央银行不能同时把利率和货币存量确定在它所可选择的既定目标水平上。

（1）以货币供给量为目标。我们用货币市场的供求模型来分析这个问题。简单回顾一下这个模型。货币供给由中央银行控制，用 M_S 表示。货币需求与实际收入正相关，与名义利率反相关。货币需求函数可以表示为：$M_D = PL\ (Y,\ i)$，式中的 M_D 表示货币需求，P 表示价格水平，Y 表示产出或者实际收入，i 表示名义利率。货币供求模型如图 13－2 所示。

中央银行预期货币需求曲线位于 M_D，但是由于产出、物价水平或者公众持有货币偏好的意外变动，货币需求曲线在 M_D^1 和 M_D^2 之间波动。如果中央银行将货币供给量目标定在 M^* 的位置，那么预期利率将等于 i^*。可是，正如图 13－2 所示，货币需求曲线在 M_D^1 和 M_D^2 之间波动将会造成利率在 i^1 和 i^2 之间波动。追求货币供给量的目标就意味着利率波动。

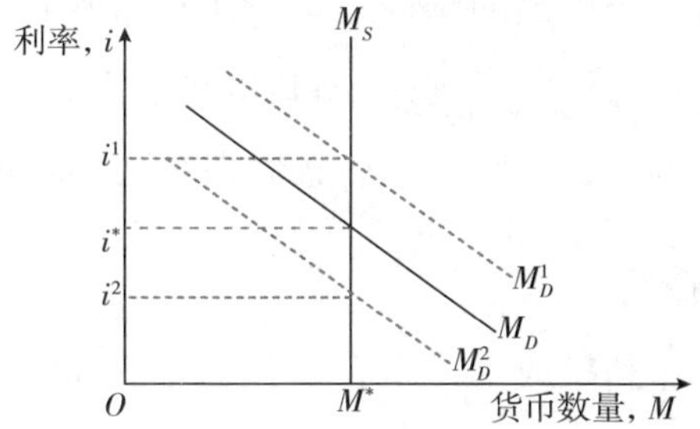

图 13－2　以货币供给量为目标

（2）以利率为目标。与上述分析相同，中央银行预期货币需求曲线位于 M_D，但是由于产出、物价水平或者公众持有货币偏好的意外变动，货币需求曲线在 M_D^1 和 M_D^2 之间波动（见图 13－3）。当货币供给量不变时，如果货币需求上升导致货币需求曲线上升到 M_D^1，那么利率将上升到 i^1，而债券价格将会下降。为了维持利率目标，中央银行就会通过公开市场购买债券来防止利率上升。中央银行买入债券，使债券价格上升回到原来的水平，从而将利率维持在目标水平，货币供给量将会从初始的 M^* 增加到 M^1，货币市场重新达到均衡。当货币需求下降时，过程正好相反。货币供给量将会减少到 M^2，利率维持不变。

所以，当中央银行决定将利率定在某个给定的水平，并且使它保持不变时（被称为“钉住利率的政策”），它就失去了对货币供给的控制。因为

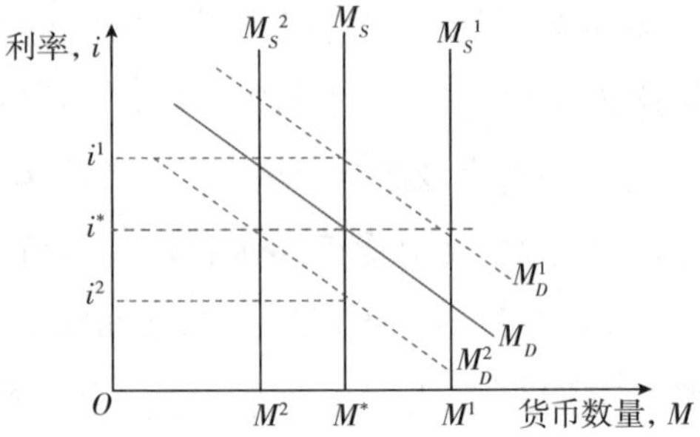

图 13－3　以利率为目标

当货币需求曲线移动时，在钉住利率的情况下，中央银行不得不供给所需求的货币数量。

从货币供求模型分析中得出的结论是，货币存量目标和利率目标是不能同时达到的，即互不相容。既然这两个目标不能相容，那么问题就产生了：中央银行应该选择哪个目标呢？随后我们将对这个问题进行分析。

二、中介指标的选择

当中央银行可以选择利率或者货币存量作为中介指标时，它会选择哪一个？普勒（Poole，1970）对这一问题做了经典分析。

假设中央银行必须在观察到对商品和货币市场的当期扰动之前制定货币政策，再假设关于利率的信息可以即时得到，而关于产出的信息却不能。这一涉及信息的假设符合如下情况，即中央银行基本上可以连续不间断地观察市场利率，而关于通货膨胀和产出的数据却只能每月或者每季度得到一次，在这种条件下，中央银行无法从市场利率的变动中判断影响经济运行的有关扰动的准确来源。在宏观层面，引起利率上升的原因可能是总需求的扩张（这可能要求货币政策紧缩来稳定产出），也可能是货币需求的外生性增加（这可能要求增加货币供给）。

由于关于经济运行的信息不对称，中央银行无法判断引起利率变动的有关冲击的来源。普勒提出的问题是，在这种情况下，中央银行是应当试图维持市场利率固定不变，还是应当维持货币数量固定不变而让利率波动？普勒假设货币政策目标是稳定实际产出。我们用 *IS－LM* 模型来简单地推导普勒的结论。

（1）冲击来自总需求时的目标选择。图 13－4 是我们熟悉的 *IS－LM* 模型。在没有冲击的情况下，经济的均衡产出位于 Y^*。中央银行的货币政策目标就是稳定产出。政策产生的问题在于 *IS* 曲线和 *LM* 曲线的移动不可预测。当它们移动时，产出达到一个与目标水平不同的水平。

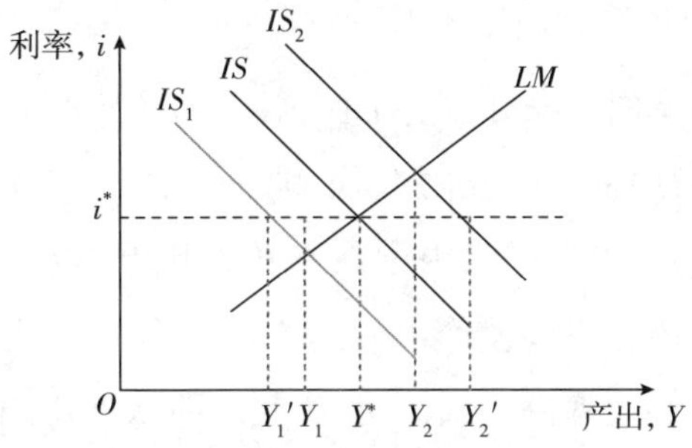

图 13－4　*IS* 曲线移动时的目标选择

图 13－4 显示了另外两个不同位置的 *IS* 曲线：IS_1 和 IS_2。假设中央银行预先并不知道 *IS* 曲线将如何移动，*IS* 曲线的位置取决于难以预测的投资需求等。中央银行的目标是使产出尽可能地接近目标水平 Y^*。如果中央银行保持货币供给量不变，则图中的 *LM* 曲线不发生移动，*IS* 曲线移动后的产出水平分别为 Y_1 和 Y_2。如果政策是使利率保持不变，则在每一种情况下，我们将得到离 Y^* 更远的产出水平：Y_1' 和 Y_2'。

因此，我们得出第一个结论：如果产出偏离其均衡水平的主要原因是 *IS* 曲线的移动，而产出水平可以通过保持货币存量不变来得到稳定，那么，中央银行应该选择货币供给量目标。

我们可以从图 13－4 中看出为什么中央银行在保持货币供给而不是保持利率不变时，产出更加稳定。货币供给量保持不变意味着 *LM* 曲线不移动，当 *IS* 曲线向右移动，利率上升降低了投资需求，从而减缓了 *IS* 曲线移动的影响。但是，当维持利率不变时，货币政策没有阻挡 *IS* 移动发生影响的力量。因此，当 *IS* 曲线移动而货币存量不变时，货币政策自动地具有稳定作用。

（2）冲击来自货币需求时的目标选择。图 13－5 的初始状态与图 13－4

相同，我们现在假设 IS 曲线是稳定的，货币政策效果的不确定性是 LM 曲线移动的结果。LM 曲线表示货币市场均衡时利率和收入之间的关系。货币供给和货币需求的外生变化都会引起 LM 曲线的移动。由于我们已经将货币供给量作为一个政策目标，所以 LM 曲线的移动源于货币需求函数的变化。货币需求增加导致 LM 曲线向上移动，货币需求减少导致 LM 曲线向下移动。

在货币需求不变时，货币供给固定意味着 LM 曲线不发生移动，产出稳定在 Y^*。如果货币需求变化将会使 LM 曲线位于 LM_1 或者 LM_2，实际产出分别等于 Y_1 和 Y_2。由于中央银行预先并不知道 LM 曲线的具体位置，所以固定货币存量的目标将会使产出偏离均衡产出 Y^*。如果中央银行现在放弃固定货币供给而将利率固定在 i^* 水平上，那么产出将稳定在 Y^*。因为，这种方式通过改变货币供给来满足货币需求的变化，抵消了货币需求变动的影响。

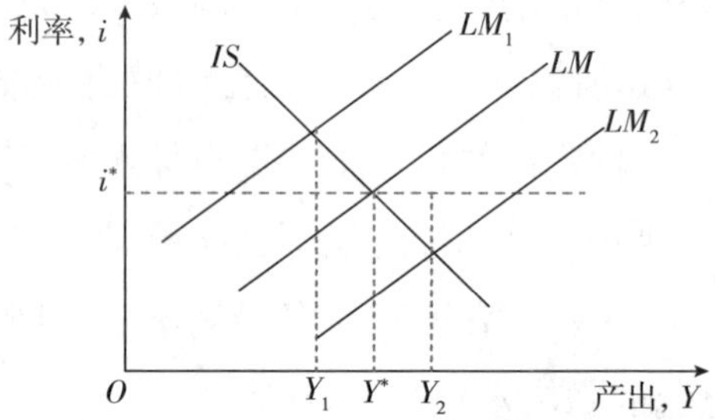

图 13－5　LM 曲线移动时的目标选择

由此我们得出第二个结论：如果产出偏离均衡水平的主要原因是货币需求函数的移动，那么中央银行应该采取固定利率的目标。

尽管普勒的模型忽略了通货膨胀、预期以及总供给扰动等因素，但是该模型的基本结论依然重要。该模型更为关键的指导意义在于，中央银行应该根据经济运行的实际情况不断地调整目标变量。

从各国的实际运行情况来看，中介指标的运行效率并不高。但是，中央银行的货币政策通常还是以中介指标的形式制定出来。因为中介指标是指那些可以为预测政策目标变量提供有用信息的变量。中介指标相对于其预期轨迹的偏离，预示政策目标变量也很可能偏离目标值，表明有必要进行政策调整。

20 世纪 70 年代，美国使用货币增长作为中介指标。在被欧洲中央银行取代之前的德国联邦银行以及瑞士国民银行也是按照货币增长率的形式来制定货币政策。最近，很多国家的中央银行使用通货膨胀本身作为中介指标。

本节主要分析了中介指标的选择，而专栏 13 – 2 分析了美国联邦储备系统（后文简称“美联储”）对操作目标的选择经历。

【专栏 13 – 2】

美联储的操作实践

美国的准备金市场

人们对操作目标的分析以银行准备金市场为基础。在美国，银行准备金市场是指联邦基金市场。联邦基金利率是指需要准备金的银行从准备金富余的银行借入准备金时支付的利率。它取决于对准备金的需求与供给。

准备金分为法定准备金和超额准备金。法定准备金取决于法定准备金率，它随着存款的增加而增加，公众对货币需求增加的经济扩张也会引起银行部门准备金需求的增加。超额准备金的需求与不可预测的资金流动量正相关，与持有超额准备金的机会成本即利率反相关。

在美国，对银行体系持有的准备金总量的供给可以分为银行从美联储借入的准备金与非借入准备金之和，即：

$$TR = BR + NBR$$

美联储可以通过公开市场操作来控制非借入准备金存量。银行对借入准备金的需求取决于从美联储借款的成本（贴现率 i_d）以及在准备金市场上借入准备金的成本（联邦基金利率 i_f）。借入准备金函数可以简单表述为：

$$BR = b\ (i_f - i_d)\ + \xi$$

系数 b 取决于美联储对贴现窗口的管理，ξ 表示扰动项。当基金利率相对于贴现率上升时，从美联储借款就更有吸引力，从而导致银行借款增加。当贴现率低于基金利率时，银行有动机按贴现率借入准备金，然后按较高的利率贷出准备金。为了防止银行利用这一套利机会，美联储用非价格方法来对银行借款进行配给。在 2002 年，美联储改变了对贴现窗口的管理方式，将贴现率设定在联邦基金利率的水平之上，银行的套利机会消失了。

图 13 –6 描述了准备金市场的供求状况。准备金总需求随基金利率上升而减少。当基金利率低于贴现率时，银行不会向中央银行借款，所以准备金供给曲线垂直且等于非借入准备金。随着基金利率超过贴现率，借入准备金变为正数并随着利差扩大而增加。准备金供给曲线的斜率取决于系数 b（如果中央银行在给定贴现率时无限提供准备金供给，则该线将变为水平）。

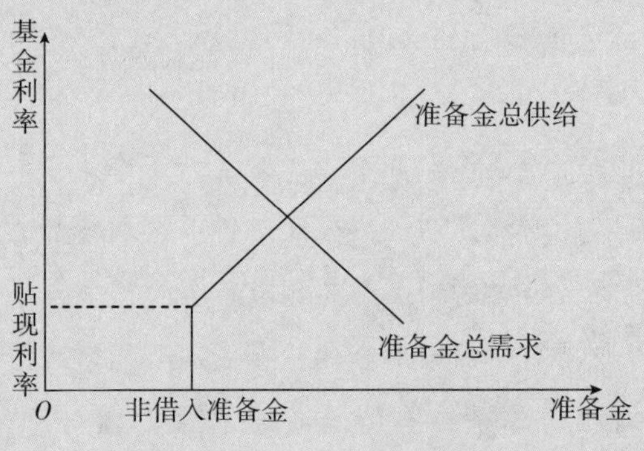

图 13 –6　准备金市场

银行准备金变动影响货币供给，而利率变化将影响市场利率。美联储正是通过公开市场操作，对银行准备金以及联邦基金利率产生影响，进而影响货币供给量和市场利率，并最终实现其政策目标。

美联储操作目标选择

根据美联储采用的主要操作目标，大多数经济学家将美国过去的 30 多年划分为四种不同的制度。按照时间顺序排列，它们分别为联邦基金利率、非借入准备金、借入准备金和联邦基金利率。不过，在每一阶段，美联储的行为都不是单纯地遵循某一操作目标。

第一阶段：1972—1979 年。

美联储在这一阶段以联邦基金利率作为操作目标。在这一政策下，美联储调整非借入准备金供给量，以使基金利率稳定在围绕目标水平的较窄范围内。因此，对于准备金总需求的正向冲击（如存款需求增加)，在没有政策反应的情况下，原本会导致基金利率及借入准备金的上升，美联储通过公开市场购买，使非借入准备金得到充分扩张以防止基金利率上涨，从而抵消了上述冲击。

然而，这种利率平滑行为会对价格水平产生重要影响。由于私人经济主体想要保持实际货币持有额稳定，所以当物价水平上涨时，人们会增加对银行存款的需求，这将会导致银行对准备金的需求增加。如果中央银行维持非借入准备金固定不变，那么对准备金需求的增加会推动利率上升，从而使货币需求及实际经济活动有所降温。如果中央银行试图防止利率上升，它就必须允许准备金供给增加以满足对准备金需求的增加。因此，稳定利率的政策会自动配合价格水平的上涨，从而对通货膨胀起到推波助澜的作用。

第二阶段：1979—1982 年。

1979 年 10 月，美联储开始使用非借入准备金目标，这是以降低通货膨胀率为目标的政策转变的一个组成部分。人们认为，以某个准备金数量为核心的操作目标更适合通过降低货币增长率来降低通货膨胀率的需要。在确定的非借入准备金目标下，预期通货膨胀率的上升不再自动引发银行准备金的增加，利率可以升高以减少对名义资产的需求及限制货币增长。

第三阶段：1982—1988 年。

1982 年以后，美联储基本上采用借入准备金来作为操作目标。由于银行借入准备金的数量取决于联邦基金利率与贴现率之间的差额，所以这种操作目标类似联邦基金利率操作目标，中央银行通过调节非借入准备金的供给，以使基金利率达到预定的水平。

第四阶段：1988 年至今。

从 20 世纪 80 年代末开始，美联储采取直接钉住联邦基金利率的做法。公开市场操作每天进行一次，因此基金利率实际上可以围绕目标利率在一天内波动。1990 年以来，美国货币政策操作规则最大的变化之一是美联储执行货币政策的透明度得到了加强。1994 年以来，联邦公开市场委员会在制定政策的同时会公布货币政策。

资料来源：沃什．货币理论与政策［M］．周继忠，译．上海：上海财经大学出版社，2004：360－366。

第四节　货币政策的传导机制

前面分析了货币政策的工具和目标，以及目标的选择。我们一直忽略了一个问题：货币政策是通过哪些渠道影响经济的？即货币政策的传导机制是什么？

货币政策的传导机制（transmission mechanism）是指货币政策工具通过对各种变量的影响从而实现政策目标的作用过程。关于这个问题，我们首先介绍两个主要学派的观点：凯恩斯学派和货币学派。

在货币政策的传导机制方面，凯恩斯学派认为货币供给影响利率，而利率变化又影响投资，最终使产出发生变化。这种方法正如货币学派所担心的，其有可能会忽视货币政策的一些重要传导机制，从而无法准确评价货币对经济的影响。正是出于这种考虑，货币学派忽略了中间过程，而仅仅关注货币供给和产出之间的相关性。但是，货币学派研究方法也存在问题，即相关性并不必然包含因果关系。也就是说，即使发现货币和产出之间存在高度相关关系，也不能证明货币会对产出产生重要影响，因为这也可以解释为产出对货币的影响。因此，没有令人信服的理由来说明哪种方法更优。

下面将对货币影响经济的主要途径进行介绍。货币传导机制可以分成三类：第一类通过投资起作用；第二类通过消费支出起作用；第三类通过国际贸易起作用。

一、投资支出

关于货币政策影响投资支出主要有四种理论：利率对投资的影响、托宾的 q 理论、信贷传导理论和非对称信息效应。

（1）利率对投资的影响。凯恩斯学派关于货币传导机制的传统观点可以描述如下。

$$M\uparrow \rightarrow i\downarrow \rightarrow I\uparrow \rightarrow Y\uparrow$$

凯恩斯学派认为，货币供给量增加会使利率降低，利率下降会导致投资增加，最终引起产出增加。这种机制最大的问题在于投资对利率变动是否敏感。尽管存在许多争论，但它仍然是目前分析宏观经济运行的基本途径。

（2）托宾的 q 理论。詹姆斯·托宾提出了一种将股票价格与投资支出相联系的理论，通常被称为“托宾的 q 理论”。托宾将 q 定义为：

$$q=\text{企业资本的市场价值/资本的重置成本}$$

如果 q 较高，那么企业的市场价值高于资本的重置成本，这意味着企业发行股票的收入大于在新厂房和设备上的投资支出。因此，企业将会增加投资支出。相反，当 q 较低时，企业将会减少投资支出。

根据上述关系，货币政策的传导机制可以表述如下。

$$M\uparrow \rightarrow P_S\uparrow \rightarrow q\uparrow \rightarrow I\uparrow \rightarrow Y\uparrow$$

当货币供给量增加，公众会将超额货币供给中的一部分用来购买股票，于是股票价格（P_S）上升，q 上升，投资增加，产出增加。

（3）信贷传导理论。无论证券市场发达与否，银行贷款都是企业融资的一个重要来源。中小企业尤其如此，因为较之大企业，它们难以通过发行股票或者债券融资。中央银行可以通过增加货币供给来增加银行贷款的供应量，从而影响投资和产出。

$$M\uparrow \rightarrow \text{存款}\uparrow \rightarrow \text{贷款}\uparrow \rightarrow I\uparrow \rightarrow Y\uparrow$$

（4）非对称信息效应。由于信息不对称，所以在金融市场上将会出现逆向选择和道德风险。逆向选择是指在交易前，掌握更多信息的人以一种不利于掌握信息少的人的方式进行选择的趋势。道德风险是指在交易后，当无法完全监督人们的行为时，掌握信息更多的人会有不适当行为的倾向。信息不对称使银行或其他借款人变得更为谨慎。

由于较高的企业净值意味着借款人有较多的担保品（这减少了逆向选择造成的损失），以及较高的净值意味着所有者在企业中投入较多的股本（这降低了道德风险问题发生的概率），所以企业净值越高，逆向选择和道德风险发生的概率越低。而逆向选择和道德风险发生的概率降低使企业贷款变得容易，所以企业净值的提高将增加投资支出。中央银行可以通过影响股票价格来影响企业净值，从而影响贷款和投资支出。

$M\uparrow\rightarrow P_S\uparrow\rightarrow$净值$\uparrow\rightarrow$逆向选择和道德风险$\downarrow\rightarrow$贷款$\uparrow\rightarrow I\uparrow\rightarrow Y\uparrow$

二、消费者支出

货币政策对消费支出也有影响。影响渠道主要有：利率变化对耐用消费品支出的影响、财富效应和流动性效应。

（1）利率变化对耐用消费品支出的影响。消费者的消费支出可以分为耐用消费品消费（汽车、电器等）和非耐用品消费（食品、衣服等）。消费者用于耐用品如汽车的支出通常是通过贷款来筹资的，因此，筹资成本即利率的变化会影响消费支出。

$$M\uparrow\rightarrow i\downarrow\rightarrow \text{耐用消费品支出}\uparrow\rightarrow Y\uparrow$$

（2）财富效应。根据莫迪利安尼的消费生命周期理论，消费者的消费支出取决于其终生的财富，并根据终生财富来平滑地安排他们的消费。金融财富是消费者终生财富的一个重要组成部分，因此会对消费支出产生影响。根据前面的分析，货币供给增加会导致股票价格上升。财富效应的传导机制如下。

$$M\uparrow\rightarrow P_S\uparrow\rightarrow \text{金融财富}\uparrow\rightarrow \text{终生财富}\uparrow\rightarrow \text{消费}\uparrow\rightarrow Y\uparrow$$

（3）流动性效应。一般而言，当消费者面临财务困难的可能性较大时，他们会选择流动性强的金融资产，这样可以迅速兑现；当财务状况较好时，他们会增加耐用品的支出。流动性效应是指货币政策通过影响股票价格，使消费者面临不同的财务状况，从而使其在具有不同流动性的金融资产和耐用消费品之间进行选择。具体而言，当股票价格上升时，金融资产价值提高，消费者面临财务困难的可能性降低，耐用消费品的支出将增加。这一作用机制归纳如下。

$M\uparrow\rightarrow P_S\uparrow\rightarrow$金融资产价值↑→财务困难的可能性↓→耐用消费品支出↑$\rightarrow Y\uparrow$

三、国际贸易

随着各国对外开放程度的提高，国际贸易对一国经济产生的影响越来越大。而直接影响国际贸易的汇率也成为一个重要的货币传导机制。

根据外汇市场的均衡条件，即利率平价条件，我们知道，国内利率变化将对汇率产生影响。当本国货币供给增加时，本币利率下降，外汇市场上本币吸引力下降，本币即期贬值。本币贬值将使净出口增加和产出增加。传导机制如下。

$$M\uparrow\rightarrow i\downarrow\rightarrow\text{本币贬值}\rightarrow\text{净出口}\uparrow\rightarrow Y\uparrow$$

通过汇率的货币政策传导机制必须满足一个条件：马歇尔－勒纳条件（Marshall－Lerner Condition），即进出口需求弹性的绝对值之和大于1。否则，贬值会适得其反。大多数商品都满足该条件。

至此，我们较为全面地分析了货币政策对经济影响的作用过程。但是，值得注意的是，由于现实的经济运行极为复杂，所以对货币政策与经济关系的研究不可能像在实验室里那样可以清楚地观察出变量之间的相互作用过程。这正是关于货币与经济的关系存在诸多争论的原因。

正如罗伯特·卢卡斯（Robert E. Lucas）所指出的，至少从休谟（David Hume）开始，关于货币变动能否对经济产生影响就存在争论，这种争论一直是货币理论的核心问题。

目前，几乎所有的经济学家都承认，货币的长期效应完全或者几乎完全地落在价格上，对实际变量几无影响。但是，大多数经济学家也相信，货币政策在短期内对产出等实际变量有着重大影响。

本章小结

货币政策工具是指中央银行可以直接控制的变量，其包括：一般性货币政策工具、选择性货币政策工具和其他货币政策工具。

货币政策目标是指决策者希望通过调节货币和信用达到的目的。货币政策目标一般分为操作目标、中介指标和最终目标三个层次。

货币政策的最终目标主要包括物价稳定、充分就业、经济增长和国际收支平衡。除此之外，货币政策的目标还有保持一国金融市场稳定、汇率稳定等。

通过使用中介指标和操作目标，中央银行可以较为迅速地判断它的政策是否处于正确的运行轨道并进行中途修正。中介指标和操作目标必须满足三个标准：可计量性、可控制性和可以预见其影响。

中央银行不能同时把利率和货币存量确定在它所可选择的既定目标水平上。如果引起短期经济不稳定的主要原因涉及总支出，那么中央银行采用货币存量目标将会使产出更加稳定；如果冲击来自金融市场，那么采取利率目标就更有吸引力。

货币政策的传导机制可以分成三类：第一类通过投资起作用；第二类通过消费支出起作用；第三类通过国际贸易起作用。

尽管关于货币对经济的影响程度存在较大争论，但是几乎所有的经济学家都承认，货币的长期效应完全或者几乎完全地落在价格上，对实际变量几无影响。但是，大多数经济学家也相信，货币政策在短期内对产出等实际变量有着重大影响。

思考题

1. 中央银行的货币政策工具有哪些？它们各自的优缺点是什么？

2. 在春节期间，当公众的通货持有量增加时，中国人民银行一般会进行怎样的公开市场操作？为什么？

3. 中央银行运用贴现政策可以预防银行恐慌，其代价是什么？

4. 由于利率计量比货币供给的计量更为精确和迅速，所以利率作为中介指标要优于货币供给。你是否同意这个观点？

5. 在选择利率目标和货币目标时，如果货币需求不发生波动，中央银行能否同时实现这两个目标？请解释。

6. 如果货币供给增加，请预测股票价格的变化。产出将会如何变化？

7. 货币政策的中介指标应该满足哪些标准？可供选择的中介指标有哪些？

8. 货币政策最终目标之间的关系是什么？

9. 利用准备金市场供求模型，分析为什么借入准备金操作目标和联邦基金操作目标具有相似性。

10. 是货币供给增加导致产出增加，还是产出增加引致货币供给增加，试解释。

进一步阅读书目

1. 卡尔·E. 瓦什．货币理论与政策［M］．陈雨露，译校．北京：中国人民大学出版社，2001.

2. 迈克尔·伍德福德．利息与价格：货币政策理论基础［M］．陈彦斌，等译．北京：中国人民大学出版社，2010.

第四篇
国际金融

第十四章　国际收支与汇率

本章要点

◎国际收支的含义是什么？

◎什么是外汇和汇率？

◎国际收支的分析方法有哪些？

◎汇率的决定理论是什么？

第一节　国际收支理论

开放经济条件下，一国与其他国家在经济、政治和文化等领域频繁地进行交往，在交往的过程中，会产生资金或货物结算关系，将一国对外的经济交往进行记载，就形成了一国的国际收支。

一、国际收支概述

国际收支（balance of payment）是指在一定时期内一国居民与非居民之间全部经济交易的系统记录。一国国际收支状况反映了该国在国际上的经济地位，同时也影响该国的宏观经济与微观经济的运行，因此对国际收支不均衡的调节也就成为调节一国宏观经济的重要措施。

一国国际收支状况集中反映在一国国际收支平衡表上。国际收支平衡表是按照复式记账原理编制的，每笔交易都由价值相等的借贷双方来表示。贷方（credit）用数学符号（+）表示；借方（debit）用数学符号（-）表示。根据复式记账规则，有借必有贷，借贷必相等，因此国际收支如果从会计角度来看一定是平衡的。国际收支的记账方式也与会计记账方式相似。例如，对于资产，不管是实际资产还是金融资产，正号（贷记）代表负责持有量的减少，负号（借记）代负债持有量的增加；相反，对于负债，正号（贷记）代表负债持有量的增加，负号（借记）代表负债持有量的减少。

根据国际货币基金组织的规定，国际收支平衡表的项目将按照交易种类进行分类。典型的国际收支平衡表包括商品和服务的流量（一定时期）、资本的流量和官方储备的流量等的变化情况。在记账时，凡是表示收入的交易（资金来源）用（+）入账，表示支出的交易（资金运用）则以（-）入账。资金来源包括出口商品和服务、向外国出售金融资产以及对外借款；资金运用包括进口商品和服务、购买金融资产以及向外借款。下面具体说明国际收支的构成。

假定用 B 表示国际收支，则有：

$$B = (X_C + Z_K + NR + NT) - (Z_C + X_K) \quad (14-1)$$

其中，X_C代表商品和服务的出口，Z_K代表资本进口，NR 代表净利息和股息流入，NT 代表国外对本国经济的净单方面转移，Z_C代表商品和服务的进口，X_K代表资本出口。国际收支可以看成由三个部分组成。

（1）经常项目的国际收支可用下式表达：

$$B^C = (X_C - Z_C + NR + NT) \quad (14-2)$$

经常项目的国际收支主要由三个部分构成：商品和服务的净出口、来自国外投资的净利息和股息收入及净单方面转移。如果 $NR + NT = 0$，则 B^C 就是贸易余额。

（2）资本项目的国际收支可用下式表达：

$$B^K = X_K - Z_K \quad (14-3)$$

这表示资本的净出口。

（3）官方结算差额为：$B^f = -B$ （14-4）

即官方结算差额等于负的国际收支 B。

如果国际收支处于均衡，则有：

$$(X_C - Z_C) + (NR + NT) = X_K - Z_K \quad (14-5)$$

这就是说，在国际收支处于均衡时，经常项目的逆差（或顺差）恰好等于资本项目的顺差（或逆差）。

从本质上来讲，资本项目包含了政府在外汇市场上的外汇买卖。所以按照复式记账法则，经常项目加资本项目应该等于零，但由于政府的外汇交易（短期）非常重要，所以就从资本项目中取出官方交易，单独列出。这样经常项目加资本项目再加官方交易项目才等于零。这就是一国外汇储备（即官方交易余额）单独列在国际收支平衡表的原因。当国际收支平衡表上外汇储备项目为负时，表示外汇储备增加［回忆会计做账原则，对于资本，增加记借方（－）］；反之，当国际收支平衡表上外汇储备项目为正（贷方）时，表示外汇储备减少［对于资本，减少记贷方（＋）］。

【专栏 14－1】

中国的国际收支平衡表

国家外汇管理局2019年2月15日公布的2018年四季度及全年国际收支平衡表初步数据显示，2018年，我国国际收支呈现自主平衡，经常账户和非储备性质金融账户均呈现顺差，储备资产增加。根据国家外汇管理局数据，2018年，我国经常账户顺差491亿美元，保持在合理的顺差区间。其中，一季度出现逆差，二至四季度持续顺差，并且顺差规模逐季扩大。四季度，经常账户顺差546亿美元，较三季度增长135%，主要是国际收支口径的货物贸易顺差1391亿美元，环比增长38%；服务贸易逆差641亿美元，环比下降21%。非储备性质的金融账户保持顺差，跨境资本呈现净流入。2018年，非储备性质的金融账户（含四季度净误差与遗漏）呈现顺差602亿美元。其中，直接投资呈现净流入1074亿美元，较2017年增长62%。具体来看，对外直接投资净流出961亿美元，下降6%；外国来华直接投资净流入2035亿美元，增长21%。储备资产增加。2018年，我国储备资产因国际收支交易（不含汇率、价格等非交易因素影响）增加189亿美元，其中，外汇储备增加182亿美元。国家外汇管理局新闻发言人、总经济师王春英指出，在我国经济持续健康发展、长期向好的大背景下，未来跨境资金流动将保持总体平稳，我国国际收支状况也将保持基本平衡。

资料来源：人民日报海外版。

二、国际收支理论的传统分析方法（20 世纪 60 年代以前）

在 20 世纪 60 年代以前，国际资本流动数量较小，因此国际收支主要是贸易等经常项目收支。在这种情况下，货币的功能只是被假定为便利人们的交易（货币不被作为价值的储藏手段）。那么，一国对外汇的需求仅仅是派生需求（derived demand），即我们对外汇的需求源于对国外商品、服务和资产的需求。20 世纪 60 年代以前的国际收支理论主要包括价格—现金自动调节理论、弹性分析方法和吸收分析法。

1. 价格—现金自动调节理论

15 世纪居于主导地位的重商主义者提出了“贸易差额论”。他们认为，贵金属是财富的唯一形态；外贸顺差是财富的源泉。为了保护外贸顺差，他们极力主张实行贸易保护政策。18 世纪中期，哲学家大卫·休谟（1711—1776）开始了国际收支的研究。1752 年他在《论贸易平衡》一书中提出了“价格—现金流动机制”（price - specie - flow mechanism），即“休谟机制”。

休谟所处的时代是金本位时代。当时每一个国家的货币供给都由黄金和能与黄金兑换的纸币构成。因此，一个国家如果出现国际收支赤字就会引起黄金外流，从而使国内货币供给减少，国内商品价格下降，进而使出口成本下降，出口增加，国际收支由赤字变为盈余，黄金内流。国际收支顺差则经历一个相反的过程。币值的稳定和黄金的自由输出、输入使汇率变得相当稳定。休谟根据这一事实得出这样的结论：在金本位制下，一国的国际收支失衡可以通过黄金的既有输出、输入和价格的自动涨跌得以平衡。因此，各国政府无须过多地对国际收支和汇率进行干预。由此可见，休谟机制的前提条件是贸易的自由化和黄金在国际的自由流动。正是在这种条件下，进出口的变化才表现为黄金的流出、流入和货币供给量的增减。

2. 国际收支的弹性分析方法

琼·罗宾逊夫人（Joan Robinson）于 1937 年发表的《外汇》一文提出了国际收支的弹性分析方法（the elasticity approach to the balance of payments)。弹性分析方法讨论的是：汇率贬值或其他政策变化改善国际收支的程度取决于一个弹性准则。

我们用图示来分析汇率贬值对改善国际收支的作用。假定只存在中国和美国两个国家，中国对美元的需求起源于对美国商品、服务等的需求。如果中国消费者对美国商品的需求增加，那么中国就会增加对美元的需求以便购买美国的商品和服务。中国消费者愿意支付的美元价格就是以人民币表示的美元的价格。通过图 14－1 可以看到，中国对美元的需求弹性和供给弹性是如何改善国际收支的。

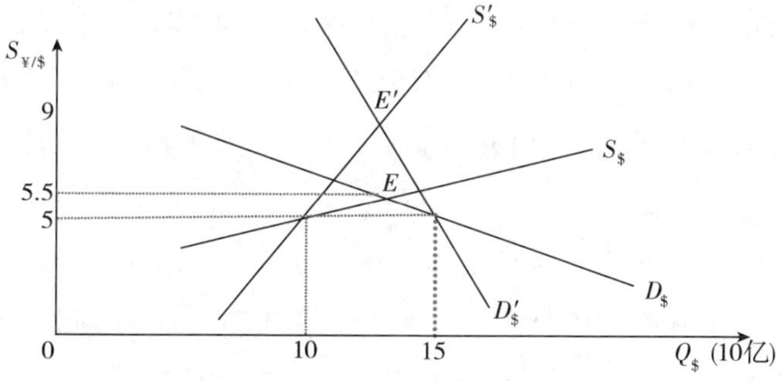

图 14－1　汇率变化对国际收支的弹性调节机制

图 14－1 反映了货币贬值改善一国国际收支的过程。在图中，我们假定只存在中国和美国两个国家，并且没有国际资本流动，因此中国对美元的供给和需求曲线仅仅反映了商品和服务的贸易。在汇率为 ¥5 = $1 时，中国对美元的需求量为 150 亿美元，美元供给量为 100 亿美元，结果，中国国际收支赤字 50 亿美元。

如果中国对美元的供给和需求曲线由 $S_\$$ 和 $D_\$$ 所构成，那么人民币贬值 10%，从 ¥5 = $1 变为 ¥5. 5 = $1，就可以完全消除中国的国际收支赤字，即在 E 点达到国际收支均衡；但如果美元的供给和对美元的需求缺乏弹性，即美元的供给和需求曲线变为 $S_\$'$和 $D_\$'$，显然人民币对美元贬值 10%，就不能使国际收支达到均衡，要消除国际收支赤字，人民币就必须贬值 80%，即在 E'点达到均衡。人民币对美元达到如此大幅度的贬值可能是不可行的。

按照马歇尔－勒纳条件，当一国出口的需求价格弹性和本国进口的需求价格弹性的绝对值之和大于1时，一国货币贬值就可以改善国际收支。

从长期来看，一般情况下马歇尔－勒纳条件是成立的；但从短期来看，其条件也许不能得到满足。这主要是因为进口需求和出口供给在长期内将更具有弹性，而在短期内相对缺乏弹性。下面我们通过例子来分析为什么会出现这种情况。

假定中国出口100万件衣服，世界价格为10元/件，汇率为0.2美元＝1元人民币，同时从美国进口价值1200万元人民币的大豆，世界价格是1.2元/千克，则贸易逆差为200万元人民币。若汇率变为0.15美元＝1元人民币，假定出口与进口价格无弹性，这样出口100万件衣服，世界价格为13元/件，取得出口收入1300万元人民币，进口1000万千克美国大豆，世界价格为1.6元/千克，则进口额1600万元人民币，贸易逆差为300万元人民币。

货币贬值存在时滞效应是指当一国的货币当局采取使本币贬值的调整政策后，相关实际部门贸易的调整不会同步进行，而是需要一个过程。

具体来说，当一国的货币贬值后，最初只会使国际收支状况进一步恶化，只有经过一段时滞后，才会使贸易收入增加，并改善国际收支。货币贬值后，贸易调整存在的时滞效应可用著名的J曲线效应来表示。

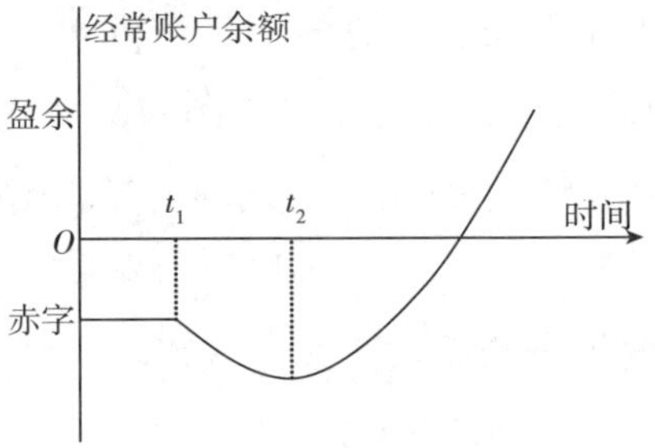

图14－2　J曲线效应

图14－2表示，一国货币在t_1时刻贬值，贬值后该国赤字增加，经过一段时间达到t_2时，贬值效应才开始显现。

J曲线效应揭示了在汇率贬值的短期内，出口和进口数量不会发生大的变化，使贬值国出口收入减少，进口支付增加，因此经常项目的情况进一步恶化。

一国货币贬值在一定时间内会改善国际收支的原因是进口需求量下降。进口需求量下降是由货币贬值引起的进口商品本币价格上升造成的，经济学家称由这种货币贬值引起进口商品和劳务国内价格上涨的效应为“传递效应”。也就是说，货币贬值被传递到了以本国货币表示的进口商品价格上；反之，如果由于某种原因，货币贬值没有传递到进口商品和劳务的国内价格，则货币贬值不会使经常账户的情况得到改善。这可能是由这样一种情况引起的：出口商不将汇率变动传递给国外消费者，而是自己吸收到其利润中并保持出口价格不变。

3. 国际收支的吸收分析法

吸收分析法把一国对最终产品的支出分为四个部分，即消费支出、投资支出、政府支出和进口支出。吸收就是一国对最终产品和服务的总支出，从而可以把吸收表示为：

$$A = C + I + G + IM \tag{14-6}$$

式中，A 表示吸收，C 表示消费支出，I 表示投资支出，G 表示政府支出，IM 表示对进口商品和服务的支出。

另外，一国的实际收入等于对其最终产品和服务的真实支出，因此我们可以把一国的实际收入表示为：

$$Y = C + I + G + EX \tag{14-7}$$

式中，Y 表示实际收入，EX 表示实际出口。由于传统分析方法假定资本的跨国流动不重要，所以经济学家主要关注经常账户，在忽略转移支付的条件下，经常账户（用 CA 表示）的实际余额可以表示为：

$$CA = EX - IM \tag{14-8}$$

三、国际收支的现代分析法（20 世纪 60 年代以后）

20 世纪 60 年代以后的国际收支理论主要包括国际收支的货币分析方法和跨期均衡模型。克鲁格曼（Krugman，1995）指出，虽然跨期开放经济模型比开放经济的 $IS-LM$ 模型更精确，但是跨期开放经济模型如果要取代 $IS-LM$ 模型，还有许多工作要做，因此，本书暂不介绍跨期均衡模型。

1. 国际收支的货币分析方法

货币分析方法认为，一国国际收支的变化是一种货币现象。国际收支的赤字或盈余由货币供给量与货币需求量之间的不均衡造成。国际收支的货币分析方法可以追溯到大卫·休谟的价格—现金流动机制。货币分析方法通过货币余额的供给和需求模型来分析国际收支。它把国际收支融入货币均衡分析模型，因此，可以从货币供给和需求角度来考察国际收支不平衡的原因。

2. 货币供给量与国际收支的关系

在国际收支平衡表中，假定不存在误差项，那么经常账户余额和资本账户余额之和等于一国的官方储备。再假定一国官方储备等于一国的外汇储备，这样我们就把一国的货币供给量与其国际收支联系起来：如果一国官方储备增加（货币供给增加），则等价于国际收支盈余；如果一国官方储备减少，则等价于国际收支赤字。

货币分析方法还假定绝对购买力平价成立，即有：

$$P = SP^{*} \tag{14-9}$$

P 表示本国价格水平，S 表示用本币表示的外国货币的价格，P^{*} 表示外国价格水平。

那么，在货币市场均衡条件下存在等式：

$$M^{d} = M \tag{14-10}$$

即有：$kPy = m(B+R)$ (14-11)

从而有：$m(B+R) = kSP^{*}y$ (14-12)

下面用货币分析方法来分析固定汇率条件下的国际收支调节机制：假定本国是一个小国，那么在固定汇率制度下，本国中央银行在公开市场上购买债券，将引起本国货币供给量以乘数增加，这样本国货币供给量超过需求量，即有：$m(B'+R) > kSP^{*}y$。从不等式可以看出，小国情况下右边的 P^{*} 不变，固定汇率下 S 不变，假定实际国民收入 y 也不变，这样，只有当 R 减少，国内的货币供给量才等于货币需求量。R 的减少就是国际收支赤字。因此，货币分析方法认为，在固定汇率制度下，一国货币供给量增加将使本国国际收支赤字。

理论上来讲，在浮动汇率制度下，一国不需要外汇储备，即 R 可以为 0，这样一国货币供给增加，直接促使本国货币贬值，即 S 上升，不会导致国际收支出现赤字。

再从货币需求方来分析国际收支调节机制：假定外国价格水平 P^* 改变或者实际国民收入 y 改变（增加），在固定汇率制度和绝对购买力平价成立的条件下，根据剑桥等式则存在：$m(B+R)<kSP^*y$。这样，家庭就会发现他们愿意持有的货币数量小于他们目前已持有的货币数量，从而减少购买支出（也会减少对外国商品和服务的购买），结果导致国际收支盈余。如果是浮动汇率制度，则导致本国货币升值（S 减少）。

第二节　汇率与汇率计算

一、外汇汇率的概念

如果一个中国人准备到美国留学，那么他必须首先把人民币兑换成美元，而兑换就有一个兑换比率，这个比率即汇率（foreign exchange rate），即以一定单位的一国货币与一定数量的另一国货币相交换的一种比率关系。汇率是一个价格，是以一国货币表示的另一国货币的价格。

由于汇率是两种货币的交换比率，所以在确定这一比率时就有一个选择标准的问题。这里主要有两种汇率标价标准。

一种是直接标价法，它是用本国货币来表示外国货币的价格。如我国目前的外汇牌价是：100USD = 811.234CNY，这里是用 811.234 元人民币来表示 100 美元的价格。另一种是间接标价法，它是用外国货币来表示本国货币的价格，或者说是用一定数量的外国货币来表示一定单位的本国货币的价格的方法。例如，如果我国外汇管理局标出的外汇牌价是：100CNY = 12.326USD，即用 12.326 美元来表示 100 元本国货币——人民币的价格，这就是间接标价法。

其实，间接标价法与直接标价法互为倒数，即 1/直接标价法 = 间接标价法。

二、汇率贬值（或升值）的计算方法

1. 汇率贬值（或升值）率的简单计算方法

下面通过一个例子来说明汇率贬值（或升值）率的计算。假定2005年8月1日中国外汇市场上，人民币对美元的价格为：¥8.7220 = \$1，2005年9月1日汇率变为：¥8.1000 = \$1。人民币对美元升值多少？美元对人民币贬值多少？（用%表示）

这里是用9月1日的汇率减去8月1日的汇率然后除以8月1日的汇率的百分比来表示人民币的升值率。公式为：$\frac{(8.1000-8.7220)}{8.7220}\times 100\% = -7.13\%$，即人民币升值7.13%。而在算美元的贬值率时，要表示为间接标价法，即\$/¥，它表示一个单位本币的外币——美元的价格。8月1日，汇率为\$0.1147 = ¥1，9月1日汇率为\$0.1235 = ¥1。

故美元贬值率的公式为：$\frac{(0.1235-0.1147)}{0.1147}\times 100\% = 7.7\%$。注意：一国货币的贬值率与对应的外国货币的升值率一般是不相等的。

假定2005年8月1日中国外汇市场上人民币对美元的价格为：¥8.0000 = \$1，2005年9月1日汇率变为：¥8.7720 = \$1。人民币对美元贬值多少？美元对人民币升值多少？（用%表示）

我们这里是用9月1日的汇率减去8月1日的汇率然后再除8月1日的汇率的百分比来表示人民币的贬值率，公式为：$\frac{(8.7720-8.0000)}{8.0000}\times 100\% = 9.65\%$。

而在计算美元的升值率时，要表示为间接标价法，即\$/¥，它表示一个单位本币的外币——美元的价格。8月1日汇率为\$0.1250 = ¥1，9月1日汇率为\$0.1140 = ¥1。

故美元升值率的公式为：$\frac{(0.1140-0.1250)}{0.1250}\times 100\% = -8.8\%$，即美元升值8.8%。而且从理论上来讲，一国货币的升值率最多不超过100%，而一国货币的贬值率则可以趋于无穷大。

在具体应用中，谈到汇率升值或贬值时，必须清楚指出是哪国货币。另外，如果使用连续复利，也可以用对数来计算一国货币的贬值率或升值率。

2. 汇率贬值（或升值）率的复利计算方法

前面介绍的汇率贬值（或升值）率的计算方法比较简单，但缺陷是不符合资产的定价方法。中国人民银行规定，自 2005 年 7 月 21 日起，我国开始实行以市场供求为基础、参考一篮子货币进行调节、有管理的浮动汇率制度。人民币汇率不再钉住单一美元，形成更富弹性的人民币汇率机制。既然是以市场供求为基础，那么我们就应该把外汇当成资产，用资产的定价方法来计算外汇的价格变化。金融市场的理论研究及许多实证研究都用对数正态分布来描述金融资产的价格。设某种资产当前价格是 P_0，考虑单期投资问题，到期时该资产的价格是一个随机变量，记为 P_1，设投资于该资产的连续复利收益率为 r，则有：

$$P_1 = P_0 e^r \tag{14-13}$$

从而有：$r = \ln \frac{P_1}{P_0} = \ln P_1 - \ln P_0$ （14-14）

注意：这里的 P_0 是当前价格，是一个常数，因而假设价格 P_1 服从对数正态分布实际上等价于假设复利收益率 r 服从正态分布。我们以连续复利来替代前面的简单收益率法，以计算外汇的升值（或贬值）率。2005 年 8 月 1 日，中国外汇市场上人民币对美元的价格为：￥8.7220 = \$1，2005 年 9 月 1 日汇率变为：￥8.1000 = \$1。人民币对美元的升值率为：$r = \ln \frac{8.1}{8.722} \times 100\% = -7.398\%$，与简单收益率计算的结果 $[\frac{(8.1000 - 8.7220)}{8.7220} \times 100\% = -7.13\%]$ 相差 0.268 个百分点。同样可以用连续收益率计算美元的贬值率为：$r = \ln \frac{0.1235}{0.1147} \times 100\% = 7.392\%$，与简单收益率计算的结果 $[\frac{(0.1235 - 0.1147)}{0.1147} \times 100\% = 7.7\%]$ 相差 0.31 个百分点。

从本质上讲，按照复利收益率来计算升值率与贬值率是一致的，如假

定 t 期时人民币对美元的价格是 p_t，$t+1$ 期时假定价格为 p_{t+1}，则人民币对美元的贬值（或升值）率为：

$$r = \ln\frac{p_{t+1}}{p_t} \times 100\% \text{（直接标价法）} \quad (14-15)$$

在此基础上，美元对人民币的升值（或贬值）率为：

$$r = \ln[(1/p_{t+1})/(1/p_t)] \times 100\% = -\ln\frac{p_{t+1}}{p_t} \times 100\% \text{（换成间接标价法）} \quad (14-16)$$

数值一样，只是符号相反。也就是说，如果用连续复利来计算汇率的贬值（或升值）率，其绝对值是一样的，这样就不会有简单收益率计算时存在的所谓“一国货币的升值率最多不超过100%，而一国货币的贬值率可以趋于无穷大”的情况。

三、交叉汇率的计算方法

外汇市场上，一般把一国货币与美元之间的汇率称为“基准汇率”，如人民币与美元的汇率；把与其他国家货币的汇率称为“交叉汇率”，如人民币与日元的汇率等。我们以中国为例来看交叉汇率的计算方法，假定2005年8月1日人民币对美元的收盘中间价是：USD/CNY，$1 = CNY ¥8.1120，又假定当日日本外汇市场上日元对美元的收盘中间价是：JPY/USD，$1 = JPY ¥100，则2005年8月1日人民币对日元的交叉汇率为：$\frac{100.00}{8.1120} \times \frac{\text{CNY ¥}}{\$} \times \frac{\$}{\text{JPY ¥}} = 12.327\text{CNY ¥}/\text{JPY ¥}$，即1元人民币的日元价格是12.327日元。

第三节　汇率决定理论

一、国际平价条件

国际平价条件主要包括两个部分：购买力平价与利率平价。

（一）购买力平价理论

1916年瑞典经济学家卡塞尔（Gustav Cassel）提出了购买力平价理论，

他在 1922 年对其进行了完善。购买力平价理论是国际金融理论中历史较为悠久的汇率理论。它包括两个方面的内容。

1. 名义汇率与实际汇率

名义汇率是指一种货币对另一种货币的交换比率，如我国外汇市场上人民币对美元的汇率（本书用外国货币的本币价格来表示汇率）。实际汇率是指可交换的一单位外国商品的本国商品数量（直接标价法）。它与名义汇率的关系可表述为：

$$e^r = e\frac{P^*}{P} \tag{14-17}$$

其中，e^r 代表实际汇率，P 代表本国价格水平，P^* 代表外国价格水平，e 表示名义汇率。因此，实际汇率是按照两国间相对价格比率对名义汇率进行调整后的汇率。

2. 购买力平价与实际汇率

对于一种在国际上进行贸易的商品，假定在完全竞争的市场条件下，且没有任何交易成本，如果以同一种货币计价，则该产品的价格应是相等的（一价定律）。

假定国与国之间所有商品都具有完全的流动性，那么所有商品的价格将是相同的，且实际汇率等于 1，即有：$e^r = e\frac{P^*}{P} = 1$。

从而有：$$e = \frac{P}{P^*} \tag{14-18}$$

这就是绝对购买力平价条件（PPP）。它表示当国内外的物价水平用同一种货币计算时是相等的。

但由于各国都存在大量不可贸易商品，因此实际汇率不等于 1，假定有等式：

$$e^r = e\frac{P^*}{P} = m \Rightarrow \ln e = \ln P - \ln P^* \Rightarrow \dot{e} = \dot{P} - \dot{P}^* \text{（}\dot{P}\text{ 表示价格的变化率）} \tag{14-19}$$

这就是相对购买力平价形式，它表示一国通货膨胀率高于（低于）另一国的幅度与其汇率的贬值（升值）幅度是相同的。

综上所述，购买力平价理论说明了货币数量决定货币的购买力和物价水平（购买力平价来自货币数量论），从而决定了汇率。故汇率是一种货币现象。

3. 购买力理论的局限性

（1）市场不完善的影响。购买力平价成立的条件是以“一价定律”为基础的，而现实中由于存在市场障碍，一价定律不成立。

（2）非贸易品对购买力平价造成的影响。购买力平价定律是以物价水平为基础计算出来的，而物价水平由贸易品和非贸易品构成，从而其对购买力平价造成影响。例如，成都一套140平方米的房子价值20万元人民币，而美国华盛顿同样一套140平方米的房子价值35万美元，两者之间能套利吗?

多恩布什（Rudiger Dornbusch）将购买力平价所出现的偏差分为暂时性和结构性两种。由于劳动合同和不充分竞争等因素，价格和工资的变化呈刚性。如果货币发行量增加，资产市场的调整速度快于商品市场，那么将出现汇率超调现象，使购买力平价出现暂时性偏差，但在长期内，会使汇率恢复到购买力平价水平。而结构性偏差是现实汇率长期偏离购买力平价的原因，如技术进步等。

（二）利率平价理论

利率平价在即期和远期货币市场以及国内外证券市场之间建立了某种联系。利率平价的成立依赖于这样一个原则，即风险等因素相同的两笔投资具有相同的回报率。为了推导利率平价，假定存在完全资本市场。假定一位投资者将1元人民币投资于某种中国证券，其利率水平为i，到期一次性支付本息，则这笔投资的最终收益为:$1\times(1+i)$；同理，假定该投资者可以把1元人民币按照当前的人民币对港币的即期汇率S_t兑换成港币，然后将所得港币投资购买某种香港证券。该证券在同一段时期的利率水平为i_h。与此同时，这位投资者按照当前的远期汇率F_t出售香港证券投资的全部收入（本金和利息）。这笔在香港投资的最终收益可用公式表示为:

$$1\times\frac{1}{S_t}\times(1+i_h)\times F_t \tag{14-20}$$

再假定以上两种证券除计值货币不同外，其他各方面完全一致，两笔投资将获得同等的回报，公式表示为：

$$1 \times \frac{1}{S_t} \times (1 + i_h) \times F_t = 1 \times (1 + i) \Rightarrow \frac{(F_t - S_t)}{S_t} = \frac{(i - i_h)}{(1 + i_h)} \tag{14-21}$$

等式左边是用百分比表示的外币远期升水，等式右边是用百分比表示的利率差。

如果 $F_t > S_t$，表示港币在远期市场上的价格较为昂贵，定义为港币远期升水；反之，如果 $F_t < S_t$，则称港币远期贴水。

二、汇率决定的分析方法

20 世纪 60—70 年代，国际资本在外汇市场上大量流动，这样汇率的决定更多地受到外汇市场上短期资本流动的影响，汇率决定理论的资产方法（存量方法）受到重视。资产方法把货币看作一种资产，从本质上来讲，资产方法对资产的定价是“前瞻性的”（forward looking）。即资产方法认为，当前的即期汇率应该以净现值的方式反映所有影响汇率变化的未来事件。假定外汇市场是有效的，那么汇率将迅速变化，以反映新的信息。

汇率决定的资产方法有两个主要分支：一是货币分析方法，它主要关注货币的供给和需求；二是资产组合平衡法，它强调货币与债券的供给和需求。

1. 汇率决定的货币分析方法

汇率决定的货币分析方法有两个模型：弹性价格模型和黏性价格模型。

（1）弹性价格模型。弹性价格模型假定本国商品价格对货币供应量具有充分弹性，购买力平价成立，实际汇率不变。

根据一国货币市场均衡的条件，一国的价格水平 P 可与货币供给 M 和货币需求 L 相联系，其存在如下关系。

$$本国:P = \frac{M}{L(Y,i)};外国:P^* = \frac{M^*}{L(Y^*,i^*)}$$

$$所以有:S = \frac{P}{P^*} = \frac{M \times L(Y^*, i^*)}{M^* \times L(Y, i)} \tag{14-22}$$

从式(14－22)可以看出，如果本国货币供给 M 增加(其他条件不变)，本国货币将贬值；本国实际收入 Y 或利率下降，将导致本国货币需求增加，本国货币升值。

(2)黏性价格模型(overshooting model)。弹性价格模型假设商品价格具有充分弹性(从而实际汇率不变)，这一假设可能与现实不符。多恩布什(1976)提出了黏性价格模型，该模型认为商品价格调整速度慢于资产价格调整的速度(注意：存量分析方法认为外汇是资产)。假定在货币冲击之前本国利率与外国利率相同(利率平价成立)，价格水平调整速度缓慢。当本国货币供给量突然、持久性增长后，本国利率下降，资本流向利率高的国家。资本市场上的汇率在短期内将“过度”(too much)贬值；随着时间的推移，货币供给的增加将使商品市场上的价格逐步上升，利率也逐步上升，汇率逐渐上升，经过较长时间后经济再次达到均衡。这里把短期的名义汇率变化超过了长期的名义汇率变化的现象称为“汇率超调”。图14－3具体描述了黏性价格分析方法的基本原理。

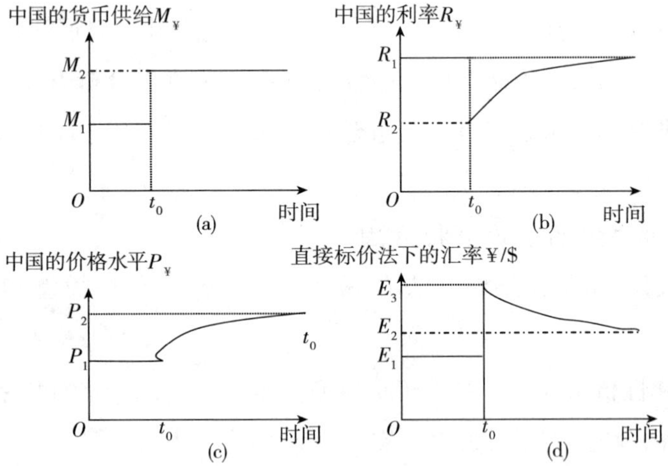

图14－3　中国货币供给永久性增加后各经济变量的时间路径

假定开始时经济中的所有变量均处于长期水平，当经济对货币供给的变动进行调整时，产出保持不变。假定中国的价格水平最初处于 P_1，则名

义货币供给从 M_1 增至 M_2，从而实际货币供给在短期内增加，并且利率从 R_1 下降至 R_2。

现在来分析中国货币供给变动对中国外汇市场的影响。货币供给的增加并没有使商品市场上的物价水平立即发生变化，然而在外汇市场上，由于过量的货币供给，本国利率下跌，资本流向利率高的国家，本国交易者如果愿意继续持有本国货币，则汇率在短期内必须过度贬值，从 E_1 到 E_3。这样从长期来看，货币升值，从 E_3 到 E_2，货币升值才能确保交易者在本国利率降低时不受损失。

随着时间的推移，过量的货币供给将渗入商品市场，本国物价开始逐步上升，利率也逐步上升，汇率逐步升值，经过较长时间，经济再次达到均衡，此时物价更高（$P_1 \rightarrow P_2$），汇率从 E_3 到 E_2。

汇率超调模型在实际中有重要应用，超调模型是把外汇当作资产，从而用资产的价格决定方法来研究汇率。其分析思路对资产的价格决定具有借鉴价值。如资本市场上的股票价格，在某个消息到来时，股票价格往往对消息过度反应，如果能对超调模型进行灵活应用，则可以在股票市场上获利。

2. 资产组合平衡法

资产组合平衡模型假定存在两类金融资产（货币和债券）和两个国家（本国和外国），注意这里的债券指的是政府债券，因此债券的供给与国家的财政预算赤字相联系，赤字越大，债券供给就越大。再假定本国经济主体可以将其财富 W 配置在三种资产上，即 W（财富）$=M$（本国货币）$+B$（本国债券）$+SF$（S 表示直接标价法下的汇率，F 表示外国债券）。在资产组合平衡模型中，汇率由这三种资产的供给和需求所决定。

本章小结

本章主要介绍了国际收支概念和国际收支理论、汇率及汇率制度、汇率决定理论等内容。在国际金融原理中，最重要的理论是汇率决定理论。国外一般把国际收支和汇率的决定理论放在一个模型中进行分析，也就是说，决定汇率的理论也是决定国际收支的理论。在 20 世纪 60 年代以前，国际收支和汇率主要由贸易流量决定。但在20世纪60年代后，国际资本大量流动，成为决定汇率等的关键性变量，因此汇率决定的存量分析方法得到发展和重视。汇率决定的存量分析方法是把外汇当成资产，然后在资产市场上根据资产的供给和需求来分析。我们也介绍了汇率的定义及汇率制度的分类。由于汇率制度的选择关系到一国对外均衡的实现，并且对一国国内经济均衡的实现产生影响，所以我们也简单讨论了汇率制度的选择和人民币汇率制度的安排等。

思考题

1. 什么是国际收支？请分析我国的国际收支状况。
2. 比较国际收支的资产组合平衡法与货币分析方法。
3. 为什么会出现J曲线效应？
4. 试述固定汇率制度与浮动汇率制度存在的争议。
5. 汇率决定理论的存量分析方法与流量分析方法的区别有哪些？

进一步阅读书目

1. 保罗·R. 克鲁格曼，莫里斯·奥伯斯法尔德. 国际经济学：理论与政策：第6版［M］. 海闻，等译. 北京：中国人民大学出版社，2006.

2. 基思·皮尔比姆. 国际金融：第3版：英文［M］. 北京：中国人民大学出版社，2009.

3. 迈克尔·梅尔文. 国际货币与金融［M］. 于泓达，张筱玫，译注. 北京：中国人民大学出版社，2010.

第十五章　开放条件下的经济政策

本章要点

◎什么是开放经济？

◎$IS-LM-BP$ 模型的含义是什么？如何进行推导？

◎开放经济的货币政策是什么？

◎汇率制度与政策的有效性是什么？

第一节　开放条件下的宏观经济目标

在开放的市场经济体制下，一国所追求的经济目标主要有两个：内部均衡与外部均衡。所谓的内部均衡是指一国实现了充分就业并且保持物价稳定；所谓的外部均衡是指国际收支均衡。从历史经验来看，通常情况下，各国总是优先考虑内部均衡。但当一国面临巨大或持久的国际收支失衡时，该国也会把外部均衡放在优先考虑的地位。

1. 丁伯根法则

在研究经济目标与经济政策工具之间关系的理论中，首届诺贝尔经济学奖得主丁伯根（Tinbergen）提出了著名的“丁伯根法则”，其基本含义是：一国所需的有效政策工具数目至少要和它希望达到的独立的经济目标数目一样多。如要达到一个经济目标，至少需要一种有效的政策工具；如果要达到几个独立的经济目标，就至少需要使用几种独立的有效政策工具。因此，希望只用一个独立的政策工具来实现内外两个目标的同时均衡是不可能的。例如，扩张性财政政策可以消除国内失业（解决内部均衡问题），但同时可能增加国际收支赤字（不能消除外部均衡）。

2. 米德冲突

英国经济学家米德在 1951 年出版的《国际经济政策理论》第一卷

《国际收支》中提出了“米德冲突”问题。他指出，在固定汇率制度下，单独使用支出调整政策来追求内外部的同时均衡，有可能造成一国内部均衡和外部均衡的冲突，这就是“米德冲突”。其实，“米德冲突”是“丁伯根法则”的另一种表达方式。

因为如果把财政政策和货币政策看成一个政策工具，即支出调整政策，根据“丁伯根法则”，就无法同时实现两个目标。国际经济理论的作用是解释现象，这一理论出现的背景是第二次世界大战后，布雷顿森林体系成立以来，世界上大多数国家实行固定汇率制度。在固定汇率制度下，各国很难以支出转移政策（汇率政策）来作为政策工具，实现政策目标。而且在实践中，各国在出现根本性的国际收支失衡时，也不愿意使本币价格发生变化，盈余国家倾向于积累国际储备，担心本币升值会影响出口；而赤字国家则认为本币贬值是经济衰退的表现，害怕贬值会引发国际资本外逃，其结果使得各国最后只剩下支出调整政策可以使用。

3. 蒙代尔有效市场分类原则

“米德冲突”是20世纪50年代被广泛接受的理论。但在20世纪60年代，蒙代尔提出了新的观点。蒙代尔指出，在固定汇率制度下，财政政策和货币政策是两种独立的政策工具，只要搭配使用，就可以同时实现内外均衡。例如，用财政政策取得内部均衡，用货币政策取得外部均衡。因此，尽管在固定汇率制度下不能使用支出转移政策，但是各国在理论上仍然可以达到内外部平衡。蒙代尔进一步指出，很多时候，针对某个特定目标的某项政策可能会对实现另一个目标有帮助，而有些时候可能阻碍另一个目标的实现，因而不同政策实施的效果往往会有冲突。因此，应该将每一种政策实施在它最有影响力的目标上，这就是著名的蒙代尔“有效市场分类原则”（Mundell's assignment rule），也称为“蒙代尔搭配法则”。

第二节　蒙代尔－弗莱明模型

蒙代尔1963年发表的一篇开创性论文首次分析了开放经济货币政策和财政政策的短期效果。蒙代尔将对外贸易和资本流动引入封闭经济的

$IS-LM$模型，从而证明了稳定政策的效果取决于国际资本流动的程度。蒙代尔证明了汇率制度的深远重要性：在浮动汇率制度下，货币政策强而有力，财政政策无能为力；而在固定汇率制度下，两个政策的效果恰好相反。马库斯·弗莱明（John Marcus Fleming）也在从事与蒙代尔所关注的问题相类似的研究（开放经济稳定政策研究）。这就是蒙代尔－弗莱明模型的来历。

一、$IS-LM-BP$ 模型

现在我们来分析 $IS-LM-BP$ 模型。IS 曲线是描述产品市场均衡时，利率与国民收入的关系的曲线；LM 曲线表示在货币市场均衡情况下实际收入和名义利率的点所构成的一条线；BP 曲线是经常账户与资本账户之和等于零时国际收支均衡条件下的实际收入和名义利率点所构成的一条线。

标准的 LM 曲线和 IS 曲线的具体推导参见第十二章。我们知道，LM 曲线的方程为：

$$\frac{M}{P}=L(i,Y),L_i<0,L_Y>0 \tag{15-1}$$

式中，L_i表示货币需求对利率的偏导数，L_Y表示货币需求对收入的偏导数。符号小于 0 表示货币需求是利率的减函数，大于 0 表示货币需求是国民收入的增函数，在方程的两边同时微分得：

$$0=L_i\mathrm{d}i+L_Y\mathrm{d}Y\Rightarrow\frac{\mathrm{d}i}{\mathrm{d}Y}=-\frac{L_Y}{L_i}>0 \tag{15-2}$$

IS 曲线的方程为：

$$E=E(Y,i-\pi,G,T),0<E_Y<1,E_{(i-\pi)}<0,E_G>0,E_T<0 \tag{15-3}$$

即计划支出是收入 Y 的增函数，是实际利率（$i-\pi$）的减函数，是政府支出（G）的增函数，是税收（T）的减函数。

我们再来看标准 BP 曲线的推导。BP 曲线是经常账户与资本账户之和等于零时，即国际收支均衡条件下的实际收入和名义利率点所构成的一条线。

我们在第十四章介绍国际收支时提到一个等式，即：

$$B = (X_C + Z_K + NR + NT) - (Z_C + X_K) \quad (15-4)$$

在国际收支均衡时 $B=0$，即：

$$X_C - Z_C - X_K + Z_K + NR + NT = 0 \quad (15-5)$$

X_C是本国的名义出口，假定进出口的价格弹性都大于 1，因此 X_C随实际汇率的上升而增加。注意：这里的实际汇率是在名义汇率采用直接标价法下得出的。

$$e^r = \frac{eP^*}{P} \quad (15-6)$$

式中，e^r 表示实际汇率，e 表示名义汇率。

另外，X_C也随国外收入 Y^* 的增加而增加；而 Z_C随本国实际汇率的下降而增加，随本国收入 Y 的下降而下降。资本流动取决于本国和外国的收益率。可以假定当本国收益率 r 上升或外国收益率 r^* 下降时，资本出口 X_K 减少，资本 Z_K进口增加，故有：

$$X_C(\underset{+}{e^r},\underset{+}{Y^*}) - Z_C(\underset{-}{e^r},\underset{+}{Y}) - X_k(\underset{-}{r},\underset{+}{r^*}) + Z_k(\underset{+}{r},\underset{-}{r^*}) + NR + NT = 0 \quad (15-7)$$

变量下面的符号表示相应偏导数的符号。由于我们假定本国相对于外国是小国，所以我们可以把 P^*、Y^*、r^* 看成外生变量，再假定 NR、NT 是外生的。经济学上所谓的外生或内生变量是指在一个经济数学模型的所有变量中，如果是由模型以外的因素决定的变量，就称为“外生变量”，而模型所要求的变量就称为“内生变量”。如在绝对购买力平价理论中，由于公式 $e=P/P^*$ 是用来求出汇率的决定因素的，因此国内和国外的价格水平就是外生给定的，而名义汇率 e 是由模型求出的，所以称为“内生变量”。

在以上的假定情况下，我们可以把外汇市场均衡（国际收支均衡）方程改写为：

$$X_c(e^r) - Z_c(e^r,Y) + Z_k(r) - X_k(r) + NR + NT = 0 \quad (15-8)$$

这一方程有 3 个内生变量，即 e^r、r、Y。我们假定实际汇率不变，则可以推导出国际收支均衡时收益率（这里等价于利率）和国民收入之间的关系。

现在来推导 *BP* 曲线。当本国收入增加时，进口增加而出口不变，通过提高本国利率增加净资本流入，从而抵消了进口的增加。也就是说，如果实际汇率保持不变，在利率和国民收入之间有一条正向相关的曲线 *BP*。我们用图 15－1 表示。

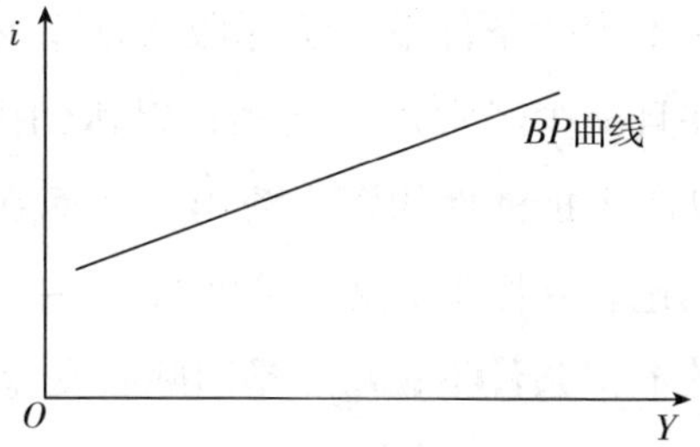

图 15－1　*BP* 曲线

BP 曲线移动：如果本国价格水平 *P* 上升，实际汇率下降，那么在国民收入既定的情况下，会引起出口下降。因此要保持均衡，需要提高利率以吸引资本流入。故 *BP* 曲线向上移动。从这里的分析可以看出，在固定汇率制度下才存在所谓的 *BP* 曲线；在浮动汇率制度下，汇率自由浮动以保证国际收支连续均衡，即在 *r* 和 *Y* 既定时国际收支的均衡是通过名义汇率的变化来实现的，因而在浮动汇率制度的情况下就不存在所谓的 *BP* 曲线。

然后把三条线放在一个平面图中来分析均衡实际收入、均衡名义利率和一国的国际收支是如何被共同决定的。*IS－LM－BP* 模型在分析均衡名义利率、均衡实际收入水平和国际收支的决定因素方面是一个非常有用的工具。

在图 15－2 中，图 15－2（a）表示 *IS－LM* 曲线的交点刚好在 *BP* 曲线上，因此均衡的名义利率和均衡的实际收入水平带来国际收支均衡条件下的进口支出和资本流动。

图 15－2（b）表示 *IS－LM* 曲线的交点 *E* 位于 *BP* 曲线下方，这种情况下均衡的实际收入水平 y_1 将导致进口支出增加，在当前的均衡名义利率水平为 i_1 的条件下，要维持国际收支均衡，实际收入 y_1 必须下降到 y_2，以减少进口支出；或者名义利率上升到 i_2，从而吸引外资流入，以达到 *B* 点

的国际收支均衡。因此，图 15 –2（b）意味着在给定的汇率水平下存在国际收支赤字，即经常账户余额加上资本账户余额之和小于 0。

图 15 –2（c）表示 *IS* – *LM* 曲线的交点 *E* 位于 *BP* 曲线左上方，意味着当前的均衡实际收入水平为 y_1，名义利率为 i_1，进口支出太少，国际收支失衡。在名义利率不变的条件下，实际收入水平必须增加到 *A* 点，从而刺激进口支出增加并且减少经常账户余额，以达到国际收支均衡；或者名义利率下降到 i_2，以产生抵消性的资本流出，从而在 *B* 点达到国际收支均衡。我们可以得出结论，在图 15 –2（c）中，*IS* – *LM* 的交点 *E* 位于 *BP* 曲线的上方，在给定的汇率条件下，*E* 点是国际收支盈余点。

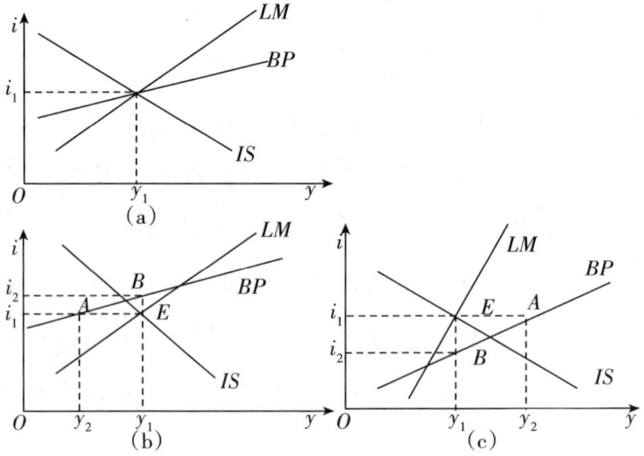

图 15 –2　*IS* – *LM* – *BP* 模型

二、固定汇率条件下的经济政策

（一）固定汇率条件下的货币政策效果

图 15 –3 的 a、b 两图表示固定汇率条件下货币扩张对名义利率和实际收入的影响。图 15 –3（a）中的国际收支均衡线 *BP* 相对陡峭，表示本国资本流动程度相对较低。最初均衡点在 *A* 点，利率为 i_1，实际收入为 y_1，但不是充分就业条件下的国民收入。在这种情况下，一国货币供给增加，在价格保持不变的假定条件下，*LM* 曲线向右移动，利率下降到 i_2，资本流出，利率下降，带来均衡实际收入的上升（y_2），从而刺激进口增加。由

于资本流动程度相对较低，利率下降导致资本流出规模相对较小，最终在 B 点出现国际收支赤字（新的 $IS-LM$ 线的交点 B 位于 BP 线下方）。

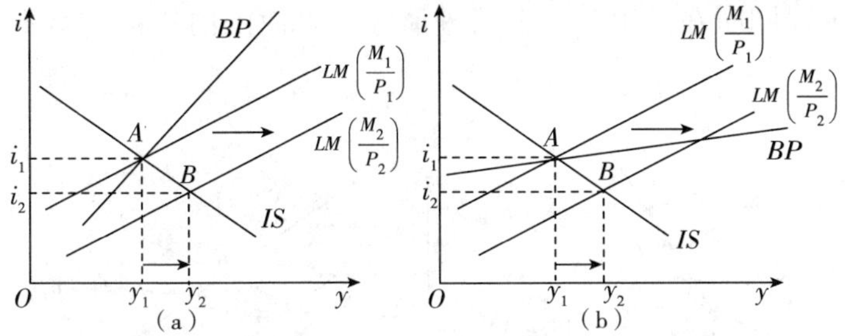

图 15－3　固定汇率制度下货币政策的实施效果

图 15－3（b）与图 15－3（a）的区别在于图 15－3（b）的 BP 线相对较为平缓，表明资本的流动程度相对较高。因此，均衡利率的下降将导致较大规模的资本流出，在 B 点，存在着相当规模的国际收支赤字。

国际收支赤字使得本国货币面临贬值压力。为了维持固定汇率，中央银行在外汇市场卖出外汇（收进本币），这样国内货币供给减少。在这种情况下，中央银行可以同时买进债券，以使国内货币供给不变（冲销性干预）。如果中央银行不买进债券（非冲销性干预），货币供给的减少将使 LM 曲线向左移动，使其回到原来的均衡点。

结论：在固定汇率条件下，如果一国中央银行不采取冲销性干预，那么货币政策最终将是无效的。

（二）固定汇率条件下的财政政策效果

图 15－4 的 a、b 两图表示在固定汇率条件下，政府支出扩张对名义利率和实际收入的影响。图 15－4（a）中的国际收支均衡线 BP 相对陡峭，表示本国具有相对较低的资本流动水平。最初均衡点在 A 点，利率为 i_1，实际收入为 y_1，但不是充分就业条件下的国民收入。在这种情况下，一国采取扩张性财政支出，增加政府支出，在价格保持不变的假定下，IS 曲线向右上方移动，利率上升到 i_2，引起资本流入，但由于国际收支均衡线 BP 相对陡峭，资本流入的规模较小，均衡实际收入上升（y_2），使得进口支出增加，结果国际收支赤字（新的 $IS-LM$ 线的交点位于 BP 线下方）。国

际收支赤字使得本国货币面临贬值压力。为了维持固定汇率，中央银行在外汇市场卖出外汇（收进本币），这样国内货币供给减少。在这种情况下，中央银行可以同时在货币市场上买进债券，以使国内货币供给不变（冲销性干预）。

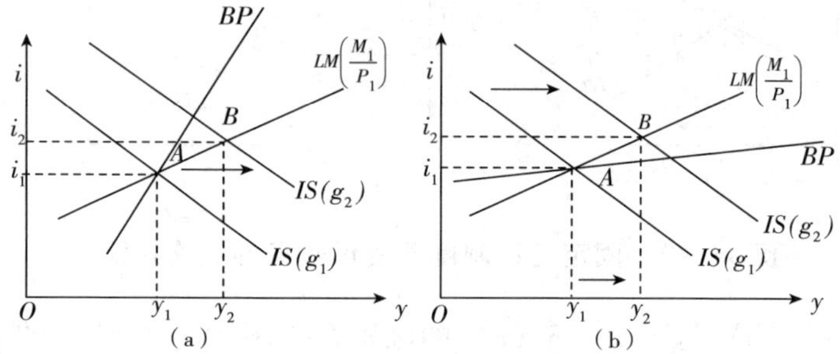

图 15 -4　固定汇率制度下财政政策的实施效果

图 15 -4（b）与图 15 -4（a）的区别在于图 15 -4（b）的国际收支均衡线 *BP* 相对较为平缓，说明资本流动程度较高，利率上升，导致大规模的资本流入，这种流入大于实际收入上升所造成的进口增加，因此，图 15 -4（b）的国际收支（*B* 点）出现盈余。

结论：在固定汇率条件下，使用财政支出政策能够带来实际国民收入的上升，但由于同时造成的利率上升抵消了私人部门的投资，这种情况被称为“挤出效应”（crowding - out effect）。如果一国中央银行采取冲销性干预，那么单独财政政策最终将是无效的。

三、浮动汇率条件下的经济政策

在浮动汇率下，汇率的变化（如贬值会减少进口、增加出口）将在给定的利率条件下使一国总支出增加，从而增加国民收入，这样会使 *IS* 曲线向右上方移动；同时汇率的变化（贬值）将在给定利率条件下使国际收支均衡线 *BP* 向右移动。本书在这些前提下分析一国经济政策对经济目标的影响。

（一）浮动汇率条件下的货币政策效果

图 15 -5 表示的是实行浮动汇率的小国采取扩张性货币政策的效果图：

货币供给的增加引起 *LM* 曲线向右移动到 *LM′*，与 *IS*（S_1）相交于 *E′* 点，此时均衡利率为 i_2，均衡实际国民收入为 y_2；由于新的 *E′* 点位于 *BP*（S_1）曲线的下方，表示国际收支赤字，在浮动汇率条件下，本国货币面临贬值压力，汇率从 S_1 增加到 S_2（直接标价法）。

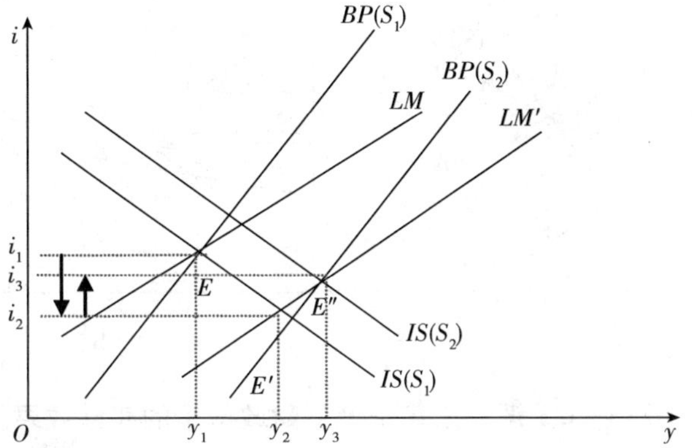

图 15－5　浮动汇率制度下货币政策的实施效果

国内货币贬值引起外国商品的国内价格上升，国内生产的出口品的国外价格下降，因此本国货币贬值引起出口增加，进口减少，从而增加了对本国商品的总需求。这样 *IS*（S_1）右移到 *IS*（S_2）。同时，本国货币贬值使得 *BP*（S_1）右移到 *BP*（S_2）。结果点 *E″* 表示新的 *IS*－*LM*－*BP* 的均衡点。

结论：在浮动汇率条件下，无论资本流动的程度如何，一国采取扩张性货币政策都会带来均衡的实际国民收入的增加。

（二）浮动汇率条件下的财政政策效果

在浮动汇率条件下，财政政策会改变本国货币的对外价值。至于本国货币是升值或贬值，取决于资本流动程度的高低。

在图 15－6 中，政府采取扩张性财政政策，支出的增加引起 *IS* 曲线向右上方移动，均衡点由 *A* 点移动到 *B* 点（*B* 点外部非均衡），使名义利率由 i_1 上升到 i_2，均衡实际国民收入由 y_1 移动到 y_2。图 15－6（a）表示在资本流动程度相对较低的情况下，较大的进口支出能抵消较小的资本流入，国际收支在 *B* 点赤字（位于 *BP* 曲线下方）。本国货币贬值引起 *BP* 曲线和

IS 曲线向右移动，最后 *C* 点为新的内外均衡点。

图 15－6（b）表示在资本流动程度相对较高的情况下，*B* 点的资本流入大于进口支出，国际收支盈余（*B* 点位于 *BP* 曲线上方）。浮动汇率下，本国货币升值，*BP* 和 *IS* 曲线向左移动到 *C* 点达到新的内外均衡点。

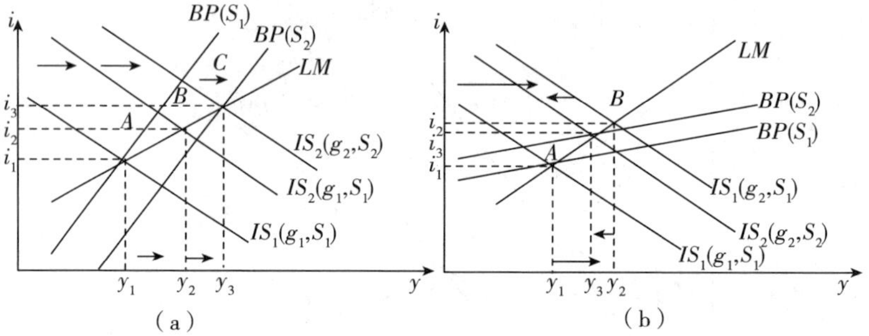

图 15－6　浮动汇率制度下财政政策的实施效果

结论：在浮动汇率条件下，财政政策对经济的影响效果取决于资本流动程度。资本流动程度较低时的财政扩张对经济的效果大于资本流动程度较高时对经济的影响效果。

本章小结

20 世纪 30 年代的世界经济大萧条表明，自由放任的市场并不能保证充分就业。因此，政府可以用“看得见的手”干预经济。凯恩斯的宏观经济理论也为政府干预经济提供了理论基础。但凯恩斯宏观经济理论一般用于封闭经济，其主要使用 *IS－LM* 模型来分析一国如何使用财政政策和货币政策达到充分就业水平。但随着全球经济金融的一体化程度日益加深，各国都面临着开放经济的政策选择和政策组合。而在开放的市场经济体制下，一国所追求的经济目标主要有两个：①内部均衡；②外部均衡。所谓的内部均衡是指一国实现了充分就业并且保持物价稳定；所谓的外部均衡是指国际收支均衡。通常情况下，各国总是优先考虑内部均衡。但当一国面临巨大的或持久的国际收支失衡时，也会把外部均衡放在优先考虑的地位。凯恩斯的宏观经济理论不能解决开放经济的许多问题。而经济理论是解释和预测现实的，其主要是解释现实。开放经济问题的提出就导致解决问题的理论的产生，蒙代尔－弗莱明于20世纪50—60年代提出的开放经济的政策研究是当代宏观经济学的核心，也表明了国际宏观经济模型的崛起。它有时被称为“蒙代尔－弗莱明模型”，是鲁迪吉·多恩布什所创造的一个术语。蒙代尔－弗莱明的*IS－LM－BP*模型成为分析一国如何组合政策，来实现内部均衡和外部均衡的理论基础。

思考题

1. 在开放的市场经济体制下，一国的经济目标和经济政策是什么？

2. *IS－LM－BP*模型的意义和作用是什么？

3. 简述蒙代尔的“有效市场分类原则”。

4. 在固定汇率制度下，为什么财政政策有效而货币政策效果欠佳？为什么在浮动汇率制度下情况恰好相反？

5. 请分析不相容三位一体（incompatible trinity），即在资本账户开放、汇率固定和货币政策独立性三个方面，一个国家只能实现其中两个特性。

进一步阅读书目

1. 保罗·R. 克鲁格曼，莫里斯·奥伯斯法尔德. 国际经济学：理论与政策：第6版［M］. 海闻，等译. 北京：中国人民大学出版社，2006.

2. 贾恩卡洛·甘道尔夫. 国际金融与开放经济的宏观经济学［M］. 上海：上海财经大学出版社，2006.

3. 迈克尔·梅尔文. 国际货币与金融［M］. 于泓达，张筱玫，译注. 北京：中国人民大学出版社，2010.

第十六章　国际金融市场

本章要点

◎什么是国际金融市场？

◎什么是外汇市场？

◎什么是国际资本市场？

第一节　国际资本市场

国际资本市场又称“中长期资金市场”，是指提供期限在1年以上的中长期资金借贷和投资的场所。从国际资本市场的功能、交易和风险来看，它有如下特点：①国际资本市场资金周转期限长，股票投资则没有期限，借贷关系稳定；②涉及风险广，包括利率和汇率风险、信用风险、价格风险、市场风险、政治风险、企业经营风险等；③国际资本市场上的不稳定因素较多，既受资金供求关系、国际贸易状况、资本流动等因素的影响，又受通货膨胀、外汇市场供求关系、国际政治局势、各国金融政策等因素的影响，所以不稳定因素也是导致国际金融市场动荡的原因之一。

一、银行中长期信贷市场

银行中长期信贷市场是国际资本市场的重要组成部分，是银行为企业等长期资本需求者提供1年以上的中长期贷款的市场。中长期贷款方式主要采取双边贷款与银团贷款。双边贷款是指一家银行单独向借款人发放的贷款，特点是灵活方便，成本较低，便于加强同借款人的联系；银团贷款（consortium loan），又叫“辛迪加贷款”（syndicate loan），是指几家或更多的银行联合为一个借款者筹措资金的贷款方式，特点是可以提升银行资金供给能力，并能降低单个银行的风险。国际长期贷款的利率一般采用浮动利率。

二、国际债券市场

国际债券市场（international bond markets）是指由国际债券的发行人和投资人所形成的金融市场，具体可分为发行市场和流通市场。发行市场组织国际债券的发行和认购。流通市场安排国际债券的上市和买卖。这两个市场相互联系，相辅相成，构成统一的国际债券市场。

国际债券按定值货币与发行地是否一致可分为外国债券与欧洲债券。外国债券是指一国居民在另一国发行的以发行地货币定值的债券，也就是说，是甲国发行人在乙国市场上发行的以乙国货币为面值货币的债券。这种债券的发行人和投资者是分属两个不同国家的居民。如在日本发行的以日元为面值货币的债券被称为“武士债券”（samurai bond）；在英国以英镑发行的债券被称为“猛犬债券”（bulldog bond）；在美国发行的以美元标价并按美国证券交易管理委员会（SEC）要求登记的债券被称为“扬基债券”（Yankee bond）等。一般来讲，与国内市场债券相比，大多数国家对外国债券的监管更加严格，如对外国债券的票面利率、期限设计及筹资者信誉等条款都设立制度加以限制，目的是保护投资者，因为外国债券的投资者大都是债券发行所在国的机构或居民。

为了使外国债券顺利地发行，快速地筹集到资金，一般要求发行地国家符合以下条件：第一，该国政局比较稳定，法制比较健全；第二，该国证券市场活跃，资本市场资金充裕；第三，该国的货币信用较高。所以被选作外国债券发行地的国家不多。

所谓欧洲债券，是指甲国发行人在乙国市场上发行的以第三国货币为面值货币的债券，如中国在日本市场上发行的以美元为面值的债券。这种债券要涉及 3 个不同的国家。由于发行和买卖欧洲债券的各方一般均非该市场所在国居民，所使用的货币亦非所在国货币，所以欧洲债券的交易对所在国的经济影响不大，所在国政府对欧洲债券的发行和交易的限制较少。这种状况使欧洲债券市场得到了迅速的发展。这里的“欧洲”实际上是境外的意思。

外国债券与欧洲债券的本质差异在于，外国债券要受发行国和所在国金融监管当局的限制与金融法规的约束；而欧洲债券不受发行国和所在国金融监管当局的限制与金融法规的约束，具有较大的自由度。

三、国际股票市场

国际股票是指外国公司在某个国家的股票市场上发行的以本币或以外币交易的股票，它是外国发行人在国际资本市场上筹措长期资金的工具。国际股票市场就是这些股票发行和交易的场所与网络。

20 世纪 70 年代起，一些发达国家开始进一步放松资本项目管制，提高对外开放的程度，允许外国企业在本国股票市场发行股票并上市流通，允许外国投资者参与本国股票市场的投资。一个原本封闭的国内股票市场开始成为全面对外开放的国际化股票市场。美国在 1975 年颁布了证券修正法案，降低了国外资本进入美国股票市场的交易风险，减少了监管限制。新的法案实行后，美国股票市场迅速发展成一个国际化的市场。1996 年，在纽约交易所的上市公司有 2617 家，其中海外上市公司有 290 家。英国也于 1979 年取消了资本项目外汇支出的管制，这使得英国的投资者可以购买外国的证券。1986 年 10 月 27 日，英国实施了被称为“大爆炸”（big bang）的伦敦股票交易所规定与实务改革，实现了交易所成员身份的对外开放，允许国外的银行、非银行金融机构及证券交易商直接进入英国股市进行交易，加快了英国股票市场的国际化进程。

从融资工具的不同来看，国际股票市场融资方式可以分为两类：一是直接发行股票；二是发行存托证（depository receipt）。存托证又称“存股证”，它是由一国存托银行向该国投资者发行的一种代表对其他国家公司证券所有权的可流转证券，是为方便证券跨国界交易和结算而创制的原基础证券之派生工具。存托证所代替的基础证券通常为其他国家公司的普通股股票，但目前已在优先股和债券中扩展。实践中最常见的存托证主要为美国存托证（ADR）及欧洲存托证（EDR）。

存托证结构依其具体内容可分为不同类型，如在 ADR 中，一级有担保的 ADR 和二级有担保的 ADR 不具有筹资功能，而三级有担保的 ADR 和 144A 私募 ADR 则具有募股筹资功能。我国公司境外上市实践中采用的

ADR 类型多为三级 ADR 和 144A 私募 ADR。概括地说，存托证境外上市结构是指一国的发行人公司通过国际承销人向境外发行的股票（基础证券）将由某外国的存托银行代表境外投资人统一持有，而该存托银行根据该基础证券，向该国投资人或国际投资人发行代表该基础证券的存托证，并且最终将所发行的存托证在该国证券交易所上市的国际股票融资方式。

存托证上市结构的当事人除发行人和基础证券承销人之外，还包括存托银行、存托证承销人、托管银行等。这一结构的基本特征在于：①发行人公司通过国际承销人向境外配售的基础证券（股票）由某外国的存托银行代表境外投资人认购，并委托基础证券市场所在国的托管银行机构（通常为存托银行的附属机构或代理行）负责保管和管理该基础证券；②存托银行依据基础证券，通过承销人向其本国投资人或国际投资人发行代表该基础证券的存托证，每一单位存托证依发行价代表一定数量的基础证券，并将发行存托证的筹资用于认购基础证券；③存托银行安排存托证在其所在国证券交易所上市，负责安排存托证的注册和过户，同时保障基础证券在其市场所在国的可流转性；④由存托银行透过托管银行向基础证券发行人主张权利，并以此向存托证持有人派发股息；⑤存托银行负责向基础证券发行人质询信息，并负责向存托证持有人披露涉及基础证券发行人的信息和其他涉及存托证利益的信息；⑥存托证注销的过程通常为，首先存托银行发出回购要约，通过市场向存托证持有人购回存托证，其次由存托银托通知基础证券市场的经纪商售出基础证券，再次由存托银行将购回的存托证注销，最后将基础证券售卖收入偿付存托证原持有人。由上可见，存托证上市结构是由存托银行提供金融服务的某种衍生证券发行与上市结构，存托银行在其中仅提供中介服务并收取服务费用，但不承担相关风险。

【专栏 16 -1】

对引入中国存托凭证的思考

中国存托凭证（Chinese depository receipt，CDR）是指上市公司在境外将部分已发行上市的股票托管在当地保管银行，由中国境内的存托银行发行，在境内A股市场上市，以人民币交易结算，供国内投资者买卖的投资凭证，从而实现股票的异地买卖。有关监管部门正在进行谨慎决策，考虑是否放开发行CDR的政策。

CDR的引入有助于提升我国证券交易所的国际地位。借鉴世界范围内现有存托凭证的发行经验，促进中国境外的公司在中国境内发行中国存托凭证符合我国证券交易所的国际化发展战略，不仅能为中国的投资者提供对海外的投资机会，促进证券市场投资品种的多样化，也能为我国证券交易所更快、更有效地融入国际金融市场提供一个良好的契机。

但目前我国引入CDR还存在一些障碍。

(1) 境内和境外证券市场的市盈率存在较大差异，可能会引起套利行为。我国的证券市场还属于新兴证券市场，市场中的市盈率也较高，估计在30~60倍。国外比较成熟的证券市场的市盈率则较低，例如，美国证券市场的市盈率平均为20倍左右。因此，一旦美国等市盈率较低国家的公司发行中国存托凭证并在中国上市，市盈率的差异就会导致资金更多流向CDR。中国存托凭证的发行形成规模后，对国内证券市场会形成挤压影响，改变境内证券市场的融资结构。此外，市场中不同证券之间市盈率的明显差异，还会吸引追逐利润的国际套利者，给证券市场带来非稳定影响。

(2) 外汇体制障碍。我国目前的外汇制度尚未允许人民币在资本项目下自由兑换。基础股票与CDR分别处于不同的市场中，并且市场之间相互割裂，这样会导致基础股票与CDR之间的转换出现困难；另外，中国市场的市盈率相对较高，就会形成同股不同价的情形，使CDR失去原有的性质。

(3) 法律及制度障碍。CDR业务的运作涉及投资者、存托银行、托管银行、存券信托公司以及经纪人等不同的利益主体，需要有较为完善的法律制度作为保障。而到目前为止，我国还没有对CDR的发行、交易、监管等方面做出相关的法律规定，关于信托契约的规定也不是很严格，有关 CDR 的专门法律制度更是一片空白。在这样的法律制度环境下发行 CDR 难免会出现发行、交易及监管等多个环节的混乱，也难以达到理想的效果。

(4) 存托机构障碍。在 DR 的设计中，存托机构负责发行或取消存托凭证、发放股利、提供发行公司信息及担保等一系列业务。因此，存托机构的作用举足轻重，有无高水平的存托机构将直接影响到 DR 的运作是否顺畅及作用能否发挥。在 ADR 中，存托机构一般由美国的跨国金融机构担任。加入 WTO 以来，我国银行业在公司治理结构、经营模式、业务水平等方面得到较大的完善和提高，各大银行也正从分业经营向混业经营转变，但相对于国际大型金融集团而言，我国银行业水平整体还较弱，缺乏 DR 业务的相关经验和机制。

综上所述，发行 CDR 能够促进我国证券市场的发展和证券市场国际化程度的提高，但是目前 CDR 的发行面临很多的问题和障碍，需要在许多方面进行深入的研究，才能设计发展出最适合我国证券市场发展的中国托管凭证。

资料来源：姜栋．中国存托凭证对深化金融改革和资本市场开放的影响探析［J］．现代管理科学，2019（5）：78－80。

第二节　外汇市场

外汇市场是指由外汇需求和外汇供给双方以及外汇交易中介机构所构成的外汇买卖场所及网络，这里的场所是指外汇买卖双方在指定地点讨价还价的具体地点，即有形的外汇市场。这里的网络是指由电话、电传所构成的整个通信网，即无形的外汇市场。当今世界的外汇市场既有有形的也有无形的，但主要是无形市场。外汇市场是在西方国家放开外汇管制的情况下，随着商品经济、货币信用与国际贸易的发展而逐步形成和发展起来的。当前世界上最重要的外汇市场有欧洲的伦敦、法兰克福、苏黎世和巴黎；美洲的纽约和洛杉矶；亚洲的东京、新加坡和中国香港等。这些外汇市场分别位于不同的世界时区。伦敦等西欧外汇市场每日营业开始先和中国香港、新加坡等远东市场的尾市衔接，其开盘价格均参照中国香港和新加坡外汇市场的价格来确定。几小时后，纽约市场便开始营业，伦敦市场与纽约市场均同时营业的几个小时是一天里外汇交易的高峰期。东京市场又在洛杉矶市场开市前一个小时开始营业。这样，外汇市场按照时差顺序活动，周而复始，使得外汇交易一天 24 小时能在世界各地不间断地进行。如果将外汇市场按照活动范围分类，它可以分为国内外汇市场和国际外汇市场。前者大体上仅限于当地居民参加，在市场上使用的货币亦仅限于本国货币和少数几种外国货币；而后者则除了当地居民，境外居民也可利用现代化的通信工具参与外汇买卖。目前，国际性外汇市场主要有：伦敦、纽约、东京、苏黎世、新加坡和中国香港等。

一、即期外汇交易

外汇的即期交易也称“现汇交易”或“现汇买卖”，是指外汇交易双方以当时外汇市场的价格成交，并在成交后两个营业日内办理有关货币收付交割的外汇交易。即期外汇交易是外汇市场上最常见、最普遍的买卖形式。由于交割时间较短，所受的外汇风险较小。

全球外汇市场已经形成了一个 24 小时连续运行的网络，在这个无形的外汇交易市场中，其参与者都是通过路透交易系统、德励财经资讯系统、电话、电传等工具进行交易的。路透交易系统是全球应用最为广泛的外汇交易系统，路透社信息终端上的外汇报价若无特别说明，除了英镑、爱尔兰镑、澳元、新西兰元采用“单位镑”法，即每 1 英镑、1 爱尔兰镑、1 澳元、1 新西兰元对多少美元的标价法外，其他的货币均采用“单位元”标价法，即表示 1 美元等于若干数额其他货币。

在汇率标价中，其数量会发生变动的货币被称为“标价货币”，而数量固定不变的货币被称为“基准货币”。通常银行在报价时实行双价制，即对每一种货币同时报出买入价和卖出价。斜线左边是买入价，即银行买入基准货币的汇价，斜线右边是卖出价，即银行卖出基准货币的汇价，如：

USD/JPY　（1 美元对日元）　111.07/17

上面的报价形式表示银行在买入 1 美元时需付出 111.07 日元，而银行在卖出 1 美元时将收进 111.17 日元。

二、远期外汇交易

远期外汇交易（forward exchange transaction）又称“期汇交易”，是指交易双方在成交后并不立即办理交割，而是事先约定币种、金额、汇率、交割时间等交易条件，到期才进行实际交割的外汇交易。

在远期外汇交易中，外汇报价较为复杂。远期汇率的报价方法通常有两种。

（1）直接报价法。这种方法即直截了当地报出远期交易的汇率。它直接表示远期汇率，无须根据即期汇率和升水、贴水来折算远期汇率。直接报价方法既可以采用直接标价法，也可以采用间接标价法。它的优点是可以使人们对远期汇率一目了然，缺点是不能显示远期汇率与即期汇率之间的关系。

（2）点数报价法。这种方法也称为“即期汇率加升水、贴水、平价”，是指以即期汇率和升水、贴水的点数报出远期汇率的方法。点数报价法需直接报出远期汇水的点数。远期汇水是指远期汇率与即期汇率的差额。在直接标价法的情况下，远期汇率如果是升水，就在即期汇率的基础上加上升水数，即为远期汇率；如果是远期贴水，就在即期汇率的基础上减去贴水数，即为远期汇率。在间接标价法的情况下，正好相反，远期汇率如果是升水，就要在即期汇率的基础上减去升水数，方为远期汇率；如果是远期贴水，就要在即期汇率的基础上加上贴水数，方为远期汇率。

远期汇率也有买入价和卖出价，所以远期汇率的升水数或贴水数也都有大小两个数。在直接标价法的情况下，远期汇率如果是升水，则把升水数的小数加入即期汇率的买入价，把升水数的大数加入即期汇率的卖出价。在间接标价法下，如果远期升水，则从即期汇率的卖出价减去升水数的大数，从即期汇率的买入价减去升水数的小数。在间接标价法的情况下，如果远期升贴水数是大数在前、小数在后，即说明是远期升水；如是小数在前、大数在后，即说明是远期贴水。

三、外汇期货交易

外汇期货交易是指在约定的日期，按照已经确定的汇率，用美元买卖一定数量的另一种货币。外汇期货买卖与合约现货买卖既有共同点，也有不同点。外汇期货的买卖是在专门的期货市场进行的。目前，全世界的期货交易所主要有：芝加哥期货交易所、纽约商品交易所、悉尼期货交易所、新加坡期货交易所、伦敦期货交易所。期货市场至少要包括两个部分：一是交易市场；二是清算中心。期货的买方或卖方在交易所成交后，清算中心就成为其交易对方，直至期货合同实际交割为止。

1. 外汇期货交易的特点

（1）外汇期货交易是一种标准化的期货合约，表现在交易币种、交易数量、交割时间都是标准化的。

（2）外汇期货价格与现货价格相关。外汇期货价格与现货价格变动的方向相同，变动幅度也大体一致，而且随着期货交割日的临近，期货合同所代表的汇率与现汇市场上的该种货币汇率差距日益缩小，在交割日两种汇率重合。

（3）外汇期货交易实行保证金制度。在期货市场上，买卖双方在开立账户进行交易时，都必须缴纳一定数量的保证金。缴纳保证金的目的是确保买卖双方能履行义务。清算所为保证其会员有能力应付交易需要，要求会员开立保证金账户，储存一定数量的货币，同时会员也向他的客户收取一定数量的保证金。保证金分为初始保证金和维持保证金。初始保证金是订立合同时必须缴存的，一般为合同价值的3%～10%，根据交易币种汇率的易变程度来确定。维持保证金是指开立合同后，如果发生亏损，致使保证金账户余额降到维持水平线以下，客户必须再缴纳保证金，并将保证金恢复到初始水平。

（4）外汇期货交易实行每日清算制度。当每个营业日结束时，清算所要对每笔交易进行清算，即清算所根据清算价对每笔交易进行结清，盈利的一方可提取利润，亏损的一方则需补足头寸。由于实行每日清算，客户的账面余额每天都会发生变化，所以每个交易者都十分清楚自己在市场中所处的地位。交易者如果想退出市场，可做相反方向的交易来对冲。

2. 外汇期货交易的功能

（1）套期保值。外汇期货的套期保值分为卖出套期保值和买入套期保值两种。它的主要原理就是利用期货市场和现货市场价格走势一致的规律，在期货市场和现汇市场上做币种相同、数量相等、方向相反的交易。不管汇率如何变动，利用期货市场上盈与亏和现货市场上的亏与盈相补平，使其价值保持不变，实现保值。

出口商和从事国际业务的银行预计未来某一时间会得到一笔外汇，为了避免外汇汇率下浮造成的损失，一般采用卖出套期保值。卖出套期保值又称“空头套期保值”，即先在期货市场上卖出后再买进。

买入套期保值，又称“多头套期保值”，即先在期货市场上买入而后卖出。进口商或需要付汇的人因担心付汇时本国货币汇率下浮，往往采用买入套期保值。

（2）外汇投机。投机者往往无具体的外汇需求，而是借汇率的涨落波动之机，进行冒险性的期货交易，以从中获利。由于外汇期货交易实行保证金交易，投机者能用较的小资本进行较大的外汇交易，这体现了以小博大的投机特点。国际金融市场正是由于投机者的参与，保值者的愿望才便于实现，外汇期货市场才有了更强的流动性。期货市场的投机活动分为多头投机和空头投机两种。

多头投机是指投机者预测某种货币汇率上升，先买后卖，将先前设立的多头地位了结，从中谋取盈利的行为。进行多头投机的前提是预测某种货币汇率上升，先进行买入，如果汇率果然按其预测方向变动，在交割之前卖出该货币，他就会盈利；反之，不管是做对冲结束还是进行实际交割，他都会亏损。

空头投机与多头投机相反。空头投机是预测某种货币汇率下跌，先卖后买，了结先前的空头地位，从中谋取盈利。进行空头投机的前提是汇率下跌。在预测汇率下跌的前提下，投机者先卖出期货，汇率果然按其所预料的下跌了，在交割日到来之前进行买入，他就会盈利；否则不管是做对冲结束还是进行实际交割，他都会亏损。

(3) 价格发现功能。所谓价格发现是指形成竞争性价格的过程。外汇期货市场由于它的透明度高和流动性强，因此成为更有效的价格发现制度。在外汇期货市场上，通过参与各方有序的公开竞争和讨价还价，形成的汇率能比较真实地反映外汇市场的供求状况。

四、外汇期权交易

外汇期权交易是指交易双方在规定的期间，按商定的条件和一定的汇率，就将来是否购买或出售某种外汇的选择权进行买卖的交易。

外汇期权交易是客户对未来外汇资金进行保值的有效手段。在到期日或之前，期权的买方有权决定是否按照合同约定价格买入或卖出一定数量的外汇。为了获得这一权利，期权的买方需要在交易之初付出一笔费用，如果合同期满，期权的买方不行使权利，则权利失效，费用并不退还。远期外汇买卖与外汇期权交易的不同在于：远期外汇买卖将未来的换汇成本锁定，完全回避风险，不论是有利的机遇还是不利的风险；而外汇期权交易则是管理风险，即以一定的费用规避不利的风险，同时保留有利的机遇以从中获利。

(1) 外汇期权对于买方而言，其主要作用是通过购买期权增强交易的灵活性，即可以有权选择有利于自己的汇率进行外汇买卖，消除汇率变动带来的损失，谋取汇率变动带来的收益。

(2) 有外汇收付需要的客户在汇率变动中既可以获利也可避免损失。对进出口商和其他有外汇收付需要的客户而言，当他们对汇率未来走势没有把握时，可参与外汇期权交易。这样既可防止汇率发生不利变动带来的损失，又可获取汇率有利变动带来的利益。

(3) 外汇期权交易可以控制投机失误的损失。对于投机者而言，他们参与外汇期权交易的目的就是给他们的外汇投机进行保险，控制投机失败带来的损失。如果他们预测某种汇率会上升，但又不能十分肯定，他们可以购入买进外汇期权，即做多头投机交易。如果到交割日汇率果然上升了，他们就行使买的权利；如果汇率下跌，他们就放弃行使买的权利，仅损失期权费。他们为预测不准所付出的代价仅仅是数额很小的期权费用。如果他们预测某种汇率会下降，但没有足够的把握，他们就可购入卖出外汇期权，即做空头投机交易，同样能避免汇率预测不准确带来的巨大损失。

外汇期权交易控制和降低了外汇交易的风险，但在实践中，期权交易控制风险的作用使投机者投机的胆量越来越大、规模也越来越大，使金融风险大大提高。

【专栏 16-2】

杠杆式外汇合约中伤中信泰富

中信泰富是大型国企中信集团在中国香港的6家上市公司之一。中信泰富注册地在中国香港，其在香港联合交易所上市，并为恒生指数成分股之一。中信泰富之最大股东为中国国际信托投资（香港集团）有限公司。

2008年10月20日傍晚，香港恒指成分股中信泰富发布公告称，公司因投资杠杆式外汇产品而巨亏155亿港元！其中包括约8.07亿港元的已实现亏损和147亿港元的估计亏损。受此消息影响，10月21日，该股股价当日暴跌55.10%。

按照10月20日停牌前该股收盘价14.52港元计算，中信泰富的总市值为318.4亿港元。其估计的155亿港元亏损总额相当于其总市值的近50%，按21日收盘价计算，中信泰富的市值蒸发超过一半，一天之内市值从318.4亿港元暴跌至不足143亿港元，已经低于潜在亏损额。

中信泰富在澳大利亚有一个名为SINO-IRON的铁矿项目，该项目是西澳最大的磁铁矿项目，项目中需要的设备和大量成本支出都必须以澳元来支付。为了降低澳元升值带来的货币风险，公司签订了若干累计期权（accumulator option）的杠杆式外汇买卖合约。

中信泰富主要的澳元合约内容大致如下：

中信泰富与汇丰、花旗和法国巴黎百富勤等外资银行签约承诺,在此后两年多时间内,中信泰富每月(部分是每日)以0.87美元/澳元的平均兑换汇率,向交易对手支付美元、接收澳元,最高累计金额可达约94.4亿澳元。市场普遍认为,其签约时的澳元市场价要高于0.87美元。

这些合约对中信泰富而言向上利润有限,向下亏损却要加倍而无限:假如澳元高于0.87美元/澳元,中信泰富会获得利润,但其总利润最多只能有4亿多港元。因为一旦利润超过一定额度,交易对手可选择取消合同。但是,一旦当澳元低于0.87美元/澳元时,中信泰富需要加倍以0.87美元的高价接澳元仓位,而且没有相应条款给亏损封顶。这些极不对称的条款,在合约签订的一刻就已经注定了中信泰富的盈利极其有限,还有可能蒙受巨额亏损。

合约规定,每份澳元合约都有最高利润上限,当达到这一利润水平时,合约自动终止,但如果该汇率低于0.87,却没有自动终止协议,中信泰富必须不断以高汇率接盘,理论上亏损可以无限大。中信泰富手中所有的澳元合约加起来,最高利润总额仅为5150万美元,但最高接盘数量达到了94.4亿澳元。据估计,该公司的澳洲铁矿石项目在2008年的资本开支需求约为16亿澳元,随后的25年经营期内需要大约10亿澳元营运费用。问题是,这两者加起来也不过26亿澳元,为什么中信泰富要冒如此巨大的风险,一次性签下总额高达94.4亿澳元的“魔鬼”条款呢?显然,中信泰富是在做高杠杆投机,而非套期保值。

中信泰富涉及的衍生产品有两个特点:一是复杂性;二是合约的收益与风险完全不匹配。中信泰富签订的这类合约,在金融学上被称为“奇异衍生品”,这些产品,无论是从定价还是到对冲机制都很复杂,一般实体企业或机构投资者根本不知道这类产品应如何估值,不知道如何计算与控制风险,因此很容易在买进这类产品的同时,低估其潜在风险。而作为交易对手的投资银行或商业银行,则拥有大量专业人才,对于衍生品的数学模型有着多年研究,充分掌握估值与风险对冲技术。因此，交易双方之间存在严重的知识与信息不对称。

资料来源：高喜燕．“中信泰富”事件的反思［J］．西南金融，2009(2)：37－39。

本章小结

国际金融市场是伴随着国际贸易的发展而产生的，19 世纪以前，国际金融市场的交易主要集中在与实物经济密切相关的国际结算、货币兑换、票据贴现等业务上，外汇市场是最早的国际金融市场形式。

20 世纪 70 年代以来，随着世界经济的发展、各国金融自由化的推行和电子通信技术的发展，国际金融市场发生了结构性的变化，在 80 年代逐步形成了全球一体化、融资证券化、金融创新产品层出不穷等发展趋势。

国际金融市场可以按照不同的分类方法来划分，按交易对象可分为国际货币市场、国际资本市场、国际外汇市场和国际黄金市场。本章主要介绍了国际资本市场、国际外汇市场。

国际货币市场是指经营期限在 1 年以内的借贷资本市场。国际货币市场包括短期信贷市场、短期证券市场与贴现市场。

国际资本市场又称中长期资金市场，是指提供期限在 1 年以上的中长期资金借贷和投资的场所。国际资本市场由银行中长期信贷市场、国际债券市场与国际股票市场组成。

外汇市场是指由外汇需求和外汇供给双方以及外汇交易中介机构所构成的外汇买卖场所及网络。本章对外汇市场上的即期外汇交易、远期外汇交易、外汇期货交易与外汇期权交易做了简要介绍。

思考题

1. 国际金融市场的发展新趋势有哪些?
2. 什么是套汇交易?
3. 外汇期货交易与远期外汇交易有何不同?
4. 什么是套期保值?
5. 试述利用远期外汇交易进行套利的步骤。

进一步阅读书目

1. 史燕平. 国际金融市场基础[M]. 北京:清华大学出版社,2007.

2. 理查德·M. 莱维奇. 国际金融市场:价格与政策[M]. 施华强,等译. 北京:中国人民大学出版社,2002.

第十七章　金融危机的形成与防范

本章要点

◎什么是金融危机？

◎金融危机模型有哪些？

◎如何防范金融危机？

◎国际经济失衡与全球金融危机的关系是什么？

第一节　金融危机的形成

一、金融危机的界定

《新帕尔格雷夫经济学大辞典》将金融危机定义为“全部或部分金融指标——短期利率、资产（证券、房地产、土地）价格、商业破产数和金融机构倒闭数——的急剧、短暂的和超周期的恶化”。

金融危机是指金融制度与货币体系的极度混乱和剧烈动荡，表现为股市狂泻、货币贬值、利率极高、工厂倒闭、银行破产、工人失业、市场一片混乱。金融危机是诱发经济危机、政治危机的根源。

金融风险具有客观性，普遍地存在于经济活动中，并随着国民经济及金融运行在不同时期呈现不同的风险。轻度的金融风险不足以威胁金融业的整体安全，不一定产生金融危机，却是金融危机产生的前提，具有引发金融危机的可能性，而不具有必然性。当金融风险积累到一定程度或受到更大的风险事故冲击并以突发性、破坏性方式表现出来，金融机构破产、银行存款挤兑、货币贬值等现象就有可能发生，这实际上已出现了金融危机，威胁到了金融体系的安全。因此，金融危机是金融风险积累爆发的结果，是金融风险的现实化。

金融危机和金融风险密切相关，当金融风险日益集中后，受某种特定因素诱发，金融风险开始大规模爆发，货币信用领域的支付链条中某个环节断裂，人们对某些资产价值失去信心，就会导致整个金融体系的剧烈震动，爆发金融危机。金融危机的主要表现为：持续快速的货币贬值、银行存款挤兑、旧债被强制清理、金融机构连锁倒闭、股市崩溃、货币量严重缺乏、借贷资金枯竭、市场利率上升、汇率下降、金融市场剧烈震荡。

二、金融危机的类型及其表现

根据国际货币基金组织在《世界经济展望（1998）》中的分类，金融危机大致可以分为以下四大类：①货币危机（currency crises）是指“当某种货币的汇率受到投机性袭击时，该货币出现持续性贬值，或迫使当局扩大外汇储备，大幅度地提高利率”。②银行业危机（banking crises）是指“银行不能如期偿付债务，或迫使政府出面，提供大规模援助，以避免违约现象的发生，一家银行的危机发展到一定程度，可能波及其他银行，从而引起整个银行系统的危机；金融市场严重动荡，市场不能有效地发挥作用，整个经济活动受到影响”。③外债危机（foreign debt crises）是指“一国内的支付系统严重混乱，不能按期偿付所欠外债，不管是主权债还是私人债等”。④系统性金融危机（systemic financial crises）可以称为“全面金融危机”，是指“主要的金融领域出现严重混乱，如货币危机、银行业危机、外债危机的同时或相继发生”。

1. 货币危机及其表现

货币危机是指对一国货币的投机导致该种货币贬值或迫使货币当局通过急剧提高利率或消耗大量储备保卫货币的情况。一国货币大幅贬值，对内表现为物价上涨、通货膨胀加剧、企业经营成本上升、市场混乱、有抢购现象出现，对外表现为本币对外币汇率急剧下降，迫使金融管理当局投放储备资产或提高利率以保护本币。例如，1997 年 7 月泰国实行钉住美元的固定汇率制度，但在国际对冲基金的冲击下，泰铢难以维持和美元的固定比价，泰国中央银行大量投放外汇储备，以保持固定比价，但泰国中央银行外汇储备终究有限，难以抵抗国际游资的冲击。于是，泰国在 1997 年 7 月 2 日放弃固定汇率制，实行浮动汇率制度，其后泰铢的贬值一发而不可收，到1997年11月，泰铢对美元贬值的最高幅度达到55%，通货膨胀接近10%，这是泰国严重的货币危机的表现。

2. 银行业危机及其表现

国际货币基金组织在《世界经济展望（1998）》中曾给银行业危机下了定义。银行业危机是指这样一种情况：实际或潜在的银行挤兑与银行失败使银行停止负债或为防止这一情况的出现，政府被迫大规模提供援助。银行业危机是较早出现的一种金融危机，是在金融业的发展历史上反复出现的现象，它表现为银行系统范围内挤兑存款，即由个别银行出现挤兑逐渐波及银行系统。银行是负债经营的典型机构，吸收存款是银行负债的主要资金来源，也就是说存款人可随时提取其存款，随时可兑现性和不流动性资产组合决定着银行系统永远存在着内在的不稳定性。它是银行发生挤兑或倒闭的内在原因。

一家银行出现挤兑会迅速波及其他银行，使它们出现挤兑，这是银行危机的传染效应。银行业危机传染渠道有两条：一是接触传染；二是非接触传染。

接触传染渠道。一个国家的银行体系由许多单个银行组成，这些单个银行之间因同业拆借、结算、票据转贴现、证券回购、投资等业务活动而形成一种广泛的债权债务关系，银行间的债权债务链条使一家银行的危机可以迅速传染给另一家银行，甚至传染给整个银行体系，引起银行恐慌。这是银行危机的接触传染，银行之间的资金联系是银行危机接触传染的渠道。

非接触传染渠道。在信用经济下，银行之所以能以吸收公众存款进行资产运用，在某种程度上是依赖于公众对银行的信任。公众信任是银行业正常经营发展的最终基础。存款人愿意将其货币存放在银行是因为他们相信存款会得到保护和增值。如果银行失去了公众对它的信任，就容易在公众中引起恐慌，恐慌心理会迅速传递，就算各银行之间没有任何资金上、业务上的联系和接触，挤兑存款也会发生连锁反应，这是银行危机的非接触传染，传染渠道是无形的，是人们失去对银行的信任而产生的银行恐慌。银行恐慌是一种信任危机，是银行危机自我复制和循环的根源。也就是说银行危机发展到一定程度，信心取代其他因素，推动银行危机向纵深发展，即使经营管理完善、无太大风险的好银行也会被连累，出现“多米诺骨牌”效应，从而导致系统性银行危机。

3. 债务（外债）危机及其表现

据《新帕尔格雷夫货币金融大辞典》的解释：“债务危机”是一个普遍的用语，用于任何不能按计划还本利息并由此损害其他债权人财务健康的情况，通常债权人会接着切断进一步的贷款，从而使最初的情况加剧。如果无力偿还是一个长期状况，那么它通常被归结为“无力偿付”的问题；如果它是由暂时现金短缺造成的，那么可以将它看成流动性不足的问题。在高利率的条件下，流动性不足的问题可以迅速变为无力偿付的问题。

1982 年 8 月，墨西哥政府告知美国财政部、国际货币基金组织和主要国际商业银行，它已无力再偿还其所欠的银行外债。随后阿根廷、巴西、智利、委内瑞拉等国家相继违约，停止对所欠债务的偿还，这是著名的拉美国家债务危机，此后债务危机通常是指国家债务危机。2001 年 12 月，阿根廷再次发生债务危机，其标志是萨阿总统宣布暂停支付 1320 亿美元外债，这使得阿根廷成为世界上有史以来最大的倒账（default）国。债务危机出现后，债权人和债务人都会付出高昂的代价。它会导致债务国的投资和经济增长急剧下降，物价上涨，社会动荡，以后举债的难度加大。而对债权国的投资者而言，其资本受到侵蚀，利润减少，竞争力下降。

4. 系统性金融危机及其表现

金融危机的发生既可以是以上三种危机交织在一起爆发，也可以单独发展为某一形式的危机。不过在经济发达的今天，由于金融部门之间以及与经济各部门之间有着密切的债权债务联系，现代金融危机很难做到只表现为货币、银行、外债等部门的危机，通常会表现为系统性的金融危机。而且一国的金融危机还会通过国际贸易、国际资本流动、人们的心理效应等传染给周边国家和地区。

国际货币基金组织的研究表明，通过建立外汇市场压力指数，以其他标准来对 50 多个国家在 1975—1997 年发生的货币和银行业危机进行分析，这些国家一共经历了 158 次货币危机和 54 次银行业危机，市场压力指数总计高于标准的75%。该研究还显示：①货币危机在1975—1986年相对盛行，银行业危机在1987—1997年更加盛行；②银行业危机在时间上要先于货币危机，这说明导致银行业危机的原因具有连续性；③新兴国家货币危机发生率是工业化国家的2倍，银行业危机为3倍。

金融危机的代价非常高，一国财政和准财政花费在重建金融业方面的资金，主要作用于金融市场功能不能发挥的地方。此外，银行业危机与货币危机还会使资源配置和利用失误，从而导致真实产出的减少。银行业危机比货币危机更持久、代价更大。

【专栏17-1】

1997年亚洲金融危机的扩散

1997年由泰国金融危机引发的“多米诺骨牌”效应，使东南亚出现大范围的金融动荡。泰国金融危机爆发后，迅速波及东南亚各国，印度尼西亚、马来西亚、缅甸、新加坡等国的货币均出现不同程度的贬值。1997年8月14日，印度尼西亚中央银行宣布取消印尼盾汇率的波动幅度限制，实行自由浮动；至8月20日，印尼盾对美元已贬值约23%，远远超过政府限制的每年5%~6%的指标，贬值幅度之大在东南亚各国中仅次于泰国。1997年10月27日，道琼斯工业指数下跌554点，比1987年的508点还高。日本、法国、澳大利亚的股市也有不同程度的下跌。中东欧国家如马其顿代纳尔7月10—14日跌16.2%，波兰兹罗提跌6.8%，捷克鲁纳跌6.6%。拉美的巴西和阿根廷股市普遍下跌，拉美最大的股票交易所——圣保罗股票交易所指数下跌15%；中国香港和日本的股市8月底也分别下跌8.39%和2.26%，9月1日又分别下跌5%和1.4%；道琼斯指数8月底下降3.37%；法兰克福、巴黎、伦敦、苏黎世的股市也分别下跌。始发于泰国的金融市场动荡冲破了地域的局限，引发了包括美国资本市场在内的全球主要国际金融市场的波动，这表明各个国家和地区金融交叉融合已经达到这样的程度：不仅是大国金融市场的动荡能影响世界经济，发展中国家的金融市场也能影响到世界经济。

资料来源：戴维·德罗萨. 金融危机真相：20世纪90年代［M］. 朱剑峰，译. 北京：中信出版社，2008。

第二节　金融危机成因的理论解释

西方理论界关于金融危机的研究由来已久。早在1929—1933年大萧条时期，西方学者即对金融危机进行了理论研究，早期的费雪、凯恩斯等主要从经济周期运动发展的角度解释金融危机。随着布雷顿森林体系的崩溃，从20世纪70年代起有关金融危机（主要是货币危机）的研究逐步成为国外经济、金融学界的一个重要课题。

为了探讨金融危机的生成机制，近几十年来，人们对其进行了大量的理论研究，并取得许多引人注目的成果。其中较有代表性、解释力较强的是所谓的“三代金融危机模型”：即以克鲁格曼（1979）、弗拉德和加勃（Flood & Garber，1984）的分析为代表的第一代危机模型；以奥伯斯法尔德（Obstfeld，1994）、萨克斯（Sachs，1996）的分析为代表的第二代危机模型；以Corsetti - Pesenti - Roubini（1998）、Chang - Velaseo（1998）和克鲁格曼（1999）的分析为代表的第三代危机模型。尽管这种划分标准并不完全准确，但事实上已被经济界广泛使用。

一、克鲁格曼的第一代金融危机模型

1979年，克鲁格曼在萨兰特和亨德森（Salant & Henderson）的商品投机性冲击模型的基础上，首次建立了货币投机性冲击模型——“标准危机模型”（canonical model）。此模型后经弗拉德和加勃完善。

（1）基本思路。从理论分析的基本逻辑来看，第一代危机模型强调的是在宏观经济政策与固定汇率相矛盾的情况下，固定汇率遭遇投机攻击的必然性，强调一国的经济基本面决定了货币对外价值的稳定与否，决定了

货币危机是否会爆发、何时爆发。

（2）模型假设。假设一个小型开放经济，其居民只消费单一的可贸易商品，其汇率钉住其主要贸易伙伴国货币，汇率由购买力平价决定；假设经济主体可持有三类资产，即本国货币、本国债券和外国债券，资产之间可以完全替代；出于简化目的，假设没有私人银行，所以货币存量等于国内信贷及中央银行所持有的外汇储备（以本币折算）之和；假设国内信贷增长为外生变量，国内信贷增长率为恒定的常数；假设经济主体具有完全预期。在此假设下，投机性冲击被认为是基本经济因素恶化造成的，而政府预算赤字是危机之源。政府预算赤字靠国内信贷扩张来弥补，扩张的财政政策和货币政策使国内需求增加，从而拉动物价，在购买力平价成立的假设下，外汇实际汇率上升。

（3）基本模型。假设名义汇率政策如中央银行所宣称的那样，在国际储备降至一定的底线之前将有义务维持固定汇率制度，则模型可以主要对国内货币市场上私人部门和政府部门的行为进行分析。

简要评述：第一代危机模型开创了货币危机理论模型研究的先河，它不仅可以说明过度的货币创造融资必然会导致固定汇率的崩溃，而且可以给出固定汇率制可能崩溃的最早时刻——这正是这个模型的优美之处。这个模型给予我们的政策启示是：持续地依靠货币创造融资解决政府的财政赤字，同时又要维护某种形式的固定汇率制，这种宏观经济政策组合存在不可克服的内在矛盾。如果无法改变持续地通过货币创造融资的宏观经济政策，最终必然引发固定汇率制崩溃的货币危机。要想避免这种危机，就必须放弃货币创造融资解决政府赤字的政策，实行稳健的财政政策。二者只能取其一。

二、奥伯斯法尔德的第二代金融危机模型

由奥伯斯法尔德建立的多重均衡、自我实现的金融危机模型（1994）在分析历史上的金融危机案例时指出，克鲁格曼的第一代金融危机模型不能很好地解释 1992 年英国、意大利、西班牙、芬兰和瑞典的货币危机。而自我实现的货币危机模型似乎可以更加合理地解释这些案例。

（1）基本思路。从具体的分析过程来看，奥伯斯法尔德运用一个三要素分析过程较为完整地阐述了第二代模型的思想：肯定存在某种原因，使得政府愿意放弃固定汇率制；肯定存在某种原因，使得政府愿意捍卫固定汇率制；市场参与者的预期会影响政府对成本和利益的权衡，由此产生一个动态逻辑循环过程。市场参与政府行为及其相互作用的非线性导致了多均衡点的存在。于是，政府的相机抉择行为在整个模型中占据主导地位。

（2）基本特点。从理论分析的角度来看，第二代危机模型的特点是十分明显的：政府的行为更为主动，其相机抉择行为成为整个分析过程的中心；将经济周期对于货币危机的影响纳入考虑范围，认为政府对固定汇率的承诺依赖于经济周期的状态；在特定区间内存在多重均衡和自我实现机制；认为只有在投机攻击行为迫使政府政策出现变化时才会使投机者获利，即事后证实投机性攻击的正确性；引入博弈分析，在动态博弈过程中存在多重均衡的自我实现的危机可能性。

（3）理论评述。与第一代货币危机模型相比，第二代模型更为完善，更为合理地解释了固定汇率政策的不可维持性。其理论框架涵盖了前者。

首先，其政策含义是，仅仅依靠稳健的国内经济政策是不足以抵御货币危机的，固定汇率制的先天不足使其易受投机冲击；货币危机的发生并不以过度扩张的财政政策为前提，只要一国的失业或政府债务压力达到一定程度，固定汇率就可能步入以自我实现为特征的、随时可能在市场预期推动下陷入崩溃的多重均衡区间。这在一定程度上解释了 1992 年和 1993 年的欧洲汇率机制的危机。

其次，多重均衡区间的存在，实际上暴露了国际金融体系的内在不稳定性。即使根本没有执行与固定汇率不相容的财政、货币政策的国家，也有可能因为市场心理的作用而遭遇货币危机。

最后，从第二代危机模型结论推导，在特定的区间内，投机者的行为是不公正的，尤其是对于抵御金融风险能力相对较弱的发展中国家来说，更是不公正、不道德的。

三、第三代金融危机模型

前两代模型分别注重隐藏在货币危机背后的不同的逻辑侧面，每一个模型都可以很好地解释历史上的一些案例。如克鲁格曼 1979 年的模型可以很好地描述直到 20 世纪 80 年代中期发生于拉丁美洲国家的货币危机，也能很好地解释 1998 年夏季发生在俄罗斯的金融危机。奥伯斯法尔德 1994 年的模型可以成功地捕捉到 1992—1993 年欧洲的汇率机制危机的关键因素，特别是意大利的金融危机案例。但是，上述两代模型用来解释 1997 年发生在亚洲的金融危机的特性和原因似乎是困难的。由此，学者提出了第三代模型。第三代模型着眼于微观层面，主要有三种分析模型。

1. 道德风险模型

在亚洲金融危机全面爆发之前，已经有学者注意到发展中国家的存款担保与过度借债之间的关系，而亚洲金融危机使这一问题更为突出。亚洲国家的企业和金融机构普遍有强烈的过度投资、过度冒险和过度借债倾向。外国金融机构因为相信有政府及国际金融机构的拯救行动而过于轻率地迎合了其贷款愿望，从而导致了严重的资产泡沫和大量的无效投资，最终只能以危机收场。在常见的道德风险模型中，危机前的政府虽然在账面上赤字不大，但是由于它是企业投资损失的最终承担者，有大量的潜在财政赤字，这些赤字最终可能要通过货币化来加以消化，而赤字货币化的预期又会使危机提前到来。为进一步阐述道德风险模型，克鲁格曼针对金融机构提出了“金融过度”的概念。在金融机构无法顺利进入国际市场时，过度的投资需求并不会导致大规模的过度投资，而是使市场利率升高。当金融机构可以自由进出国际金融市场时，金融中介机构的道德风险会转化为证券金融资产和房地产的过度积累，这就是“金融过度”，它加剧了一国金融体系的脆弱性。金融过度必然导致泡沫破灭后的外资退出，从而最终导致汇率制度崩溃。

根据道德风险模型，货币危机是危机发生国制度扭曲的必然结果，只能依靠危机国自身的结构调整；外界援助只会使国际层面的道德风险问题更加严重；同时，危机的预防也只能通过取消政府担保和加强金融监管来实现。

2. 流动性危机模型

流动性危机模型也是以金融机构作为分析的中心环节，主要采用戴蒙德的银行挤兑模型来解释亚洲金融危机。其基本思想是：银行作为一个中介机构，其基本功能就是将不具有流动性的资产转化为流动性资产，正是这种功能本身使得银行容易遭受挤兑。而货币危机的爆发主要是由于投资者恐慌所引发的流动性危机。由于恐慌性的资本流出，企业资不抵债。因此危机并不是亚洲经济应得的惩罚，而是国际金融体系内在不稳定性的证明。在汇率固定且中央银行承担最后贷款人角色的情况下，对银行的挤兑将转化为对中央银行的挤兑，即货币危机。

但是，根据流动性危机模型，危机处理中最重要的就是避免恐慌性的资本流出，通过对短期资本流入的适当限制，建立国际层面的最后贷款人机制和债务协商机制来实现危机的防范。

3. 企业净值变动与多重均衡模型

随着亚洲金融危机的发展，克鲁格曼本人也开始对自己先前提出的道德风险模型表示怀疑。他认为银行体系不是问题的关键，提出应该在第三代模型中考虑传播、传递问题，即资本流动对实际汇率乃至经常账户的影响以及资产负债表问题。在克鲁格曼的模型中，投资者信心的丧失导致市场预期的传递，造成恶性循环而最终滑入危机的漩涡；而在流动性风险模型中，有形资产的提前清算是产生损失的原因。

在1999年的一篇论文中，克鲁格曼提出了一个新的多重均衡模型。他将企业净值与企业融资能力关系的研究应用到开放经济环境中。他假定外国债权人只愿意提供高于企业净值一定比例的贷款，但是由于外资流入的数量会影响到本国的实际汇率，从而影响到企业外币负债的本币价值，所以企业的净值又取决于外资的流入量，这就导致多重均衡：当外国债权人预期本国企业有较高净值时，资本流入，本币升值，本国企业的外币负债价值下降，外国债权人的预期得到证实，因此构成一个理性预期均衡；当外国债权人预期本国企业净值较低时，资本流入减少，本币贬值，本国企业的外币债务加重，外国债权人的预期同样得到证实，这也构成一个理性预期均衡。

因此，克鲁格曼认为，东南亚货币危机的关键在于企业。由于销售疲软、利息升高和本币贬值，企业的资产负债表出现财务困难，这种困难限制了企业的投资行为。这一问题并非银行本身的问题，一个谨慎的银行体系并不足以保证在开放经济下能免受自我加强式金融崩溃风险的威胁。金融体系在货币危机中发生崩溃并非由于先前投资行为失误，而是由于金融体系的脆弱性。在他看来，导致金融体系可能发生崩溃的因素主要有：高债务因素、低边际进口倾向和相对出口而言的大规模的外币债务。

上述三代金融危机的模型都是近20年来涌现出来的，虽然都从不同角度回答了货币危机的发生、传导等问题，但是，关于这方面的研究还远远不够。旧的理论不断被新的事实抛在后面，这从一个方面也说明了它的不成熟。至少，在货币危机领域，上述三代模型还没有解决以下问题：各种经济基本变量在货币危机积累、传导机制中的作用；金融全球化趋势下，危机的国际传播（传染）机制；危机的分类研究；货币危机理论与一国国内宏观政策理论的整合；等等。这些都是需要进一步研究和探讨的问题。

第三节 金融危机的传染与防范

一、金融危机的传染机制

当前，贸易自由化和金融全球化推动着经济全球化不断深入，将世界各国的经济紧密联系在一起，一国（地区）发生危机，很容易传染到其他国家（地区），但是一般认为被传染程度与一国（地区）的经济实力、金融体系稳健程度、金融市场开放度、汇率制度灵活性有着紧密的联系。

1. 季风效应

当今全球经济格局是以发达国家为主导的，许多发展中国家的经济发展严重依赖对发达国家的产品出口和来自发达国家的投资，当发达国家的经济环境发生变动时，必然会对发展中国家产生不同程度的影响。如当发达国家实行收缩性的经济政策时，与其有着紧密联系的发展中国家的扩张性经济政策就很难奏效。

2. 贸易渠道的传染

一国发生危机通常会导致本国货币贬值，必然使该国出口竞争力增强，由此产生两方面的影响：一方面对其贸易伙伴国的出口增加而进口减少，导致贸易伙伴国的贸易赤字增加，外汇储备减少，使得其贸易伙伴国的经济情况恶化，产生金融危机；另一方面使得与其有着共同出口市场或共同出口产品的贸易竞争国的产品竞争力减弱，引发金融危机，在这种情况下，更为严重的是其贸易竞争国的货币会竞相贬值，导致金融危机进一步扩散和加剧。

3. 投资渠道的传染

在金融全球化的背景下，金融危机很容易在有投资联系的国家间传染。此种传染可以分为直接传染和间接传染两种。直接传染主要是在有直接投资联系的国家间发生：一方面，被投资国发生债务危机，会使得投资国的投资收益锐减，诱发投资国的金融危机；另一方面，投资国的投资收缩，资本流出，也会导致被投资国的外汇储备减少，诱发被投资国的金融危机。间接传染是指受传染国与危机发生国没有直接的投资联系，而是与同一第三方有投资联系，从而形成间接联系，危机通过第三方的投资调整发生传染。投资渠道的传染主要以汇率和利率为媒介，国际金融市场特别是外汇市场和资本市场是传染的主要途径。

4. 预期的多米诺效应

危机发生时，金融恐慌极易产生，当外国投资者对一国发展前景失去信心时，就会大量撤出资金，引发恐慌性金融危机。对具有类似的经济政策和宏观经济环境的国家，人们的心理预期会迅速恶化，国际上一些金融评级机构在此时对危机发生国和相关国家的降级评价，会诱使人们的预期进一步恶化，产生多米诺效应，迅速波及其他国家和地区。

二、金融危机的防范

金融危机危害极大，却又往往避免不了，这就促使人们去寻求治理它的对策。早期的金融危机主要是银行业危机，其与实体经济的状态存在比较直接的联系，那时主要依靠最后贷款人——中央银行提供流动性，支持银行，使银行渡过挤兑困境并使厂商获得喘息之机。金融全球化时代的危机与实体经济之间的联系日益曲折迂回，危机成因与表现形式复杂了许多，治理危机的对策也趋于多样化。由于引发金融危机传染的情况非常复杂，危机在金融市场上传染的渠道和方式也多种多样，所以防范危机的传染是一项艰巨的任务。

（1）建立早期预警系统。通过设立一系列易受溢出影响和传染影响的预警指标的方式，对本国可能遭受的危机传染进行预警。由于这些变量在金融危机到来之前的表现与正常或平稳时期存在系统性差异，通过密切观察这些变量就可以发现问题。由于不同的指标从一定程度上反映出不同的传染方式，依据这些指标的变化可使一国政府及时地、有针对性地采取有效措施，避免遭受危机传染。

（2）采取措施稳定金融市场。这包括动用外汇储备干预外汇市场；提高利率，增加借用本币资金成本，抑制投机操作，影响资本流出入，改善本币状况；动用财政资金，稳定股市；保障金融债权，维护存款人信心等。

（3）管理国际资本流动。在稳定金融市场的措施中，暂时实施资本账户管制特别受到关注。这包括直接性的资本流动控制，加强外债的管理，课征短期资本流动税——托宾税等。

（4）积极推进国际金融体系的改革。国际收支危机的快速传染，事实上暴露了国际金融体系存在的内在缺陷，如投机资本的大量存在、多边金融组织对于国际收支危机的爆发缺乏超前预警。国际货币基金组织应当建立一套关于国际收支危机及其传染的预警指标，在危机发生和传染前就采取措施，并提供政策建议和紧急磋商的渠道。世界银行也应当更多地关注全球金融体系的稳定。

（5）最后贷款人制度的建立。金融危机爆发以来，国际最后贷款人制度应运而生，对出现危机的国家实施援助措施。尽管对国际最后贷款人存在的必要性已达成共识，但是在亚洲金融危机中，人们对国际货币基金组织采取的一些具体救助措施仍然存在很大争议，如在出现了大范围的金融危机后，国际货币基金组织没有及时采取救助措施或救助措施严厉使得救助效果不明显等。这说明，在世界经济日趋一体化之际，国际救助措施的完善也就异常重要。

本章小结

金融危机的发生既可以是货币危机、银行业危机和债务危机三种危机交织在一起爆发，也可以单独发展为某一形式的危机。现代金融危机很难做到只表现为货币、银行、外债等部门的危机，通常会表现为系统性的金融危机。

三代金融危机的模型从不同角度回答了货币危机的发生、传导等问题。

20 世纪 90 年代以来的三次较大规模的金融危机——开始于 1992 年的欧洲货币危机、开始于 1994 年的墨西哥金融危机以及开始于 1997 年的亚洲金融危机，增强了人们对防范和控制金融危机的决心。

对于金融危机，要在危机发生前进行预防，在危机到来时进行控制，在危机发生后进行弥补，从各个方面调动政府和私人部门的积极性，并充分发挥国际政策的协调作用。

思考题

1. 简述金融危机的概念与类型。
2. 简述金融危机的传染机制。
3. 产生金融危机的根源有哪些？
4. 欧洲货币危机爆发的原因是什么？
5. 简述墨西哥金融危机带来的启示。
6. 我们可以从亚洲金融危机中吸取哪些教训？
7. 说明 2007 年美国次贷危机与 2009 年欧洲次贷危机的产生及影响。

进一步阅读书目

1. 查尔斯 · P. 金德尔伯格. 疯狂、惊恐和崩溃：金融危机史[M]. 朱隽，叶翔，译. 北京：中国金融出版社，2007.

2. 雅克 · 德 · 拉罗西埃. 金融危机五十年[M]. 文晓荷，译. 北京：中信出版社，2018.

第五篇
金融发展与金融创新

第十八章　金融发展

本章要点

◎ 什么是金融抑制和金融发展?

◎ 中国存在金融抑制现象吗?

◎ 为什么发展中国家的金融自由化会导致金融危机出现?

◎ 金融发展水平的衡量指标有哪些?

1973 年，麦金农（McKinnon）和 E. S. 肖各自独立发表了《经济发展中的货币和资本》和《经济发展中的金融深化》两本著作。在书中，他们放弃了以成熟市场经济国家的金融体系为对象的研究方法，转而研究发展中国家的金融问题，创立了现代意义上的金融发展理论。他们各自从金融抑制（financial repression）和金融深化（financial deepening）两个角度，系统地阐述了货币金融和经济发展之间的关系。他们的金融发展理论不仅直接催生了发展中国家 20 世纪七八十年代的金融自由化运动，极大地影响了这些国家货币金融政策的制定和实施，而且对发达国家的金融创新活动产生了不可估量的推动作用。

第一节　发展中国家的金融抑制

一、金融抑制的理论模型

金融与经济是密切联系的两个领域，金融体制与经济是一种相互制约、相互发展的关系。当政府过分干预金融、人为压低利率和汇率，造成金融与经济之间形成恶性循环，就称为“金融抑制”。E. S. 肖在其《经济发展中的金融深化》中认为，发展中国家产生金融抑制的根本原因在于制度上的缺陷和当局政策上的错误，特别是政府对利率的强制规定，使其低于市场均衡水平，同时又未能有效控制通货膨胀，使实际利率变为负数。一方面，政府无法充分动员社会资金；另一方面，低的贷款利率或负利率刺激对有限资金的需求，政府依靠信贷配给造成资金的低效率使用。E. S. 肖通过图 18－1 说明金融抑制的影响。

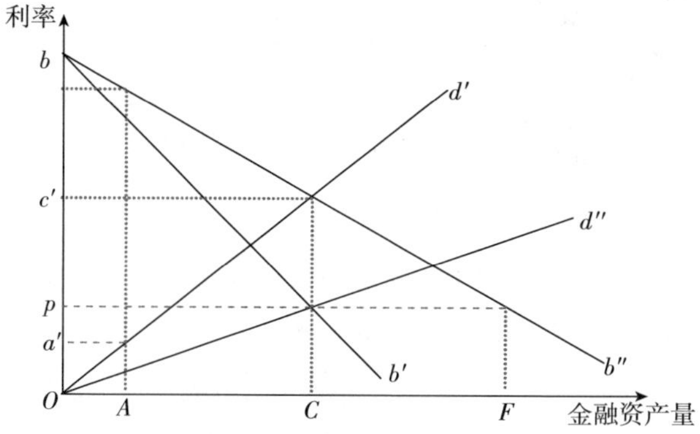

图 18－1　金融抑制的理论模型

在图 18－1 中，横轴表示金融资产数量，纵轴表示利率水平；曲线 bb' 和 bb''分别表示贷款的边际利率和平均利率，在此利率水平下，金融机构能够贷出资金；曲线 Od'和 Od''表示存款的边际利率和平均利率，在此利率水平下，金融机构可以出售自己的存款；实际利率从 P 起往上标出，OP 代表预期通货膨胀率。在欠发达经济中，政府对名义贷款利率规定上限，假定将名义贷款利率规定为 OP，则实际贷款利率为 0；在这种情况下，储蓄者资金转借给金融机构获得的不是报酬，而是惩罚（负利率）；而借款人按照很低或负的实际利率借得免费的甚至倒贴利息的借贷资金。假定再对名义存款利率规定上限 a'，则实际利率为负利率 Pa'。贷款利率 OP 和存款利率 Oa'的差 $a'P$ 就是金融机构所获得的补偿。在图 18－1 中，存款者倒付的利息就是金融机构的收入。

二、发展中国家金融抑制的表现

麦金农和肖认为，发展中国家的经济是一个“分割经济”，即各企业可以获得的技术不同，商品市场及生产要素市场的价格不同，资产收益率不同。发展中国家的这种“分割经济”使金融抑制现象产生，其主要表现在以下六个方面。

（1）货币化程度低。发展中国家的市场分割性决定了它们的商品交易的范围和规模受到许多限制，在整个经济中，货币经济所占比重较小；相反，自给自足的非货币经济所占比重较大。因此，相对于发达国家而言，发展中国家货币化程度低，货币在整个经济中所起的作用受到限制。

（2）政府对利率和汇率实行管制，使利率、汇率不能反映市场供求状况。从利率的角度来看，政府为降低企业的筹资成本，故意压低存贷款利率。它一方面抑制储蓄，另一方面造成过度的贷款需求，从而加速资金供求的矛盾。从汇率角度来看，政府低估本币汇率，本币贬值严重，造成对外汇的过度需求，政府只能实行全面的外汇管制。

（3）金融体系存在着明显的“二元”结构。发展中国家的正规金融和非正规金融并存。一方面，享有特权的国有大企业可以从商业银行等现代化金融机构获得大量低利率的资金，这些资金使用效率却极其低下；另一方面，在经济活动中占有很大比重的中小企业由于得不到银行贷款，只能从非正规金融机构如钱庄、民间借贷等处寻求资金，这些非正规金融机构的贷款利率很高，偿还期限短，严重压缩企业的利润。金融体系的“二元”性不仅削弱政府的货币金融政策效果，甚至会造成背离政策目标的经济后果。

（4）金融市场不发达。发展中国家金融体系的“二元”性限制了资本市场的发展，使得发展中国家的金融市场与发达国家相比十分落后，其主要表现为发展中国家的经济金融化程度很低，金融市场动员和配置资金的作用受到限制。

（5）政府对金融业实行严格管制。发展中国家政府建立和控制国有银行，为公共部门提供无息或低息融资。政府倾向于鼓励能够从中获取巨大铸币收益的金融机构和金融工具的发展，抑制其他金融机构和金融工具的发展，特别是借助印花税、资本利得税等对直接融资机构进行限制。同时，政府对金融机构要求很高的法定存款准备金率和较强的流动性，以便于有效地集中资金，严格限制金融机构的资金流向。这些管制造成的直接后果是，金融机构融资成本高昂，效率低下，品种单一，多元化程度低。

（6）采取信贷配给方式分配稀缺的信贷资金。在金融抑制下，发展中国家的实际利率被人为压低，导致居民储蓄率低、企业投资膨胀，使得发展中国家面临巨大的资金短缺。在此影响下，发展中国家只能实施选择性的信贷政策，引导资金流向政府偏好的部门和产业。而这些为政府所偏好的企业和项目大多是享有特权的国有企业和具有官方背景的私人企业，投资收益率较低，导致稀缺资金的分配效率十分低下。

三、金融抑制对经济增长的负面作用

发展中国家的金融抑制政策主要扭曲金融领域的“价格”——利率，破坏宏观经济的平衡，加快货币的流通速度，加剧经济的不稳定。金融抑制对经济增长的负面作用主要表现在以下四个方面。

（1）低利率使潜在的资金供给者不去正规的金融中介机构存款，而是直接从事收益可能较低的投资；低利率减少了资金需求者对投资项目评估的必要性，从而降低了整个经济体系的效率。

（2）低利率促使人们更关心现期消费，忽视未来消费，扭曲了公众对资金的时间偏好，从而导致储蓄水平低于社会最优水平。

（3）政府和公众对利率抑制的反应会使经济加剧不稳定。由于利率低，信用成本为负，信贷资金供求缺口扩大，银行体系和货币当局承受着来自社会集团及企业的保持高信贷扩张的压力，政府所有部门也会提出较高的信贷需求。在此影响下，政府会降低对银行体系信用扩张能力的控制程度，造成信用膨胀，引起经济的不稳定。

（4）低利率促使公众对国内金融资产需求的减少，在一国经济相对开放的前提下，必然增加对国外金融资产的需求，从而引起资本的外流。大量资本外流，造成国际收支逆差，迫使政府增加外债的数量或减弱其国际债务的偿还能力。虽然一些发展中国家严格限制资本流动，但是资本仍然可以通过其他“非法”的渠道外逃，从而使得经济的不稳定因素增加。

第二节　金融发展的基本内容

一、金融发展的含义

金融发展是指金融的功能不断得以完善、扩充进而促进金融效率的提高和经济增长的一个动态过程。对于金融发展的界定，我们可以从熊彼特（Schumpeter）对“发展”的定义中得到启示。熊彼特认为，“发展”是经济组织内部自行发生的变化，而不是外部强加的，发展是一种新的组合，它是“流转渠道中的自发的和间断的变化，是对均衡的干扰，它永远在改变和代替以前存在的均衡状态”。所以，金融发展的双重表现是：金融总量的增长和金融结构的优化。金融总量的增长是数量的增长，金融结构的优化是金融质量的发展。

金融发展是市场经济中信用制度和货币资本化的产物，它包括银行信用如汇票、支票和期票，有价证券如股票和债券，产权和物权及各种金融衍生品以及作为实物金融产品的房地产业。随着市场经济的不断发展，社会分工和专业化程度不断提高，经济的货币化程度不断加深，金融活动占总经济活动的比例也越来越大，金融深化的程度日益提高，其结果是资本证券化和出现大量新的金融衍生工具。由于资本市场和金融衍生工具交易中存在大量的投机活动，金融市场的交易额和金融活动本身的产值迅速增长，金融发展的规模不断扩张。

二、金融发展的衡量指标

对于金融发展的程度，有三个衡量指标：一是通过金融发展与经济增长的相互关系指标来衡量；二是通过金融机构发展指标来衡量；三是通过资本市场发展指标来衡量。

（一）金融相关比率

金融相关比率（financial interrelation ratio）是指某一时期一国全部金融资产价值与该国经济活动总量的比值，由戈德史密斯（Goldsmith）于1969年提出，公式为：

$$\text{FIR} = \text{金融资产总量}/\text{GDP} \tag{18-1}$$

由于金融资产是代表未来收益索取权的凭证，从资产流动性的角度，可以将金融资产分为货币、债券、股票和保费收入四大类金融资产。因此，金融资产总量包括：现金、存款、股票市值、债券市值和保费收入等。

（二）货币化率

货币化率（monetization rate）是指一国通过货币进行交换的商品与服务的值占国内生产总值的比重，公式为：

$$MR = 广义货币量\ M2/GDP \tag{18-2}$$

货币化率是衡量金融发展程度的基础性指标，该比重越高，说明一国的经济货币化程度越高。但一国货币化率高，并不能有效地反映金融深化程度高。从发达国家和新兴经济体的货币化率来看，新兴经济体的货币化程度高于发达经济体，而且银行主导型国家的货币化率高于市场主导型国家的货币化率。从 2012 年开始，中国的货币化率基本保持在 180% 以上，远远超过发达国家水平。

（三）金融机构发展指标

Levine（1993）提出金融机构发展指标，包括 bank 指标、privy 指标。bank 指标是通过中央银行与商业银行在信贷资源配置中的相对地位来衡量的，公式为：

bank = 商业银行信贷/全部信贷（商业银行信贷和中央银行国内资产之和） （18 – 3）

该指标越高，表明通过商业银行配置资金比通过中央银行直接配置资金的效率要高。

privy 指标反映金融机构的发展效率，公式为：

$$privy = 银行对私人部门的信贷/GDP \tag{18-4}$$

该指标越高，说明信贷资源配置效率越高。

（四）资本市场发展指标

衡量资本市场发展的指标主要有资本化率、流动性指标。资本化率是衡量资本市场发展规模的指标，以两个指标反映：一是上市公司股票市值与 GDP 的比率；二是债券市值与 GDP 的比值。

流动性指标反映股票市场的交易活跃程度，公式为：

股票市场交易比率 = 国内股票市场的交易量/GDP　　(18 - 5)

(五) 金融结构优化指标

各种金融工具和金融机构的形式、性质及其相对规模共同构成一国金融结构的特征，金融结构是金融机构和金融工具的综合。金融结构优化指金融结构高度化和金融结构合理化。金融结构高度化反映金融结构从低层次向高层次发展的过程，公式为：

金融结构高度化 = 非货币金融资产/金融资产总量　　(18 - 6)

金融结构合理化要求金融结构适应实体经济发展的需要，满足实体经济对金融服务的需求。

三、金融发展的效应

根据麦金农和 E. S. 肖的理论，金融发展的效应可以从正效应和逆效应两个方面进行分析。

(一) 金融发展的正效应分析

(1) 收入效应。E. S. 肖认为，金融发展的收入效应是指实际货币余额的增长使货币化程度提高，从而对实际国民收入的增长产生影响。金融发展的效应既包括正收入效应，又包括负收入效应。正收入效应是指货币作为债务中介可减少交易成本，提高生产效率，使收入增长；同时，货币体系提供服务时要投入资金，消耗实物财富和劳动，从而减少可用于国民收入生产的实际资源，引起负收入效应的出现。由于货币政策的实施，正收入效应会抵消负收入效应。

(2) 储蓄效应。金融发展的储蓄效应表现在两个方面：一是收入效应促使收入水平绝对增加，在私人储蓄和税率一定时，较高的收入水平意味着较多的私人与公共的储蓄和投资；二是金融发展提高了货币的实际收益率，从而鼓励人们的储蓄行为，导致储蓄倾向提高。

(3) 投资效应。一是储蓄效应增加了投资总额；二是金融发展提高了投资效率。

(4) 就业效应。金融发展意味着资本相对昂贵而劳动力相对廉价，从而促使投资者以劳动密集型生产代替资本密集型生产，增加就业机会，使整个社会的就业水平得以提高。

（二）金融发展的逆效应分析

（1）冲击银行体系的稳定性。一是金融发展的短期金融市场利率、资本市场利率和国际业务汇率被随市场供求而变动的自由利率所替代，增加了金融业务预期收益的不确定性和风险性。二是金融发展为企业开辟了更多的直接融资渠道，银行间的金融业务竞争加剧，从而使银行利润减少。若银行储备金中的一部分来自利润，就会减少银行用以应付呆账、坏账贷款的储备金，削弱银行战胜金融危机的能力。若银行想获取短期内的最大化利润，就会采取产生不稳定性的投机行动，把自身置于破产倒闭的危险中。三是金融发展使实际利率高于市场出清的均衡利率。当利率上升时，所有投资项目的回报率下降，低风险项目无法获利，使得公司转而追求更具风险的项目。若银行把利率作为审查标准，又无完善的监督机制，则可能导致银行可贷资金的过度供给和贷款恶性风险的发生。

（2）债务危机。一些发展中国家在未能有效控制财政赤字、实现预算平衡的情况下，急于推行金融深化策略，提高实际利率。一方面，政府为避免财政赤字，以高于市场利率的利率在国内大量举债，势必增加政府负债的融资成本；另一方面，政府为推动经济发展而从国外大量融资，为国内经济运行注入资金，但因为微观经济活力不足、投资收益率低下，所以难以征收足够的税收弥补政府赤字、偿还债务。债务高利率的累积效应将使债务与 GDP 的比例上升到无法控制的地步，从而引发债务危机。

（3）经济滞胀。金融发展可能使经济停滞主要基于以下原因：第一，金融发展可能导致实际利率高于均衡利率，居民的边际储蓄倾向提高，银行可贷资金增加，但同时会使居民的边际消费倾向下降，减少了拉动投资的社会总需求；第二，高利率增加了公司流动资金的成本和融资成本，降低了投资收益率，甚至使公司无利可图和亏损，从而约束了公司的投资动力；第三，为追求高额利润，短期外国资本流入导致本币汇率高估，汇率高估会抑制出口，减少有效需求；第四，政府为控制赤字而减少支出，所产生的投资减少乘数效应会大规模收缩经济。

（4）出现破坏性的资本流动。在金融深化的发展中国家，资本的边际生产力通常较高，国内企业一般从国外大量融资；与此同时，政府为扩张经济，大量吸引外资，过早地放松或取消对资本流动的限制，从而导致大规模的短期国际资本流入，破坏中央银行控制货币流通基数的能力，引起严重的通货膨胀。

【专栏 18－1】

中国金融发展水平

在我国，随着改革开放的深入及金融体制改革的不断深化，货币化率和金融相关比率快速提高。金融相关比率是衡量一个国家或地区国民财富的利用效率，即社会经济资源长期金融深化的一个重要指标。计算公式为：

$$FIR = （现金 + 存款 + 股票市值 + 债券市值 + 保费收入）/GDP \tag{18-7}$$

2000—2018 年，我国的 FIR 逐年上升，由 2000 年的 202% 上升到 2018 年的 368%，年均上升 8.68 个百分点（见图 18－2）。特别是到 2007 年，FIR 陡然上升，其原因是股票市值的增加。我国股票市场在 2007 年遇见了罕见的大牛市，使股票市值大幅度增加，从而导致 2007 年我国的 FIR 急剧上升。此后，中国的金融发展水平稳步提高，金融相关比率与发达国家水平相当。

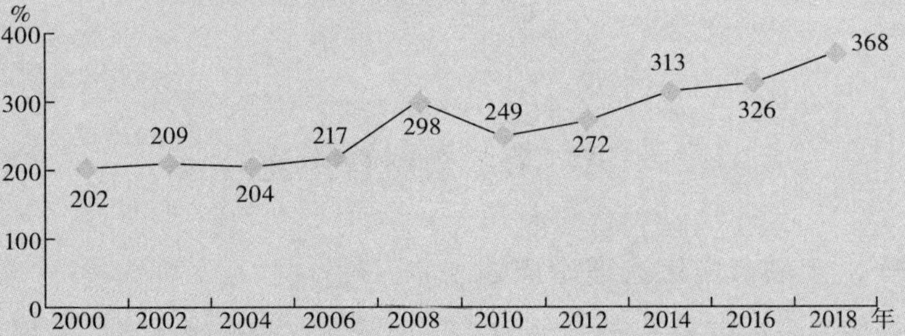

图 18－2　2000—2018 年中国金融相关比率发展趋势

资料来源：《中国金融年鉴》《中国统计年鉴》历年数据。

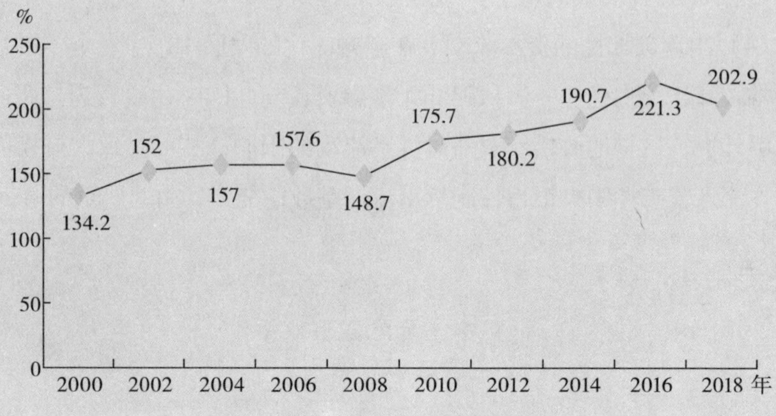

图 18 -3　2000—2018 年中国的货币化率

资料来源:《中国金融年鉴》《中国统计年鉴》历年数据。

伴随着金融相关比率的提高,我国的货币化水平也在逐年上升,甚至比很多发达国家高出许多。我国的货币化水平从 2000 年的 134.2% 上升到 2018 年的 202.9%,远高于发达国家的货币化水平(见图 18 -3)。这一方面是改革开放以来中国进行金融深化的必然结果;另一方面反映了中国金融资产的结构问题。一是中国经济发展过度依赖货币性金融资产的推动,容易导致货币超发。二是中国的货币化率过高,表明同一单位货币对经济的作用力较小,即实现等量的 GDP 需要更多的 M2,广义货币量 M2 对经济的推动作用不断弱化。

资料来源:中国国家统计局官网(http://www.stats.gov.cn)。

第三节　金融自由化

一、金融自由化的理论描述

根据麦金农和 E. S. 肖的观点,一个制度中的金融体系的发展如果有利于储蓄的动员和配置,则有利于经济的增长和发展;反过来,经济的增长如果能促进金融体系的发展,使金融体系能够动员更多的储蓄以促进经济的进一步发展,则金融自由化与经济发展之间形成一种良性循环。

麦金农认为，在经济增长过程中，资产组合效应将对储蓄产生影响，因而储蓄倾向是经济增长率的函数。同时，储蓄受到持有货币的实际收益率等其他外生因素 ρ（金融自由化）的影响。因此，储蓄倾向函数为：

$$s = s(g, \rho) \tag{18-8}$$

其中，$0<s<1$，$\partial s/\partial g>0$，$\partial s/\partial \rho>0$。由此，经济增长率函数变为：

$$g=\rho \times s(g, \rho) \tag{18-9}$$

即在 ρ 为外生变量时，经济增长率将取决于影响储蓄的收入增长率本身的资产组合效应。假设金融自由化前的经济处于金融抑制状态，此时持有货币的实际收益率很低，甚至为负值，货币收入比率（货币/收入）也很低，因而储蓄很少。如果通过金融自由化改革，持有货币的实际收益率提高，并引起货币收入比率上升，那么储蓄水平也会上升。因此，麦金农认为，金融抑制的解除，既可以通过储蓄倾向的提高来增加储蓄，从而增加投资，促进经济增长；又可以反过来通过经济增长来进一步增加储蓄，进而实现储蓄与经济增长的良性循环。可见，实现金融发展与经济发展的良性循环的关键在于金融自由化改革。

二、发展中国家的金融自由化改革

（一）发展中国家的金融自由化模式

从金融自由化的实践来看，金融自由化遵循两种范式：一种是激进式的金融自由化，主要出现在拉美国家；另一种是渐进式的金融自由化，主要出现在一些亚洲国家。

1. 激进的拉美金融自由化

拉美国家在实施金融自由化之前，金融体系混乱无序且受到严重的压抑，实际利率为负，多重汇率并行，对资本的国际流动进行严格限制。其结果是，这些国家的国内生产总值增长率为负，通货膨胀率达400%以上，对内对外收支失衡。阿根廷、智利和乌拉圭在20世纪70年代中期实施金融自由化，其改革措施主要有以下四个方面。

（1）取消对利率和资金流动的控制。在改革以前，多数拉美国家实行严格的利率管制，从20世纪60年代到1985年，拉美国家的实际利率为负数。利率管制妨碍了投资和营运资金的有效分配，降低了总生产率，不利于经济的长期、健康增长；而且低于市场均衡利率的银行存款利率不利于银行充分动员社会闲散资金，也不利于资源的合理配置，还会造成大量资金的体外循环，导致制度外的金融泛滥，从而恶化金融秩序，削弱中央银行的宏观调控能力。对于贷款利率上限的规定还为腐败或者寻租行为提供了机会，使潜在的贷款人为了争取贷款而浪费大量的人力和物力。因此取消利率管制是拉美国家金融自由化改革的第一步。

（2）取消指导性信贷计划。为了保证有限的信贷资金能够得到充分的利用，投入政府急于发展的行业，拉美各国通过中央银行甚至政府的干预行为来分配信贷资金，通常由银行以较低的利率直接发给指定企业。在金融自由化改革前，信贷分配制度在各国的银行体系中都发挥着非常大的作用，其中巴西的信贷分配程度最高。1986 年，巴西 80% 的银行贷款是通过这种方式提供的，占巴西当年财政收入的 80% 和国内生产总值的 7% ~ 8%。目前，在拉美 26 个国家中，乌拉圭已经彻底取消了信贷配给项目，其中 16 个国家如阿根廷、玻利维亚、秘鲁、墨西哥等取消了大部分信贷配给计划。

（3）对国有银行实行私有化政策。在拉美国家中，国有银行是银行体系的主体。从 20 世纪 80 年代末开始，阿根廷、墨西哥、秘鲁等国家纷纷对银行进行私有化改革。墨西哥是国有银行私有化的典型代表。1991 年 6 月—1992 年 7 月，墨西哥对 18 家国有商业银行进行了私有化改革，共计收入 120 亿美元，其中仅墨西哥银行一家通过私有化就获得收入 32 亿美元。

（4）加快银行业对外开放的进程。墨西哥政府于 1994 年初制定法令，放宽对外资金融机构的限制，该法令规定外资可以投资墨西哥的银行业，其中北美自由贸易区成员国可以拥有墨西哥银行资本的 8%，到 2000 年该比重提高至 15%。1994 年墨西哥爆发金融危机后，又进一步放宽了外资在银行领域的投资限制，从而吸引了大量北美自由贸易区成员国以外的国家的投资者来投资墨西哥的银行业，使外资在墨西哥银行体系的比重不断提高。外资的进入，不仅给拉美国家带来了大量的资本，推动了拉美国家银行业内部管理制度的建立与健全，而且有利于强化金融业的市场竞争，从而提高金融部门的效率，促进社会资源的优化配置，推动这些国家经济的发展。

2. 渐进的亚洲金融自由化

亚洲的金融自由化以韩国、菲律宾和印度尼西亚的自由化为代表。这些国家在金融自由化前，同所有金融受到抑制的国家一样，银行部门高度国有化，利率和银行信贷、货币可兑换性受到政府的严格控制，经济增长率低。韩国在 1980—1988 年、菲律宾在 1980—1984 年、印度尼西亚在 1982—1990 年推行金融自由化。其改革的主要措施有以下四个方面。

（1）逐渐开展利率的自由化。这些国家推行金融自由化，首先放开贷款利率、长期存款利率和货币市场利率，其次放开短期存款利率。1980 年，泰国将 1924 年以来法定的金融机构贷款利率限额提高了 3 个百分点，存款利率上限也相应提高。此后，利率上限频繁调整。1992 年 1 月，泰国国内所有存款利率实现自由浮动。1992 年 6 月，存款利率上限的取消标志着泰国利率自由化的完成。韩国也在 1980 年初缩小银行一般贷款利率与优惠贷款利率的差额，到 1993 年 11 月，除了政策贷款，所有贷款利率都实现了自由浮动。

（2）废除一些限制不同类型金融机构竞争的条例，促进金融机构间的竞争。为了提高金融体系的效率，亚洲各国采取措施鼓励竞争，如鼓励建立新的金融机构，扩大各金融机构的业务范围，放宽市场准入限制和对外资金融机构的限制等。韩国促进金融机构竞争的措施主要有银行民营化和放松银行业务限制。1981—1983 年，韩国政府先后将韩国银行、第一银行、汉城信托银行等民营化。到 1992 年，韩国被民营化的银行增加到 14 家。

（3）废除对商业银行的信贷限制，实行窗口指导。亚洲许多国家及地区相继减少和取消对银行信贷规模的直接控制，逐渐减少按部门配置信贷资源的比例。韩国政策性贷款占国内贷款总额的比重从 1982 年的 18% 降低至 1993 年的 6%，1995 年，这一比例下降至 5.3%。

（4）发展货币市场和资本市场。亚洲各国的货币市场的发展从 20 世纪70年代开始，韩国先后于1974年和1977年建立了大额可转让存单和债券回购市场，新加坡和马来西亚先后于1972年和1979年建立了商业票据市场。这些亚洲国家资本市场的发展呈现出较大的差异。新加坡早在20世纪70年代就建立了较发达的国际化股票市场；韩国的股票市场在1987年后发展起来，到1996年，韩国股票市场成为世界第六大股票市场。

（二）发展中国家金融自由化改革的后果

1. 金融风险加大

金融自由化意味着利率的市场化，一些发展中国家进行利率市场化改革后，市场利率的频繁波动不仅带来利率风险，也给金融市场的参与主体（如企业、银行）带来破产、倒闭的风险。如阿根廷在实施利率市场化后，年均实际利率由1978年的5.1%上升到1980年的31.2%，1981—1983年通货膨胀率平均每年以250%的速度上升，导致大批企业因无法偿还银行贷款而倒闭，企业倒闭又反过来冲击银行，大批银行也相继破产。1982年，阿根廷被迫停止市场开放措施，对存款利率实施管制。智利在对财政保持适度控制的基础上实施自由化，其1974年初取消了最高利率规定，并在次年放松了对商业银行的控制，通货膨胀率也迅速上升。

2. 金融危机的相继出现

在金融自由化实施的短时期内，很多国家的私人金融资产增长较快，银行对私人部门的信贷也大幅提高，经济增长率有所上升。但是，各国相继完成金融自由化后，遭受到银行危机甚至金融危机的打击，严重扰乱了金融部门的发展，并导致实际国内生产总值的大幅下降。例如，阿根廷和智利在20世纪70年代中期完成金融自由化，80年代初爆发金融危机；菲律宾在1981年发生第一次金融危机，1997年又遭受亚洲金融危机的波及；被麦金农和肖称作“没有痛苦的金融改革”的韩国，在亚洲金融危机中也未能幸免，一些金融机构破产倒闭。威廉森（Williamson）研究了1980—1997年35个发生系统性金融危机的案例，他发现有24个金融危机案例与金融自由化有关，特别是阿根廷（1980）、智利、墨西哥（1994）、菲律宾、泰国、土耳其等国。这些危机导致了数千亿美元的损失。

（三）发展中国家金融自由化改革的启示

世界银行在《1989 年世界发展报告》中，对发展中国家的金融自由化的主要教训进行了总结，主要有以下三点。

（1）以金融自由化为基本内容的改革必须有稳定的宏观经济背景。如果宏观经济不稳定，实行金融自由化政策，高的通货膨胀率容易导致高利率和实际汇率浮动，从而使资金出现不规则的流动。

（2）金融自由化改革并不是完全取消政府的直接干预，而是改变直接干预的方式，即以法律和规章的干预代替行政干预。

（3）金融自由化改革的核心是利率的市场化改革，利率市场化要求采取渐进方式推进，不应采取激进方式完成。由于发展中国家资金短缺，一次性放开利率将导致名义利率过高，出现利率失控现象。利率市场化的顺序为：

第一步，保持正的实际利率，使之接近均衡利率水平；

第二步，逐步放开金融市场利率；

第三步，在金融市场成熟的基础上，放开贷款、存款利率，并逐渐使国内利率水平与国际金融市场接轨。

因此，发展中国家能否通过金融自由化改革，提高金融深化程度，关键在于是否选择正确的金融自由化顺序。既然金融发展具有内在的路径依赖，那么实施金融自由化改革必须遵循金融发展的内在的路径依赖，而不是采用拉美国家的“大爆炸式”的自由化。在金融自由化改革中，金融体系的改革可以遵循以下顺序：首先是国内实体经济部门的自由化。实体经济部门的自由化要求政府逐渐从非自然垄断行业退出，要求资本市场的发展。其次，在资本市场和实体经济部门自由化到一定程度后，推进银行业和利率的有限度的自由化，推动国内银行部门的竞争。再次，推动国有银行的治理结构改革，防范金融风险。最后，推进金融的对外开放。开放经济中的金融自由化，先是经常项目的对外开放，之后推行有管理的浮动汇率制，最后是资本项目的对外开放。

【专栏 18－2】

韩国的金融自由化改革

20 世纪 80 年代初，韩国政府推行的低利率政策使经济面临通货膨胀的威胁，进口替代战略的实施导致国际收支连年赤字。1980 年，韩国国际收支经常项目账户逆差高达 50 亿美元。这种局面迫使韩国政府放松金融管制，推行金融自由化。韩国主要从六个方面推行金融自由化。

(1) 商业银行的私有化。韩国政府把 4 家国有银行转为私有，加上 1972 年已经实行民营的韩国商业银行，所有 5 家商业银行的民营化全部完成。

(2) 减少对银行经营活动的干预。1982 年，韩国政府取消对商业银行信贷限额管理的直接控制，商业银行不再承担利率偏低的政策性贷款。1984 年，韩国政府取消对银行同业拆借利率的管制，并允许银行从事多种业务。

(3) 降低市场准入的限制以及促进金融服务多元化。1982 年，对投资金融公司以及互助储蓄等非银行金融机构进入金融市场的限制放宽；1989 年，5 家地方证券投资公司成立；1987—1990 年，18 家人寿保险公司成立。

(4) 开放金融市场，推行金融国际化。韩国政府于 1981 年宣布资本市场自由化方案，允许外国证券公司到国内设立代表处，允许国际信托投资公司对韩国证券市场进行间接投资，允许外国公司对本国公司参股，但任何一家本国公司的外国公司参股比例不得超过 10%。从 1988 年开始，韩国政府允许韩国证券公司到国外发行证券，完全放开非本地居民的证券投资。从 1990 年开始，韩国政府有限制地允许本地居民对海外证券市场投资，韩国证券公司的海外投资额可达 300 亿美元，韩国保险公司或保险信托公司的海外投资额可达 100 亿美元。

（5）引进外国金融机构。韩国政府向外国银行提供各种优惠政策，最大限度地保障外国银行的自由性。韩国政府规定：外国银行不必从事政策性贷款；在进行贷款业务中，不必准备预置金；当政府采取措施稳定通货时，外国银行不在政策执行范围内。在政府优惠政策的作用下，外国银行获得了韩国本国银行无法获得的高额利润。1985 年，52 个在韩国的外国银行支行获利 900 亿韩元，而国内 5 家大银行以及 1000 家分支机构获利 388 亿韩元。

（6）鼓励韩国金融机构向外拓展。20 世纪 80 年代以来，韩国对外投资增长迅速，金融机构大力向海外拓展，到 20 世纪 80 年代中期，韩国已在海外开设 40 多家分行，并在各国金融市场进行外汇交易。

资料来源：郑长德，伍艳. 发展金融学［M］. 北京：中国经济出版社，2011。

本章小结

麦金农和 E. S. 肖奠定以及丰富了金融发展理论，特别是对发展中国家的金融抑制与金融深化的研究，为发展中国家进行金融改革提供了理论依据。

发展中国家的金融抑制表现出共同的特征：货币化程度低、利率与汇率被严格管制、金融体系具有“二元”特征、金融市场不发达、政府对金融业实行严格管制、采取信贷配给方式分配稀缺的信货资金。

金融发展既具有正效应，也具有逆效应。因此发展中国家不能在宏观经济环境不稳定的条件下推动激进的金融深化，而应循序渐进，按照金融发展的内在逻辑运行。

金融发展的衡量指标主要有：金融相关比率、货币化率、金融机构发展指标、资本市场发展指标、金融结构优化指标等。在判断一国金融发展程度时，不能单独使用一个指标，而应多种指标配合使用。

发展中国家进行金融自由化需要具备的条件为：宏观经济环境稳定、低通货膨胀率。金融自由化改革的核心是利率市场化，其要求渐进推行，不应采取激进方式完成。

思考题

1. 试述金融抑制对经济增长的负面作用。
2. 简述金融发展的效应。
3. 为什么发展中国家会出现趋同的金融抑制现象？
4. 试述金融自由化对发展中国家的影响。
5. 中国经济转轨时期存在金融抑制现象吗？如何解决金融抑制问题？

进一步阅读书目

1. 雷蒙德·W. 戈德史密斯. 金融结构与金融发展[M]. 周朔，等译. 上海：上海三联书店，上海人民出版社，1990.

2. 爱德华·肖. 经济发展中的金融深化[M]. 邵伏军，等译. 上海：上海三联书店，上海人民出版社，1988.

3. 罗纳德·L. 麦金农. 经济发展中的货币与资本[M]. 卢骢，译. 上海：上海三联书店，上海人民出版社，1988.

4. 埃斯里·德米尔古克－肯特，罗斯·莱文. 金融结构和经济增长：银行、市场和发展的跨国比较[M]. 黄纯纯，译. 北京：中国人民大学出版社，2006.

第十九章　金融创新

本章要点

◎ 什么是金融创新？

◎ 金融创新的动力机制有哪些？

◎ 金融创新的类型和表现是什么？

◎ 金融创新对货币政策的冲击有多大？

金融创新乃是金融业各种要素的重新组合，是指金融机构和金融管理当局出于对微观利益和宏观效益的考虑，对金融机构设置、业务品种、金融工具及制度安排所进行的金融业创造性变革和开发的活动。一方面，金融创新在提高金融机构和金融市场运行效率的基础上，提高了金融资源的开发利用和再配置效率，提高了社会投融资的便利度和满足度，提高了金融业对经济发展的贡献度，提高了金融作用力，极大地推动了经济发展；另一方面，金融创新使金融体系的稳定性下降。

第一节　金融创新浪潮

现代金融创新的浪潮开始于 20 世纪六七十年代。1966 年，美国出现大额存单；1970 年，出现浮动利率债券，这是债券市场的重大变革；1971 年，美国开始使用证券交易自动报价系统，通过计算机进行证券交易，这是科技进步给证券市场带来的金融创新；1972 年，芝加哥期货交易所推出货币期货合约，开创了现代金融衍生产品交易的先例；1973 年，全球银行间财务通信系统（SWIFT）正式推出，这是国际结算充分运用科学技术进步成果后的重大创新；进入 80 年代，在经济和金融自由主义的推动下，美国和欧洲金融市场上不断创出更加复杂的新的金融产品；进入 90 年代，金融衍生工具的交易量不断增加，一些新兴工业国家也相继建立金融衍生市场，形成了金融衍生交易全球化的格局。

一、金融创新的发展

金融创新具有明显的历史阶段性，在不同的历史时期，创新的目的、特点、成因均有所不同。

（一）20 世纪 60 年代逃避管制的创新

这一阶段金融创新的主要目的是逃避金融控制和资本管制。最具代表性的金融创新品种为欧洲货币、欧洲债券和平行贷款。20 世纪 50 年代末至 60 年代初期，西欧各国经济处于第二次世界大战后恢复增长阶段，这些国家在布雷顿森林体系下普遍实行钉住美元的固定汇率制，各成员国为了稳定本国货币，均需承担干预外汇市场的义务，都实行比较严格的金融管制，特别是对资本项目。这阻碍了微观金融机构利润目标的实现，所以它们要千方百计地通过金融创新来逃避管制。高度自由、不受任何国家管辖的欧洲货币市场的诞生就是最好的例证。

（二）20 世纪 70 年代转嫁风险的创新

20 世纪 70 年代的金融创新的主要目的是转嫁或防范风险，包括利率风险、汇率风险、通胀风险、信用风险及流动性风险等。这与当时利率、汇率和通货膨胀率变动无常的历史背景相吻合。从汇率变动来看，1973 年布雷顿森林货币体系的以美元为中心的固定汇率制解体，西方主要国家纷纷实行浮动汇率制，加之 70 年代国际资本流动频繁，特别是欧洲美元和石油美元的冲击，使得外汇市场的汇率变动大起大落。从利率变动来看，自 60 年代末开始，西方国家的利率开始上升，70 年代的两次石油危机更是使国际金融市场的利率水平扶摇直上，使金融市场的投资者和借贷者暴露在高利率风险中。由于这一时期的国际金融市场上的利率、汇率、通胀率极不稳定和高度易变，投资者面临很大的市场风险，所以此时金融创新的主要目的是转移风险。70 年代，具有代表性的金融创新品种为浮动利率票据、货币远期交易和金融期货等。

（三）20 世纪 80 年代的“四大发明”

20 世纪 80 年代，金融创新进程加快，并在 80 年代中期达到高潮。这一时期的金融创新主要是融资方式的创新，最具代表性的金融创新品种为票据发行便利、互换交易、期权交易和远期利率协议，它们被称为 80 年代国际金融市场的“四大发明”。

20 世纪 80 年代的金融创新有三个特征：①它与 70 年代的金融创新有一定的继承性和连续性。由于外部环境与 70 年代相似，80 年代大多数的金融创新仍是出于转嫁风险的目的，但与 70 年代的创新相比，这些工具更为灵活便捷。②金融创新的类型多样化，除转嫁风险的金融创新外，还有创造信用和产生股权的金融创新，并且金融创新市场的规模迅速扩大。金融创新的全面繁荣得益于 80 年代的金融自由化。③金融创新大多以银行表外业务的形式出现，体现了银行资产组合管理的新观念。

（四）20 世纪 90 年代金融创新的综合化发展

20 世纪 90 年代，世界经济发展的区域化、集团化和国际金融市场的全球一体化、证券化趋势并存。在这一背景下，金融创新促进了金融的综合化发展，主要体现在竞争国际化、混业全能化、行业标准化等方面。在这一阶段，国际融资有大的发展，国际金融市场的规模不断扩大，国际金融市场结构产生了较大变化。90 年代以来的金融创新具有如下特点。

（1）国际金融市场的迅猛发展，真正连接、整合了全球市场，为金融创新提供了广阔的发展空间。

（2）金融创新环境有利有弊。一方面，金融自由化浪潮仍在持续，发达国家继续放松金融管制，发展中国家加快了金融改革进程，这为金融创新提供了有利条件；另一方面，金融危机一再发生，其危害前所未有，这使得各国的金融机构、金融监管当局显著地提高了风险防范意识，加强了金融监管，这在一定程度上抑制了金融创新。

（3）新技术继续为金融创新提供支撑。电子网络通信技术的发展，使信息传递更为快捷和方便，为金融创新提供了技术和物质上的保障。

（4）随着金融市场的发展、直接融资成本的下降和信息的公开，借款人对银行的依赖性减弱，银行作为信用中介的地位被削弱。

（五）21 世纪的互联网金融

互联网金融是科技金融中重要的一部分，互联网金融的发展趋势不可逆转，其所具有的云数据、低成本、信息流整合、快捷高效率，无疑会给传统金融业态特别是资产收益率较高的银行业带来挑战。互联网金融是基于互联网平台的金融，互联网平台和金融功能是互联网金融最重要的两个要素。互联网金融的基本属性，既不同于商业银行的间接融资，也不同于资本市场的直接融资，属于第三种金融融资模式。从互联网平台和金融功能两个核心要素出发，互联网金融大体可归为四类：①第三方支付，包括互联网支付和移动支付；②网络融资，主要包括基于平台客户信息和云数据的小微贷款与消费贷款、P2P（Peer to Peer）平台贷款、众筹（crowd funding）模式；③网络投资，主要包括 P2P 和众筹平台融资的资金提供者、网上货币市场基金；④网络货币。

二、金融创新的影响

金融创新的兴起及迅猛发展，给整个金融体制、金融宏观调节乃至整个经济都带来了深远的影响。

（一）金融创新对经济社会发展的有利影响

（1）金融创新冲破了传统管制的樊篱，促进了金融市场一体化，推动了市场竞争，提高了效率。在金融创新的产品中，大额可转让定期存单、货币市场存单等存款工具逃避了存款准备金制度的管制，彻底冲破了传统管制的樊篱，使金融管制当局不得不为了适应形势的变化，要么废除管制，要么放松管制。管制的放松促使金融机构突破了传统的业务领地，不同金融机构之间的业务相互渗透，促进了金融市场的一体化，推动了金融机构之间的相互竞争，促进了金融资源在全社会的有效配置。同时，金融创新提供了多功能、多样化和高效率的金融产品及金融服务，使金融资产的可选择性大大加强，满足了不同投资者和客户的偏好，从而促进了整个经济的高效率运行。

（2）金融创新扩宽了银行资金来源渠道，使银行摆脱了经营困境。在

20 世纪 60 年代以前，政府对银行业的管制尚在银行承受的范围内，银行还能够利用自己的优势吸收大量的闲置资金，经营生存下去。但从 60 年代开始，市场利率大幅度上升，银行业却由于存款利率最高限的法令，而不能提高利率吸收资金，导致银行存款受到极大冲击，资金来源日益枯竭。面对这种境况，银行若不进行创新，就难以逃脱破产的厄运。这时，银行推出了一系列既有收益性又有流动性的融资工具，如 NOW、S - NOW、ATS、MMMF、CMA、CDs 等。这些金融工具既满足了投资者的流动性和收益性要求，又扩宽了银行资金来源渠道。银行获得资金来源的方式和渠道的多样化，使银行摆脱了被动的局面，掌握了取得资金的主动权，最大限度地吸引了闲置资金，并获得了自身发展。

（3）金融创新使企业、家庭和投资者的金融资产的可选择性加强并使其得到较高收益。如美国 1984 年下半年利息收入占个人收入的近 15%，而 1978 年才占 10%。收入增加促进消费，消费又刺激生产，生产的增加又促进收入的增加，形成良性循环。

（4）金融创新增加了金融资产之间的替代性，降低了融资成本，促进企业通过金融市场融资来推动经济发展。融资成本的下降体现在三个方面：一是电子化降低了支付清算方面的成本；二是证券交易成本减少，固定佣金制度普遍被取消，包销费用下降，国际化节约了各国证券交易成本；三是二级证券市场发达，证券的利率可以压低，筹资者可以节约利息支出，降低筹资成本。

（5）金融创新提升了单个企业和金融机构应付风险的能力。汇率、利率和证券价格的频繁波动给一般投资者带来了极大风险。金融创新中涌现出的金融期货、金融期权以及利率互换等新型交易方式，使投资者通过期货、期权等工具的套作买卖，可以有效地回避利率和汇率风险，从而有效地降低投资风险，也使金融市场的价格更具合理性和预期性。

（二）金融创新对经济和社会的消极影响

尽管金融创新对经济发展有利，但它同时也带来一些弊端，导致金融和经济环境发生变化。

1. 金融创新给中央银行实施货币政策带来了难度

（1）金融创新使货币的定义变得十分困难与复杂。金融创新使新的金融工具不断涌现，金融资产之间的替代性不断加大，交易性货币和投资性金融资产越来越难以区分。金融创新越多，货币定义越复杂。金融创新速度越快，货币定义的修改也就越频繁。纵观20世纪70—90年代，英国、美国、日本、加拿大等国的货币总量指标定义的包容量越来越大，指标越定越细，修改次数也越来越频繁。即使如此，货币定义中仍有许多不完善之处，如信用卡能广泛地承担货币职能，却并不包括在任何货币总量中。

（2）金融创新使货币需求的利率弹性不断下降。金融创新极大地丰富了银行资产的可选择性。当中央银行想通过各项政策手段减少准备金供给以压缩货币供应量时，中央银行可通过负债管理在公开市场上购买资金，而不是像过去那样通过减少贷款来满足存款准备金要求。实施货币政策的后果不再是信贷数量的减少，而是信贷价格（利率）的变化，银行可贷资金这一传导媒介日益失灵。金融创新以后，银行越来越多地把资金转向纯粹信用中介以外的用途，非利息收入不断增加，利润总额对利差变化的反应灵敏度降低。特别是跨国银行国外利润的比重不断上升，它对国内利率的变化越来越不敏感。许多西方学者的实证研究也表明，金融创新降低了货币需求的利率弹性。

（3）金融创新削弱了货币政策的效力。金融创新使货币政策工具部分失灵，使传统货币政策的效力大打折扣。金融创新削弱了存款准备金制度的威力，金融机构通过回购协议、利用货币市场共同基金账户等方式筹集的资金不算作存款，因而不用缴纳法定存款准备金，这就扩大了金融机构筹集资金的范围，削弱了中央银行通过调整准备金率控制派生存款的能力。

2. 金融创新使金融风险增大

（1）竞争使金融机构的盈利下降，经营风险增加。金融创新使金融业进一步同质化。新机构加入，老机构扩充，投入的人力和资本越来越多，竞争异常激烈，存贷利差缩小。为获得必要的利润，金融机构不得不铤而走险，从事高风险业务。

（2）表外风险增加。表外风险是指没有在资金平衡表中得到反映而又可能转化为商业银行真实负债的行为所带来的风险。商业银行为了获取更多收益，越来越多地运用“表外业务”来经营，如贷款承诺、借款担保、备用信用证、利率互换和从事其他套利活动。这些经营项目都不表现在商业银行的资产负债表内，从而避开了中央银行的监督和控制，同时使商业银行增加了收入。当商业银行资产负债表外项目发生时，银行并无资金外借，但商业银行承受了风险，一旦债务人不履行其承诺，商业银行就要承担债务人的责任。

（3）金融创新为投机者提供了新的手段与场所。金融期货期权是良好的投机工具。欧洲货币市场更是投机者的“天堂”，投机活动异常猖獗，严重地危及国际金融体系的稳定。此外，由于计算机技术的广泛运用，电子转账与信息系统的风险增加。随着金融创新的迅速发展，金融风险越来越大，对整个经济体系的稳定造成严重威胁。

第二节　金融创新的类型及表现

一、金融创新的类型

金融创新（financial innovation）有狭义和广义两种。狭义的金融创新是金融业各种要素的重新组合，具体指金融机构和金融管理当局出于对微观利益和宏观效益的考虑而对金融机构设置、业务品种、金融工具及制度安排所进行的金融业创造性变革和开发的活动。广义的金融创新包括：历史上各种货币和信用形式的创新以及所导致的货币信用制度、宏观管理制度的创新；金融机构组织和经营管理上的创新以及金融业结构的历次创新；金融工具、交易方式、操作技术、服务种类以及金融市场等业务上的各种创新；当代以电子化为主要特征的大规模、全方位金融创新。

金融创新表现为三类：一是金融制度创新，主要包括各种货币制度创新、信用制度创新、金融管理制度创新等与制度安排相关的金融创新；二是金融业务创新，主要包括金融工具创新、金融技术创新、金融交易方式或服务创新、金融市场创新等与金融业务活动相关的创新；三是金融组织结构创新，主要包括金融机构创新、金融业结构创新、金融机构内部经营管理创新等与金融业组织机构相关的创新。

二、金融创新的主要表现

(一) 规避金融管制的创新

20 世纪 30 年代大萧条之后，西方各国纷纷立法，对银行业经营施行极为严格的管理和限制，以确保金融制度的稳定。利率管制是金融管制的核心内容之一，主要包括：禁止对活期存款支付利息，规定定期存款和储蓄存款的利率最高限等。为了在激烈的竞争中求得生存和发展，存款性金融机构找出法规的漏洞，推出了许多新的业务形式。

1. 大额可转让定期存单 (CDs)

CDs 是美国花旗银行在 1961 年首先推出的一种定期存款创新，它与传统的定期存款有很大区别：首先，传统的定期存款记名，不可转让，CDs 则不记名，可流通转让；其次，传统的定期存款没有金额起点的限制，存款金额可大可小，CDs 有存款起点的限制，其票面金额为 10 万美元；再次，传统的定期存款可提前支取，存款损失部分利息，CDs 不能提前支取，但可以在二级市场流通转让；最后，传统的定期存款通常以固定利率计息，而 CDs 既可以采用固定利率，又可以采用浮动利率计息。CDs 的发行既满足了存款人对流动性的需求，又使存款人获得了较高利率，同时满足了银行稳定资金来源的需求。

2. 货币市场存款账户 (MMDA)

MMDA 是美国银行在 1972 年首创的一种储蓄与投资相结合的“利率自由化”的支票存款账户。该账户主要适合小额投资者。其特点是：①企业和个人都可以开户，有存款限额规定，但起点不高，只需保留 2500 美元的最低存款余额；②支付利息并且无利率上限的限制，利率按货币市场利率随时调整；③向第三者支付时，不论开列支票还是电话通知，每月都不超过 6 次。

3. 货币市场存单（MMC）

MMC是美国商业银行和储蓄机构获准于1978年1月起发行的不可转让的新型定期存单。它使上述存款机构能更有弹性地吸收资金，以从事房屋贷款和满足其他信用的需求，实际上是一种比照货币市场利率支付利息的6个月期定期存单。金融主管当局为防范小额存户过度地将其存款移存进MMC，特规定其最低面额为1万美元。贷款利率为MMC利率加计1%，到期时一并结算计息。自1983年1月5日起，MMC的最低金额降为2500美元，利率上限按国库券6个月的平均回购利率计算。

4. 协定账户（NA）

NA是一种可以在活期存款账户、可转让支付命令账户、货币市场互助基金账户之间自动转账的账户。其原理是：客户与银行达成一种协议，授权银行可以将款项存在活期存款账户、可转让支付命令账户或货币市场互助基金账户中的任何一个账户上；对活期存款账户或可转让支付命令账户规定一个最低金额，超过最低金额的款项由银行自动转到货币市场互助基金账户，以获取较高的投资；如果低于最低金额，则由银行自动将货币市场互助基金账户上的部分款项转到活期存款账户或可转让支付命令账户，补足余额，以满足支付需要。

（二）防范金融风险的创新

布雷顿森林体系崩溃后，国际金融领域动荡不安，汇率和利率波动频繁，给金融机构的经营和管理带来了巨大的风险。在这种情况下，金融机构在金融市场上推出了一系列规避利率与汇率风险的金融产品和金融交易方式。

1. 金融期货合约

这是一种标准化的、可转让的延期交割合约。20世纪70年代初期，布雷顿森林体系下的固定汇率制崩溃后，各国纷纷实行浮动汇率制。在国际金融市场上，汇率巨幅波动，再加上西方国家的通货膨胀压力，利率大幅上涨，为了规避因汇率、利率和有价证券价格波动产生的风险，金融市场先后出现了货币期货、利率期货和股票指数期货等（见表19-1）。

表 19－1　金融期货合约的类型

类型	含义
货币期货	签订期货合约的买卖双方约定在将来某时刻，按既定的汇率，相互交割若干标准单位数额的货币
利率期货	利率期货合同通常以固定利率的长短期债券作为基础，但是它们只作为计算利率波动的基础，在合同期满时，并不需要实际交割金融资产，而只是通过计算市场利率的涨落，结算利率期货合同的实际价值
股票指数期货	股票价格的剧烈波动，会使许多不愿冒风险的投资者望而却步。股票指数期货合同的出现就使拥有大量股票的人得以套期保值，分散或抵补投资风险。同时，股票投机者也利用股票指数期货交易，在股票价格波动中获利

2. 金融期权合约

金融期权合约是指在未来某时期根据合同，按协议价格买卖金融工具的权利而非义务的一种契约。其主要功能在于协助投资者控制风险。期权持有者在该期权合约到期以前的任何时候，可以按某一协定价格买进和卖出某种期货条约。期权有看涨期权和看跌期权之分。看涨期权又称“买权”，是指在约定的未来时间内按协定价格购买若干标准单位金融工具的权利。看跌期权又称“卖权”，是指在约定的未来时间内按协定价格出售若干标准单位金融工具的权利。无论是买权或卖权，都有合同的买方和卖方。期权合同的买方从卖方购进一种承诺：卖方将在约定的时期内随时准备按买方的要求以协定价格买进（或卖出）标准数量的金融工具。

3. 货币互换和利率互换

互换是一种双方商定在经过一段时间后彼此交换支付的金融交易，主要有货币互换和利率互换两种类型。货币互换是指交易双方在期初互换两种不同货币的一定金额，经过一定时期后再根据预先规定支付利息和分期偿还本金。通常两种货币都使用固定利率。在某些情况下，期初不交换本金；在其他情况下，到期日也不交换本金。

在利率互换中，期初或到期日都没有实际的本金交换，但要根据预先规定在名义本金的基础上交换不同特征的利息支付。利率互换的具体形式主要有三种：①息票互换——固定利率对浮动利率互换；②基础互换——

以某种利率为参考的浮动利率对以另一种利率为参考的浮动利率互换；③交叉互换——某种货币的固定利率对另一种货币的浮动利率互换。利率互换的量大于货币互换的量。

4. 金融资产证券化

金融资产证券化是指金融机构将所持有的缺乏流动性的资产，转换为可在市场上买卖的金融证券。证券化后的金融资产在市场上由投资者认购后，该资产所隐含的利率风险就转移到广大投资者身上，并使金融机构加速资金循环。目前最常见的证券化的金融资产是金融机构的各类抵押贷款。金融资产证券化在20世纪80年代出现后很快盛行于欧美国家。

（三）满足客户理财需要的创新

随着社会财富的不断增加、金融工具的多样化和投资环境的逐渐宽松，个人参与金融市场的投资意愿不断增强，人们更加重视家庭理财。为了满足大众的投资理财需要，金融创新也推出了相应产品。

1. 证券投资信托（PIT）

PIT是指由银行作为受托人，代替个人、企业和团体进行证券投资的信托业务。其操作原理是：证券投资信托公司接受投资者的申请，作为委托人向信托银行或投资公司办理投资信托事宜，签订协议，交付信托款项；银行作为受托人按委托人的要求经营投资，投资者（受益人）凭受益权证书获取投资收益。PIT主要包括股票投资信托、企业债券投资信托和国债投资信托，其中后两种PIT为20世纪60年代和70年代的创新业务。

2. 公益信托（PWFJF）

PWFJF是一种将个人或团体捐赠或筹集的基金用于公益事业的信托。其运作原理是：捐款人（委托人）将信托财产交给信托部门并签订协议，由信托银行（受托人）代为运用委托资金生息，最后根据委托人指示，将收益支付给受益人。PWFJF的收益可以用于培养青少年、保护生态环境、进行科研开发及用作慈善事业费用等。

3. 货币市场共同基金（MMMFs）

MMMFs创立于20世纪70年代初。MMMFs可以是金融机构的一个受托账户，也可以是一个独立的机构。它以股份的方式吸收小额储蓄者的资金，再把汇聚的资金投向货币市场中的各类高收益货币工具，以协助小额投资者获取货币市场的高收益率。

4. 现金管理账户（CMA）

CMA 是一种集多种金融功能于一身的金融新产品，它于 1977 年由美国最大的证券商梅里·林奇公司首创。CMA 综合了证券信用交易账户、货币市场共同基金和信用卡等各项功能。客户开设现金管理账户并存入一定数额资金后，这笔资金立即成为货币市场共同基金账户上的资金，用于投资高收益货币市场工具，享受利息收入。若该账户持有者需要对第三者进行大额支付时，他可以用货币市场共同基金账户签发支票。若客户要买卖证券时，购买证券和出售证券的款项则自动从货币市场共同基金账户中扣除或存入。当客户需要进行日常生活的小额支付时，他也可以用信用卡支付，每月结算时，再从货币市场共同基金账户中扣除。

【专栏 19－1】

银行信用卡：计算机技术发展带来的金融创新

信用卡这种金融服务早在第二次世界大战前就已经存在了。当时美国的许多商店都向消费者提供信用卡，顾客在这些商店购物已无须使用现金和支票。第二次世界大战后，信用卡服务便在美国逐渐普及起来，大莱俱乐部在它属下的饭店开设信用卡业务，这是最早的全国性的信用卡。美国捷运公司和全权委托公司也开始推行类似业务。然而，当时信用卡的经营成本甚高，发行对象仅限于经过选择的、能负担得起昂贵价格的客户。发卡企业的收入来源有两个：一是通过向持卡者提供贷款而获得收入；二是向允许使用信用卡购物的商店收取一定费用。这笔费用一般按信用卡购物付款额的一个百分比（买价的一个百分比，如 5%）来收取，而成本则包括处理信用卡交易的费用、客户贷款违约以及信用卡被盗带来的开支。

银行家看到大莱俱乐部、美国捷运公司和全权委托公司的成功，认为有利可图，也进入信用卡业务领域。在 20 世纪 50 年代，一些商业银行试图把信用卡业务拓展至更广阔的市场，但是由于经营这些计划的交易成本太高，它们开办信用卡业务的早期尝试都失败了。

20 世纪 60 年代后期，计算机技术迅速发展，这使得信用卡服务的交易成本大大降低，银行业再次尝试参与这一行业。这一次，两种银行卡计划获得了成功，分别是美洲银行信用卡（最初由美洲银行创办，现在则由 VISA 经营）和万事达卡（MasterCard，由同业银行卡协会办理）。银行卡业务随后得到了较快的发展。丰厚的利润使许多非金融机构也参与进来，如通用汽车公司、国际电话电报公司等。消费者因此而得到了实惠。在购物付款时，信用卡比支票更能被广泛接受。信用卡也让消费者更容易得到贷款。

资料来源：杨文宇. 信用卡的历史［M］. 哈尔滨：哈尔滨出版社，2013.

本章小结

金融创新具有明显的历史阶段性，在不同的历史时期，创新的目的、特点、成因均有所不同。

金融创新一方面极大地提高了微观金融企业的效率，另一方面给宏观金融监管带来了新的困难。西方经济学界认为金融创新对经济既有促进作用，又有负面影响。

金融创新的实质是为了提高和改善金融资源分配效率。金融创新的各种表现归为三类：金融制度创新、金融业务创新、金融组织结构创新。

思考题

1. 如何理解金融创新的含义？哪些因素推动了金融创新的发展？

2. 金融创新是怎样影响货币政策的?

3. 金融创新动因的理论解释流派有哪些?

4. “一部金融史就是一部金融创新历史。”对于这句话,你是如何理解的?

5. 目前我国的投资理财领域公众对金融产品和服务有哪些新的需求?

进一步阅读书目

1. 菲利普·莫莉纽克斯,尼达尔·沙姆洛克. 金融创新[M]. 冯健,等译. 北京:中国人民大学出版社,2003.

2. 兹维·博迪,罗伯特·C. 莫顿. 金融学[M]. 曹辉,曹音,译. 北京:中国人民大学出版社,2013.

第二十章　金融监管

本章要点

◎ 什么是金融监管？

◎ 金融监管的模式有哪些？

◎ 金融监管为何经常发生变化？我们应该放松监管还是加强监管？

◎ 金融创新被金融监管异化了吗？

金融监管（financial supervision）① 是现代市场经济国家经济金融发展的重要保证。金融监管在理论和实践方面都经历了一个长期的演变过程，各国也形成了不同的金融监管体制。各国金融监管实践经历了放松管制、严格管制、再放松、再管制的制度变迁过程。当代世界经济金融全球化的迅速发展，给金融监管的国际协调提出了新的课题。尤其是2007年8月以来全面爆发的美国次贷危机，直接引发了2008年9月的全球金融危机。此次危机对各主要经济实体及国际金融秩序造成的巨大冲击和破坏，至今还没有完全恢复。如何进一步用"看得见的手"来修补金融监管的既有规则和市场机制中的漏洞，如何通过金融监管来避免金融深化和金融发展中的金融风险问题，已成为各国金融监管当局无法回避的焦点问题。

第一节　金融监管概述

一、金融监管的一般概念

根据监管主体和对象的不同，金融监管通常有狭义和广义之分。

---

① 金融监管不同于金融管制(financial regulation),后者指规范金融活动的法律法规之总和,包括有关立法活动及所追求的经济目标。参见周子衡. 金融管制的确立及其变革[M]. 上海:上海人民出版社,2005:258。

狭义的金融监管是指金融监管当局依据法律、法规和社会公共利益的需要，运用各种手段，对各类金融机构、金融市场或金融产品进行监督和管理，包括对金融机构市场准入、业务范围、市场退出等方面的限制性规定，对金融机构内部组织结构、风险管理和控制等方面的合规性、达标性的要求，以及一系列相关的立法和执法体系与过程。其中，股票、债券、期权属于被监管的金融产品，银行、证券公司以及保险公司属于被监管的金融机构，中央银行是监管当局之一。

广义的金融监管把监管主体和对象的范围加以扩大。监管主体还包括金融行业自律组织、社会中介组织以及被监管对象的自我监控部门；监管对象包括参与金融活动的个人和机构，如上市公司、各类投资者等。

所以，一种金融产品或金融机构有可能被一个以上的机构监管，而一个监管机构也有可能对一个以上的金融产品和机构进行监管。本章除非有特别说明，下面一般指的是广义的金融监管。

二、全新的金融监管概念：功能性金融监管

功能性金融监管（functional regulation）由以美国哈佛商学院罗伯特·默顿为首的有关研究人员最先提出，即金融监管应该是一种基于金融体系基本功能设计的，更具连续性和一致性，并能实施跨产品、跨机构、跨市场协调的监管。默顿等认为，金融体系最基本的功能是在不确定的环境下，跨时空配置经济资源。这些功能相对于金融机构来说更具稳定性。发现新的更有效率的功能实现方式是金融创新、金融体系制度安排发生变化的主要动力。

较之传统金融监管（按既定金融机构的形式和类别进行监管），功能性金融监管有如下优点：它关注的是金融机构的业务活动及其所能发挥的基本功能，而非金融机构的名称；它在功能给定的情况下，能够寻找最有效实现既定功能的制度结构，从而能有效地解决混业经营条件下金融创新产品的监管归属问题；针对混业经营下金融业务的交叉经营趋势，功能性金融监管主张设立一个统一的监管机构来对金融业实施整体监管，并且能够更好地适应金融业在今后发展中可能出现的各种新情况。美国 1999 年

《金融服务现代化法案》就是依据功能性监管的思想对其监管体制进行的全新改革。

三、金融监管的目标

金融监管的目标可分为一般目标和具体目标①。一般目标是指金融监管所要达到的一般的、总体的或基本的目标。这是世界各国金融监管要达到的最起码的目标，通常包括维护金融体系的稳定、健全和高效，确保金融机构和金融市场稳定健康发展，保护金融活动各类主体的利益，推动金融和经济的发展。由于金融业是一个高风险行业，金融风险包括系统性风险和非系统性风险，所以金融体系在各国都可归为监管最严的部门之一。各国金融监管始终要在两个互相矛盾的目标中选择：是要竞争和效率，还是要安全和稳健。各类监管主体总是试图通过各种监管手段与法规来调和二者的矛盾。

金融监管的具体目标则是指各国在不同时期，因经济和金融发展状况以及各自长期历史、经济、文化的发展差异而提出的不同目标，也包括一国在不同时期对监管目标所做的调整和改变，但本质上依然是在效率和安全之间的选择。例如，有的国家更注重金融体系的安全，有的国家则更注重效率；一国在某一时期更注重安全，而在另一时期则更注重效率。

各国金融监管的具体目标主要体现在其中央银行法或银行法中。其中，各国中央银行都处于监管的特殊地位，或者独立承担金融监管职责，或者与其他监管主体协调配合，共同实施金融监管。各国中央银行金融监管的目标在其经济、金融发展的不同时期会有所不同，但一般至少包括以下 4 个目标：维护本国金融体系的安全与稳定；保护存款者和公众的利益；维护金融机构公平有效的竞争；保证中央银行货币政策的顺利实施。

如美国政府管理金融体系的原因主要有 3 个：使投资者获得更多的信息；确保金融体系健康可靠；改善货币政策控制。表 20 - 1 列出了对美国金融体系实施监管的主要机构及其要求。

---

① 韩汉君，等．金融监管[M]．上海：上海财经大学出版社，2003：23.

表 20 -1　美国金融体系中主要的监管机构

监管机构	监管对象	监管性质
证券交易委员会(SEC)	有组织的交易所和金融市场	要求公开信息，限制内部人交易
商品期货交易委员会(CFTC)	期货交易所	期货市场交易过程的监管
通货监理署（OCC）	在联邦政府注册的商业银行和储蓄机构	为在联邦政府注册的商业银行和储蓄机构发放执照，检查其账簿，对其持有的资产范围做出限制
全国信用社管理局(NCUA)	在联邦政府注册的信用社	为在联邦政府注册的信用社发放执照，检查其账簿，对其持有的资产范围做出限制
州银行和保险委员会	在州政府注册的存款机构和保险公司	为在州政府注册的银行和保险公司发放执照，检查其账簿，对其持有的资产范围和分支机构的设立做出限制
联邦存款保险公司(FDIC)	商业银行、互助储蓄银行、储蓄与贷款协会	为每位储户提供 25 万美元以内的保险，检查参保银行的账簿，对其持有的资产范围做出限制
联邦储备体系（FRS）	所有存款机构	检查商业银行和系统重要性金融机构的账簿，规定所有银行的准备金要求

资料来源：弗雷德里克·S. 米什金. 货币金融学：第十一版［M］. 郑艳文，荆国勇，译. 北京：中国人民大学出版社，2016：38。

四、金融监管的原则

1997 年 9 月，巴塞尔委员会公布了一个高效监管体系必须遵循的 25 条核心原则，即《有效银行监管的核心原则》，又名《巴塞尔核心原则》(the Basle Core Principles)，全世界的监管机构都被要求遵循这些原则。这些核心原则所涉及的问题包括有效银行监管的前提条件、准入制度和框架结构、谨慎的监管和准备金要求、持续的银行监管办法、信息披露要求、对监管者和跨国界银行监管的正式授权。这些原则既可用作监管本国银行，也可直接在国内和国际的金融监管上使用。因此，各国基本上将其作为对现行监管安排的重新设计以及未来监管变化的指导原则，以维持国内、国际金融体系的稳定。

《巴塞尔核心原则》还提出了有效金融监管必须具备的五大条件：①稳健且可持续的宏观经济政策；②完善的金融部门公共基础设施；③有效的市场约束机制；④高效率解决金融问题的程序；⑤提供适当的系统性保护机制（或公共安全网的机制）。

第二节　金融监管的体制比较

金融监管体制是指一国金融监管的制度安排，涉及金融监管的法律法规体系、金融监管主体的组织机构及其监管手段等。其中，金融监管主体的不同组成以及职能划分构成了各国不同监管体制的主要差异。综观世界各国金融监管的发展演变进程，迄今为止还没有一个公认最佳的监管模式。不同的金融监管体制是与一定时期的经济、金融发展水平相适应的。

一、各国金融监管体制概述

不同金融监管体制首先涉及一国金融监管体系的构成及各组成部分的职责。一国金融监管体制的选择首先涉及两个层次：一是实行分业监管还是混业监管，监管机构放在中央银行内还是中央银行外；二是如果实行分业监管，银行监管职能是放在中央银行内还是中央银行外，如果实行混业监管，银行、证券和保险的监管机构是放在中央银行内，还是另外成立一个单独统一的监管机构负责银行、证券和保险的监管。这些职能的不同组合，可形成不同的监管体制。

英国的大卫·T. 卢埃林（David Llewellyn）教授在 1997 年对 73 个国家的金融监管组织结构进行研究，他发现其中有 13 个国家实行单一机构混业监管，35 个国家实行银行、证券、保险业分业监管，25 个国家实行部分混业监管。后者包括银行证券统一监管、保险单独监管，银行保险统一监管、证券单独监管以及证券保险统一监管及银行单独监管三种形式，并且受金融混业经营的影响，指定专业监管机构即完全分业监管的国家在数目上呈现减少趋势，各国金融监管的组织机构正向部分混业监管或完全混业监管的模式过渡。

表 20－2 进一步对日本、美国和一些欧洲国家的金融监管体制做了简

单比较。

表 20－2　日本、美国以及欧洲国家的金融监管体制比较

国家	银行	证券	保险
比利时	银行和证券监管机构	银行和证券监管机构	保险监管机构
丹麦	独立统一的监管机构	独立统一的监管机构	独立统一的监管机构
德国	专门银行监管机构	证券监管机构	保险监管机构
西班牙	中央银行	证券监管机构	保险监管机构
希腊	中央银行	证券监管机构	保险监管机构
芬兰	专门银行监管机构/中央银行	证券监管机构	保险监管机构
意大利	中央银行	证券监管机构	保险监管机构
爱尔兰	中央银行	中央银行	政府部门
卢森堡	银行和证券监管机构	银行和证券监管机构	保险监管机构
荷兰	中央银行	证券监管机构	保险监管机构
奥地利	政府部门	政府部门	政府部门
葡萄牙	中央银行	证券监管机构	保险监管机构
法国	银行和证券监管机构	银行和证券监管机构	保险监管机构
挪威	独立统一的监管机构	独立统一的监管机构	独立统一的监管机构
瑞典	独立统一的监管机构	独立统一的监管机构	独立统一的监管机构
英国	独立统一的监管机构	独立统一的监管机构	独立统一的监管机构
美国	专门银行监管机构/中央银行	证券监管机构	保险监管机构
日本	独立统一的监管机构	独立统一的监管机构	独立统一的监管机构

资料来源：李园丁，孙涛．金融业监管体制选择的比较研究［J］．国际金融研究，2001（6）：6。

20 世纪 80 年代以来，受西方金融自由化、金融创新浪潮的冲击，许多实行分业经营的国家，纷纷走上混业经营之路。与此同时，各国金融监管模式也发生重大变革，不仅包括前面所述的完全分业监管、完全统一监管及部分混业监管模式，还存在分业经营、分业监管，分业经营、混业监管，混业经营、分业监管及混业经营、混业监管等不同组合①。金融监管

① 李园丁,孙涛．金融业监管体制选择的比较研究[J]．国际金融研究,2001(6):6.

体制出现了许多新的变化。

第一，一些国家将银行监管部门从央行分离出来。例如，由于欧洲许多国家的中央银行将不复存在，所以在欧元区国家中，一半国家将银行监管部门从中央银行分离出来。据不完全统计，约有65%的发达工业国家将银行监管职能从中央银行独立出来，而在发展中国家，这一比例为20%左右。

第二，许多国家开始或考虑将分离出来的银行、证券、保险监管机构统一于一个监管框架（综合监管机构）内。挪威于1986年、加拿大于1987年、丹麦于1988年、瑞典于1991年、英国和澳大利亚于1998年成立了审慎监管的统一监管机构，并将其移出中央银行。日本、韩国和冰岛相继效仿，爱尔兰、以色列、拉脱维亚、墨西哥和南非都有类似改革倾向。另外，欧洲的奥地利、德国、爱尔兰、比利时都把综合监管模式放上改革日程。

从全球来看，将银行监管放在中央银行外的国家不到1/4，实现统一监管模式的国家只是极少部分，近3/4国家的中央银行仍然负责银行监管，且一半国家的中央银行只负责银行监管。多数国家仍然实行银行、证券和保险的分业监管体制，多数发展中国家都将银行监管职能放在中央银行框架内。

综观各国金融监管体制的特点及其出现的新变化，容易得出如下结论。

第一，迄今为止，世界上并没有公认的最佳金融管理体制。

由于各国金融体制、政治环境、传统习惯等的差异，各国采取了不同的金融监管体制，该体制还会因金融创新、金融组织结构变化、金融业务综合化和国际化以及各国金融监管目标、风险防范重点的影响而改变。

设立什么样的金融监管机构，也是一个社会实践问题，它与各国或地区的经济发展、政治体制等关系密切。如美国在联邦政府一级设立了多家银行监管机构，体现了美国人对权力制衡的偏好；新加坡作为城市国家，没有必要像美国那样设立多家监管机构和分支网点，它只设立了新加坡金融管理局，独立对银行、保险和证券进行综合监管。

第二，混业经营和综合监管之间并没有必然联系。混业经营采取分业监管的，有德国和1997年前的英国。

第三，分业经营和分业监管之间也没有必然联系。如美国1999年的新法案虽然取消了分业经营限制，但是并没有像英国那样设立综合性的混业监管机构，而是由美联储牵头对金融控股公司进行综合监管。

第四，在分业监管和混业监管之间，还有若干其他监管模式。

二、英国和美国的金融监管体制比较

下面对英国和美国的金融监管体制及其演变过程进行对比分析。其中，前者以非规范性、非制度化著称，后者以法网周密、机构林立、监管严厉著称。

（一）英国的金融监管体制

英国是自由民主思想的发源地，这一思想影响了英国社会生活的各个方面，在经济运转上表现为崇尚自由契约和“无形的手”，在法律传统上则表现为成文法欠缺，以判例为仲裁标准的习惯法的影响深入人心，在民族性格上则形成了一种自律自重、克己自制的理性主义特点。三者共同作用，再加上对英国传统制度的路径依赖，逐步形成了英国金融监管的非规范性、非制度化的特点。其金融监管体制的演变可简单划分为如下两个阶段。

第一，传统的分业监管阶段。20世纪70年代以前，英国各金融机构基本上都是按各自传统的业务范围，采取分业经营方式，同时实行分业监管体制。名义上由财政部负责对整个金融机构的监督管理，实际上则由英格兰银行负责对英国银行部门进行监督管理，由证券和投资理事会负责对从事证券和投资业务的金融机构进行监督管理，由英国贸易和工业部负责对普通保险公司与人寿保险公司进行监督管理，还包括一些自律组织进行自律管理。

英格兰银行的监管职责，直至《1979年银行法》和《1987年银行法》颁布，才正式在法律上得以确认，在此之前一直是非正式监管，以“道德劝说”“君子协定”的形式进行。其对银行业的监管主要采取行业自律形式，主要靠金融机构的自我约束，建立在监管者与被监管者彼此信任、共同合作的基础上。即使《1979 年银行法》和《1987 年银行法》及其他法律法规颁布后，英国金融监管走向法制化、规模化，英格兰银行仍保留较多的灵活性，在决定何时及怎样行使干预权和监督权时，拥有较广泛的余地和自决权，即“弹性原则”。在这一阶段，“习惯法”和“成文法”相结合的非正式监管体系，以及弹性原则和谨慎原则，构成英格兰银行监管的主要风格。

第二，混业监管阶段。20 世纪 70 年代以后，英国政府放松对银行业竞争的限制和对金融业的管制，英国各金融机构间竞争激烈，金融业务、金融品种不断交叉，呈现混业经营的局面。1986 年的英国伦敦证券交易所“大爆炸”（big bang）式的改革，使银行可以从事其他业务，如从事证券及其他投资。此时，英国的金融监管并没有跟上混业经营的步伐，以致发生巴林银行倒闭事件。此后，英格兰银行开始注重对银行业全面业务的监管，不只是局限于传统的银行业务，而是迫于银行业务及金融市场的变化，做出相应的调整。

为迎接金融全球化、自由化的挑战，1997 年英国政府专门成立了金融监管服务局（FSA），负责对银行、住房信贷机构、投资公司、保险公司的审批和审慎监管；负责对金融市场、清算和结算体系的监管。英格兰银行审慎监管银行业的职责被剥离，其任务是执行货币政策、发展和改善金融基础设施、充当最后贷款人以及保持金融体系的稳定。另外，所有的自律组织合并为一个单一机构，所有金融机构的审慎监管由金融服务监管局负责。新成立的金融服务监管局负责所有金融机构和市场的审慎监管及日常监管，英国开始正式实行全能型的混业监管模式。

（二）美国的金融监管体制

1999 年 11 月 4 日，美国国会正式通过了《金融服务现代化法案》，废止了《格拉斯－斯蒂格尔法案》，结束了美国商业银行、证券公司、保险公司分业经营的历史，开始全面混业经营。在此之前，分业经营的管理体制决定了美国分业监管原则及监管体制的地域化和职能的多样化。与英国金融体制不同的是，美国银行制度实行二元银行制度、单一银行制度、银行控股公司制度，并且各州具有相对独立性，存在联邦和州在金融监督方面的分工问题，其金融监管体制具有一定的独特性和复杂性。以1999年为界，可将美国金融监管体制的演变过程简单分为两个阶段。

第一，《金融服务现代化法案》颁布之前的金融监管体制。在对银行的监管方面，美国银行有国民银行和州立银行两种，被称为“二元银行制度”，国民银行根据1864年制定的《国民银行法》，由通货监理署（OCC）批准设立，且必须加入联邦储备体系（FRS）与联邦存款保险公司（FDIC）。所以，国民银行除受FRS的监管外，还要受联储委员会（FRB）及FDIC的监管，其中，FRS、FDIC只就拥有管理权的事项实行限制监督。而州立银行则根据各州银行法，由州银行局批准设立，其主要监管机构也是州银行局。州立银行若加入FRS、FDIC，则分别受相关机构监管。由于国民银行和州立银行所依据的法律和接受监管的机构不同，它们认可的业务范围也会出现相应的差别，OCC和州银行局在围绕国民银行与州立银行待遇的公平性上也会产生竞争。另外，单一银行制度导致银行持股公司的出现，其目的在于方便银行业参与经营本身和子公司不得经营的非银行业务。1956年，《银行控股公司法》规定了银行控股公司在FRB统一进行登记，并接受其监督。

在对保险的监管方面，在美国，由州保险厅根据各州保险法对保险公司、代理店、中介公司实行限制监督。另外，为通过交换意见来提高金融监管效果，成立了全美保险厅长官联席会议（NAIC），其职责是综合各州保险厅的意见，制定样板法规，保证各州保险法和保险监管在一定程度上的统一性。

在对证券的监管方面，1929—1933年经济大萧条后，美国于1933年通过了《证券交易法》，根据《证券交易法》设立了证券交易委员会（SEC），对公共证券信息手续、证券交易所、股票市场、全国证券交易商协会（NASD）实行限制监督。证券交易必须在SEC进行登记。

第二，《金融服务现代化法案》颁布之后的金融监管体制。《金融服务现代化法案》既允许以金融控股公司的方式实现银行、证券公司、保险公司之间的相互渗透，也对金融监管框架进行了改革。首先，《金融服务现代化法案》规定，由FRB继续作为综合管制的上级机构对金融控股公司实行监管，另外，由OCC、SEC和州保险厅分别对银行、证券公司、保险公司进行分业监管，其采取的是综合监管与分业监管相结合的模式。其次，《金融服务现代化法案》规定了 FRB 与按职能划分进行分业监管的机构互通信息，通过加强综合监管与分业监管之间的联系，确保金融控股公司集团内的健全性。再次，《金融服务现代化法案》明确规定，FRB 对金融控股公司集团整体实行监管，必要时对银行、证券、保险等子公司的限制监督行使裁决权。最后，该法案规定，若分业监管机认为 FRB 的限制监管内容有重大恶劣影响时，分业监管机关具有裁决权。对将来开发新产品的监管归属划分上，法案也做出相应规定。其一，对是否属于金融商品的审定，由 FRB 负责；其二，对是否属于证券商品的审定，由 SEC 负责；其三，对是否属于保险商品的审定，基本上由州保险厅负责，但当 OCC 认为有关商品属于银行商品并且在解释上与州保险厅发生分歧时，应服从税法规定。

美国 2007 年 8 月爆发的次贷危机引发了 2008 年 9 月的全球金融危机。为应对金融危机和防范金融风险，美国对其金融体制进行了反思，并采取了一系列的金融监管改革举措，逐步强化了对金融机构和金融市场的监管。这必然对美国以及全球各国金融监管体制产生深远的影响。

第三节　金融监管的国际协调

20 世纪 90 年代以来，金融全球化、自由化浪潮已势不可当。这既给各国经济发展和投资者带来了很大的好处，也给金融监管提出了崭新的课题。各国之间通过国际金融组织，建立紧密的金融监管协调与合作机制，对于各国的经济发展和金融安全必然有十分重要的作用。

一、金融监管国际协调中存在的问题

面对接二连三的金融危机，各国政府纷纷感到现有金融监管措施的局限与不足。

（一）金融衍生工具的交易日益复杂，金融监管力不从心

金融衍生工具降低了市场参与者的资产负债表和其他有关金融风险程度的透明度，使许多金融业务的风险得不到真实反映，金融监管部门难以准确及时地把握风险。再加上金融创新不断发展，新的衍生工具不断推出，各种

监管措施和法律条文往往滞后。此外，金融国际化、自由化，使国内外金融市场的联系十分紧密，汇率、利率的自由浮动也加大了金融监管的难度。

（二）对银行和非银行金融机构存在监管上的不平衡

国际金融界在银行和非银行金融机构监管之间存在较大的监管不平衡。目前，国际金融界更多的是提出针对银行业监管的国际协议，如《巴塞尔协议》《有效银行监管的核心原则》等，对非银行金融机构的监管却重视不够。很多对银行业监管很重要的规定，如存款保险、资本充足率、最后贷款人求助等，非银行机构却很难做到。事实上，银行和非银行金融机构因各自不同的经营性质，具有不同的监管侧重点。所以，对二者的审慎监管应加以区别。由于非银行金融机构在各国和世界金融体系中的地位和作用的重要性，加强对这些金融机构监管的国际协调也不容忽视。

（三）银行监管过于强调资本金要求

国际清算银行设立的巴塞尔银行监督委员会是推动国际银行监管合作的最重要的国际金融组织之一。几乎每个《巴塞尔协议》都设定了商业银行资本充足率的目标，各国银行也先后将这些目标用于监管本国银行。尽管一定的资本充足率对防范金融风险非常必要和重要，但是仅仅过多地反复强调资本充足率，显然具有一定的局限性。

（四）各国金融监管法规参差不齐，难以协调合作

尽管各国都针对金融自由化、国际化以及金融市场的信息不完全性等特点，制定了金融监管的法规制度，但是由于各国金融业发展以及其他方面的差异，在具体监管目标、监管手段等方面的侧重点必然有所不同。如在对银行业的监管方面，美国监管目标中明确规定，要保护消费者和允许银行体系适应经济的变化而变化；英国等则侧重对存款人的保护和银行的有效经营。这些具体目标的差异使各国的监管措施也不尽一致，很难摆脱各国对本国经济金融发展的考虑。这给各国之间的监管合作带来了相当的难度。涉及金融全球化中东道国和母国的金融监管当局对跨国银行的监管要求也存在差异。不仅如此，国际范围内对证券公司、金融联合企业等的监管法律体系尚未建立。这增加了防范金融全球化背景下国际金融风险的迅速扩散和传播的难度。

二、加强金融监管国际协调的建议

（一）建立健全各种国际金融组织，推动对银行和非银行金融监管的国际协调与合作

国际金融组织应在金融监管的国际协调中发挥重要作用。在金融自由化、全球化条件下，单个国家难以抵御大规模金融危机的冲击，需要全面的金融监管体系来控制国际金融风险，更需要国际社会的协调与合作。

其中，国际清算银行于1974年成立的巴塞尔银行监督委员会在加强国际金融监管合作方面发挥了十分重要的作用。《巴塞尔协议》提出了国际合作监管银行的基本目标，即确保没有任何外国银行的常设机构能够逃脱充分的监管。为此，该委员会提出了监管责任的分配原则，包括管辖权分配的一般原则、市场准入管制、并表监管、共同的资本充足率标准。这也可视作金融监管国际协调的最基本的出发点。

推动金融监管国际协调的其他重要国际金融组织还包括：国际货币基金组织（IMF），由世界银行（WB）、国际开发协会（IDA）、国际金融公司（IFC）等组成的世界银行集团，世界贸易组织（WTO）及其金融服务贸易协议，国际证券委员会组织（IOSC），国际会计准则委员会（IASC）、国际保险监管者协会（IAIS）等。这些国际金融组织分别就不同汇率制度安排、货币自由兑换或管制、衍生金融市场、国际游资等方面的监管提出了加强国际协调与合作的原则和具体措施，并就如何建立有效的国际金融风险的预警和控制机制发挥了一定作用。但在金融全球化背景下，各个组织之间应该进一步加强沟通与协调，从各个方面来共同维护国际金融体系的安全和稳定。

（二）全面加强对全球证券业的监管合作

由于非银行金融机构缺乏相应的国际性基础协议的现状，以及美国和其他欧洲国家对于证券风险管理的明显差异，所以迫切需要国际证券业管理当局制定类似《巴塞尔协议》的国际性合作协议，明确母国和东道国的监管责任。同时，为适应金融混业经营的趋势，应在银行和证券监管之间

加强国际合作，增强整个金融体系的安全与稳定。

（三）努力寻求金融衍生工具等领域的国际监管协调

随着金融衍生工具风险的与日俱增，各国都加强了对金融衍生工具的监管。巴林银行的倒闭，促使英国提出与美国证券机构交换衍生金融市场资料，加强金融衍生交易的国际协调，其他一些国家和地区也在加强这方面的合作，以便于交易和共同及时地防范风险。但是，发展中国家和发达国家之间对此的认识还存在差异，尤其是发展中国家，往往还不能有效监管由此带来的风险。这在近期的金融危机中得以充分体现，并反过来影响发达国家。对此，应加强合作收集各种统计数字，及时评估金融创新对金融体系的影响，并从各个层面加强国际金融监管的协调与合作。例如，各国金融监管当局既要积极加入国际监管组织，制定统一有效的监管法规体系，又要建立各种行业自律组织和社会中介机构来加强监督。

（四）完善信息披露制度，建立健全有效的信息共享机制

金融市场信息的不完备是金融监管的理论基础之一。国际金融市场由于各国统计信息的不对称和统计指标的差异，更容易加剧市场的不确定性，从而引发金融风险。确保国际金融统计数据的准确性、科学性和真实性是一项迫切而又艰巨的任务。如国际储备和外债的概念、金融衍生交易的概念等，各国和各种统计体系应及时加强合作与协调。

本章小结

狭义的金融监管是指金融监管当局依据法律、法规和社会公共利益的需要，运用各种手段，对各类金融机构、金融市场或金融产品进行监督和管理。广义的金融监管则把监管主体和对象的范围加以扩大。功能性金融监管是一种基于金融体系基本功能而设计的监管。尽管各国在不同时期提出了不同的具体目标，但是金融监管始终要在两个互相矛盾的基本目标中选择：是要竞争和效率，还是要安全和稳健。有效金融监管还必须遵循一些基本原则。

金融监管的实践经历了四个阶段：20 世纪 30 年代以前的自由银行时

期；20 世纪 30—70 年代的严格监管、安全优先的监管时期；20 世纪 70—90 年代的金融自由化、效率优先的金融监管时期；20 世纪 90 年代以来，安全与效率并重的金融监管时期。金融监管的理论发展也经历了以上这四个时期。

金融监管体制是指一国金融监管的制度安排。迄今为止，世界上还没有一个公认最佳的监管模式。不同的金融监管体制是与一定时期的经济、金融发展水平相适应的。为适应金融业的混业经营趋势，各国金融监管体制发生了很多变化。

金融全球化是一把“双刃剑”，它使传统的经济危机和金融危机呈现出许多新的特点。目前，金融监管的国际协调中存在许多局限与不足。国际金融监管组织应在金融监管的国际协调中发挥重要作用。

思考题

1. 某家金融中介机构的倒闭与某家音像出租商店的倒闭有何区别？这说明我们需要在哪些方面加强监管？

2. 简述金融监管理论与实践发展的各个阶段的特点和背景。

3. 试比较英国和美国的金融监管体制。

4. 试述金融全球化给金融监管提出的挑战和对策。

5. 试结合美国次贷危机所引发的全球金融危机，分析金融创新与金融监管的关系。

进一步阅读书目

1. 冯科. 金融监管学[M]. 北京:北京大学出版社,2015.

2. 乔安妮·凯勒曼,雅各布·德汗,费姆克·德弗里斯. 21 世纪金融监管[M]. 张晓朴,译. 北京:中信出版社,2016.

3. 李成. 金融监管学[M]. 北京:科学出版社,2009.

4. 霍华德·戴维斯,大卫·格林. 全球金融监管[M]. 中国银行业监督管理委员会国际部,译. 北京:中国金融出版社,2009.

5. 李扬,胡滨. 金融危机背景下的全球金融监管改革[M]. 北京:社会科学文献出版社,2010.

第六篇
金融理论的新发展

第二十一章　行为金融理论

本章要点

◎行为金融学的研究对象是什么？

◎如何理解行为金融学的建立和发展？

◎如何理解前景理论？

◎如何理解行为组合理论与行为资产定价？

美国学者罗伯特·A. 哈根（Robert A. Haugen，1999）将金融理论的发展分成三个阶段："旧时代金融"（Old Finance）、"现代金融"（Modern Finance）和"新时代金融"（New Finance）[①]。"旧时代金融"代表的是20世纪50年代以前以会计和财务报表分析为主的金融研究；"现代金融"主要以20世纪50年代开始兴起的金融经济学为主要理论基础，着重研究理性假设下的价格发生机制和金融市场效率问题，由于其基本框架属于新古典理论体系，所以又可以称作"新古典金融"；而"新时代金融"则以20世纪80年代开始逐渐受到关注的行为金融学为代表，其研究主题是投资者的有限理性以及非有效市场。

新古典金融理论是马科维茨（1952）、莫迪利安尼和米勒（1958）等在冯·纽曼和摩根斯坦（Von Neumann & Morgenstern）建立的预期效用函数理论与阿罗和德布鲁（Arrow & Debreu）发展并完善的一般均衡理论的基础上建立的。后经夏普（1964）和林特纳（1965），罗斯（1976），布莱克、斯科尔斯和莫顿（1973），法玛（1970）等的杰出工作，新古典金融学已成为一门逻辑严密的具有统一分析框架的学科。

---

① 罗伯特·A. 哈根. 新金融学：有效市场的反例[M]. 赵冬青，译. 北京：清华大学出版社，2002.

但是，随着金融市场的不断发展，新古典金融理论和金融市场的现实不断发生冲突，出现了许多现代金融学无法解释的异象（anomalies），如股权溢价之谜、封闭式基金之谜、小公司效应、日历效应、羊群行为等等。于是，人们开始重新审视“完美的”传统金融学理论。传统金融学理论把人看作理性人，即人们在从事经济活动时总是理性的；追求收益最大化和成本最小化。因为理性人的假设与现实中人的决策行为有一定差异，所以人们开始关注人类行为及心理在决策中的作用，运用心理学的研究方法来研究金融问题，行为金融学应运而生。金融学的研究焦点开始从“市场”研究转向“人类行为”研究。

第一节　行为金融学的产生与发展

一、新古典金融理论的困境

行为金融学的产生建立在对传统金融理论的检验与批判的基础上，就现代金融理论而言，基于新古典框架的金融理论存在以下基本缺陷或无法解释的问题。

（一）预期效用理论的困境

预期效用理论是新古典金融理论的基础分析工具，它建立在个体偏好理性的一系列严格的公理化假定基础上。当个体面对 n 种可能的结果，结果 i 出现的概率为 p_i时，此时个体获得的收益为 x_i，则他的预期效用函数可以写成：

$$U(x_1p_1 + x_2p_2 + \cdots + x_np_n) = p_1u(x_1) + p_2u(x_2) + \cdots + p_nu(x_n) = \sum p_iu(x_i) \quad (21-1)$$

预期效用模型建立在决策主体理性偏好的一系列严格的公理化假定体系基础上。

（1）优势性（dominance）。如果期望 A 至少在一个方面优于期望 B 并且在其他方面都不亚于 B，那么 A 优于 B，这就是优势性。

（2）恒定性（独立性）（invariance）。各个期望的优先顺序不依赖于它们的描述方式，或者说同一个决策问题即使在不同的表述方式下，也将产生同样的选择。也就是说，对方案的偏好不受方案描述的影响。这就是恒定性原则。

（3）传递性（transitivity）。对于效用函数 u，只要 $u(A) > u(B)$，那么 A 就优于 B；反过来，只要 A 优于 B，那么 $u(A) > u(B)$，一般地，只要 A 优于 B，B 优于 C，那么 A 就优于 C，这就是偏好的传递性。

预期效用理论是在不确定性条件下决策的基石，传统的资产组合和资产定价理论均基于预期效用理论而建立。它对投资者在不确定性条件下决策行为进行了简单精确描述。然而，预期效用理论在理论上存在先天不足，在实验经济学的一系列实验中也受到了新的"悖论"的挑战。

1. 阿莱悖论（同结果效应）

最早的彩票选择实验由诺贝尔经济学奖获得者、法国经济学家阿莱（Allais）于1953年做出。该彩票选择实验产生了著名的阿莱悖论（Allais Paradox）。阿莱悖论认为，关于个人选择行为的实验，不仅可以用来检验个人选择理论，而且可以用来说明个体选择中的理性行为。

例 21－1 实验中，被试者被要求在两组彩票组合中进行选择。

第一套方案 A_1 和 A_2 分别是：

方案 A_1，100%的可能性获得100万法郎；

方案 A_2，10%的可能性获得500万法郎，89%的可能性获得100万法郎，1%的可能性一无所获。

第二套方案 B_1 和 B_2 分别是：

方案 B_1，11%的可能性获得100万法郎，89%的可能性一无所获；

方案 B_2，10%的可能性获得500万法郎，90%的可能性一无所获。

根据预期效用理论，如在 A_1 与 A_2 所形成的偏好关系的结果中同时减去 $0.89u(100)$，而在 B_1 与 B_2 所形成的偏好关系的结果中同时减去 $0.89u(0)$，两种彩票组合的偏好关系应当是完全一致的。但实验结果是，绝大多数被试者在 A_1 与 A_2 的组合中选择了 A_1，而在 B_1 与 B_2 的组合中选择了 B_2。显然，实验结果违背了预期效用理论关于偏好的独立性、传递性以及替代性等公理化假定。由于"阿莱悖论"所反映的是相同结果的不一致偏好情形，所以又被称作"同结果效应"（common－consequence effect）。

它对预期效用理论形成了挑战。

2. 同比率效应

与同结果效应类似的实验发现是“同比率效应” (common - ratio effect),即如果对一组彩票中收益概率进行相同比率的变换,也会产生不一致的选择。同比率效应最早由卡尼曼和托维斯基(Kahneman & Tversky, 1979)发现。

例 21-2 在其实验中,被试者面临两组彩票选择。

C_1 = ($3000, 1.0; $0, 0); C_2 = ($4000, 0.8; $0, 0.2)。

D_1 = ($3000, 0.25; $0, 0.75); D_2 = ($4000, 0.2; $0, 0.8)。

显然,第2组彩票的两种收益概率同为第1组彩票两种收益概率的1/4。实验结果是80%的被试者在 C_1 和 C_2 的组合中选择了 C_1,65%的被试者在 D_1 与 D_2 的组合中选择了 D_2。前一种结果是不足为奇的,可以解释为决策主体的风险回避特征。但问题在于,后一种结果与前一种结果不一致的现象是预期效用理论所无法解释的,它同样违背了预期效用函数的线性特征以及独立性、简约性等公理。与同结果效应一样,同比率效应也是对预期效用理论的挑战。

3. 偏好诱导与偏好颠倒

例 21-3 考虑下面的赌局。

机会赌局(E_1):有 p 的机会得到 X,有 $1-p$ 的机会得到 x。

金钱赌局(E_2):有 q 的概率获得 Y,有 $1-q$ 的机会得到 y;其中,$Y>y$, $X>x$, $P>q$, $Y>X$。

例如:我们考虑这样一组彩票组合:

E_1 = ($4, 35/36; -$1, 1/36); E_2 = ($16, 11/36; -$1.50, 25/36)。

这两个赌局的预期货币价值(价格×概率之和)分别为 $3.86 和 $3.85。

按照预期效应理论,被试者会选择并确定等值较高的赌局。然而实验却表明,当被试者在 E_1 和 E_2 中进行选择时,绝大多数选择 E_1;而在对 E_1 和 E_2 进行最低定价时,绝大多数被试者对 E_2 的定价高于 E_1,这就是著名的偏好反转现象。“偏好反转”(preference reversals)是指决策者在两个相同评价条件但不同引导模式下，对方案的选择偏好出现差异甚至逆转的现象。

偏好反转现象普遍存在于生活中的各个领域。哈马克和布朗（Hammack & Brown，1974）进行的一项调查发现，猎人对于猎场被毁所愿接受的补偿额为1044美元，但仅愿支出247美元用于保护猎场，使其免遭毁坏。这种买价和卖价的差别之大确实让人诧异。又如在以下两种方案中进行选择：确定损失50美元；损失200美元的概率为25%和没有损失的概率为75%。试验结果表明，80%的受试者偏好后者方案，这表现出风险寻求行为；另外，当用另一种表述方法来让受试者进行选择时，仅仅有35%的人拒绝付出50美元以防范25%的可能性损失200美元。由此可见，当同样一笔钱（50美元）从“不可避免的损失”的框定转换为“为避免更多损失而付出的代价”的框定时，便出现了偏好反转。

（二）有效市场假说的缺陷

有效市场假说（EMH）是有关价格对影响价格的各种信息的反应能力、程度及速度的解释，是关于市场效率问题的研究。若资本市场在证券价格形成中充分而准确地反映了全部信息，则认为市场是有效率的，即若证券价格不会因向所有投资者公开信息集而受到影响，则该市场对信息集是有效率的。这意味着以信息为基础的证券交易不可能获得超额利益。

20世纪80年代，研究人员陆续发现一些违反传统定价理论（如CAPM与APT）和有效市场假说的实证结果，如权益溢酬之谜、规模溢酬之谜、价值溢酬之谜、一月效应、周末效应等。同时，理论的分析也针对有效市场假说的三个假设提出了质疑（Shleifer，2000）。

第一，理性交易者假设缺陷。完全理性要以确定性为条件。当投资者面临的是一种不确定性情况，金融活动中经济主体行为会出现异化（完全理性行为的偏离），即有限理性。在一个不确定的市场中，狂想、激情和机会主义往往左右着投资者的行为，表现在证券市场中，投资者在投资过程中，出现大量的心理和行为偏差，而这种个体偏差往往可以相互影响，最终形成一种群体性偏差，导致证券市场上长期存在与标准金融学相异的大量异象，同时加大了股票价格的波动。

第二，完全信息假设缺陷。完全信息必须满足以下四个条件：①交易客体是同质；②交易双方均可自由进出市场；③交易双方都是价格的接受者，不存在操纵市场的行为；④所有交易双方都具备完全知识和完全信息。

在现代发达的证券市场中，证券基本是同质的，且对合法投资者进出市场也没有限制，所以条件①和条件②是满足的。

但是，投资者一般可分为两类：个体投资者和机构投资者。对于条件③，由于机构投资者的存在，其掌握着巨额资金，当其对某个证券（特别是市值较小时）投资时，对证券的价格绝对是有影响的。当几个机构投资者暗中勾结时（尽管法律上不允许，但现实中可能存在），甚至可以操纵某类证券或某个市场的价格水平，所以该条件在现实中很难成立。对于条件④，首先，证券市场存在太多的相关信息，人在有限的时间里不可能获得所有的相关信息；其次，开发已存在但未公布的信息是有成本的，对个体投资者和机构投资者都存在着因预期不经济而放弃开发的可能；最后，信息的提供者可能为了某些原因故意扩大或缩小甚至隐瞒或伪造信息。

第三，套利的有限性。有效市场假说指出：当价格背离基本价值时，套利的力量可以让市场恢复效率，所以价格的偏离是短期的现象。施莱佛和维什尼（Shleifer & Vishny，1997）指出了套利修正价格的力量在实务上会受到一些条件的限制，因而，套利的力量和作用具有有限性。以一个简单的例子作说明，假如市场上有两类投资人：一类是理性投资人（如同传统理论假设的），另一类是准理性（quasi - rational）投资人，这一类的投资人努力做好投资决策，却常会犯某些决策错误。理性投资人想发挥套利的力量必先具备几个条件：①就总财富而言，准理性投资人不能太多，否则他们将支配（dominate）市场，理性投资人也就无法使价格回到均衡水平；②市场必须允许低成本的卖空，而且仅理性投资人可以卖空，否则准理性投资人将可借由卖空使价格进一步偏离；③经过一段时间后，资产的真正价值必须为众人所知，否则准理性投资人如未意识到他们对股价的评价错误，将不会调整他们的行为，偏离的情形也会持续下去。显然，在实际的金融市场中，上述条件很难满足，施莱佛和维什尼（1997）将此称为“套利的有限性”（limit to arbitrage）。

（三）金融市场的异象

1934年，格雷厄姆（Benjamin Graham）和多德（David L. Dodd）在《证券分析》一书中对1929年美国股票市场价格暴跌做出了深刻反思，认为股票价格的波动是建立在股票内在价值基础上的，股票价格会由于各种非理性因素偏离内在价值，但随着时间的推移，这种偏离会得到纠正而回到内在价值。因此，股票价格的未来表现可通过与基础价值的比较而加以判断，而基础价值取决于公司未来盈利能力。

但是，股票价格长期偏离基础价值的市场异象，使得股票价格只随基础价值变化而变化的观点受到挑战。大量事实表明，股票价格除了对影响基础价值的信息做出反应，还在一些非基础信息因素的影响下产生显著的波动并做出调整。这些现象无法用有效市场理论和现有的定价模型来解释，因此被称为“异象”（anomalies）。这里略举几例。

1. 股票溢价之谜

股票溢价是指股票相对债券所高出的那部分资产收益。所谓的“谜”是指理论模型在定量分析中难以解释现实中如此高的股票溢价，即理论模型的数值模拟和实际经济数据间存在着难以解释的差距。

表21-1 1802—2005年美国证券市场收益 （%）

时间	市场指数平均收益率	无风险证券平均收益率	风险溢价
1802—2004年	8.38	3.02	5.36
1871—2005年	8.32	2.68	5.64
1889—2005年	7.67	1.31	6.36
1926—2004年	9.27	0.64	8.63

表 21-2 英国、日本、德国等国证券市场收益 (%)

国家	时间	市场指数平均收益率	无风险证券平均收益率	风险溢价
英国	1900—2005 年	7.4	1.3	6.1
日本	1900—2005 年	9.3	-0.5	9.8
德国	1900—2005 年	8.2	-0.9	9.1
瑞典	1900—2005 年	10.1	2.1	8.0
澳大利亚	1900—2005 年	9.2	0.7	8.5
印度	1991—2004 年	12.6	1.3	11.3

股票溢价主要发生在美国及英国、日本、德国、瑞典和澳大利亚等发达国家（见表 21-1、表 21-2）。印度等新兴国家的证券市场也存在显著的股票溢价，由此可见，高股票溢价存在普遍性。

为什么股票的收益率会高于无风险证券的收益率呢？通常的解释是，股票相对于无风险证券承担了更多的风险，由于风险溢酬的存在，股票应该获得更高的收益率。短期股票市场存在的风险很大，因此股票必须提供更高的回报率来吸引投资者。但股票短期风险并不能对股票溢价做出完整的解释，在长时期内，实际上是固定收入的长期债券而不是股票拥有更高的风险，因为消费价格指数尽管每月变动很小，但是在长时间间隔里变化很大，所以其具有很大的购买力风险。

2. 封闭式基金之谜

研究发现，封闭式基金单位份额交易的价格不等于其净资产现值，虽然有时候基金份额与资产净值比较是溢价交易，但实证表明，折价 10% 至 20% 已经成为一种普遍现象。这种与有效市场假设相矛盾的价格表现就是所谓的“封闭式基金之谜”（closed-end mutual fund puzzle）。

行为金融学学者认为，基金折价率的变化反映的是个人投资者情绪的变化，由此认为具有相同投资者结构的投资品种将受到类似的投资者情绪的影响。①封闭式基金发行上市时，由于认知偏差的存在，噪音交易者对封闭式基金会非常乐观，其乐观的程度远远超出了对基金未来业绩的理性预期，从而导致基金的过度交易，使基金的交易价格高于其资产净值，产生溢价。②封闭式基金折价水平随投资者对基金未来收益水平预期的情绪波动而波动。

3. 小公司效应之谜

小公司效应是指小盘股比大盘股的收益率高。在20世纪80年代初期，通过金融市场的一些实证研究，人们发现股票收益率具有随着公司规模的增大而减少的现象，同时发现了公司规模最小的普通股票的平均收益率要比根据CAPM模型预测的理论收益率高出18个百分点。在美国股票市场上，最近的一些研究发现，平均而言，小盘股比大盘股的年收益率高出4.7个百分点，而且小公司效应大部分集中在1月。由于公司的规模和1月的到来都是市场已知信息，这一现象明显地违反了半强式有效市场假设。20世纪90年代，人们发现高市盈率的股票风险更大，在大盘下跌和经济衰退时，业绩特别差。市盈率与收益率的反向关系对有效市场假说形成严峻的挑战，因为这时已知的信息对于收益率有明显的预测作用。

二、行为金融学的建立与发展

行为金融的研究最早可以追溯到19世纪的两本书——古斯塔夫·勒庞（Gustave Le Bon）的《群体》（*The Crowd*）和麦凯（Mackay）的《非凡的公众错觉和群体疯狂》（*Extraordinary Popular Delusion and the Madness of Crowds*）。但现代意义上的行为金融理论与新古典金融理论大约起源于相同的时期，即20世纪50年代。概括地讲，从19世纪开始，行为金融的研究可以大体划分为以下几个阶段（见表21-3）。

（1）早期阶段。19世纪古斯塔夫·勒庞的《群体》和麦凯的《非凡的公众错觉和群体疯狂》是两本研究投资市场群体行为的经典之作；凯恩斯是最早强调心理预期在投资决策中的作用的经济学家，他基于心理预期，最早提出股市“选美竞赛”理论和基于投资者“动物精神”而产生的股市“乐车队效应”；伯勒尔（Burrell）是现代意义上行为金融理论的最早研究者，在论文《以实验方法进行投资研究的可能性》（1951）中，他开拓了利用实验将投资模型与人的心理行为特征相结合的金融新领域。后来的斯洛维克（Slovic）等继续进行了一些人类决策过程的心理学研究。

(2)心理学行为金融阶段(从1960年至20世纪80年代中期)。这一阶段的行为金融研究以托维斯基和卡尼曼为代表。托维斯基研究了人类行为与投资决策模型基本假设相冲突的三个方面:风险态度、心理会计和过度自信,并将观察到的现象称为“认知偏差”。卡尼曼和托维斯基(1979)共同提出了“期望理论”,使之成为行为金融研究中的代表学说。但是,当时行为金融的研究还没有引起足够重视,一方面是因为此时EMH风行一时,另一方面是因为人们普遍认为研究金融时,研究人的心理、情绪是不科学的。

(3)金融学行为金融阶段(从20世纪80年代中期至今)。市场不断发现的异常现象引起金融学界的注意,大量的证据表明许多金融理论还不完善;再加上期望理论得到广泛认可和经验求证,所以这个时期的行为金融取得了突破性的进展。这个时期,行为金融理论以芝加哥大学的泰勒(Thaler)和耶鲁大学的希勒(Shiller)为代表。泰勒(1987,1999)研究了股票回报率的时间序列、投资者心理会计等问题。希勒(1981,1990)主要研究了股票价格的异常波动、股市中的“羊群效应”(herd behavior)、投机价格和流行心态的关系等。

表21-3 行为金融学的历史与发展

时间	代表人物	成果
19世纪	古斯塔夫·勒庞、麦凯	《群体》 《非凡的公众错觉和群体疯狂》 两本最早研究投资市场群体行为的经典之作
1936	凯恩斯	“选美竞赛”理论和“空中楼阁”理论
1951	伯勒尔	“一种可用于投资研究的实验方法”
1967	鲍曼	《科学投资分析:是科学还是幻想?》
1972	斯洛维克	《人类判断行为的心理学研究》
1979	卡尼曼和托维斯基	前景理论
1982	卡尼曼、斯洛维克和托维斯基	认知偏差
1994	谢夫林和斯塔特曼	行为资产定价理论(BAPM)
2000	谢夫林和斯塔特曼	行为组合理论(BPT)

第二节　行为金融学的基础理论：前景理论

决策和偏好研究是经济学和金融学不可或缺的重要组成部分，它们共同构成了人类一切经济行为的起点。一般来说，根据个体面临的决策情境的不同，存在三种基本的决策类型，即确定性决策、不确定性决策及风险决策。长期以来，预期效用理论一直是不确定性决策理论的重要支柱，但是如前所述，预期效用理论在理论上存在诸多不足，而且实验表明，现实中总是存在系统背离预期效用理论的现象。因此，需要修正预期效用模型，或者另辟蹊径，寻求对现象的合理解释以替代预期效用理论。从目前来看，卡尼曼和托维斯基于 1979 年提出的“前景理论”（prospect theory）最具影响力，构成行为金融理论的基础理论[①]。

一、几个著名的心理学实验

卡尼曼和托维斯基的前景理论与四个有趣的心理学实验及调查紧密联系在一起，这些实验和调查的对象是大学教授和学生。

实验 1 包括两个问题。第一个问题是：假设有两个赌局，第一个赌局有 33% 的机会得到 2500 元，66% 的机会得到 2400 元，另外 1% 的机会什么也没有；第二个赌局是确定得到 2400 元。请问在这两个赌局中你更倾向于哪一个？第二个问题是：假设有两个赌局，第一个赌局有 33% 的机会得到 2500 元，67% 的机会什么也没有；第二个赌局有 34% 的机会得到 2400 元，66% 的机会什么也没有。请问在这两个赌局中你更倾向于哪一个？

实验 2 包括三组选择。第一组选择是：假设有两个赌局，第一个赌局有 80% 的概率得到 4000 元，第二个赌局是确定得到 3000 元。请问在这两个赌局中你更倾向于哪一个？第二组选择是：假设有两个赌局，第一个赌局有机会以 45% 的概率得到 6000 元，第二个赌局有 90% 的概率获得 3000 元，你更倾向于哪一个赌局？第三组选择在第二组选择的基础上调整了机

---

① KAHNEMAN D, TVERSKY K A. Prospect theory: An analysis of decision under risk[J]. Econometrica, 1979, 47(2): 263 - 291.

会的大小，假设有两个赌局，第一个赌局有0.1%的机会获得6000元，第二个赌局有0.2%的机会获得3000元，这时你又会倾向于哪一个赌局?

实验3 在第二个实验的基础上，把收益换成损失，而你又必须面对这种损失的不幸而选择其中一个赌局。假设有两个赌局：第一个赌局有80%的概率失去4000元，第二个赌局是确定丢失3000元。请问在这两个赌局中你宁愿选择哪一个？另外的两个赌局：第一个赌局有0.1%的概率失去6000元，第二个赌局会有0.2%的概率失去3000元，请问你会选择哪一个?

实验4 考虑两个赌局，其中第一个赌局是一个两阶段的赌局：在赌局的第一个阶段，参与者有75%的概率得不到任何奖品并出局，只有25%的概率可以进入第二阶段。到了第二阶段又有两个选择：一个选择是有80%的概率得到4000元，另外一个选择是确定得到3000元，那么请问如果你参加这个赌局，是选择参与4000元的竞争还是选择获得3000元？第二个赌局：你面临两个选择，20%的概率得到4000元和25%的概率得到3000元。在第二个赌局中，你更倾向于获得4000元还是3000元?

实验和调查的结果是：

对实验1中的第一个问题，问卷的结果显示有82%的受访者选择第二个赌局。对实验1中的第二个问题，问卷的结果显示有82%的受访者选择第二个赌局。下面我们用传统的预期效用理论来看这个问题。

假设 $u(\cdot)$ 是效用函数，根据传统的效用函数，从调查的结果来看，对第一个问题，效用函数满足：$u(2400)>0.33u(2500)+0.66u(2400)$，即 $0.34u(2400)>0.33u(2500)$。但对第二个问题，投资者的偏好却是：$0.34u(2400)>0.33u(2500)$。这明显存在矛盾，或者说大部分投资者的心理偏好在这个问题中并不满足预期效用理论，这就是阿莱悖论（Allais，1953）的其中一个发现。

实验2 同样是基于阿莱悖论的发现去设计的。在第一组选择中，有80%的受访者会选择第二个赌局，即接受确定的100%的概率得到3000元这个赌局。在第二组选择中，86%的受访者选择第二个赌局，即以90%的机会得到3000元。在第三组选择中，73%的受访者选择以0.1%的机会获得 6000 元。运用预期效用模型测算，这三组选择都同样地不满足预期效用理论的效用最大化选择。

在实验 3 中，如果赌局的结果是损失，第一个赌局有 80% 的概率损失 4000 元，第二个赌局是确定损失 3000 元，那么有 92% 的受调查者选择第一个赌局。如果第一个赌局有 0.1% 的概率损失 6000 元，第二个赌局有 0.2% 的概率失去 3000 元，那么有 70% 的人会选择第二个赌局。

比较实验 2 和实验 3，如果把实验 2 中赌局的收益全都改为损失，那么面对损失时，人们的选择恰好跟面对收益时相反。如果按照预期效用理论，投资者在收益和亏损的情况下，对不确定性的选择应该是没有差别的，即个人在收益和损失状态的风险态度是一样的，但这个实验表明预期效用理论在这一点上也与实际状况有较大的差别。

在实验 4 中，对于第一个两阶段赌局的问题，有 78% 的受访者选择得到 3000 元。对第二个问题的两个选择：20% 的概率得到 4000 元和 25% 的概率得到 3000 元，大部分人会选择前者。但实际上，人们通过简单的概率计算可以得到这两个问题实际上是同一个问题。由此可知，若以预期效用理论的观点来看，这两个赌局是相同的，个人的选择也应该相同。但是实际上并不如此，个人会因为问题描述方式的不同而有不同的选择。

二、基于前景理论的效用偏好

卡尼曼和托维斯基在心理学调查的基础上指出，传统的预期效用理论无法完全描述个人在不确定情况下的决策行为。他们将这些违反传统理论的部分归纳成下列三个效应。

（1）确定性效应（certainty effect）。实验 1 和实验 2 表明，人们会低估不确定的结果，而相对高估确定性的结果。个人对于结果确定的事件会过度重视。

（2）反射效应（reflection effect）。实验 3 表明，如果我们在赌局中考虑负的结局，也就是损失（loss），可发现个人对利得和损失的偏好刚好相反，这种现象即反射效应。个人在面对损失时有风险偏好（risk seeking）的倾向，而对于利得则有风险规避（risk aversion）的倾向，这与预期效用理论也是不一致的。

(3) 分离效应 (isolation effect)。实验4表明,对于一个不确定的事件,卡尼曼和托维斯基称为"前景"(prospect)的,可以用不同的方式分解后重新描述,则不同的分解方式可能会造成不同的偏好,这就是分离效果。在实验3的两阶段赌局中,个人会忽略第一个阶段,只考虑第二个阶段的选择,即有短视(myopia)的现象。个人将待选择的期望分解成相同和不相同的因子,并删除其中相同的因子。分解方式的不同导致个人的偏好和选择不一致。如人们在两个或更多阶段决策时,对复杂情况处理不当时,对不同阶段的概率加总就会有误差。在这种情况下,个人面临的是一个不确定的期望和一个确定的期望。若只考虑最后的结果和概率,则个人面临的是两个不确定的期望。虽然这两种情况的预期值相同,但是由于个人不同的分解方式,会得到不同的偏好。由此可知,若以预期效用理论的观点来看,这两个赌局是相同的,个人的选择也应该是相同的。但是实际上并不如此,个人会因为问题描述方式的不同而有不同的选择,这就是所谓框架相依的现象。

三、前景理论的基本内容

在利用心理学实验提出主要的观点后,卡尼曼和托维斯基提出了一些理论模型来说明个人的选择问题。他们利用两个函数来描述个人的选择行为:一个是价值函数(value function),$v(x)$;另一个是决策权重函数(decision weighting function),$\pi(p)$。其中价值函数取代了预期效用理论中的效用函数,而决策权重函数则将预期效用函数中的概率转换成决策权重。

(一) 前景理论中的决策过程

卡尼曼和托维斯基定义的"前景"是一个不确定事件$(x, p; y, q)$,个人得到x的概率为p,得到y的概率为q,得不到任何东西的概率是$1-p-q$。前景理论从心理行为学出发,将人的决策过程分解为两个阶段:编辑阶段(editing phase)和评价阶段(evaluation phase)。编辑阶段就是将所面对的前景行为组合进行初步加工,产生更简单的表达形式。评价阶段就是对加工后的前景行为进行评判，使得价值最大化（见图 21－1）。

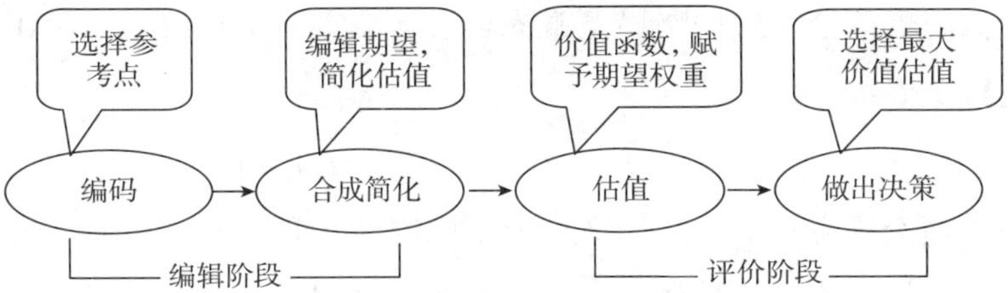

图 21－1　前景理论下的投资者决策框架

1. 编辑

编辑是为了对不同的前景进行简化和重新编码（encode），编辑阶段主要包含以下 4 个部分的工作。

（1）编码（coding）。个人所认知的结果是收益和损失，而不是期末财富，收益和损失是相对于某个参考点所决定的，通常参考点是根据目前财富的部位所决定，但是有时候参考点的位置受到目前所面临前景的情况和决策者对未来预期的影响。

（2）合并（combination）。合并相同结果的概率，可以简化问题。

（3）分解（segregation）。在编辑阶段，将前景分解为无风险因子和风险因子，本书在后文评价的部分有进一步的说明。

（4）删除（cancellation）。删除的情况可能有两种：一种情况是前面所提到的分离效果，个人对于一个两阶段的赌局，有时会只考虑第二阶段的部分；另一种情况是个人对于不同赌局中的相同因子会不予考虑。例如，若有两个赌局可供选择：（200，0.2；100，0.5；－50，0.3）和（200，0.2；150，0.5；－100，0.3）。个人可能会将这两种选择中的相同因子（200，0.2）删除，使得这两种选择变成（100，0.5；－50，0.3）和（150，0.5；－100，0.3），再给以评价。

2. 评价

在前景中，第二个阶段是评价，也就是假设决策者对每一个被编辑过的前景加以评价，然后选择最高价值的前景。卡尼曼和托维斯基改变了传统理论评估总效用的做法，转而衡量一个前景的总价值 V，该价值主要通

过价值函数 v (·) 和决策权重函数 π (·) 的结合来决定。

根据前景理论，假如赌局是常态的，也就是 $p+q<1$ 或 $x\leqslant 0\leqslant y$，则前景的价值为：

$$V(x,p;y,q) = \pi(p)v(x) + \pi(q)v(y) \tag{21-2}$$

前景理论认为，个人对于绝对为正或绝对为负的赌局的评价原则和式（21-2）不同。在编辑阶段，这种绝对为正或绝对为负的前景可以被分解成两个因子：一个因子是无风险因子，如确定获得的最小收益或确定支付的最小损失；另一个因子是风险性因子，如可能发生的收益或损失。这种前景的评价可利用下式说明。

假如 $p+q=1$ 且 $x>y>0$ 或 $x<y<0$，则前景的价值为：

$$V(x,p;y,q) = v(y) + \pi(p)[v(x) - v(y)] \tag{21-3}$$

也就是说，绝对为正的前景和绝对为负的前景的价值等于无风险因子的价值加上结果之间的价值差异乘上概率较低的结果的相应权数。从式（21-3）可看出，风险性因子是 $v(x)-v(y)$，$v(y)$ 代表的是无风险因子。式（21-3）的右边可以简化为 $\pi(p)v(x) + [1-\pi(p)]v(y)$。因此，假如 $\pi(p) + \pi(1-p) = 1$，则式（21-3）可简化成式（21-2）。

（二）价值函数

前景理论一个非常巨大的突破就是用价值函数 v (·) 替换了传统的效用函数，从而将价值的载体落实在财富的改变而非最终状态上。价值函数具有下列 4 个重要的特性。

（1）对于个人来说，任何情况下收益总是要比损失好的，而且收益越大，价值越高（或者损失越小，价值越高）。因此，毫无疑问，价值函数应该是一个单调递增的曲线。

（2）价值函数被定义为相对于某个参考点的利得和损失，而不是一般传统理论所重视的期末财富。也就是说，$v(x)$ 中的 x 是指相对于参考点的变化，如果没有利得或损失，则价值为零，$v(0)=0$。因此，在以参考点为原点，以收益（正轴为收益，负轴为损失）为自变量的坐标图上，价值函数是一条通过原点且单调递增的曲线。

（3）根据“反射效应”，价值函数应该是以原点为中心，向收益和损失两个方向偏离的反射形状，也就是呈 S 形。在面对收益时，是凹函数（concave, $v'' < 0, x > 0$）；在面对损失时，是凸函数（convex, $v'' > 0, x < 0$）。这表示投资者每增加一单位的收益，其增加的效用低于前一单位所带来的效用，而每增加一单位的损失，其失去的效用也低于前一单位所失去的效用。

（4）价值函数在损失部分（负轴）上的斜率比获利部分（正轴）上的斜率要大，即投资者在相对应的收益与损失下，其边际损失比边际收益敏感。例如，一单位的边际损失造成的痛苦感大于一单位的边际获利带来的幸福感，也就是个人有损失趋避（loss aversion）的倾向。

综合以上四点特征，我们可以很容易得到价值函数的大致图形，如图 21 - 2 所示的“S”形。

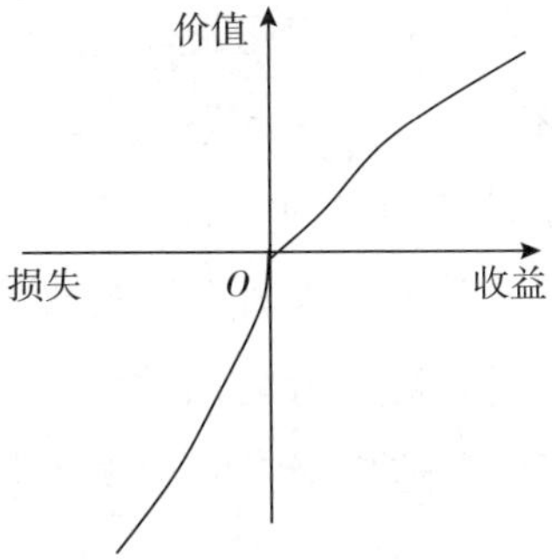

图 21 - 2　价值函数

（三）决策权重函数

在前景理论中，决策的权数不是概率，而是真实概率的函数。决策权重函数对各个结果的价值评价，并不直接代表事件概率，不遵循统计概率公理，不能被解释为主观概率的刻量。如一个抛硬币赢 1000 元的游戏，有 50% 的概率赢，$p = 0.5$，但是在权重函数下，$\pi(0.5) < 0.5$，因为权重函数描述的是这些事件影响人们的满意程度，并不是这些事件被意识到的似然概率。只有在期望原则成立时，$\pi(p) = p$ 才成立。

决策权重函数具有以下特征。

（1）决策权重 $\pi(p)$ 与客观概率 p 相联系，$\pi(\cdot)$ 是 p 的递增函数，且 $\pi(0)=0$，$\pi(1)=1$。但 $\pi(p)$ 不是概率，它并不符合概率公理，也不应被解释为个人的主观概率。

（2）当概率 p 很小的时候，$\pi(p)>p$，这表示个人对于概率很小的事件会过度重视（overweighted）；但是当一般概率或概率 p 较大时，$\pi(p)<p$。这可说明个人在过分注意概率很低的事件的同时，往往忽略了例行发生的事。而且，在低概率区域，权重函数是次可加性（subadditives）函数，即对任意 $0<r<1$，有 $\pi(rp)>r\pi(p)$。

（3）次确定性（subcertainty）。除了极低概率事件，权重函数数值通常比相应概率低，$\pi(p)<p$，且各互补概率事件决策权重之和小于确定性事件的决策权重，即 $\pi(p)+\pi(1-p)\leqslant 1$。

（4）亚比例性（subpropotionality）。当概率比一定时，大概率对应的决策权重的比率小于小概率对应的权重比率，用数学式子可以表示为：对任意的 $0<p$，q，$r\leqslant 1$，有 $\pi(pq)/\pi(p)<\pi(pqr)/\pi(pr)$。

（5）当逼近确定性事件的边界时，也就是当概率 p 非常接近 0（极低概率）或者 1（极高概率）时，个人对概率的评价处于非常不稳定的突变状态，此时权重常常被无端忽视或者突然放大。而且，到底多少可以算作极低的概率或者极高的概率，这投资者的主观判断决定。

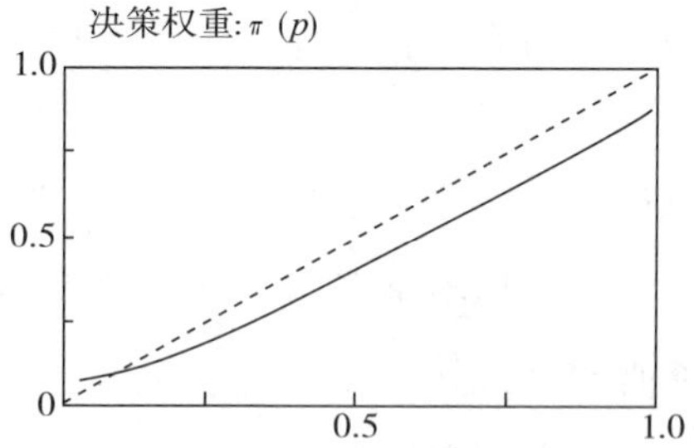

图 21－3　决策权重函数

综合以上五个特征，可以大致描绘出决策权重函数的近似图像，见图 21－3 的虚线部分。权重函数是客观概率的非线性函数，单调上升，在低概率段，$\pi(p)>p$，而在相对高概率部分，则 $\pi(p)<p$。

（四）参考点

在价值函数中，一个非常重要的特点就是参考点（reference point）的存在。图 21－2 中 O 点的位置就是参考点，在 O 点右方是凹函数，左方是凸函数。因此，参考点也就是数学意义上的拐点。

人们在评价一个事物或做出一个选择时，总会有意无意地将其与一定的参照物进行对比，当对比的参照物不同时，即使相同的事物也会得到不同的结果。因此，参考点作为一种评价标准，是个人主观确定的，而且会因评价主体、环境、时间等的不同而发生变化。因此，卡尼曼和托维斯基指出："我们可以通过改变参考点的方法来操纵人们的决策。"如百货商场在举行促销活动时，常常会将原价标得特别高，这样使得顾客如果以原价为参考点来判断，就会有该商品很便宜的错觉。

卡尼曼和托维斯基于 1979 年发表他们的代表性文章以来，前景理论引起了广泛关注，成为行为金融理论在经济生活中应用最广的理论之一。在此基础上，卡尼曼和托维斯基以及其他科学家不断努力，对该理论进行了完善和扩展。

第三节 行为组合与行为资产定价

一、投资者的行为特征

经过近二十多年的研究，人们认为投资心理在投资决策和金融资产的定价中起着非常重要的作用①。

（一）后悔厌恶与处置效应

所谓"后悔"（regret），是指个人因做了某一个决定使自己丧失原本较好结果而带来的痛苦。卡尼曼、斯洛维克和托维斯基（1982）发现，在购买股票过程中，虽然出售一个价格已经上涨的股票从而实现盈利会带来成就感，但是随着该股票价格持续上涨，成就感会逐渐下降，并产生责怪自己抛售太早的想法。考虑下面的实验。

---

① 本节根据陆家骝编著的《现代金融经济学》相关内容改写。

A 先生正在戏院排队买票。到了买票窗口，戏院老板对 A 先生说他是第 100 万个顾客，可得到 100 元。B 先生正在另外一个戏院排队买票。到了买票窗口，排在 B 先生的前一个顾客是该戏院第 100 万个顾客，可得到 1000 元，而 B 先生得到 150 元。受访者被询问希望自己是 A 先生还是 B 先生?

在这个问题中，大部分的受访者都认为 A 先生会觉得比较高兴，而 B 先生会因失去得到 1000 元的机会而感到惋惜。这就是后悔对个人决策的影响。在前景理论中，可以利用个人财富参考点的变化来解释“后悔”。在上述问题中，A 先生得到 100 元（100），B 先生得到（150）+（–1000），这时除了 150 元的收益之外，他还承受了与 1000 元失之交臂的痛苦。

从上面的实验可以看出，个人后悔心理的确存在，而且大部分受访者选择 A 先生表明人们倾向于避免后悔，这种心理被称为“后悔厌恶”或者“后悔规避”（regret aversion）。谢夫林（Shefrin，2000）提到，后悔对个人来说，是一种除了损失，还自认必须对损失负责的感受。因此，后悔对个人来说比损失还要痛苦。谢夫林和斯塔特曼（Statman）（1985）认为投资人为了避免后悔，会倾向于继续持有实际上已经损失了的股票，而且急于套现价格已经上涨的股票。他们将这种现象命名为“处置效应”（disposition effect），并举了一个例子来具体分析该效应。

假设某投资者月初以 50 元买进一股票，月底该股票价格为 40 元，预期该股票未来不是上涨 10 元就是下跌 10 元。此时投资者需要决定是卖出股票或是继续持有该股票。谢夫林和斯塔特曼认为投资者会将此决策过程编辑成以下两个赌局的选择：一个是立即出售该股票，马上确认 10 元的损失；另一个是继续持有该股票，有 50% 的可能性再损失 10 元，另外 50% 的可能性可以扳回损失（breaking even）。根据前景理论，价值函数在损失阶段是凸函数，此时投资者是风险偏好者，因此投资者不会愿意确认该损失，而会尝试可能的扳平机会，投资者会继续持有该股票。这种现象与赌徒在赌输情况下希望翻本的心理是一样的。另外，若该股票现在的价格为 60 元，我们同样可以根据价值函数推出投资者此时为风险规避者，更倾向于实现确定的盈利，因此会比较早地出售已经盈利的股票，常见的赌博中的“见好就收”的心理也是同样的道理。

（二）锚定效应

当人们进行量化估计时，其估计往往受建议的影响。其中的例子见于调查性研究中。这些研究者经常利用调查问卷来了解人们的收入等情况，在调查问卷上有许多收入等级，回答问题的方式就是在其中选择和自己一致的选项。这时人们的回答受调查问卷选项内容的影响。心理学家将这种受建议影响的趋势称为锚定效应（anchoring effect）。

股票市场的价值本身是不明确的，人们不可能知道一种股票的价值是多少，今天它是否真的“值”1000 元或者 800 元或 1200 元，还没有一个经济理论能够回答这些问题。当没有更好的信息时，过去的价格（或其他可比较的价格）可能是今日价格的重要决定因素。锚定过去价格是否有助于决定股票市场当前价格，是否和股价变动的低序列相关不一致（和股价的近乎随机行走行为不一致）？希勒（1990）指出，专业性机构掌握的资金通过在金融市场上变换以抓住获利机会的模式，其试图探究价格变动的低序列相关，但该模式与低序列相关并不一致。过去的价格变化没有任何意义，历史价值永远不会体现未来价值，因为价值决定于新的信息。这和锚定仍然是股价的重要决定因素的隐喻是吻合的。锚定现象也有助于解释金融市场中的其他现象。20 世纪 80 年代后期，美国投资者认为，日本股票的市盈率非常高，可能是受很低的容易获知的美国市场股票市盈率之锚的影响。20 世纪 90 年代中期，许多美国投资者感到，东京股票市场价格不再是高估的，即使其市盈率仍高于美国。这也许是 80 年代后期东京股票市场高市盈率之锚是另一只锚的缘故。

（三）心理账户

锚定现象是人类基于表面特性将特定事件置于心理间隔或心理账户（mental accounting）的倾向。由于没有看到更宽泛的大场景，只看到个体的分别的小范围决策，所以人们趋于将其投资分为任意分开的心理间隔，并基于它们所在的间隔，分别对投资做出反应。个体投资者自然想到要在自己的投资组合中有一“安全”部分以防止价值减少，有一风险部分以抓住获利的机会，在心理上就像是把不同资金分类后，放在不同账户上。

一般地，个人投资者会将自己的所得分成三部分：目前的薪资所得、资产所得和未来所得。对于这三种所得，个人的风险态度并不相同。例如，对于未来所得，个人总是不太愿意花掉它，即使这笔收益是确定收益。在金融市场上，心理学的研究成果认为散户会将自己的投资组合分成两部分：一部分是低风险的安全投资，另一部分是风险性较高、期望让自己更富有的投资。以上这些理论都认为，大部分的投资人想避免贫穷，同时又想要变得很富有。此时，投资人会把目前的财富分为两个心理账户，一个是为了避免贫穷，另一个则是想要一朝致富。另外，心理学的研究结果认为人们会倾向于一次考虑一个决策，将目前的问题和其他的选择分开来看。

（四）过度自信、典型性试探法、反应过度以及反应不足

过度自信就是投资者往往过于相信自己的判断能力，高估自己成功的机会。大量研究表明，人们在决策时存在着过度自信倾向。这主要表现在两个方面：第一，人们过高估计高概率事件的发生概率，过低估计低概率事件的发生概率；第二，人们用于估计数值的置信区间过于狭窄。心理学的研究结果表明，人们自认为的98%的置信区间实际上只有60%。过度自信在投资活动中表现为投资者趋向于过度频繁交易，这将会减少投资者的回报。过度自信的产生有其深刻的心理学基础，当个人面对不确定性时，无法做出适当的权衡，便容易出现行为认知偏差。

过度自信和典型性试探法是相联系的。试探法是一种以常识为基础，进行试错或试对而不是详细推理的方法。典型性试探法就是人们试图将事件进行分类，从中找出典型性。在进行概率估计时，过分强调这种分类的重要性，而不考虑这种概率的适当性，其结果是人们只倾向于了解数据模式。

过于自信就会出现错误，当错误的结果重复地呈现在面前时，人们就会从中学习，其市场表现就是反应过度和反应不足。过度自信本身并不意味着人们对所有的新闻反应过度或反应不足，事实上，投机性资产价格反应过度或反应不足的证据是交织在一起的。

过度自信和锚定相结合，可以解释投资者间不同观点的由来和大交易量的起因。人们难以正确评价自己的观点受到暗示和受到随机的锚定的影响程度，并且有时没有什么理由就采取行动。以市场交易量为例，1950—1980 年，纽约股票交易所的股票年换手率平均为 18%，在特定年份还要更高；1987 年的换手率是 73%，而新兴市场的比率更高。

（五）代表性启示和保守主义

所谓代表性启示（representative heuristics）是指个人总是以过去的刻板印象来进行判断。当某一可能性事件 P 与人们熟知的范畴 M、N 有关，并且范畴 M 属于范畴 N 时，心理学的研究成果认为当人们判断事件 P 出现的概率时，往往注重 M 对 P 的影响而忽略 N。这种代表性启示意味着人们认为 M 可以反映 N 的实质，我们可以理解为，对于由熟悉事情导致的可能性判断，人们倾向于认为局部可以反映整体。

保守主义（conservatism）认为人们在不确定的情况下进行决策的结果为，当出现有关决策的新信息时，人们可能不会按照理性的贝叶斯方法改变原先的信念。如把新信息作为基础概率，人们给予新信息太少的权重。保守主义与锚定有一定的联系，人们锚定于先前对概率的估计会产生保守主义。保守主义在金融市场中表现为投资者对新信息给予太少的权重，固守原先的想法，导致对信息的反应不足。与保守主义相关的一个倾向是确认倾向（confirmatory bias），人们倾向于用先前的信念解释模棱两可的事件，因此会对新信息不够重视。

代表性启示与保守主义是一对矛盾的倾向。巴伯利斯（Barberis）和泰勒（2001）认为人们会自然地处理这两种倾向。当人们认为新数据可以代表数据的总体特征时，会给予新数据过多的权重，从而产生代表性启示。而当人们认为新数据不能代表数据的总体特征时，将给予新数据过少的权重，给予原先的想法过多的权重，从而导致保守主义倾向。

（六）认知失调与归因理论

认知失调（cognitive dissonance）是当个人对所面临的情况和他们心中

的想法与假设不同时，产生的一种心理冲突。心理学家认为个人可能会采取行动降低认知失调，如可能避免接受新信息或是极力为自己错误的想法辩护。这个观念也与“后悔”相关。许多学者认为个人在做决策时会因为后悔而痛苦。心理学家认为个人追求修正的预期效用函数最大化。这个修正的效用函数除了考虑个人的最后选择，还必须考虑本来可以做的另一个选择。

行为金融学家认为认知失调可以用来解释下列观察到的现象：资金流入绩效极好的基金的速度比资金从绩效极差的基金流出的速度要快得多。这是因为持有绩效不好基金的投资人不愿意面对他们已经遭到损失的事实。

另外一个有关的观念是心理学家的“归因理论”（attribution theory）。该理论认为个体会把验证其行动的事件归因于其能力，而把不如理想的事件结果归咎于外在的干扰因素。

（七）文化与社会传播（culture and social contagion）

心理学家使用人员访问和人类学的方法来研究退休基金管理者的行为。他们的结论是每个退休基金都有自己独特的文化，通常与其公司的特殊文化有关。退休基金的投资策略会受到组织文化的因素影响，这可能是因为个人普遍希望将投资的责任转移给公司，或是需要与公司保持人际关系。

社会心理学已经证实，人们具有从众心理。这种心理有助于解释人们为什么会对股市产生相似的想法。人们对股市产生相似的想法是股市过度繁荣或崩溃的基础。当考虑了他人的判断时，即使知道其他人的行为是一种从众行为，完全理性的人也会参与其中。

二、行为组合理论

由马科维茨（1952）提出的基于“均值—方差组合”的投资组合理论，因为理性投资者假设、投资者风险态度同质假设等假设条件的限制，无法解释现实中的诸多问题。行为金融理论从投资人的最优投资决策过程是在心理账户上进行的实际出发，发展了以预期财富和财富低于某一水平的概率为基础的行为组合选择理论，以此来研究投资者的最优投资决策行为。在若伊罗皮兹等的研究基础上，行为金融学的代表人物谢夫林和斯塔特曼（2000）首创性地提出了行为组合理论（BPT），确立了以 $E(w)$ 和 $P_r\{w \leqslant s\} \leqslant b$［其中，$E(w)$ 为预期财富，b 为某一预定的概率］为进行组合与投资选择方法的根基。该理论认为投资人的投资决策实际上是不确定条件下的心理选择，是在心理账户上运用心理会计进行的，投资人对风险的态度内含于心理账户上的会计计量。谢夫林和斯塔特曼在预期财富和财富低于可以维持的 s 值的概率坐标图上描绘了行为组合理论的有效边界。在 $E(w)$ 和 $P_r\{w \leqslant s\}$ 的二维坐标上，弧线表示按照预期财富和财富低于可以维持水平的概率的投资组合边界，而 A 点以上的弧线表示有效的投资边界（实际上有多种，这里只绘出了一种），因为 A 点以下的弧线上的点代表的投资机会收益比 A 点以上的点代表的投资机会小而风险更大（以财富小于可维持的水平的概率），显然不在投资人的选择之列。如果投资者预先确定一个概率 b，使 $P_r\{w \leqslant s\} \leqslant b$，则可以确定最优的投资组合。如图 21－4 所示，过 b 的直线与有效的投资边界相交于 B 点，确立了 B 点为最优投资点，C 点不在有效的投资边界上，故不是最优投资组合。如果设投资者的初始财富为 W，则投资人的目标就是实现财富最大化，用简化的公式表示以上的最优投资组合就是：

$$\max E(w) = \Sigma p_i W_i \tag{21-4}$$

$$\text{s.t.} \quad P_r\{w \leqslant s\} \leqslant b \tag{21-5}$$

其中，p_i 为 W_i 出现的概率，W_i 为财富在下期或不同经济状态下的可能值。如果设投资者的初始财富为 W_0，并且投资者的借贷受到限制，那么还需加上一个限制条件 $\Sigma V_i W_i < W_0$，其中，V_i 为 W_i 的价格，这就是初始财富限制条件。

在行为组合理论中，投资者对待风险的态度表现在 $P_r\{w \leqslant s\} \leqslant b$ 中，这种对待风险的态度用 b 来衡量。如果投资者厌恶风险，则在心理账户上要求 b 较低；反之喜欢风险的，则在心理账户上要求 b 较高。另外，投资者对风险的态度还体现在可维持的水平 s 上。若 s 较高，则投资者显得较为厌恶风险；反之则愿意承受较大风险。

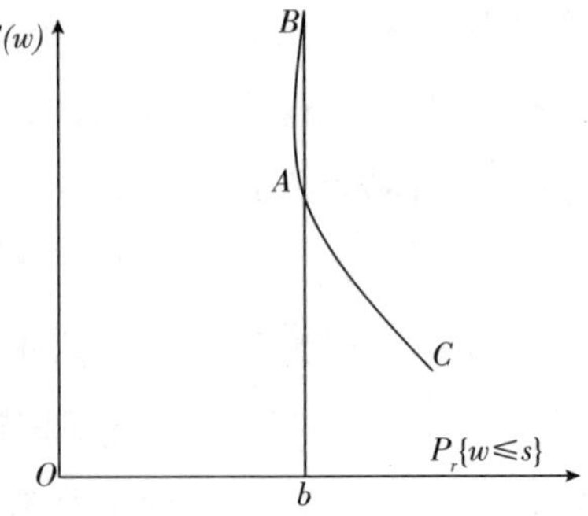

图 21－4　行为组合理论的投资组合确定（单个思维账户）

三、行为资产定价理论

金融资产定价是金融研究的核心问题。在马科维茨（1952）投资组合理论基础上产生的资本资产定价模型（CAPM）以有效市场假设为基础，假设市场参与者是理性的，行为金融理论认为对投资者行为进行研究是至关重要的。行为金融研究的目的就是要改变 CAPM 的假设，使其更接近现实。为此，许多学者构筑了行为资产定价模型（behavioral asset pricing model，BAPM），将其作为 CAPM 的对应物。这里简要介绍几个这样的模型。

（一）BSV 模型

该模型由巴伯利斯、施莱佛和维什尼于 1998 年提出，他们将两种决策偏差纳入投资者的行为中：一是代表性偏差（representative bias），即投资者基于近期数据，以某种模式的相似性来预测，过分重视近期数据而忽视历史总体数据，投资者对整体的判断往往受小样本特征的影响；二是保守性偏差（conservatism bias），即投资者不能及时根据变化了的情况修正自己的预测。代表性偏差会造成投资者对新信息反应过度；保守性偏差会造成投资者对新信息反应不充分，导致反应不足。

（二）DHS 模型

丹尼尔（Daniel）、赫舒拉发（Hirshleifer）和苏布拉马尼亚姆（Subhramanyam）在 1998 年提出了 DHS 模型。他们把投资者划分为有信息的投资者（informed）和无信息的投资者（uninformed）两类，后者不存在心理偏差，而有信息的投资者存在两种心理偏差，一是过度自信（overconfidence），二是自我归因偏差（biased self attribution）。

（三）HS 模型

洪翰（Hong）和斯坦（Stein）在 1999 年提出了 HS 模型。模型中假定市场由两种有限理性投资者组成："信息挖掘者"和"惯性交易者"。这两类投资者都只能处理所有公开信息中的一个子集。信息挖掘者基于他们观测到的关于未来基本情况的信号做出预测，其局限性是不能根据当前和过去价格的信息进行预测。惯性交易者正好相反，他们可以根据过去的价格变化做出预测，但是他们的预测仅是过去价格的简单函数。除了对交易者的信息处理能力加以限制，模型还加了一个假定：私人信息在信息挖掘者中间是逐步扩散的。所有的结论都是基于以上的假设做出的。HS 模型将中期的反应不足和长期的价格反应过度统一起来，因此又被称为"统一理论模型"。

本章小结

行为金融理论是目前金融研究的前沿理论，它对现代金融理论提出了挑战和质疑，并在客观上完善和修正了现代金融理论。行为金融理论将心理学尤其是行为科学的理论融入金融学。它从微观个体行为以及产生这种行为的心理动因等角度来解释、研究和预测金融市场的发展。

行为金融理论对新古典金融学的两大传统假设提出了挑战：其一，关于理性人的行为假设。新古典金融理论认为人们的决策是建立在完全理性假设基础上的。行为金融理论认为，金融活动中经济主体行为会出现异化（完全理性行为的偏离），即有限理性。其二，有效市场假说。新古典金融理论认为，在市场竞争过程中，理性的投资者总是能抓住每一个由非理性投资者创造的套利机会。因此，能够在市场竞争中幸存下来的只有理性的投资者。但在现实世界中，市场并非像理论描述的那么完美，大量"反常现象"的出现使得新古典金融理论无法应对。

卡尼曼和托维斯基于1979年提出的前景理论构成行为金融理论的基础理论。前景理论把风险决策过程分为编辑和评价两个阶段。在编辑阶段,个体凭借“框架”、参照点等采集和处理信息;在评价阶段,个体依赖价值函数和决策权重函数对信息予以判断。

由马科维茨(1952)提出的基于“均值—方差组合”的投资组合理论及以此为基础建立的资本资产定价模型(CAPM),因为理性投资者假设、投资者风险态度同质假设等假设条件的限制,无法解释现实中的诸多问题。行为金融学者从投资人的最优投资决策过程是在心理账户上进行的实际出发,发展了行为组合理论(BPT)和行为资产定价模型(BAPM)。

思考题

1. 行为金融学产生的背景是什么?

2. 在透彻理解前景理论的心理学基础和决策过程后,人们能否在现实生活中发现更多有趣的现象支持前景理论,人们的决策为何并非如书本所述的“理性”?

3. 比较新古典金融理论中的预期效用理论和行为金融理论中的前景理论的异同。

进一步阅读书目

1. 安德瑞·史莱佛. 并非有效的市场:行为金融学导论[M]. 赵英军,译. 北京:中国人民大学出版社,2003.

2. 罗伯特·J. 希勒. 非理性繁荣[M]. 范文仲,夏乐,译. 北京:中国人民大学出版社,2001.

3. 路西·F. 阿科特,理查德·迪弗斯. 行为金融:心理、决策和市场[M]. 戴国强,等译. 北京:机械工业出版社,2018.

4. 理查德·泰勒. “错误”的行为[M]. 王晋,译. 北京:中信出版社,2016.

第二十二章　金融博弈论

本章要点

◎什么是博弈和金融博弈？

◎什么是信贷市场博弈？

◎什么是国际金融监管的协调？

◎什么是政策的一致性？

◎什么是金融监管博弈？

金融活动是金融主体间的一种交互活动。任何一方在进行金融决策时，不仅要考虑自身的偏好、预算，而且必须考虑自身的决策与其他主体间的行为的相互依存和相互影响。金融活动的另一个重要特点是信息在各主体间的不平衡分布，即存在信息不对称，由此带来金融资源配置的非效率状态。20 世纪中叶创立并迅速兴盛的经济博弈论为分析经济行为主体在"策略相互依存"和"不对称信息"局势中的决策行为提供了重要的方法论工具。博弈论的广泛应用已经引起了一场"经济理论的革命"。

第一节　博弈论的基础

一、什么是博弈和博弈论

先看下面两个例子。

例 22－1　"石头·剪子·布博弈"。这种游戏在我国流传甚广。它的规则非常清楚，即甲、乙两个人用不同的手势代表石头、剪子或布，双方同时出一种手势，手势相同为和，手势不同时，石头胜剪子、剪子胜布、布胜石头。这个游戏虽然很简单，但是它包含了相生相克、以柔克刚等不少深刻的哲理，也是博弈论的一个典型例子。我们假定和时，两个人的得益为0，表示没有输赢；如果手势不同，输家得 -1，赢家得 +1。在这个游戏中，双方可选择的策略有3个，即要么石头、要么剪子、要么布，他们的输赢情况如图22 -1所示。

		乙：石头	乙：剪子	乙：布
甲	石头	0, 0	1, -1	-1, 1
	剪子	-1, 1	0, 0	1, -1
	布	1, -1	-1, 1	0, 0

图22 -1　石头·剪子·布博弈

图22 -1方格内的数据，第一个是甲方的得益，第二个是乙方的得益。在这个例子中，显然，甲乙双方的得益结果都在于，一是不能让对方猜到自己的策略选择；二是要努力猜到对方的策略选择。

例22 -2　囚徒困境（prisoner's dilemma）。囚徒困境是博弈论中最著名的案例。有两个人因犯盗窃罪而被捕，同时他们还涉嫌一次抢劫罪，被警方关在不同的房间内审讯。他们面临的形势是：如果两个人都坦白还犯有抢劫罪行，那么将各被判处5年有期徒刑（两罪并罚）；如果一方坦白另一方不坦白，那么坦白从宽，将功赎罪，免于刑事处分；抗拒从严，不坦白者从重判处8年有期徒刑；如果两个人均不坦白，则因证据不足只能以盗窃罪而各判2年有期徒刑。每一个囚犯在选择自己是“坦白”还是“不坦白”时，必须考虑另一个囚犯的选择，因为法律条文把这两个人的命运紧紧连在一起了。这两个囚犯的得益函数和策略可表示为：

		嫌疑人2：坦白	嫌疑人2：不坦白
嫌疑人1	坦白	-5, -5	0, -8
	不坦白	-8, 0	-2, -2

图22 -2　囚徒困境

博弈（game），又译作“对策”、“游戏”或“竞赛”，它是对若干个人在“策略相互依存”情形下相互作用状态的抽象表述。也就是说，在博弈情形下，每个人的福利不仅取决于他自身的行为，而且取决于其他人的行为。通过上面的例子，我们发现，博弈一般都有下面一些特征：①有一些规则，我们叫作“博弈规则”。这些规则规定了博弈的参加者（个人或团体）可以做什么，不可以做什么，按怎样的次序做，什么时候结束博弈和一旦参加者犯规将受到怎样的处罚等。②有一个结果。如一方输一方赢、平局或参加者各有所得等。③策略至关重要。博弈的参加者的不同策略选择常常对应不同的博弈结果。④策略有相互依赖性。即每一个博弈的参加者从博弈中所得结果的好坏不仅取决于自身的策略选择，同时取决于其他参加者的策略选择。在人类的社会活动中，具有上述特征的活动很多，范围很广，涉及经济活动、政治活动、军事活动等。

博弈论（game theory），又译作“对策论”、“游戏理论”或“竞赛理论”。它是研究博弈情形下，博弈参与者的理性行为选择的理论；或者说，它是关于竞争者如何根据环境和竞争对手的情况变化，采取最优策略和行为的理论。

二、博弈的要素

博弈有如下一些基本要素。

（1）局中人（players）。局中人是指博弈的参加者，博弈中选择行动（或策略）以使自己的得益（效用）最大化的决策主体。局中人可能是自然人，也可能是团体，如企业、国家，甚至由若干国家组成的集团如OPEC、欧盟等。除一般意义上的局中人之外，为了方便分析，在博弈论中，还引入了一个虚拟局中人（pesudo - player）来处理“自然”的选择。这里“自然”是指决定外生的随机变量的概率分布的机制。如在农业生产中，“自然”就是天气、气候。

（2）策略（strategies）。策略是指给定信息集情况下局中人的相机行动方案。它规定局中人在什么时候选择什么行动。

（3）信息（information）。信息是指局中人有关博弈的知识，特别是有关“自然”的选择、其他局中人的特征和行动的知识。

（4）得益（payoff）。在博弈论中，得益是指在一个特定的策略组合下，局中人得到的效用或期望效用。得益是局中人真正关心的东西。

（5）均衡（equilibrium）。均衡是指所有局中人的最优策略组合或行动

组合。一般记为:

$$s^{*} = (s_1^{*}, \cdots, s_i^{*}, \cdots, s_n^{*}) \qquad (22-1)$$

其中, s_i^{*} 是第 i 个局中人在均衡情况下的最优策略，它是 i 的所有可能策略中使 u_i 或 E_{ui} 最大化的策略。博弈论中的均衡概念包括纳什均衡、子博弈完美纳什均衡、贝叶斯纳什均衡、完美贝叶斯纳什均衡等①。

(6) 行动 (actions or moves)。行动是指局中人在博弈的某个时点的决策变量。

(7) 结果 (outcome)。结果是指博弈分析者感兴趣的所有东西，如均衡策略组合、均衡得益组合等。

三、博弈的类型

从博弈论的基本刻画可以看出，无论什么博弈，总是存在如下三个要素:①局中人;②每个局中人的策略空间;③每个局中人的得益函数。局中人集合、策略空间和得益函数等构成博弈的基本信息。博弈可以按这些基本信息进行分类。

(1) 单人博弈、两人博弈与多人博弈。这是根据博弈的局中人数目进行的分类。单人博弈就是只有一个局中人的博弈。两人博弈就是在两个各自独立决策、相互具有策略依存关系的局中人之间的决策问题。两人博弈是博弈中最普通、最常见，也是研究最多的博弈。多人博弈是指在一个博弈中有三个或三个以上的局中人参加。

(2) 静态博弈、动态博弈和重复博弈。这是按局中人行动的先后顺序进行的分类。如果局中人“同时”选择行动，则博弈是静态的。要求“同时”并不等于规定在同一时刻大家一起行动，通常在时间上有行动的先后，但局中人彼此不知道其他局中人在采取什么具体行动。这种情况下的博弈叫作“静态博弈”。如果在博弈中，局中人的行动有先后顺序，后行动者可以观察到前行动者的行动，并在此基础上采取对自己最有利的策略。这种博弈就是“动态博弈”。如果一个博弈反复进行，则称这个博弈是“重复博弈”。构成

① 详见郑长德. 博弈论及其在经济管理中的应用[M]. 成都:电子科技大学出版社,2009。

重复博弈的一次性博弈叫作“原博弈”或“阶段性博弈”。

(3) 完全信息博弈和不完全信息博弈。从信息的角度来讲，博弈可分为完全信息博弈和不完全信息博弈。所谓完全信息，是指每一个局中人对于自己以及其他局中人的策略空间、得益函数等知识有完全的了解，否则就是不完全信息。

(4) 零和博弈、常和博弈与变和博弈。在两人博弈或多人博弈中，每个局中人在每种策略组合下都有各自相应的得益。如果每个局中人在同一结果中各自的得益之和为零，那么称此博弈为“零和博弈”；如果为一常数，那么称此博弈为“常和博弈”，相反就是“变和博弈”。

(5) 合作博弈和非合作博弈。它们的区别主要在于人们的行为相互作用时，局中人能否达成一个具有约束力的协议，如果有，就是合作博弈，反之就是非合作博弈。例如，两个寡头企业，如果它们就价格达成了一个具有约束力的协议，联合利润最大化，并且各自按协议进行生产，那么它们之间的博弈就是合作博弈，它们面临的问题是如何分享合作所带来的剩余。但是，如果两个企业达成的协议不具有约束力，就是说，没有哪一方遵守协议，每个企业只选择自己的最优产量（或价格），那么就是非合作博弈。

上面的分类可以组合，形成许多很有意义的博弈。其中，按局中人的行动顺序和按局中人信息的完全程度的分类进行组合，可以将博弈分为：完全信息静态博弈、完全信息动态博弈、不完全信息静态博弈、不完全信息动态博弈。

四、金融博弈

金融学研究资金融通活动，即研究投资者的储蓄如何通过金融市场和金融中介配置给企业，研究企业如何利用金融市场和金融中介为其活动融资。从广义上来讲，金融学既包括以微观金融主体行为及其运行规律为研究对象的微观金融学的内容，也包括以金融系统整体的运行规律及其各构成部分的相互关系为研究对象的宏观金融学的内容。金融活动大量地涉及经济行为主体策略的相互依存，而传统金融学在很多问题上不能提供满意的解释，这就导致新的研究方法的应用。博弈论提供了一种方法，把不对称信息和策略互动融入分析中，为许多在标准金融理论未能很好解释（或根本未解释）的金融现象提供了新的洞察方法。所以，金融博弈（financial games）就是金融活动中策略相互依存局势下，对金融主体相互作用状态的抽象表述。

金融博弈论（theory of financial games）就是把博弈论方法应用于分析博弈情形下，金融主体的理性行为选择的理论。它研究的是具有不对称信息和策略相互依存特点的金融决策行为及其结果。博弈论方法在金融分析中的应用领域十分广泛。例如，货币政策行为及其效应可以看作货币政策制定者与公众（货币政策调节对象）之间的博弈，金融监管问题可以看作监管者与被监管者之间的博弈，证券市场行为可以看作机构投资者与机构投资者、机构投资者与散户投资者之间的博弈，金融机构之间的市场竞争可以看作金融机构之间的博弈，金融机构内部治理和管理可以看作所有者与经营者、管理者与被管理者之间的博弈等。因此，博弈论在金融分析中的应用包括在货币政策分析中的应用、在金融体制改革和金融制度设计中的应用、在金融市场竞争中的应用、在金融企业管理中的应用等①。

第二节　信贷市场中的博弈论

博弈论在金融学分析中具有十分广泛的应用领域。这里首先介绍博弈论在银行信贷市场中的运用。银行信贷中的许多问题均可以用博弈论进行分析，这里略举几例。

一、银行挤兑博弈

两个投资者，每人存入银行一笔存款 D，银行已将这些存款投资于一个长期项目。如果银行在项目到期前被迫对投资者变现，则共可收回 $2r$，这里 $D>r>D/2$。然而如果银行允许投资项目到期，则项目共可取得 $2R$，其中 $R>D$。

有两个日期，投资者能够从银行提款：日期 1 在银行的投资项目到期

① 陈学彬．金融学[M]．北京:高等教育出版社,2003.

之前；日期 2 则在到期之后。为简单起见，假设不存在贴现。如果两个投资者都在日期 1 提款，那么每人可得到 r，博弈结束。如果只有一个投资者在日期 1 提款，那么他可得 D，另一个投资者得到 $2r-D$，博弈结束。最后，如果两个投资者都不在日期 1 提款，那么项目到期，投资者在日期 2 做出提款决策。如果两个投资者都在日期 2 提款，那么每人收到 R，博弈结束。如果只有一个投资者在日期 2 提款，那么该投资者收到 $2R-D$，另一个收到 D，博弈结束。最后，如果两个投资者都不在日期 2 提款，那么银行向每个投资者返还收益 R，博弈结束。

下面我们首先用标准型表述表示这个博弈。设两个投资者在日期 1 和日期 2 的支付（作为他们在那时提款决策的函数）用标准型博弈表示（见图 22－3)。需要注意的是，日期1 的标准型表述不规范：如果两个投资者都选择在日期1 不提款，那么就无支付相对应，这时投资者要在日期2 进行标准型博弈。

	提款	不提款
提款	r, r	$D, 2r-D$
不提款	$2r-D, D$	下一阶段

时期1

	提款	不提款
提款	R, R	$2R-D, D$
不提款	$D, 2R-D$	R, R

时期2

图 22－3　银行挤兑博弈（1）

为分析这一博弈，我们利用逆向归纳法，先考虑日期 2 的标准型博弈。因为 $R>D$（从而 $2R-D>R$），“提款”严格优于“不提款”，所以这个博弈有唯一的纳什均衡：两个投资者都提款，得到的支付为（R，R）。

由于不存在贴现，我们可以直接把第二阶段得到的支付代入日期 1 的标准型博弈，如图 22－4 所示。

	提款	不提款
提款	r, r	$D, 2r-D$
不提款	$2r-D, D$	R, R

图 22－4　银行挤兑博弈（2）

因为 $r<D$（从而 $2r-D<r$），这一由两阶段博弈变形得到的单阶段博弈有两个纯战略纳什均衡：①两个投资者都提款，结果支付为（r，r）。②两个投资者都不提款，得到的支付为（R，R）。从而，最初的两阶段银行挤兑博弈就有两个子博弈完美解。

银行挤兑博弈虽然无法预言银行挤兑什么时候发生，但是可以证明它们能作为一种均衡现象发生。

二、信贷配给

信贷配给（credit rationing）是信贷市场上存在的一种典型现象。从广义上来说，信贷配给指的是这样一种情形，由于市场利率低于市场出清的瓦尔拉斯均衡水平，信贷市场上出现了超额需求。这个定义仅仅是对一个现象的描述，失之宽泛。进一步细分，通常所说的信贷配给包括了四种情形：①利率配给，借款人在给定贷款利率上能得到低于其意愿规模的贷款。②意见分歧的配给，一些经济个体无法在他们认为适当的利率上获得借款。③红线注销，实际上是一种集团经济歧视。由于有风险分级，贷款人对在任何利率上都无法得到他所要求的收益率的人，将拒绝发放贷款。而且，贷款人要求的收益率由存款利率决定，当要求的收益提高时，原来可贷的款也变得不可贷。④纯信贷配给，一部分经济主体得到了贷款，但是另一部分明显相同的主体想以完全相同的条件申请贷款却无法成功。

（一）逆向选择

SW 模型假设借款人（个人或企业）为了项目 θ 向银行申请贷款，θ 是一项有风险的投资，项目 θ 的收益 R 的分布函数为 $F(R,\theta)$，收益分布的密度函数为 $f(R,\theta)$。$F(R,\theta)$ 是银行和借款人的共同知识，于是银行可以通过借款人的收益均值，将借款人分成若干个集团，每个集团的借款人期望收益相同。SW 模型中，假设 θ 是衡量项目风险的变量，并且假定在期望保留型分布的意义上，θ 越大，风险越大。换言之，如果存在：

$$\int_0^{\infty} Rf(R,\theta_1)\,\mathrm{d}R = \int_0^{\infty} Rf(R,\theta_2)\,\mathrm{d}R \tag{22-2}$$

且对于 $y \geqslant 0$，有：

$$\int_0^{\infty} F(R,\theta_1)\,\mathrm{d}R \geqslant \int_0^{\infty} F(R,\theta_2)\,\mathrm{d}R \tag{22-3}$$

则有 $\theta_1 > \theta_2$，即项目 θ_1 风险更大①。

假定融资金额为 B，利率为 $\hat{r}$，抵押为 C，那么当满足以下条件时，借款人选择违约。

$$C + R \leqslant B(1+\hat{r}) \tag{22-4}$$

于是，借款人和银行的净收益可以分别表示为：

$$\pi(R,\hat{r}) = \max[R-(1+\hat{r})B;\ -C] \tag{22-5}$$

$$\rho(R,\hat{r}) = \min[R+C;B(1+\hat{r})] \tag{22-6}$$

SW 模型中的信贷市场，是一个卖方叫价的市场，银行根据对收益的估计，给出一个利率，借款人根据在给定条件下的预期利润决定是否接受该利率。在 SW 模型中，不存在讨价还价，其交易对借款人来说，是一个接受或放弃（take it or leave it）的选择。可以证明，由于利润是关于 R 的凸函数，于是存在一个关键值 $\hat{\theta}$，只有那些项目风险满足 $\theta > \hat{\theta}$ 的借款人才会申请贷款。并且，由于借款人的风险类型是他们的私人知识，银行仅仅知道关于借款人风险类型的一个分布，所以考虑项目风险连续分布的情形，银行的期望收益可以被表示为：

$$\bar{\rho}(\hat{r}) = \frac{\int_{\theta(\hat{r})}^{\infty} \rho(\theta,\hat{r})\,dG(\theta)}{1-G(\hat{\theta})} \tag{22-7}$$

对式（22－7）求对利率的导数，可以分离出两个效应。

$$\frac{\mathrm{d}\bar{\rho}}{\mathrm{d}\hat{r}} = -\frac{g(\hat{\theta})}{[1-G(\hat{\theta})]}(\hat{\rho}-\bar{\rho})\frac{\mathrm{d}\hat{\theta}}{\mathrm{d}\hat{r}} + \frac{\int_{\hat{\theta}}^{\infty}[1-F(1+r)B-C,\hat{\theta}]\,\mathrm{d}G(\theta)}{1-G(\hat{\theta})} \tag{22-8}$$

第一项是分离效应，当利率上升时，不同风险类型的借款人做出不同的反应，那些达到了临界点的借款人退出申请；第二项表示当利率上升，而借款人群体不发生变化时，银行收益递增。于是利率对银行收益的总的

① 参见：Rothschild 和 Stiglitz 所著 *Increasing Risk*：*A Definition*（1970），*Increasing Risk*：*Its Economic Consequences*（1971）。

影响，取决于这两项的绝对值的大小。可以证明 $\frac{d\hat{\theta}}{d\hat{r}} > 0$ ，这意味着当利率上升时，决定贷款的风险关键值是否也上升。进一步地，可以证明式(22－8)第一项为负值且绝对值递增。随着利率的上升，银行收益呈现单峰状（见图22－5）。

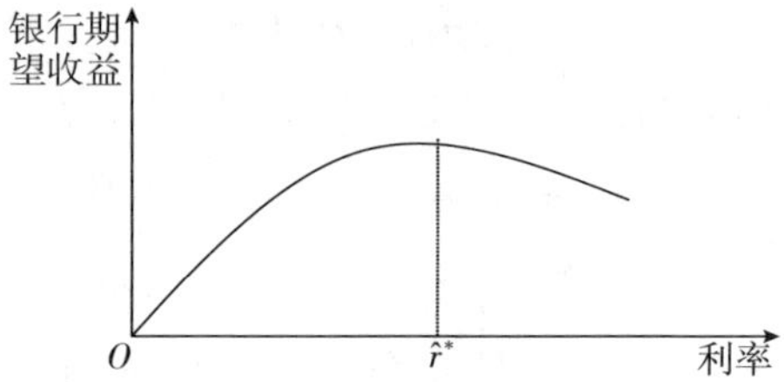

图22－5　贷款利率与银行期望收益的关系

根据期望收益，可以发现银行决定利率，我们假设了借款人借款金额的同一和不可分，于是我们还可以得到在不同利率下银行的资金供给。由借款人期望利润可以得到资金需求（见图22－6）。

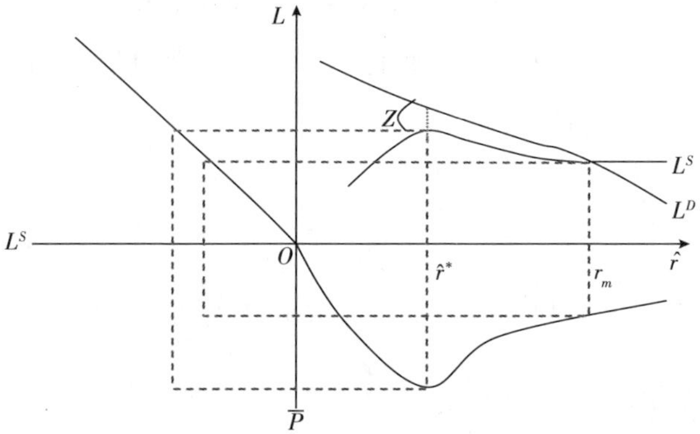

图22－6　信贷配给市场均衡

（二）道德风险

利率一方面对借款人有一个甄别作用，另一方面影响了借款人借款后的行为。

在前面的讨论中，假定一个借款人只有一个借款项目，如果每一个借款人在借款之后可以将资金用于风险不同的项目，用 j,k 表示，项目 j 是期望扩展型分布意义上的高风险项目。为简化起见，假定两个项目的收益分别为 R^j, R^k，且 $R^j > R^k$，项目成功概率分别为 p^a, p^b，且 $p^a < p^b$，抵押 $C = 0$。如果借款人风险态度为风险中性，那么当满足以下条件时，借款人对两个项目无差异。

$$[R^j - (1+\hat{r})B]p^a = [R^k - (1+\hat{r})B]p^b \tag{22-9}$$

由式（22-9），可得：

$$B(1+\hat{r}) = \frac{p^a R^j - p^b R^k}{p^a - p^b} \tag{22-10}$$

即银行期望收益是 r 的函数（见图 22-7）。

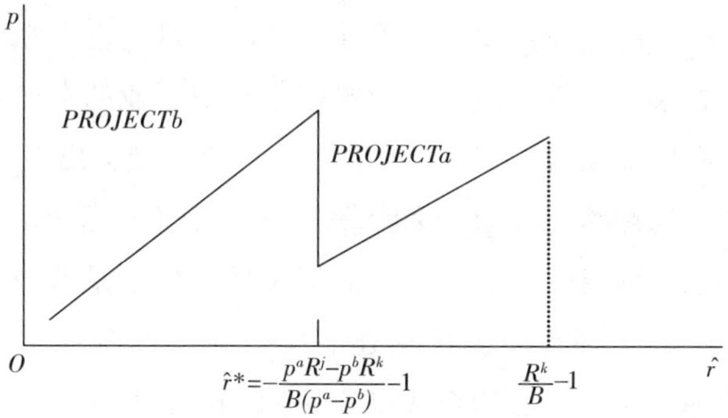

图 22-7　银行期望收益的非单调性的一个特例

当利率小于 $\hat{r}^*$ 时，企业选择低风险项目；当利率大于 $\hat{r}^*$ 且小于 $(\frac{R^k}{B}) - 1$ 时，企业选择高风险项目。在这样的情况下，我们发现，银行收益 ρ 不是 $\hat{r}$ 的单调函数，于是就可能存在均衡信贷配给。

三、信贷和企业年龄：戴蒙德模型

在信贷市场上，还有一个重要的观察就是，企业的历史越长，银行给它的贷款利率就越低。为什么会如此呢？戴蒙德（D. Diamond，1989）提出的信贷条件模型解释了为什么老企业的违约风险比新企业要低①。他的模型里既有逆向选择（企业的类型不同），也有道德风险（企业有隐藏行

① 引自艾里克·拉斯缪森. 博弈与信息：博弈论概论（第二版）[M]. 王晖，白金辉，吴任昊，译. 北京：北京大学出版社，2003：408-410。

动)。模型里有三种类型的企业:R 型企业、S 型企业和 RS 型企业。企业在 0 时期成立,在每一期的开始向银行申请贷款。我们应该把企业想成是交迭世代的,即在任何一个时点上都有不同年龄的企业同时存在,但是模型只考察一代企业的生命周期。所有的参与人都是风险中性的。RS 型企业可以在两类项目之间独立地进行选择,一类是预期收益为负的有风险项目,另一类是预期收益很低但大于 0 的无风险项目。尽管有风险项目的预期收益很低,但是有风险项目一旦成功了,其收益率比无风险项目要高得多。R 型企业只选择有风险项目,而 S 型企业只选择无风险项目。在每一期结束时,企业得到利润并偿还贷款,然后企业选择新的项目并申请下一期的贷款。银行不能判断企业选择了什么样的项目,也不知道企业的当期利润。但是,如果企业不归还贷款,银行就会把企业的资产据为己有。如果企业选择了有风险项目,而且项目失败了,最后就会出现这种情况。

这个博弈的均衡路径分为三个阶段。RS 型企业在博弈的早期阶段选择有风险项目。如果项目失败了,它们的损失最大也就是破产;如果项目成功了,那么它们在偿还了贷款之后还有很多剩余的利润。随着时间的推移,破产使选择有风险项目的企业(RS 型企业和 R 型企业)数量越来越少,而 S 型企业的数量却没有什么变化。因此,银行就能在不降低利润的情况下降低利率。无风险资产的价值是其无风险的现金流减去利息支出,有风险资产的价值是预期的公司破产前的现金流减去利息支出的值。如果利率下降了,相对于有风险资产而言,无风险资产的价值就上升了。在 t_1 期开始的博弈第二阶段,因为此前的利率已经下降了不少,所以 RS 型企业也开始选择无风险项目,这时只有少量的 R 型企业继续选择有风险的项目,而且 R 型企业的数量在不断地减少。因为银行知道 RS 型企业转而选择无风险项目了,所以利率在 t_1 期就会大幅度下降。一个企业存在的时间越长,它是 R 型企业的可能性就越小,所以银行就会给它利率较低的贷款。图 22-8 画出了利率随时间变化的路径。

随着时间越来越接近最后一期 T,无风险资产在未来的现金流的价值也逐渐降低。这时,即使在利率较低的情况下,RS 型企业也会再次开始选择有风险项目。和 t_1 期不同的是,RS 型企业不会一下子全部改为选择有风

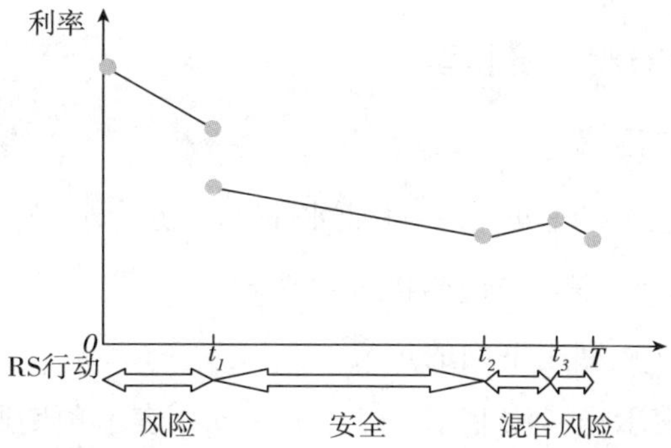

图 22－8　利率随时间的变化

险项目。在 t_1 期以前，只有一部分 RS 型企业转而选择无风险项目，因而银行愿意降低利率，而这又使无风险项目对 RS 型企业更有吸引力。如果一部分 RS 型企业在 t_2 期转而选择有风险项目，那么银行就会提高利率，而较高的利率又使有风险项目对 RS 型企业更有吸引力。RS 型企业在 t_2 期和 t_3 期之间采取混合策略，随着时间的推移，越来越多的 RS 型企业转而选择有风险项目，利率也随着有风险项目的增多而上升了。在 t_3 期，因为利率比较高，而且时间也很接近博弈终点，所以这时所有的 RS 型企业都采取选择有风险项目的策略。在最后一期 T，因为失败了的有风险项目使 RS 型企业的数量减少了，所以银行利率又会下降。

第三节　宏观金融中的博弈论：政策一致性

博弈论在宏观金融中的经典应用是一个用博弈论方法分析宏观经济政策动态一致性（time – consistent macroeconomic policy）的模型。该模型以巴罗和戈登（Barrow & Gordon，1983）、马修·坎组纳瑞（Matthew Canzoneri，1985）等的工作为基础。所谓政府政策的动态一致性指的是，假如没有任何新的信息出现，一个政策不仅在制定阶段应该是最优的（从政府的角度看），而且在制定之后的执行阶段也应该是最优的。如果一个政策只是在制定阶段是最优的，而在执行阶段不是最优的，这个政策就是动态不一致的。这里介绍的模型是以货币政策为例的。

一、简单的宏观经济模型

（一）变量的定义

下面的模型包括的总量有：就业水平 l_t、物价水平 p_t、货币供应 m_t、货币工资 w_t、实际工资 r_t和预期物价水平 p_t^e。

我们在讨论中，利用下面的定义。

$\pi_t \equiv p_t - p_{t-1}$表示通货膨胀率；$\pi_t^e \equiv p_t^e - p_{t-1}$ 表示预期通货膨胀率；$g_t \equiv m_t - m_{t-1}$ 表示货币供应增长率；利用恒等式$r_t \equiv w_t - p_t$（自然对数）表示实际工资。为简化起见，标准化使 $m_1 = 0$，$p_1 = 0$，于是有：$\pi_2 = p_2, \pi_2^e = p_2^e$，$r_2 = w_2 - \pi_2$。

（二）行动和博弈的顺序

博弈进行分两个时期。第一个时期，工人选择其在第二个时期工作的货币工资。他们在做出此决策时，不知道第二个时期的物价水平。第二个时期开始，中央银行选择通货膨胀率，然后雇主选择雇佣水平。中央银行通过控制货币供应增长率间接控制通货膨胀率。虽然经济学家还没有解决货币增长与通货膨胀之间的因果联系，但是这里采取极端的货币主义观点，假设通货膨胀是由货币增长引起的，即：

$$\pi_2 = \phi(g_2) \tag{22-11}$$

其中，$\phi(\cdot)$ 是严格增函数。

（三）策略

工人的策略是货币工资 w_2。中央银行的策略是通货膨胀政策 $\pi_2(w_2)$。在此博弈中，通货膨胀率依赖于工人选择的工资的事实被证明是中央银行绩效差的一个重要原因。雇主的策略是雇佣法则 $l_2(w_2, \pi_2)$。

（四）得益

工人是效用最大化者，其效用取决于实际收入和闲暇。给定实际工资，就业的增加引起工人的实际收入增加，但闲暇减少。收入和闲暇的边际效用递减意味着对任意的实际工资 r_t，存在一个效用最大化的劳动供给水平 $l^s(r_t)$。这就是劳动供给曲线。为简单起见，假设：

$$l^s(r_t) = \alpha \cdot r_t \tag{22-12}$$

其中，α 是一个常数，它等于实际工资变化 1% 所引起的劳动供给的百分比变化。即 α 是劳动供给相对于实际工资的弹性。假设工人想要使雇主最终选择的就业水平 l_2 与效用最大化的就业水平 $\alpha \cdot r_2$ 之差最小。具体地，假设工人的得益函数 ν_w 的形式是：

$$\nu_w(w_2, l_2, \pi_2) = -[l_2 - \alpha \cdot (w_2 - \pi_2)]^2 \tag{22-13}$$

中央银行的目标很简单。它分别有一个就业水平和通货膨胀率的目标值，记为 $\tilde{l}_2$ 和 $\tilde{\pi}_2$，想要用一个政策工具 π_2 使 l_2 和 π_2 逼近这两个目标值。假定中央银行的目标是使得益函数最大化：

$$\nu_{FR}(w_2, l_2, \pi_2) = -(l_2 - \tilde{l}_2)^2 - \mu \cdot (\pi_2 - \tilde{\pi}_2)^2 \tag{22-14}$$

其中，式（22－14）的外生变量 μ 表示中央银行的目标中就业水平目标和通货膨胀率目标的相对重要性。μ 越大，通货膨胀率目标的权重就越大，就业水平目标的权重就越小。式（22－14）中的两项被平方的事实意味着当 l_2 或 π_2 离目标值越远，效用的边际损失越大。大缺口比小缺口更痛苦。

雇主是利润最大化的价格接受者。在利润最大化的就业水平上，劳动力的边际产品等于实际工资率。这个条件定义了劳动需求函数 $l^d(r_t)$。为简化起见，假设劳动的（对数）需求函数是：

$$l^d(r_t) = -\eta \cdot r_t \tag{22-15}$$

在解释参数 η 时，重要的是记住变量采取的是对数形式。一般地，η 是劳动需求对实际工资率的弹性，利用实际工资率的表达式，则第二期劳动需求函数可写作：

$$l^d(r_t) = -\eta \cdot (\pi_2 - w_2) \tag{22-16}$$

雇主想要使就业水平与利润最大化的就业水平之差最小，具体地，假设雇主的利润函数是：

$$\nu_E(w_2, l_2, \pi_2) = -[l_2 - \eta \cdot (\pi_2 - w_2)]^2 \tag{22-17}$$

当劳动的供给数量等于劳动的需求数量时，劳动力市场处于均衡状态。在这个均衡实际工资处的就业水平是自然就业水平。这里选择的单位是使自然就业水平等于1，这表明它的对数为0。

二、子博弈完美纳什均衡

因为这是一个完美信息动态博弈，所以可用逆向归纳法确定此博弈的子博弈完美纳什均衡。

(1) 雇主最后行动。给定工人选择的货币工资和中央银行选择的通货膨胀率，雇主利润最大化策略是使 $\nu_E(w_2, l_2, \pi_2)$ 最大化，雇主的利润函数中只有一个变量需要确定，即 l_2。容易看到，最优就业水平 $l_2^*(w_2, \pi_2)$ 等于 $\eta \cdot (\pi_2 - w_2)$，这就是经济中的总就业函数：

$$l_2^*(w_2, \pi_2) = \eta \cdot (\pi_2 - w_2) \tag{22-18}$$

(2) 中央银行第二行动。它的最优策略是使下列函数最大化：

$$\nu_{FR}[w_2, l_2^*(w_2, \pi_2), \pi_2]$$

即它选择 π_2，使下列函数最小化：

$$[\eta \cdot (\pi_2 - w_2) - \tilde{l}_2]^2 + \mu \cdot (\pi_2 - \tilde{\pi}_2)^2 \tag{22-19}$$

容易证明中央银行的最优通货膨胀政策是：

$$\pi_2^* = \frac{\mu \cdot \tilde{\pi}_2 + \eta \cdot \tilde{l}_2 + \eta^2 \cdot w_2}{\mu + \eta^2} \tag{22-20}$$

(3) 工人先行动。他们对工资合同的选择依赖于他们对就业水平和通货膨胀率的预期。工人使用的通货膨胀预期是什么？理性使得工人用向前看和预测由中央银行最优通货膨胀政策所产生的通货膨胀率来形成其预期。这意味着：

$$\pi_2^e = \pi_2^*(w_2) \tag{22-21}$$

把子博弈完美策略代入工人的得益函数得：

$$\begin{aligned}
&\nu_W\{w_2, l_2^*[w_2, \pi_2^*(w_2)], \pi_2^*(w_2)\} \\
&= -\{l_2^*[w_2, \pi_2^*(w_2)] - \alpha \cdot [w_2 - \pi_2^*(w_2)]\}^2 \\
&= -\{\eta \cdot [\pi_2^*(w_2) - w_2] - \alpha \cdot [w_2 - \pi_2^*(w_2)]\}^2 \\
&= -(\eta + \alpha)^2 \cdot [\pi_2^*(w_2) - w_2]^2
\end{aligned} \tag{22-22}$$

这个表达式在 $\pi_2^*(w_2^*) = w_2^*$ 处最大，或者：

$$w_2^* = \tilde{\pi}_2 + \frac{\eta}{\mu}\tilde{l}_2 \quad (22-23)$$

把式（22－23）代入式（22－21）就得到：

$$\pi_2^*(w_2^*) = \tilde{\pi}_2 + \frac{\eta}{\mu}\tilde{l}_2 \quad (22-24)$$

因为 $\pi_2^*(w_2^*) = w_2^*$，第二时期均衡的实际工资率（用对数表示）r_2^* 将等于0，于是劳动供给方程和劳动需求方程意味着：

$$l_2^d(r_2^*) = l_2^s(r_2^*) = 0 \quad (22-25)$$

这表示劳动力市场处于均衡状态。

因此，当且仅当 $\tilde{l}_2 = 0$ 时，中央银行才能达到其通货膨胀率和就业水平的目标。为什么中央银行可能认为自然就业水平是社会次优的，会把就业水平的目标定在自然水平之上，这有许多理由。例如：①所得税降低了工人所得的有效工资率，从而产生对工作的逆向激励，且劳动供给可能减少。②失业补偿降低了搜寻新岗位的成本，从而使实际失业率人为提高。③工会的垄断把工资推到了市场出清工资水平之上，因此减少了劳动需求的数量。④雇主的垄断使工资低于竞争水平，从而减少了劳动供给的数量。

只要 $\tilde{l}_2$ 严格为正，中央银行就不会达到其就业水平目标 $\tilde{l}_2$ 和通货膨胀率目标 $\tilde{\pi}_2$。中央银行不能改变就业水平是这个模型的非常重要的结论。因为工人的通货膨胀预期被证明是正确的，所以这个均衡也就具有完美预见的特征。

第四节　国际金融中的博弈论：国际政策的协调

一、国际政策协调博弈

近年来，随着区域经济及全球经济一体化进程的加快，国与国之间经济依赖性在不断加强，一国的经济政策会影响其他国家的经济条件和经济政策的抉择，由此就出现了国际政策协调问题。当世界作为一个主体时，每个国家都追求完全独立的政策，其结果可能是不满意的。

博弈论为国际政策的协调问题提供了有力的分析工具。在过去的几十年里，已有许多经济学家把博弈论引入国际政策协调，建立不同的博弈模型，分析不同的政策协调问题①，如国际货币政策协调、国际财政政策协调、国际贸易政策协调、国际债务问题协调、国际环境问题协调，等等②。

在国际政策博弈中，各国的政府是博弈的参与者，基于其目标（就业水平、国际收支等），它们采用各种“策略”（政府行为）。每个策略组合都会给参与者带来其预期目标方面的精确结果。图 22 -9 描述了一个两国（美国和中国）间固定汇率制下两种策略（扩张性经济政策和紧缩性经济政策）、两种目标（就业和经常账户均衡）的简单博弈。

如果两个国家都采取扩张性政策，那么两国的就业水平和经常账户目标都会改善，如果两国都采用紧缩性政策，那么两国都在实现国际收支目标的同时遭受经济衰退之苦。如果一国采用扩张性政策而另一国采用紧缩性策，那么两国的就业水平都不会发生变化，但扩张国家的经常账户会恶化（紧缩国家的经常账户会改善）。按照博弈论的说法，这两国处于“囚徒困境”。如果一个国家扩张，另一个国家却不这样做，那么后者将受益（经常账户均衡目标实现），前者将受损。如果两国不进行协调，那么就不可能达成两国都扩张的最优状态。

		美国	
		紧缩	扩张
中国	紧缩	两国都紧缩且B=0	两国就业都不改变，中国B改善
	扩张	两国就业都无改变，美国B改善	两国经济都繁荣且B=0

图 22 -9　国际政策博弈的得益矩阵

现实中的经济政策并非只是非此即彼的选择，而可能是从介于紧缩与扩张之间各种程度的选择。并且，即便是部分实现某个目标（可能是以牺牲另一个目标为代价），也是有价值的。这意味着，一国政府并非根据固

① 如尼汉斯(Niehans,1968)、琼斯(Jones,1982,1983)、哈马达(Harmmada,1974,1979,1985,1986)、约翰森(Johansen,1980)、坎组纳瑞与格雷(Gray,1985)、坎组纳瑞与亨德森(1991)、布赖逊(Bryson,1994a,1994b)、阿加瓦尔(Aggarwal,1996)等。

② 本节的分析参考和引用贾恩卡洛·甘道尔夫．国际金融与开放经济的宏观经济学[M]．靳玉英，译．上海:上海财经大学出版社,2006:480 -485。

定不变的目标来实施政策，而是基于弹性目标。弹性目标法意味着各个目标间有替代作用，即在给定的社会福利函数下，可以为更好地实现某个目标而使另一个目标实现得差一些。政策制定者的目标是在给定的约束条件下使其社会福利函数最大化。

二、模型

考虑一个简单的两国模型①，在这个模型中，每个国家有三个目标，即实际产出、经常账户均衡、通货膨胀率，两个政策工具，即财政政策和货币政策。政策制定者的福利函数用损失函数表示，即目标的实际值与理想值背离的函数，假设损失函数是二次的。这样最优政策问题就是将成本函数最小化。

令 y、x、π 分别表示本国产出、经常账户和通货膨胀率预期目标值的偏离，y^*、x^*、π^* 分别表示世界其他国家的产出、经常账户和通货膨胀率预期目标值的偏离。设两国的福利函数分别为：

$$\begin{aligned} W &= \frac{1}{2}y^2 + \frac{1}{2}w_x x^2 + \frac{1}{2}w_\pi \pi^2 \\ W^* &= \frac{1}{2}y^{*2} + \frac{1}{2}w_x^* x^{*2} + \frac{1}{2}w_\pi^* \pi^{*2} \end{aligned} \tag{22-26}$$

其中，各 w 表示经常账户和通货膨胀率相对产出的权重，令 g 表示财政政策工具（政府支出），m 表示货币政策工具（货币供给）。

由于在全球经济一体化的情况下，两国经济是相互依赖的，所以有：

$$\begin{aligned} y &= y(m, g, m^*, g^*) \\ x &= x(m, g, m^*, g^*) \\ \pi &= \pi(m, g, m^*, g^*) \end{aligned} \tag{22-27}$$

$$\begin{aligned} y^* &= y^*(m, g, m^*, g^*) \\ x^* &= x^*(m, g, m^*, g^*) \\ \pi^* &= \pi^*(m, g, m^*, g^*) \end{aligned} \tag{22-28}$$

---

① 模型参见：FRANKEL J A. Obstacles to international macroeconomic policy coordination[J]. Economics Working Papers, 1987.

其中，各函数的性质和对政策变量求的偏导数（政策乘数）取决于潜在的结构性模型。因此，政府的福利函数可以表示为政策工具的函数，即：

$$W = W(m,g,m^*,g^*)$$
$$W^* = W^*(m,g,m^*,g^*) \tag{22-29}$$

一阶条件给出了政策工具变化的边际福利效果，同时给出了各国的反应函数，即：

$$\frac{\partial W}{\partial m} = y\frac{\partial y}{\partial m} + xw_x\frac{\partial x}{\partial m} + \pi w_\pi\frac{\partial \pi}{\partial m} = 0$$
$$\frac{\partial W}{\partial g} = y\frac{\partial y}{\partial g} + xw_x\frac{\partial x}{\partial g} + \pi w_\pi\frac{\partial \pi}{\partial g} = 0$$
$$\frac{\partial W}{\partial m^*} = y\frac{\partial y}{\partial m^*} + xw_x\frac{\partial x}{\partial m^*} + \pi w_\pi\frac{\partial \pi}{\partial m^*} = 0$$
$$\frac{\partial W}{\partial g^*} = y\frac{\partial y}{\partial g^*} + xw_x\frac{\partial x}{\partial g^*} + \pi w_\pi\frac{\partial \pi}{\partial g^*} = 0 \tag{22-30}$$
$$\frac{\partial W^*}{\partial m} = y^*\frac{\partial y^*}{\partial m} + x^*w_x^*\frac{\partial x^*}{\partial m} + \pi^* w_\pi^*\frac{\partial \pi^*}{\partial m} = 0$$
$$\frac{\partial W^*}{\partial g} = y^*\frac{\partial y^*}{\partial g} + x^*w_x^*\frac{\partial x^*}{\partial g} + \pi^* w_\pi^*\frac{\partial \pi^*}{\partial g} = 0$$
$$\frac{\partial W^*}{\partial m^*} = y^*\frac{\partial y^*}{\partial m^*} + x^*w_x^*\frac{\partial x^*}{\partial m^*} + \pi^* w_\pi^*\frac{\partial \pi^*}{\partial m^*} = 0$$
$$\frac{\partial W^*}{\partial g^*} = y^*\frac{\partial y^*}{\partial g^*} + x^*w_x^*\frac{\partial x^*}{\partial g^*} + \pi^* w_\pi^*\frac{\partial \pi^*}{\partial g^*} = 0 \tag{22-31}$$

只要给出具体的函数形式，解这些反应函数，即可得到博弈均衡。

（1）纳什非合作均衡。当每个国家忽略本国政策对外国的影响时，即只需要 $\partial W/\partial m = \partial W/\partial g = 0$ 和 $\partial W^*/\partial m^* = \partial W^*/\partial g^* = 0$，求得的结果是次优的，此时的均衡是纳什非合作均衡，因为不能保证求得的 m、g、m^* 和 g^* 满足其他最优条件。

（2）合作均衡。当每个国家不仅考虑本国政策对自己的影响，而且考虑本国政策对外国的影响时，即联立求解上面全部一阶条件，这时得到的均衡是合作均衡，可以证明合作均衡比纳什非合作均衡更优。

三、哈马达图形

当每个国家只有一个政策工具时（或当每个国家的政策工具可以整合成一个时），国家政策协调问题可以用哈马达图形（Hamada Diagram）来描述，不过这时政府的福利函数是以传统的方式而非损失函数表示的。滨田宏一用图形直观地说明了在两国条件下进行政策协调的必要性①。

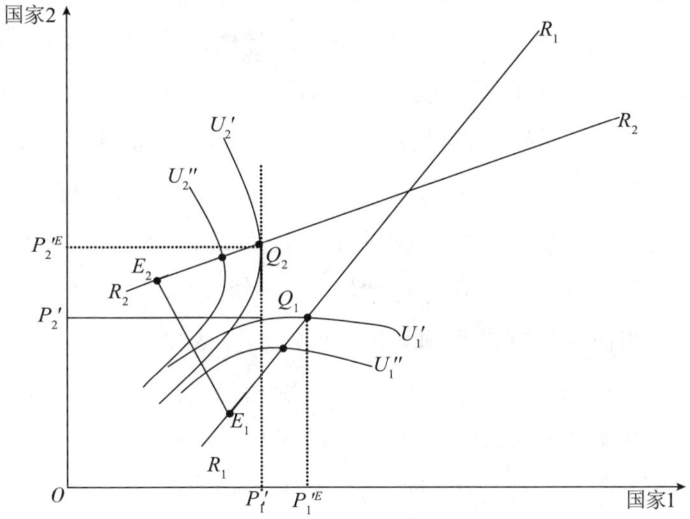

图 22－10　哈马达图形

如果我们用综合的连续变量来表示每个国家的政策工具，这样可以将两个国家的政策工具在图 22－10 这样的图中表示出来。国家 1 的政策工具以横轴表示，国家 2 的政策工具以纵轴表示。这样，图 22－10 中的任何一点都表示两国政策工具的一个组合，对应这个政策组合，将有一个从目标角度定义的支付结果，由各国的社会福利函数来决定与支付结果相对应的福利水平。社会福利函数有一个最大值，此时对应能够达到的最好支付结果（最大幸福点）。假定 E_1、E_2 分别是令国家 1 和国家 2 福利最大的点，围绕这些点，可以画出各国的福利无差异曲线。福利无差异曲线是给被讨

---

① HAMADA K. A Strategic analysis of monetary interdependence[J]. Journal of Political Economy 1976,84 (4):677－700.

论国家带来同一效用的两国所有政策组合构成的轨迹。考虑国家 1:假定其最大幸福点对应的是 E_1点,图 22 - 10 上其他点的福利都小于该点。则在离 E_1点越近的无差异曲线上,国家 1 的福利越大;曲线 U''_1 上的任何一点都好于曲线 U'_1 上的点。福利无差异曲线是围绕最大幸福点 E_1的封闭曲线,这里为简便起见,只画出无差异曲线的一部分,类似地,可以画出围绕 E_2点的国家 2 的福利无差异曲线。需要指出的是,在不存在政策溢出效应(相互依赖性)的情况下,各国的无差异曲线可能是直线。在图 22 - 10 中,国家 1 的无差异曲线(包括最佳福利点)表现为一系列垂线,而国家 2 的无差异曲线(同样包括最佳福利点)表现为一系列水平线。这意味着两国各自的政策不会给对方造成影响,即每一国最优政策的选择是独立于别国最优政策的,各国不必考虑对方采取什么样的政策就能制定自己的政策以达到最优福利安排。在这种情况下,未经协调的政策安排也是有效率的。这也说明协调的基础是国与国之间的相互依赖性。

在相互依赖的情况下,一国政策对别国福利的影响更加显著,表现在图上则是使两国原本为直线的无差异曲线变为围绕各自最佳福利点的椭圆形曲线。在无差异曲线发生形变的情况下,独立的政策安排不再有效。这时,解决约束最优问题的第一步是在给定对方任何政策工具选择的前提下,确定令自身福利最大化的政策工具。例如,对于国家 1,同时假定国家 2 采用 P_2' 点表示的政策工具,如果从这一点出发画一条平行于横轴的直线,就会发现,国家 1 能够达到的最高无差异曲线是 U_1',此曲线与前面的平行线相切。实际上,在给定国家 2 的政策选择是 P_2' 的情况下(约束条件),U_1' 是与 E_1最接近的无差异曲线,即给定 P_2',国家 1 的最优政策选择是 $P_1'^E$。这样,就得到一系列的点构成及 R_1R_1 曲线,称为国家 1 的政策反应函数(为画图简便起见,这里把这条线画成直线)。

同样,可以得到国家 2 的政策反应函数。例如,给定国家 1 的政策工具选择 P_1',在此约束下,国家 2 最接近最大幸福点 E_2的无差异曲线是 U_2',此线与从 P_1' 点出发的与纵轴平行的直线相切。

图 22 - 11 画出了连接 E_1、E_2两点的线段,这个线段是两国无差异曲线所有切点的轨迹。由于该轨迹上的所有点都有在不降低一方福利的条件

下无法增加另一方福利的特点，所以这个轨迹是福利最优线或契约线。

现在可以用哈马达图形描述没有协调时的情况并说明协调的优势所在。根据图 22－11 中两国的政策反应线，分析两国的行为。

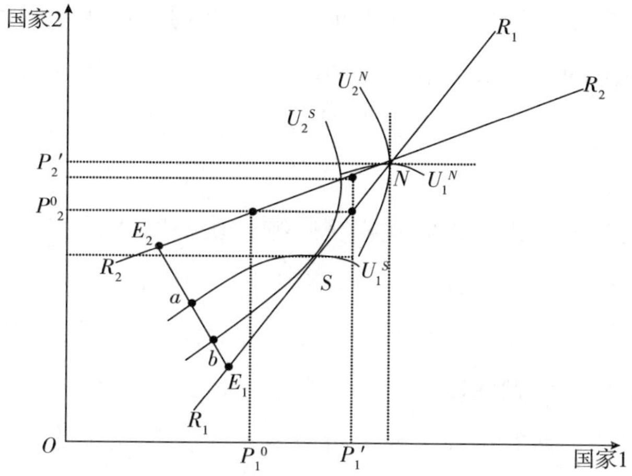

图 22－11　国际政策博弈：古诺－纳什解、斯坦克尔伯格解和合作解

古诺－纳什（Cournot－Nash）非合作解。在古诺－纳什形式下，每个国家假定本国不能影响对方国家的决策，因此，对方的政策决策是给定的，在这种前提下，每个国家以实现本国福利最大化为目标来选择政策工具。例如，给定国家 1 的政策工具 P_1^0，国家 2 将在其反应线上选择 P_2^0，当给定国家 2 选择 P_2^0 时，国家 1 将转而选择其反应线上的 P_1'，此时国家 2 转而选择其反应线上的 P_2'，以此类推，直至达到 N 点，N 点是古诺－纳什均衡，此时国家 1 的福利是 U_1^N，国家 2 的福利是 U_2^N。

斯坦克尔伯格（H. Von Stackelberg）解。当一个国家（如国家 2）是主导者（领导者），并且知道其自身的行为将影响对方的决定，而跟随者依然像在古诺－纳什情况下那样行动。领导者知道跟随者的反应线，即国家 2 知道，国家 1 会在 R_1R_1 曲线上就国家 2 的决策做出回应。这样，R_1R_1 曲线就是国家 2 福利最大化函数的约束条件。这意味着国家 2 将选择与此约束条件相容的最高福利线。这条福利线是 U_2^S，它与 R_1R_1 线相切于 S 点。实际上，S 是最接近 E_2 点且与 R_1R_1 曲线相容的点。在斯坦克尔伯格均衡点 S，国家 2 的福利水平明显高于其在纳什均衡下的福利，而跟随者的福利可能改善，也可能恶化。由于都不在契约线 E_1E_2 上，因此，这两个均衡点都是无效率的。

合作解。如果两国采取合作，那么它们的福利都会有所改善；如果它们进行政策协调，那么它们能够达到契约线上的一点。显然，契约线上任何一点都比古诺－纳什均衡和斯坦克尔伯格均衡更优。当然，两国具体会达到契约线上的哪一点，取决于两国讨价还价的能力。

本章小结

博弈就是一些相互依赖和相互影响的决策行为及其结果的集合，博弈论就是专门研究相互依赖、相互影响的决策参与者的理想选择行为及其结果的理论。金融博弈论就是博弈论方法在金融分析中的应用。

几乎所有的金融活动都是由两个以上的行为主体的决策行为共同作用的结果。因此，博弈论在金融分析中具有十分广阔的应用前景，包括公司金融、国际金融、宏观金融等领域。

思考题

1. 举出金融博弈的例子。
2. 利用博弈论方法分析金融监管。

进一步阅读书目

1. 陈学彬．金融博弈论[M]．上海:复旦大学出版社,2006.
2. 郑长德．博弈论及其在经济管理中的应用[M]．北京:中国经济出版社,2018.

第二十三章　法和金融学

本章要点

◎法和金融学是如何产生的？

◎法和金融学的基本观点是什么？

◎了解投资者保护的重要性。

◎了解法律与金融发展之间的关系。

第一节　法和金融学：金融学的新发展

“法和金融学”（law and finance）是由金融学和法学交叉而形成的一门新兴学科，它是自20世纪70年代兴起的“法和经济学”（law and economics）的延伸。法和金融学应用经济金融理论与计量经济学方法来分析和探究法律及法律制度对国家金融体系的形成、金融体系配置资源的效率、各国公司治理构架的形成及经济发展的影响。

“法和金融学”的开创性研究可上溯到20世纪90年代末期。在传统的金融理论看来，金融学研究的是证券的定价、证券的风险与收益，而证券的价格又是由该证券带来的现金流所决定的。1998年，来自美国哈佛大学、芝加哥大学的四位学者拉波塔、洛配兹·西拉内斯、施莱佛和维什尼（La Porta，Lopez－de－Silanes，Shleifer & Vishny，以下简称LLSV）发表了《法和金融学》这篇具有奠基性意义的文献。他们的研究发现，问题并非如此简单，现金流的获得是与附着于证券上的相应权利相关联的。这些权利能否得到保证和有效地行使，会影响证券的完整性，从而影响它的价格，而法规及其实施效果塑造着这些权利。此后，“法和金融学”渐渐引起了越来越多的法律学者、经济学者，甚至历史学者的研究兴趣，他们的工作极大地推动了法学和金融学的融合，推动了“法和金融学”学科的发展，今天，“法和金融学”已成为一个重要的研究领域。

“法和金融学”有两大研究方向：一是结合法律制度来研究金融学问题，也就是以金融学为中心，同时研究涉及的法律问题，强调法律这一制度性因素对金融主体行为的影响；二是利用金融学的研究方法来研究法学问题，如金融立法和监管的经济学分析。本章从对 LLSV 的著名论文《法和金融学》论述开始。LLSV 考察了 49 个国家（地区）对公司股东和债权人的法律保护制度，以及这些制度的渊源和执行效果，发现普通法系国家对投资者的法律保护最有效，法国民法系国家的法律保护最差，而德国和斯堪的纳维亚民法系国家的法律保护居于其中。同时也表明，在最大的上市公司中，股票所有权的集中程度相对来说与投资者的保护程度有关，小股东不可能在那些对其权利保护不利的国家中居于重要地位。根据 LLSV 的分析，法律制度外生性地决定了国家的经济架构和经济绩效，其产生的影响又取决于该制度是从哪个国家移植过来的。最后，我们对“法和金融学”进行了简单评论。

第二节　法和金融学：LLSV 模型

在《法和金融学》中，LLSV 不但对各个国家的法律起源、特点、分类等有关内容做了详细的解释，而且比较了不同国家和不同法律传统下的股东与债权方的权利，以及在不同国家和法律传统下，法律实施的质量、会计准则，还对所有权问题进行了详细的分析。LLSV 的研究出发点，是（外部）投资者保护与金融的关系。他们设计了若干指标，主要是外部股东（少数股东）和债权人的权利在法律上能够得到来自企业内部（经营者和大股东）的多大程度的保护，以及 49 个国家（地区）在法律执行上的效率等。这些指标体现了保护投资者的程度、法律执行的质量等变量与资本市场的发达程度、股票市场的相对规模、上市公司的数量（人均）、首次公开发行上市的活跃程度、股东持有股份的分散化等变量之间有很强的正相关关系。LLSV 通过研究世界范围内 49 个有代表性国家（地区）的投资者保护与资本市场和经济增长的关系，发现投资者保护较好的国家，其资本市场在规模和广度方面也较为领先，经济增长也较为迅速。接下来，本书对该文章的内容进行简单的总结。

一、各国的法律背景、法律规则及比较

19 世纪，当时的欧洲列强控制了世界的大部分地区，它们将包括法律在内的社会制度向殖民地进行移植。其中，英国将其判例法的传统传到了南亚、东非的殖民地国家以及澳大利亚、美国、加拿大等地；法国在拿破仑征服时期，将其成文法传统传到了西班牙、葡萄牙等欧洲大陆的大多数地方，又更广泛地移植到了拉丁美洲各国以及北非、西非和其他地方；德国的成文法传统则扩展到东亚诸国等一些有限的地区。

根据历史传统、法律结构、法律地位等的不同，各国法律体系可以划分为普通法系和大陆法系两大类。普通法系以英美为代表，而大陆法系以欧洲大陆国家为代表。实行英美法系的国家，其对债权人权利保护、股东权利保护以及执法力度等方面都要强于大陆法系国家。因此，英美法系国家的公司股权可以分散，而大陆法系的国家因小股东的权利得不到有效保护，只能采取集中持股的公司治理结构，德国和日本就是这些国家的典型代表。

具体来说，在普通法系中，法官发挥重要作用，他们能根据通用法律哲学原则和以往判例对商业案件灵活地做出判决，即使某些行为并未在法律中载明。在投资者权益方面，普通法系法官多依据诚信义务原则来处理控股股东（包括管理层）与小股东的关系（目前这个原则已成为多国公司法的基本原则）。这种特点再加上普通法发展过程中较少受到当时政府的干预，因而一般说来更倾向于保护私人出资人的利益，法律实施的效率也较高。而大陆法系中法律条文起决定作用，法官难以超越法律条文的规定，做出自己的解释，因此“内部人”可以选择法律没有明文禁止的手段来掠夺小股东。而且在法律形成过程中，政府起了重要作用，法官更倾向于维护政府和管理部门的利益，因而对投资者的利益保护较少，法律实施的效率也较低。德国法系和斯堪的纳维亚法系国家在投资者利益保护的法

律规则与实施方面都高于法国法系国家。

法律保护是指以公司法、破产法等商业法规为基础的一系列法律法规和公司章程中对小股东的保护性条款，以及对这些条款的有效实施。在某种程度上，法律实施比法律规则更加重要，有效的司法系可以部分替代法律的不足。而股东保护的程度具体是通过上述法律规定的股东权和对有关规定的执法效率表现出来的。股东权的大小体现股东保护的水平。股东权有很多衡量标准，比较成熟的是 LLSV 发展起来的一套指标——股东权指数和执法效率指数（称为“LLSV 指标”）。LLSV 指标的股东权指数主要包括 8 个指标。

（1）投票权。一国公司法或商法要求普通股每股有一份投票权，则该指标为 1，否则为 0；禁止存在多投票权或无投票权的股票，或者禁止限制单一股东的最大投票权为 1，否则为 0。

（2）通信投票权。法律允许股东将其对公司事务的投票邮寄给公司为 1，否则为 0。

（3）无障碍出售权。法律禁止公司要求股东在股东大会前若干天不能出售其所持股票为 1，否则为 0。

（4）累计投票权或比例投票权。法律允许股东将其所有投票权给予某一个董事候选人或少数股东可以提名等比例的董事进入董事会为 1，否则为 0。

（5）受压少数股东机制。少数股东有权挑战董事会或股东大会的决定，拥有在反对某些重大决策时可以要求公司收购其股票的权利为 1，否则为 0。这里的少数股东指持股 10% 以下的股东。

（6）优先权。法律赋予股东优先购买新发股份的权利，这种权利只能经由股东投票加以限制，拥有此权为 1，否则为 0。

（7）召开特别股东大会的权利。法律规定提议召开特别股东大会的最低股份比例要求，该比例一般介于 1% ~33% ，10% 以下可得 1 分。

（8）对抗董事权。将上述 2 ~7 项权利归结为对抗董事权，是衡量少数股东对管理层和控股股东有多大反抗权利的指标。该项权利得分为0 ~6。

LLSV 按照不同的法律渊源，将 49 个国家（地区）分为不同的组别，并按每一个国家（地区）列出所有变量的值。结果表明，与大陆法系国家相比，普通法系国家对抗董事权利的平均分值要高一些，为4分，而三类大陆法系国家的总平均分仅为2.56分。尽管LLSV指标的股东权利指数只包含7个变量，用来衡量各国证券市场法律对投资者的保护水平不够全面，但从该比较结果所考察的范围来讲（覆盖世界49个国家及地区），已足以从一个侧面说明普通法系国家与大陆法系国家相比为证券市场的投资者提供了更好的保护。

法律本身和执法效率二者均对投资者受到的保护水平至关重要，但二者孰轻孰重，理论界尚无一致意见。LLSV在考察世界49个市场经济国家（地区）的投资者保护水平与证券市场发展规模的关系时，也研究了证券市场执法效率的影响。执法效率指数主要包括司法体系的效率、法律规则、腐败程度、会计准则四个指标。

（1）司法体系的效率。根据国际商业公司（一家私人风险评估机构）对各国影响商业的法律环境的效率和整体性所做的评估，时间为1980—1983年。较低的分数代表较低的效率水平。

（2）法律规则。根据"国别风险指南"（ICR）对一国的法律和秩序传统所做出的评估，指标为1982—1985年每月指数的平均值，较小的指数值表示存在较少的法律和秩序的传统。

（3）腐败程度。根据"国别风险指南"对各国政府中的腐败情况的评估，指标为1982—1995年的每月指数的平均值，评分较低意味着较高程度的腐败。

（4）会计准则。这是国际金融分析与研究中心根据1990年样本公司的年报中披露的7类90个会计指标做出的评价指数。评分低意味着会计准则较不完善。

表23－1和表23－2是LLSV对世界49个有代表性的国家和地区的股东权指数和执法效率指数所做的分类和比较。

表 23－1　各国（地区）股东权比较

国家和地区	一股一票	通信投票权	无障碍出售权	累计或比例投票权	特别大会股权要求	优先权	受压少数股东机制	对抗董事权
澳大利亚	0	1	1	0	0.05	0	1	4
加拿大	0	1	1	1	0.05	0	1	5
中国香港	0	1	1	0	0.10	1	1	5
新加坡	1	0	1	0	0.10	1	1	5
新西兰	0	1	1	0	0.05	0	1	4
英国	0	1	1	0	0.10	1	1	5
美国	0	1	1	1	0.10	0	1	5
英国法系平均	0.17	0.39	1	0.28	0.09	0.44	0.94	4
墨西哥	0	0	0	0	0.33	1	0	1
比利时	0	0	0	0	0.20	0	0	0
法国	0	1	0	0	0.10	1	0	3
意大利	0	0	0	0	0.20	1	0	1
西班牙	0	0	0	1	0.50	1	1	4
除拉美外法国法系平均	0.17	0.08	0.50	0.17	0.12	0.50	0.17	2.08
法国法系平均	0.29	0.05	0.57	0.29	0.15	0.62	0.29	2.33
德国	0	0	0	0	0.05	0	0	1
日本	1	0	1	1	0.03	0	1	4
韩国	1	0	0	0	0.05	0	1	2
中国台湾	0	0	0	1	0.03	0	1	3
瑞士	0	0	0	0	0.10	1	0	2
德国法系平均	0.33	0	0.17	0.33	0.05	0.33	0.50	2.33
丹麦	0	0	1	0	0.10	0	0	2
芬兰	0	0	1	0	0.10	1	0	3
挪威	0	1	1	0	0.10	1	0	4
斯堪的纳维亚法系平均	0	0.25	1	0	0.10	0.75	0	3
全部平均	0.22	0.18	0.71	0.27	0.11	0.53	0.53	3

资料来源：LA PORTA R, LOPEZ－DE－SILANES F, SHLEIFER A, et al. Law and finance [J]. Journal of Political Economy, 1998 (106): 1113－1155。

表 23 - 2　各国（地区）法律实施的效率比较

国家和地区	法律制度的效率	法律规则	腐败	会计标准
澳大利亚	10	10	8.52	75
加拿大	9.25	10	10	74
中国香港	10	8.22	8.52	69
英国	10	8.57	9.10	78
美国	10	10	8.63	71
新加坡	10	8.57	8.22	78
英国法系平均	8.15	6.46	7.06	69.62
意大利	6.75	8.33	6.13	62
比利时	9.50	10	8.82	61
西班牙	6.25	7.80	7.38	64
法国	8	8.98	9.05	69
法国法系平均	6.56	6.05	5.84	51.17
德国	9	9.23	8.93	62
日本	10	8.98	8.52	65
韩国	6	5.35	5.30	62
中国台湾	6.75	8.52	6.85	65
德国法系平均	8.54	8.68	8.03	62.67
丹麦	10	10	10	62
芬兰	10	10	10	77
挪威	10	10	10	74
斯堪的纳维亚法系平均	10	10	10	74
全部样本平均	7.67	6.85	6.90	60.93

资料来源：LA PORTA R，LOPEZ - DE - SILANES F，SHLEIFER A，et al. Law and finance［J］. Journal of Political Economy，1998（106）：1113 - 1155。

从表 23 - 1 和表 23 - 2 可以看出，普通法系国家（地区）的股东权利保护表现最好，法国法系的股东权利保护表现最差，德国和斯堪的纳维亚国家居于中间。法律实施方面的差别也很大，法国法系国家在法律实施和会计标准方面表现最差，斯堪的纳维亚法系表现最好，德国和普通法国家（地区）的表现也较好。因此，总的来说，普通法系国家的股东权保护水平最高，德国和斯堪的纳维亚国家次之，法国法系国家最差。

此外，拉波塔等（1998）还研究了这49个有代表性国家（地区）的投资者保护与资本市场和经济增长的关系。结果发现，投资者保护较好的国家，其资本市场在规模和广度方面也较为领先，经济增长也较为迅速。具体可参见表23－3。从外部融资占GNP的比例和上市公司占人口的比例这两个指标来看，法国法系国家都只有全部国家平均水平的1/2左右，IPO（首次公开招股）占人口的比例也只有平均水平的1/5。许多拉美国家（属法国法系）的股票市场尤其狭小，上市公司占人口的比例只有平均水平的1/3，IPO比例为世界水平的1/10。比较而言，进入股权市场在普通法系国家较为容易，外部股权市场价值占GNP比例为60%（世界平均水平为40%），每百万人的IPO数目为2.2（平均水平为1.02）。斯堪的纳维亚法系国家的证券市场比德国法系国家的市场规模要小但较宽广。总的来讲，法国法系国家的资本市场规模最小，普通法系国家最大。债务市场也大致如此，从债务占GNP的比例来看，法国法系国家为45%，北欧国家为57%，普通法系国家为68%，德国法系国家为97%，拉美国家只有29%。德国法系国家由于对债权人保护程度较高，银行融资水平较高，在企业融资中占据重要地位，由此产生了德国特色的全能银行制度，但全能银行制度也产生了多方面的不利影响。

表23－3　主要国家（地区）投资者保护与资本市场和企业股权结构的关系

国家和地区	公司股权集中度	外部资本价值/GNP	国内上市公司数/人口	IPO/人口	GDP增长
澳大利亚	0.28	0.49	63.55	—	3.06
加拿大	0.24	0.39	40.86	4.93	3.36
中国香港	0.54	1.18	88.16	5.16	7.57
英国	0.15	1.00	35.68	2.01	2.27
美国	0.42	0.60	35.45	2.23	4.30
英国法系平均	0.42	0.60	35.45	2.23	4.30
比利时	0.62	0.17	15.5	0.30	2.46
法国	0.24	0.23	8.05	0.17	2.54
意大利	0.60	0.08	3.91	0.31	2.82
法国法系平均	0.55	0.21	10.00	0.19	3.18

续表

国家和地区	公司股权集中度	外部资本价值/GNP	国内上市公司数/人口	IPO/人口	GDP 增长
德国	0.50	0.13	5.14	0.08	2.60
日本	0.13	0.62	17.78	0.26	4.13
韩国	0.20	0.44	15.88	0.02	9.52
中国台湾	0.14	0.88	14.22	0	11.56
德国法系平均	0.33	0.46	16.79	0.12	5.29
丹麦	0.40	0.21	50.4	1.80	2.09
芬兰	0.34	0.25	13	0.60	2.40
挪威	0.31	0.22	33	4.50	3.43
斯堪的纳维亚法系平均	0.33	0.30	27.26	2.14	2.42
全体平均	0.45	0.40	21.59	1.02	3.79

资料来源：LA PORTA R，LOPEZ - DE - SILANES F，SHLEIFER A，et al. Law and finance［J］. Journal of Political Economy，1998（106）：1113 - 1155。

注：①公司股权集中度是指一国（地区）10 家最大的非金融企业中，最大的 3 家股东持股的百分比；

②外部资本价值是指 1994 年样本公司前三名以外的小股东普通股股权的市场价值；

③国内上市公司/人口为 1994 年数目，人口单位为百万；

④IPO/人口为 1995 年 7 月—1996 年 6 月的 IPO 数目，人口单位为百万；

⑤GDP 增长率为 1970—1993 年人均数。

对投资者的保护是各国股权集中程度的重要决定因素，法国法系国家的股权集中度最高，平均为 55%，股权集中比例最高的几个国家（哥伦比亚、希腊 68%，墨西哥 67%，巴西 63%）都属法国法系，这是对投资者保护不力的自然适应。而对投资者法律保护较好的国家，公司所有权的集中程度明显较低，普通法系国家前三个最大股东股权的集中度比法国法系国家低了 12 个百分点。

二、结论和疑问

在文章中，通过对 49 个国家（地区）的投资者保护的法律、法律的实施质量和所有权的集中分析，LLSV 得出了以下结论。

（1）世界各国的法律明显是各不相同的。但总的来说，大多数国家，投资者得到的权利是相当有限的。特别是，源于普通法传统的国家对投资者的保护要优于大陆法系国家，尤其是法国法系的国家。而德国法系和斯堪的纳维亚法系国家对投资者的保护则处于中间位置。虽然没有证据表明不同国家对投资者的青睐，但有证据表明普通法系国家的所有投资者都处于相对较强的位置。该证据证实了这一基本假设：作为一个股东或债权方，在不同的法律下，司法赋予投资者的权利是非常不一样的。这些权利由法律所决定，而不是内在地存在于债权本身。

（2）法律的实施在世界上也各不相同。德国法系和斯堪的纳维亚法系国家有最好的法律实施质量，尽管这在某种程度上反映了其较高的平均收入水平。法律实施在普通法系国家也较强，而在大陆法系国家依然最弱。

（3）通过检验世界上公开上市公司的所有权的集中程度，对下面这一假设进行了考察：所有权的高度集中是为了适应公司治理体系中对投资者保护的不足。

但这些发现同时引出了一系列疑问。例如，调查发现最广泛分布的法律家族式发源于法国民法系。如果真的按结论所说，该体系确实不好的话，为什么该体系能被如此多的国家所采用，又能延续使用到今天？在当今世界，对投资者保护较差的国家是否真的受到了损害？在这种国家里，尤其是法国法系国家里，其资本市场是否较小，银行系统是否不发达，其公司有获得外部融资的可能吗？虽然作者在文中并没有解释这些疑问，但是引发了更多的学者对该领域的研究和争论。在此后的几年里，对这些问题的详细讨论和研究检验的文章如雨后春笋般涌出。

本章小结

“法和金融学”是由金融学和法学交叉而形成的一门新兴学科，它是自 20 世纪 70 年代兴起的“法和经济学”的延伸。法和金融学应用经济金融理论与计量经济学方法来分析和探究法律及法律制度对国家金融体系的形成、金融体系配置资源的效率、各国公司治理构架的形成及经济发展的影响。“法和金融学”有两大研究方向：一是结合法律制度来研究金融学问题，也就是以金融学为中心，同时研究涉及的法律问题，强调法律这一制度性因素对金融主体行为的影响；二是利用金融学的研究方法来研究法学问题，如金融立法和监管的经济学分析。

思考题

1. 法和金融学产生的背景是什么？
2. 法和金融学的基本内容是什么？
3. 法和金融学对我国金融发展有什么启示？

进一步阅读书目

1. 邵明波．法律保护、投资者选择与金融发展[M]．北京：中央编译出版社，2017.

2. 谈萧．经理革命的法学解释[M]．北京：中国时代经济出版社，2005.

3. LA PORTA R, LOPEZ - DE - SILANES F, SHLEIFER A, et al. Law and finance[J]. Journal of Political Economy, 1998(106):1113 - 1155.

参考文献

[1]爱德华·肖. 经济发展中的金融深化[M]. 邵伏军,等译. 上海:上海三联书店,上海人民出版社,1988.

[2]H. 肯特·贝克,约翰·R. 诺夫辛格. 行为金融学:投资者、企业和市场[M]. 贺京同,等译. 北京:中国人民大学出版社,2017.

[3]J. 奥林·戈莱比. 国际金融市场:第3版[M]. 刘曼红,等译校. 北京:中国人民大学出版社,1998.

[4]埃斯里·德米尔古克-肯特,罗斯·莱文. 金融结构和经济增长:银行、市场和发展的跨国比较[M]. 黄纯纯,译. 北京:中国人民大学出版社,2006.

[5]安德瑞·史莱佛. 并非有效的市场:行为金融学导论[M]. 赵英军,译. 北京:中国人民大学出版社,2003.

[6]昂·阿马罗·德·马托斯. 公司金融理论[M]. 费方域,译. 上海:上海财经大学出版社,2009.

[7]保罗·A. 萨缪尔森,威廉·D. 诺德豪斯. 经济学(第12版)[M]. 高鸿业,等译. 北京:中国发展出版社,1992.

[8]保罗·R. 克鲁格曼,莫里斯·奥伯斯法尔德,马克·J. 梅丽兹. 国际经济学[M]. 丁凯,等译. 10版. 北京:中国人民大学出版社,2016.

[9]查尔斯·P. 金德尔伯格. 经济过热、经济恐慌与经济崩溃[M]. 朱隽,叶翔,译. 北京:北京大学出版社,2000.

[10]查尔斯·P. 金德尔伯格. 疯狂、惊恐和崩溃:金融危机史:第4版[M]. 朱隽,叶翔,译. 北京:中国金融出版社,2007.

[11]查尔斯·R. 盖斯特. 借钱:利息、债务和资本的故事[M]. 蒋小虎,译. 北京:北京联合出版公司,2019.

[12]德西丝拉娃·A. 帕查马诺瓦,弗兰克·J. 法博齐. 投资组合的构建和分析方法[M]. 郭杰群,译. 上海:格致出版社,上海人民出版社,2018.

[13]多伦·皮莱格. 金融学基本模型[M]. 王忠玉,卜长江,译. 北京:中国金融出版社,2015.

[14]菲利普·莫莉纽克斯,尼达尔·沙姆洛克. 金融创新[M]. 冯健,等译. 北京:中国人民大学出版社,2003.

[15]弗兰克·J. 法博齐. 金融工具手册[M]. 俞卓菁,译. 上海:格致出版社,上海人民出版社,2018.

[16]弗兰克·J. 法博齐,弗兰科·莫迪利安尼. 资本市场:机构与工具:第4版[M]. 汪涛,郭宁,译. 北京:中国人民大学出版社,2015.

[17]弗雷德里克·S. 米什金,斯坦利·G. 埃金斯. 金融市场与金融机构:第5版[M]. 张莹,刘波,译. 北京:机械工业出版社,2009.

[18]弗雷德里克·S. 米什金. 货币金融学:第十一版[M]. 郑艳文,荆国勇,译. 北京:中国人民大学出版社,2016.

[19]福井博夫. 国际金融与经营环境[M]. 宛金章,译. 北京:中央编译出版社,2005.

[20]富兰克林·艾伦,道格拉斯·盖尔. 比较金融系统[M]. 王晋斌,等译. 北京:中国人民大学出版社,2002.

[21]霍华德·戴维斯,大卫·格林. 全球金融监管[M]. 中国银行业监督管理委员会国际部,译. 北京:中国金融出版社,2009.

[22]基思·皮尔比姆. 国际金融:第3版:英文[M]. 北京:中国人民大学出版社,2009.

[23]贾恩卡洛·甘道尔夫. 国际金融与开放经济的宏观经济学[M]. 靳玉英,译. 上海:上海财经大学出版社,2006.

[24]杰格迪什·汉达. 货币经济学[M]. 郭庆旺,等译. 北京:中国人民大学出版社,2005.

[25]卡尔·E. 瓦什. 货币理论与政策[M]. 陈雨露,译校. 北京:中国人民大学出版社,2001.

[26]卡尔·布鲁纳,艾伦·H. 梅尔茨. 货币经济学:货币分析问题[M]. 康以同,等译. 北京:中国金融出版社,2010.

[27]卡门·M. 莱因哈特,肯尼斯·罗格夫. 这次不一样:800年金融荒

唐史[M]. 綦相,刘晓峰,刘丽娜,译. 北京:机械工业出版社,2010.

[28]科林·里德. 金融危机经济学:如何避免下一次经济危机[M]. 曹占涛,柏艺益,王大中,译. 北京:东方出版社,2009.

[29]雷蒙德·W. 戈德史密斯. 金融结构与金融发展[M]. 周朔,等译. 上海:上海三联书店,上海人民出版社,1990.

[30]理查德·A. 布雷利,斯图尔特·C. 迈尔斯,富兰克林·艾伦. 公司理财原理:精要版[M]. 罗菲,译. 大连:东北财经大学出版社,2010.

[31]理查德·E. 凯夫斯,杰弗里·A. 弗兰克尔,罗纳德·W. 琼斯. 国际贸易与国际收支:第10版:翻译版[M]. 余淼杰,译. 北京:北京大学出版社,2008.

[32]理查德·M. 莱维奇. 国际金融市场:价格与政策[M]. 施华强,等译. 北京:中国人民大学出版社,2002.

[33]理查德·泰勒."错误"的行为[M]. 王晋,译. 北京:中信出版集团,2016.

[34]路西·F. 阿科特,理查德·迪弗斯. 行为金融:心理、决策和市场[M]. 戴国强,等译. 北京:机械工业出版社,2018.

[35]罗伯特·A. G. 蒙克斯,尼尔·米诺. 公司治理 [M]. 李维安,等译. 5版. 北京:中国人民大学出版社,2017.

[36]罗伯特·A. 哈根. 新金融学:有效市场的反例[M]. 赵冬青,译. 北京:清华大学出版社,2002.

[37]罗伯特·J. 希勒. 非理性繁荣[M]. 范文仲,夏乐,译. 北京:中国人民大学出版社,2001.

[38]罗纳德·L. 麦金农. 经济发展中的货币与资本[M]. 卢骢,译. 上海:上海三联书店,上海人民出版社,1988.

[39]罗伊·C. 史密斯,英戈·沃尔特. 全球银行学[M]. 黄为忻,等译. 上海:上海译文出版社,2005.

[40]马克·鲁宾斯坦. 投资思想史[M]. 张俊生,曾亚敏,译. 北京:机械工业出版社,2018.

[41]马克思. 政治经济学批判[M]. 中共中央马克思恩格斯列宁斯大

林著作编译局,译. 北京:人民出版社,1976.

[42]马克思. 资本论(第一卷)[M]. 中共中央马克思恩格斯列宁斯大林著作编译局,译. 北京:人民出版社,2004.

[43]迈克尔·梅尔文. 国际货币与金融[M]. 于泓达,张筱玫,译注. 北京:中国人民大学出版社,2010.

[44]迈克尔·伍德福德. 利息与价格:货币政策理论基础[M]. 陈彦斌,等译. 北京:中国人民大学出版社,2010.

[45]蒙代尔. 蒙代尔经济学文集(第三卷):国际宏观经济模型[M]. 向松祚,译. 北京:中国金融出版社,2003.

[46]米尔顿·弗里德曼,安娜·J. 施瓦茨. 美国货币史 1867—1960[M]. 巴曙松,王劲松,等译. 北京:北京大学出版社,2009.

[47]尼夫. 金融体系:原理和组织[M]. 曲昭光,等译. 北京:中国人民大学出版社,2005.

[48]乔治·考夫曼. 现代金融体系:货币、市场和金融机构(第六版)[M]. 陈平,等译. 北京:经济科学出版社,2001.

[49]若迪·加利. 货币政策、通货膨胀与经济周期:新凯恩斯主义分析框架引论[M]. 杨斌,于泽,译. 北京:中国人民大学出版社,2013.

[50]斯蒂格利茨. 斯蒂格利茨经济学文集:第一卷[M]. 纪沫,陈工文,李飞跃,译. 北京:中国金融出版社,2007.

[51]威廉·戈兹曼. 千年金融史[M]. 张亚光,熊金武,译. 北京:中信出版集团,2017.

[52]威廉·夏普. 投资组合理论与资本市场[M]. 胡坚,译. 北京:机械工业出版社,2001.

[53]悉尼·霍默,理查德·西勒. 利率史:第四版[M]. 肖新明,曹建海,译. 北京:中信出版社,2010.

[54]约翰·F. 乔恩. 货币史:从公元 800 年起[M]. 李广乾,译. 北京:商务印书馆,2002.

[55]泽维尔·维夫斯. 公司治理:理论与经验研究[M]. 郑江淮,李鹏飞,等译. 北京:中国人民大学出版社,2006.

[56]詹姆斯·米德．国际经济政策理论(第1卷):国际收支[M]．李翀,译．北京:首都经济贸易大学出版社,2001.

[57]兹维·博迪,罗伯特·C. 默顿,戴维·L. 克利顿．金融学:第2版[M]．刘澄,等译．北京:中国人民大学出版社,2009.

[58]兹维·博迪,亚历克斯·凯恩,艾伦·J. 马库斯．投资学:原书第10版[M]．汪昌云,张永骥,译．北京:机械工业出版社,2017.

[59]曹龙骐．金融学[M]．北京:高等教育出版社,2006.

[60]陈学彬,等．当代金融危机的形成、扩散与防范机制研究[M]．上海:上海财经大学出版社,2001.

[61]陈学彬．金融学[M]．北京:高等教育出版社,2003.

[62]陈学彬．金融博弈论[M]．上海:复旦大学出版社,2006.

[63]陈学彬．金融学[M].4版．北京:高等教育出版社,2016.

[64]陈雨露．现代金融[M]．北京:中国人民大学出版社,2000.

[65]陈雨露,马勇．大金融论纲[M]．北京:中国人民大学出版社,2013.

[66]戴国强．货币银行学[M]．北京:高等教育出版社,2005.

[67]国家外汇管理局国际收支分析小组.2008年中国国际收支报告[M]．北京:中国金融出版社,2009.

[68]韩汉君,等．金融监管[M]．上海:上海财经大学出版社,2003.

[69]何帆,徐奇渊．人民币汇率改革的经济学分析[M]．上海:上海财经大学出版社,2008.

[70]何泽荣．中国国际收支研究[M]．成都:西南财经大学出版社,1998.

[71]洪修文．法律,投资者保护与金融发展[M]．武汉:武汉大学出版社,2007.

[72]黄达．金融学 [M].2版.北京:中国人民大学出版社,2009.

[73]黄达,张杰．金融学 [M].4版.北京:中国人民大学出版社,2020.

[74]黄燕君,张亚珍．国际金融学[M]．北京:中国商务出版社,2005.

[75]李成．货币金融学[M]．北京:科学出版社,2004.

[76]李成．金融监管学[M]．北京:科学出版社,2009.

[77]李建军,田光宁．九十年代三大国际金融危机比较研究[M]．北京:中国经济出版社,1998.

[78]李健．金融创新与发展[M]．北京:中国经济出版社,1998.

[79]李维安．公司治理学[M]．北京:高等教育出版社,2006.

[80]李心丹．行为金融学:理论及中国的证据[M]．上海:上海三联书店,2004.

[81]李扬,胡滨．金融危机背景下的全球金融监管改革[M]．北京:社会科学文献出版社,2010.

[82]梁能．公司治理结构:中国的实践与美国的经验[M]．北京:中国人民大学出版社,2000.

[83]林继肯．中国金融学教育与金融学科发展:历史回顾和经验总结[M]．北京:中国金融出版社,2007.

[84]刘思跃,肖卫国．国际金融 [M].2 版．武汉:武汉大学出版社,2003.

[85]陆家骝．现代金融经济学 [M].2 版．大连:东北财经大学出版社,2007.

[86]彭信威．中国货币史[M]．上海:上海人民出版社,2007.

[87]阮震．金融创新概论[M]．北京:中国财政经济出版社,2010.

[88]邵明波．法律保护、投资者选择与金融发展[M]．北京:中央编译出版社,2017.

[89]邵宇．微观金融学及其数学基础[M]．北京:清华大学出版社,2003.

[90]沈国兵．国际金融[M]．北京:上海财经大学出版社,2004.

[91]生柳荣．当代金融创新[M]．北京:中国发展出版社,1998.

[92]石俊志．金融危机生成机理与防范[M]．北京:中国金融出版社,1998.

[93]谈儒勇．金融发展理论与中国金融发展[M]．北京:中国经济出版社,2000.

[94]谈萧．经理革命的法学解释[M]．北京:中国时代经济出版社,2005.

[95]王广谦.20世纪西方货币金融理论研究:进展与述评[M]．北京:经济科学出版社,2003.

[96]王广谦．金融中介学[M]．北京:高等教育出版社,2003.

[97]杨胜刚,姚小义．国际金融[M]．北京:高等教育出版社,2005.

[98]易宪容,赵春明．行为金融学[M]．北京:社会科学文献出版社,2004.

[99]张亦春,郑振龙,林海．金融市场学[M].5版．北京:高等教育出版社,2017.

[100]张亦春,郑振龙,林海．金融市场学[M]．北京:高等教育出版社,2008.

[101]赵霜茁．现代金融监管[M]．北京:对外经济贸易大学出版社,2004.

[102]郑长德．博弈论及其在经济管理中的应用[M]．北京:中国经济出版社,2018.

[103]周战强．行为金融:理论与应用[M]．北京:清华大学出版社,2004.

[104]周宇衡．金融管制的确立及其变革[M]．上海:上海三联书店,上海人民出版社,2005.

[105]AMSTAD M, SUN G F, XIONG W. The handbook of China's financial system[M]. Princeron: Princeton University Press, 2020.

[106]DIAMOND D W. Reputation acquisition in debt markets[J]. Journal of Political Economy, 1989(97):828 - 862.

[107]KAHNEMAN D, TVERSKY K A. Prospect theory: An analysis of decision under risk[J]. Econometrica, 1979, 47(2):263 - 291.

[108]LA PORTA R, LOPEZ - DE - SILANES F, POP - ELECHES C, et al. The Guarantees of Freedom[J]. Unpublished working paper, Harvard University, 2002.

[109]LA PORTA R, LOPEZ - DE - SILANES F, SHLEIFER A, et al. Agency problems and dividend policies around the world[J]. Journal of Finance, 2000(55) :1 - 33.

[110]LA PORTA R, LOPEZ - DE - SILANES F, SHLEIFER A, et al. Investor protection: Origins, consequences, and reform[J]. NBER Working Papers, 1999.

[111]LA PORTA R, LOPEZ - DE - SILANES F, SHLEIFER A, et al. Investor protection and corporate valuation[J]. Journal of Finance,2002(57): 1147 - 1170.

[112]LA PORTA R, LOPEZ - DE - SILANES F, SHLEIFER A, et al. Investor protection and corporate governance[J]. Journal of Financial Economics, 2000(58) : 3 - 27.

[113]LA PORTA R, LOPEZ - DE - SILANES F, SHLEIFER A, et al. Law and finance[J]. Journal of Political Economy,1998(106):1113 - 1155.

[114]LA PORTA R, LOPEZ - DE - SILANES F, SHLEIFER A, et al. Legal determinants of external finance[J]. Journal of Finance,1997(52) : 1131 - 1150.

[115]LA PORTA R, LOPEZ - DE - SILANES F, SHLEIFER A, et al. The quality of government[J]. Journal of Law, Economics, and Organization, 1999(15):222 - 279.

[116]LEVINE R, LOAYZA N V, BECK T. Financial intermediation and growth: Causality and causes[J]. Journal of Monetary Economics,2000(46): 31 - 77.

[117]LEVINE R. Law, finance, and economic growth[J]. Journal of Financial Intermediation,1999(8):36 - 67.

[118]LEVINE R. The legal environment, banks, and long - run economic growth[J]. Journal of Money,Credit, and Banking,1998(30):688 - 726.

后　记

本书是由郑长德教授提出写作动议，并拟定编写大纲草案，经过编写小组讨论修订，集体智慧的结晶。参加本书第一版初稿编写的人员为：郑长德（导论、第五章、第六章、第八章、第九章、第二十一章、第二十二章、第二十三章）、熊海帆（第一章、第二章）、曾庆芬（第三章、第十一章）、杨海燕（第四章）、范钛（第七章）、周克（第十章、第十二章、第十三章）、付强（第十四章、第十五章、第十六章）、涂裕春（第十七章、第十九章）、伍艳（第十八章）、王永莉（第二十章）。第一版初稿形成后，经过全体撰稿同志的多次讨论，提出修改意见，形成正式出版物，并作为编者所在学校经济类本科专业的金融学基础教材，试用了 3 年。在试用过程中，初稿提供者多次征求听课同学的意见，根据这些意见，对初稿进行了修改，后又由郑长德、伍艳、周克和杨海燕组成修改小组进行修改，其中杨海燕修改编写第一篇和第二篇，周克修改编写第三篇，伍艳修改编写第五篇，郑长德修改编写导论、第四篇和第六篇。最后由郑长德对全书进行统稿。

参加本书第二版修改的人员有：伍艳（第一章、第二章、第七章和第十八章）、曾庆芬（第三章、第十一章）、杨海燕（第四章）、周克（第十章、第十二章、第十三章）、付强（第十四章、第十五章、第十六章）、涂裕春（第十七章、第十九章）、王永莉（第二十章），其余各章由郑长德修改。伍艳教授主持了本书的修改。

本教材在编写和修改过程中，参考了国内外大量的资料文献，主要的参考文献在书后列出，编者真诚地感谢这些文献的作者和出版单位。同时，编者感谢西南民族大学校领导、教务处、发展规划与学科建设处和经济学院领导的大力支持；感谢西南民族大学经济学院 2007—2020 届各届各专业的全体同学，本书在试用和使用时，得到了他们的理解和配合，感谢他们对本书的修改提出的宝贵意见和建议。

本书是国家特色专业、四川省特色专业和四川省省级教学团队建设的阶段性成果，本书第一版的公开出版，得到了教育部、四川省和西南民族大学本科教学质量与教学改革工程基金的资助。本书第二版的修订和出版得到了西南民族大学2018年度中央高校教育教学改革专项“民族高校应用经济学创新型、国际化人才培养模式研究”的资助，同时得到西南民族大学国家一流本科专业建设项目的资助（XNYL2020001）。

本书既可以作为高等学校经济类及相关专业金融学基础课教材，也可以作为从事金融投资实际工作人员的参考用书。

由于编者知识和能力的局限，本书出现问题在所难免，敬请读者批评指正。

编者

于成都

2020年12月31日